Unsere Segelroute

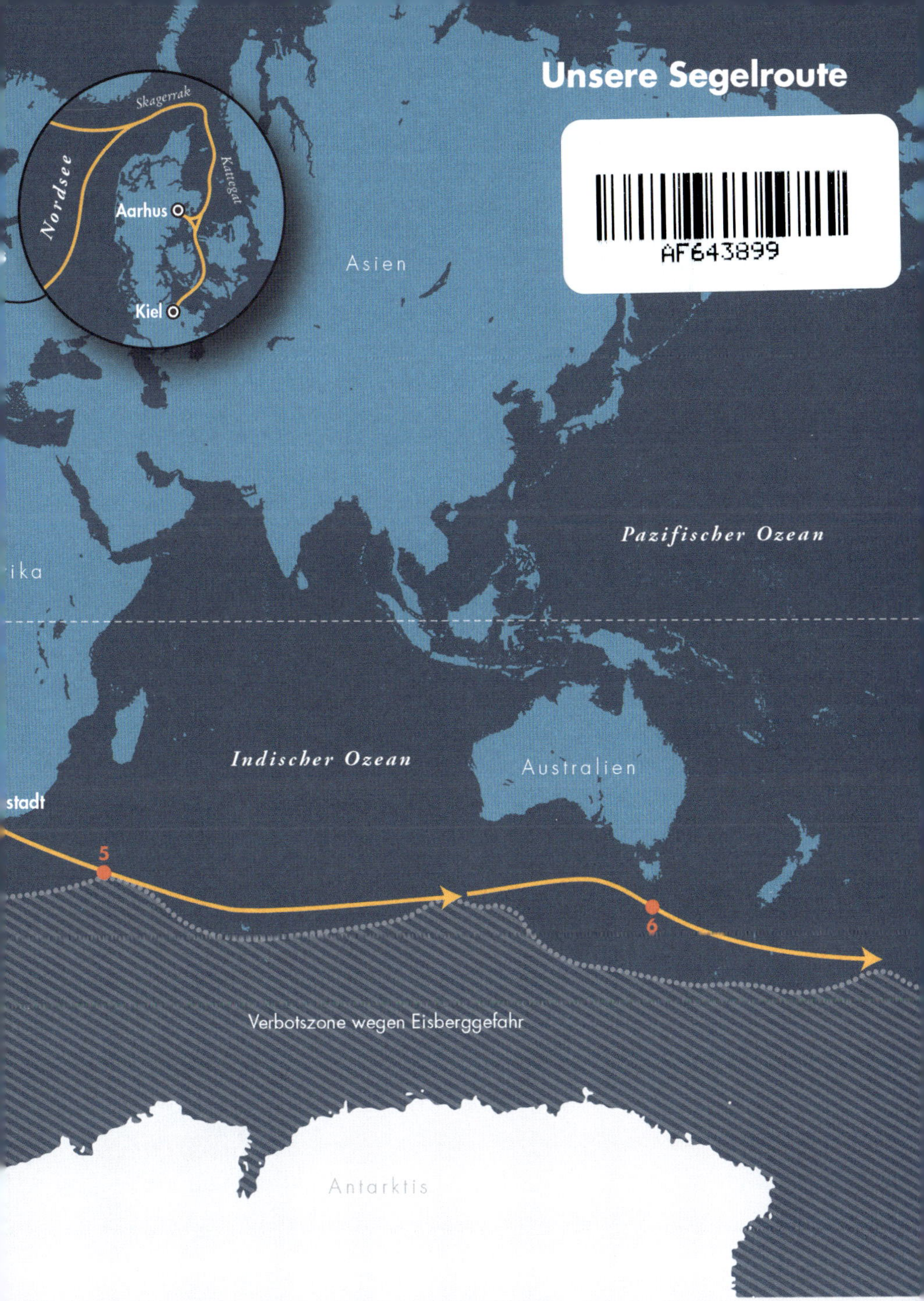

Vas unterwegs geschah:

: Unfall von Boris / 2: Kalmengürtel / 3: St.-Helena-Hoch / 4: Pech im Endspurt /
: Mast-Reparatur / 6: Virtuelles Zwischenziel / 7: Flottentreffen im Sonnenschein /
: Sturz von Rosalin / 9: Roaring-Fourties-Trophäe: Erster an Kap Hoorn /
0: Sieg nach der längsten Etappe / 11: Mastbruch bei Holcim / 12: Mastbruch bei Guyot /
3: Malizia gelingt neuer 24-Stunden-Weltrekord / 14: 70000 Zuschauer in Kieler Förde /
5: Orcas vor Gibraltar / 16: Sieg bei finaler Etappe

C.Bertelsmann

Boris Herrmann
Andreas Wolfers

Abenteuer Ocean Race

Mit meinem Team
beim Rennen um die Welt

C.Bertelsmann

MIX
Papier | Fördert gute Waldnutzung
FSC® C011124

Penguin Random House Verlagsgruppe FSC® N001967

1. Auflage

in der Penguin Random House Verlagsgruppe GmbH,
Neumarkter Straße 28, 81673 München

Lektorat: Heike Gronemeier, München
Fachlektorat: Tatjana Pokorny
Karte: Peter Palm, Berlin
Bildbearbeitung: Mohn Media Mohndruck GmbH, Gütersloh
Umschlaggestaltung: Büro Jorge Schmidt, München
Umschlagabbildungen: Antoine Auriol/Team Malizia
Satz: satz-bau Leingärtner, Nabburg
Druck und Bindung: Mohn Media Mohndruck GmbH, Gütersloh
Printed in Germany
ISBN 978-3-570-10531-3

www.cbertelsmann.de

Für die Frauen und Männer
vom Team Malizia.
Ihr habt dieses Abenteuer möglich gemacht,
auf See und an Land

Inhalt

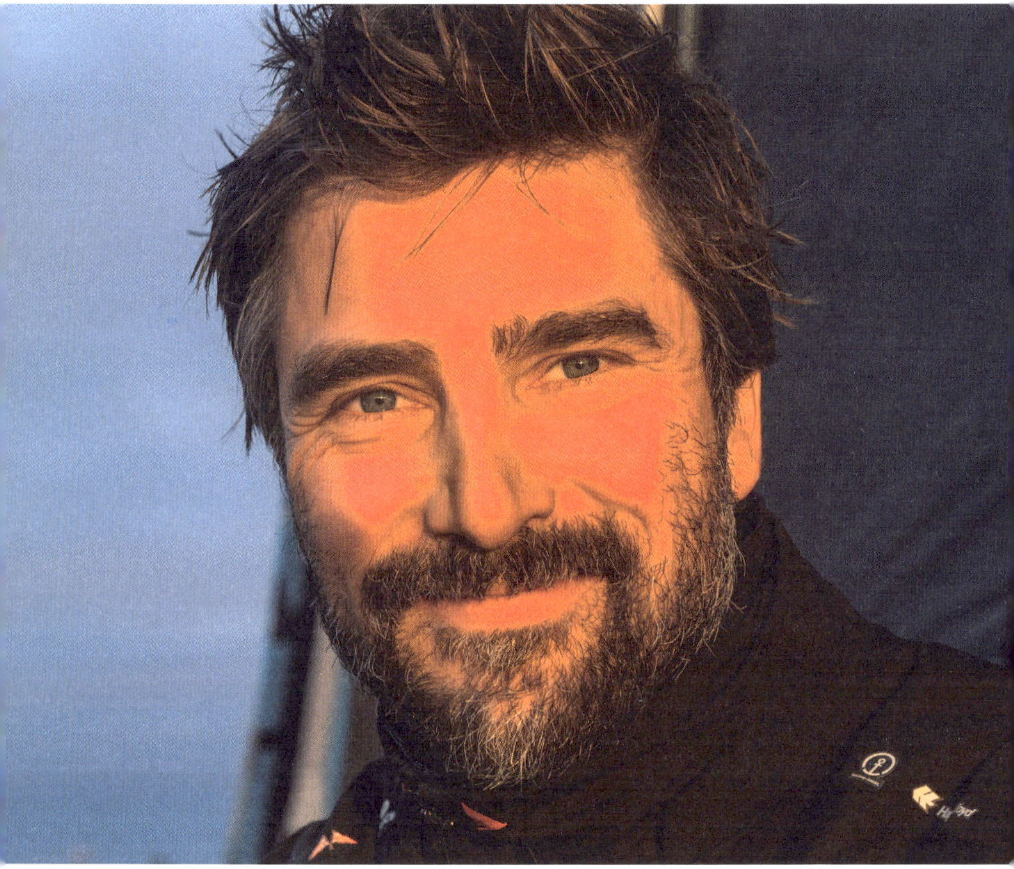

Vorwort

Gut dreißig Tage lang sind wir durch das Südpolarmeer gesegelt, rund um die Antarktis, vor ein paar Tagen haben wir Kap Hoorn umrundet. Wir haben inzwischen eine halbe Weltreise hinter uns – und trotzdem liegt unser schärfster Konkurrent in Sichtweite. Es ist, als seien wir vor der brasilianischen Küste gerade erst gestartet. Tagsüber sehen wir das schwarze Dreieck seiner Segel, nachts das glühende Topplicht.

Das Duell vor Brasilien gehört zu den magischen Momenten dieses Ocean Race. Als ich vor zwei Jahren an der Vendée Globe teilnahm, dem legendären Solorennen um die Welt, da zerrieb mich monatelang das Gefühl der Einsamkeit. Nun bin ich nicht allein. Ich teile mir das Schiff mit einer Frau und drei Männern, in gut hundert Tagen jagen wir um den Erdball. Und es berauscht mich, wie viel großer und intensiver ein Abenteuer ist, das man zusammen mit anderen erlebt.

Alle zwanzig Minuten vergleicht unser Navigationsprogramm die Durchschnittsgeschwindigkeit der *Malizia* mit der unseres Gegners vor Brasilien. Leuchtet dann ein kleiner Ball auf dem Monitor in Grün auf, das Zeichen, dass wir schneller sind, ertönt im Cockpit Triumphgeschrei. Leuchtet der Ball in Rot, fallen wir gerade zurück. Für uns ist der rote Ball die Aufforderung, noch härter zu arbeiten. Wir versuchen alles, um die anderen nicht davonfahren zu lassen, ändern hier und da etwas am Trimm, justieren Kleinigkeiten, und starren gebannt auf den Bildschirm, ob sich das auswirkt. Wir sind zu Tode erschöpft, doch die Speed-Ampel hält uns auf den Beinen wie eine Wachdroge.

Zwei Tage und Nächte geht das schon so. Es ist, als hätten sich unsere beiden Schiffe ineinander verbissen. Die See ist sehr rau, die Böen erreichen Windstärke neun. Die *Malizia* rast über die Wellenberge, und unsere Finger kleben auf den Tasten des Autopiloten, der von diesen Bedingungen überfordert ist. Die pausenlose Konzentration strengt an, und alle halbe Stunde wechseln wir uns beim Steuern ab. Auf der digitalen Seekarte sehen wir den Gegner, zum Greifen nah. Wer wird länger durchhalten?

Und dann passiert es: Das andere Boot kentert. Nach einer Hammerböe liegt es flach auf der Seite, Wasser dringt ins Cockpit ein, im Großsegel sind die Latten gebrochen. Später erfahren wir, dass die Crew fast eine Stunde braucht, um das Schiff wieder in Griff zu bekommen. Diese Stunde reicht uns. Wir erreichen als Erste die Ziellinie vor der brasilianischen Hafenstadt Itajaí.

Das tagelange Duell hat sich tief in meine Erinnerung gegraben. Mit ihm haben wir die Königsetappe durch das Eismeer gewonnen, die längste Etappe in der Geschichte des Ocean Race. Außerdem haben dieser Zweikampf und der wochenlange Ritt zuvor gezeigt, dass sich das Risiko, das wir beim Bau der neuen *Malizia* eingegangen sind, gelohnt hat. Wir wollten einen Rumpf entwerfen, der die Rennyacht schneller und sicherer durch die brutale See des Südpolarmeers rauschen lässt als die alte *Malizia*. Wir sind damals einen eigenwilligen Weg gegangen, kritisch beäugt und belächelt. Denn wir haben mit einem Dogma des Yachtdesigns gebrochen.

Bis dahin sollten Rennyachten unten flach und gerade sein, um wenig Widerstand zu erzeugen. Ich aber wollte ein Schiff, das von der Seite betrachtet eher bananenförmig aussieht. Ich erinnere mich, wie ich einem erfolgreichen Yachtarchitekten bei einem Telefonat von der Idee erzählte. Er bat mich, in die Küche zu gehen, den Wasserhahn zu öffnen und einen Löffel seitlich an den Strahl zu halten. Ich tat es – und sah, wie der Löffel sofort angesaugt wurde. Dies sei der Grund, sagte der Architekt, weshalb wir keinesfalls ein rundliches Schiff bauen sollten. Aber nun lag die Rennyacht, die er designt hatte, vor Brasilien auf der Seite, nicht zum ersten Mal bei diesem Rennen. Was nützt dir ein schnelles Schiff, wenn es bei harten Bedingungen nicht sicher ist, nicht seetüchtig? Als wir mit unserem bananenförmigen Rumpf und 25 Knoten dem Etappenziel entgegenrasten, empfand ich dennoch keine Genugtuung, nur Erleichterung, große Erleichterung.

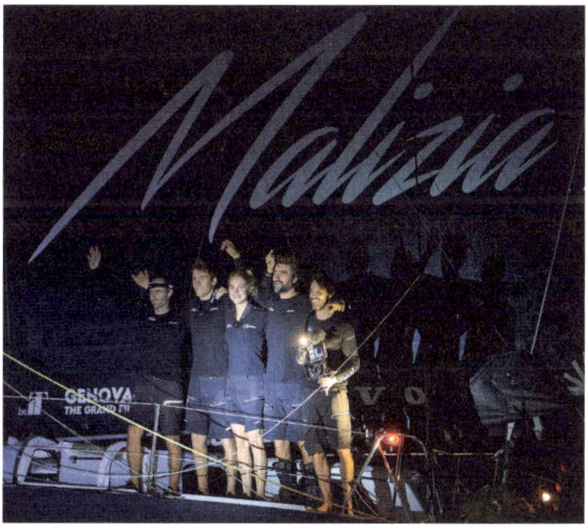

Nachts, beim Überqueren der Ziellinie vor der brasilianischen Küste, umkreisten uns zahlreiche Boote. Wir standen zu fünft auf dem Vordeck, Arm in Arm, im Lichtkegel der Scheinwerfer. Wir hatten es geschafft! Ein Moment der Innigkeit, den ich nicht vergessen werde. Im Hafen von Itajaí erwartete uns das ganze Team Malizia. Bei der Preisverleihung stürmten alle 36 Leute die Bühne und jubelten und tanzten. Es war magisch, und ich hatte das Gefühl, mich in die Arme meines Teams fallen lassen, ihm einfach folgen zu können.

Das Ocean Race verdankt seine Faszination gleich mehreren Besonderheiten. Da ist diese unfassbare Herausforderung, der sich fünf Menschen monatelang auf engstem Raum stellen. Es ist die schiere Größe und Wildnis der ozeanischen Welt, die wir durchqueren. Und es ist das Leben, das alle Mannschaften mit ihren Teams an Land teilen, bei den Stopps in den Häfen zwischendurch. Es ist ein Vagabundenleben von dreißig, vierzig Frauen und Männern pro Team, die gemeinsam um die Welt reisen, ihre Camps in den Häfen aufbauen, mittags und abends an langen Bierzelttischen essen, manche Nächte durcharbeiten, an anderen bis Sonnenaufgang feiern.

Eigentlich ist es ja zutiefst un-nützlich, um die Welt zu segeln. Aber das Rennen trägt viel dazu bei, Menschen mit Themen vertraut zu machen, an denen sie andernfalls vielleicht wenig Interesse hätten. Auch das macht für mich die Faszination Ocean Race aus. Auf den Kapverden haben wir auf einer Konferenz zum Ozeanschutz mit UN-Generalsekretär Guterres auf der Bühne gesessen und diskutiert. In Kapstadt und bei anderen Zwischenstopps haben wir mit Schulklassen darüber gesprochen, wie sie den Klimawandel erleben. Wir haben Konferenzen mit Umweltaktivistinnen und unseren Sponsoren organisiert und erregte Debatten erlebt, die uns aus unserer Seglerblase holten und mit den großen Fragen unserer Zeit konfrontierten. Unser Sport, vor allem das Ocean Race bietet eine großartige Plattform, um die Welt der Ozeane ins Bewusstsein der Menschen zu holen, um auf ihre Gefährdung aufmerksam zu machen und gemeinsam etwas zu bewegen.

Während des Rennens haben wir viele Menschen mitnehmen können, über Monate hinweg haben sie unsere Reise in den Medien verfolgt. Das Abenteuer Ocean Race bekommt für mich so noch einen weiteren Sinn: indem wir es teilen. Auch mit Ihnen möchten wir es teilen, mit unseren Leserinnen und Lesern.

Mit Andreas Wolfers, Journalist und Mit-Autor dieses Buchs, habe ich schon während meiner Teilnahme an der Vendée Globe 2020/21 zusammengearbeitet, unser Buch über die Regatta trägt den Titel *Allein zwischen Himmel und Meer*. Beim Ocean Race hat Andreas uns um die Welt begleitet, auf dem Landweg, wie ein Reiseschriftsteller bei den Expeditionen vergangener Jahrhunderte. Während der einzelnen Etappen hielten wir ständig Kontakt miteinander; in langen Sprachnachrichten beschrieb ich ihm, was uns gerade passierte. Erreichten

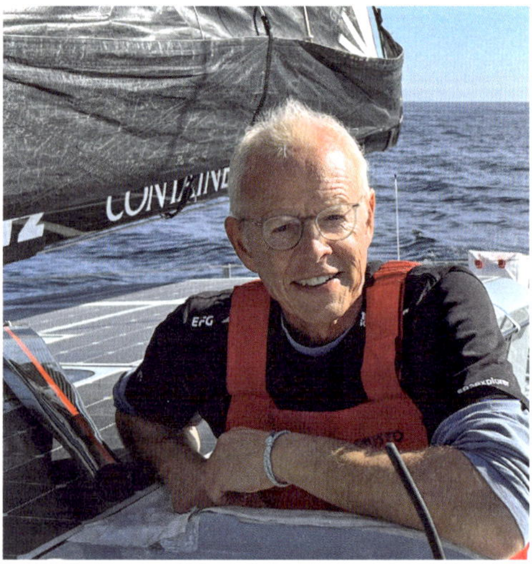

wir einen Zwischenstopp, saß er jedes Mal in dem Begleitboot unseres Teams, das der *Malizia* entgegenkam. Fuhren wir hinaus zum Start der nächsten Etappe, saß er wieder in dem Boot. Manchmal winkte er, aber meistens hatte er eines seiner roten Notizbücher aufgeklappt und notierte, was ihm gerade auffiel.

Meine Nachrichten vom Meer sind die Grundlage seines Texts. Auch meine Mitsegler haben ihm Audionachrichten geschickt. Hinzu kamen zahlreiche Gespräche, die er in den Häfen mit uns und anderen Mitgliedern von Team Malizia führte. Entstanden ist ein Buch mit zwei Erzählebenen: Andreas hat all die Informationen zu einer packenden Nahaufnahme des Ocean Race zusammengefügt. Zugleich kommen wir, die Crew, mit langen Auszügen aus unseren Sprachnachrichten zu Wort: Will, Rosalin, Nico, Antoine und ich.

Das Ocean Race hat uns auf unterschiedliche Weise ergriffen. Um davon so authentisch wie möglich zu erzählen, haben wir uns zu dieser Vielstimmigkeit entschlossen. Ich möchte Sie, liebe Leserin, lieber Leser, mit diesem Buch einladen, uns zu begleiten – auf ein sechsmonatiges Abenteuer, das geprägt war von einer unglaublichen Teamleistung, von Dramen, intimen Momenten, Selbstfindung und Kampfeslust. Von Glücksgefühlen, Rückschlägen und der Kraft, sich immer wieder aufzurichten. Und von der ewigen Magie des Ozeans.

Boris Herrmann im September 2023

Die Crew

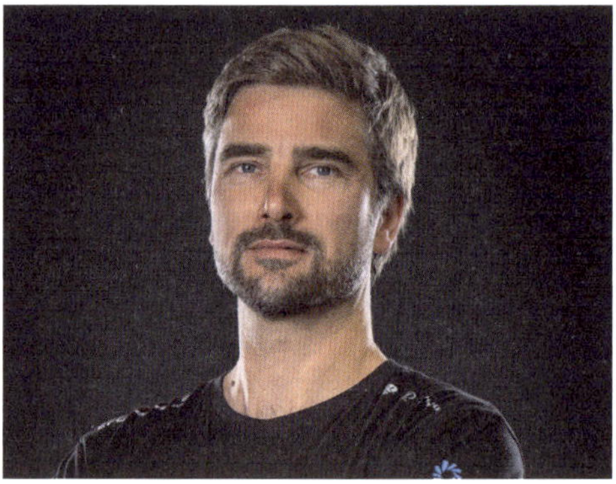

Eigentlich muss **Boris-Herrmann**, 42, nicht näher vorgestellt werden. Als Deutschlands bekanntester Segler hat er unzählige Menschen mit seinen Abenteuern auf den Meeren gefesselt: 2020 bei der berühmten Solo-Regatta Vendée Globe, 2023 beim Ocean Race, diesmal mit Crew um die Erde. Der Ozean ist seit 23 Jahren sein Wirkungsfeld, als Segler, als begnadeter Erzähler – und als Fürsprecher für mehr Ozean- und Klimaschutz, der mit seiner Kampagne »A Race We Must Win« aufklären und inspirieren will.

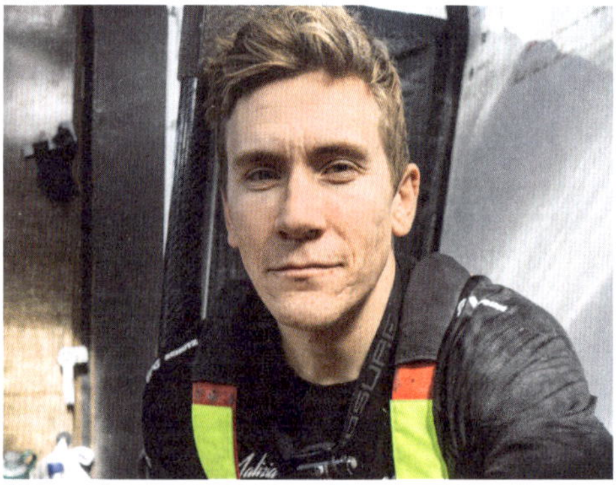

Seit 2019 ist der Brite **Will Harris**, 29, der Co-Skipper von Boris. In Southampton studierte er Ozeanografie, in der Bretagne erwarb er seine Kenntnisse als Hochseesegler. Er ist technisch enorm versiert, kennt sich in der Bordelektronik ebenso aus wie im Bootsbau. Bevor Boris ihn holte, engagierten ihn andere Teams mehrfach als klugen Navigator und Taktiker. Will ist sportlich hoch ambitioniert, hinter seiner ruhigen, unaufgeregten Art brennt ein unbedingter Wille zum Erfolg. Sein glühendster Wunsch: mit einem eigenen Schiff zur Vendée Globe 2028 antreten. Beim Ocean Race vertritt er Boris auf zwei der sieben Etappen, als jüngster Skipper der gesamten Flotte.

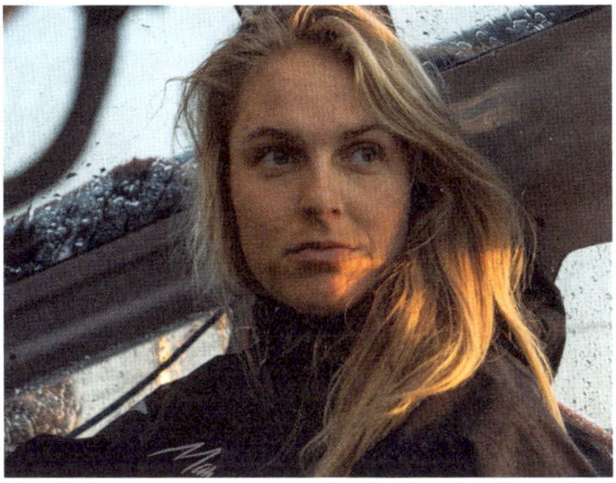

Bei einer Regatta lernt Will 2021 die niederländische Profiseglerin **Rosalin Kuiper** kennen, damals erst 25 Jahre alt. Er empfiehlt sie Boris, der rasch den Eindruck gewinnt: Rosie passt zu uns. Sie hat Offshore-Regatten im Mittelmeer und in Australien gesegelt, klettert beherzt bis zur Spitze eines 30-Meter-Masts, kann eine Lichtmaschine reparieren. Sie ist ehrgeizig, hat einen unbändigen Wissensdurst – und belebt das Team mit unerschütterlich guter Laune und einer schnörkellosen Art zu reden. Was beides hilfreich sein kann, wenn fünf Menschen monatelang auf engem Raum zusammenleben. Dass sie an Bord die einzige Frau ist, sei völlig unerheblich, sagt sie. Der Charakter zähle, sonst nichts.

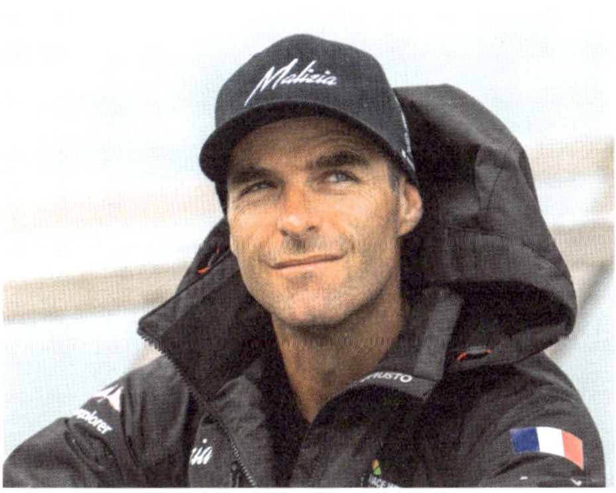

Nicolas »Nico« Lunven, 41, gilt als einer der besten Navigatoren der französischen Seglerszene, »The Brain« nennen sie ihn respektvoll. Bei Preisverleihungen steht er meist in der zweiten Reihe, lieber hockt er am Rechner und analysiert die Daten komplexer Wettervorhersagen. Seine stille, zurückhaltende Art könnte dazu verleiten, ihn zu unterschätzen. Zweimal hat er die Solitaire du Figaro gewonnen, eine Art Weltmeisterschaft der Einhandsegler. Sie besteht aus drei mehrtägigen Regatten hintereinander, mit sehr wenig Schlaf; ein erbarmungsloser Härtetest. Nicos Vater nahm am ersten Ocean Race vor fünfzig Jahren teil, für Nico ist es 2023 das dritte Mal, nun als Navigator der *Malizia*.

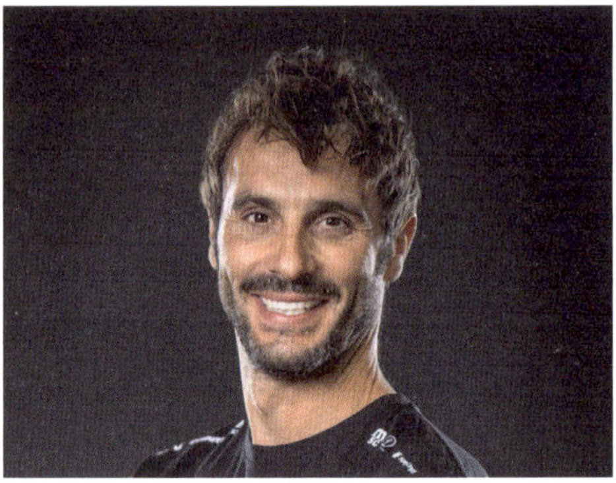

Einmal stieg er mit seinem Kiteboard in die flachen Wasserbecken vor dem Eiffelturm und surfte umher, bis die Polizei kam. Für **Antoine Auriol**, 39, ist jede Wasserfläche eine Arena. 2010 wurde er Weltmeister im Kiteboarden. Als Filmemacher produziert er Dokumentationen für das Fernsehen, meist Naturfilme. Der Franzose hat keine Hochsee-Erfahrung, trotzdem segelt er mit der *Malizia* um die Erde, als »Onboard-Reporter«. Er dokumentiert täglich mit Videos und Fotos, was auf der Rennyacht passiert. Und mit Hilfe seiner Kameradrohne, die ihn schnell als »Fly Captain« berühmt macht. Zu Beginn des Ocean Race ist Antoine oft seekrank, später so seefest, dass er Yoga auf dem Vordeck macht.

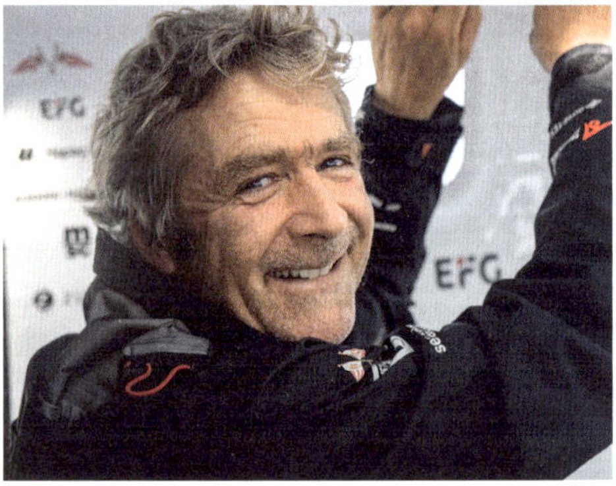

Der Bretone hat die Solitaire du Figaro dreimal gewonnen, nahm an der Vendée Globe teil und gehört zu den besten französischen Einhandseglern. Mit 49 Jahren ist **Yann Eliès** der Senior an Bord, ein Instinkt-Segler, der alles dransetzt, bei jedem Wetter noch ein bisschen mehr Geschwindigkeit aus dem Boot zu holen – und der dann seinen E-Book-Reader rausholt und liest oder an Deck geht und eine Selbstgedrehte raucht. Yann engagiert sich auch als Trainer für Profisegler, seine Firma hat er naheliegenderweise »Full Speed« genannt. Seit mehreren Jahren berät er unter anderem Boris. Beim Ocean Race steigt er bei der zweiten Etappe für Boris ein, bei einer anderen für Nico.

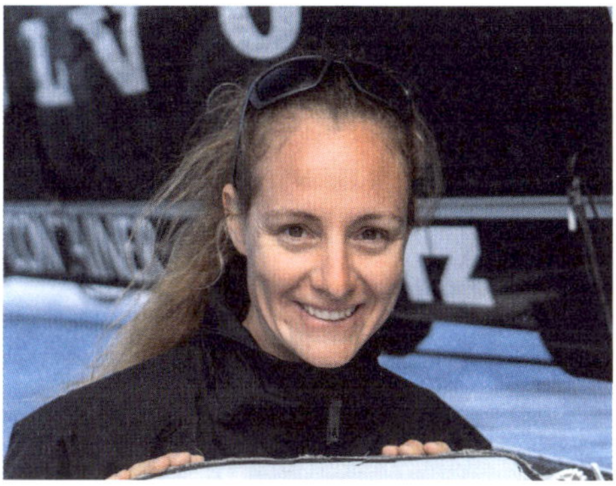

Als promovierte Informatikerin, spezialisiert auf Medizintechnik, hatte **Axelle Pillain**, 33, eine Karriere in der Industrie vor sich. Doch die Französin, seit ihrer Kindheit eine begeisterte Seglerin, hat sich für ein Leben als Profiseglerin entschieden. Neben der Teilnahme an Regatten arbeitete sie bis 2022 in einer Spezialfirma für Bordelektronik, dann wurde sie vom Team Malizia abgeworben. Kaum jemand ist so eng wie sie mit der komplexesten Anlage an Bord vertraut, dem Autopiloten. Nach Trainingstagen analysiert sie die digitalen Leistungsdaten der *Malizia*, noch lieber aber segelt sie selbst mit. Während des Ocean Race springt Axelle auf einer Etappe in Europa für Nico ein.

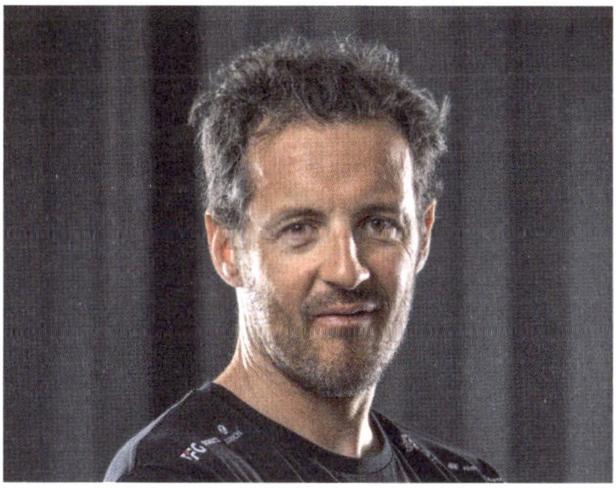

Sein Name klingt englisch, doch **Christopher Pratt**, 42, ist Franzose. Wie Yann und Nico wird er als Profisegler von unterschiedlichen Teams engagiert. Mehrere Jahre lang begleitete er einige der besten Hochseesegler bei den in Frankreich populären Zweihand-Regatten. Zugleich hat Chris als studierter Sportpsychologe, im heimischen Marseille ein Zentrum für Sport und Coaching aufgebaut: mit Segeln als Methode, um Teams in Unternehmen zu formen und Führungskräfte zu schulen. Chris steigt in Brasilien für eine Etappe zu. Es ist sein erstes Rennen mit der *Malizia* – aber mit der Bootsklasse der Imocas, zu der auch die *Malizia* gehört, ist er seit 2010 vertraut, ebenso lang wie Boris.

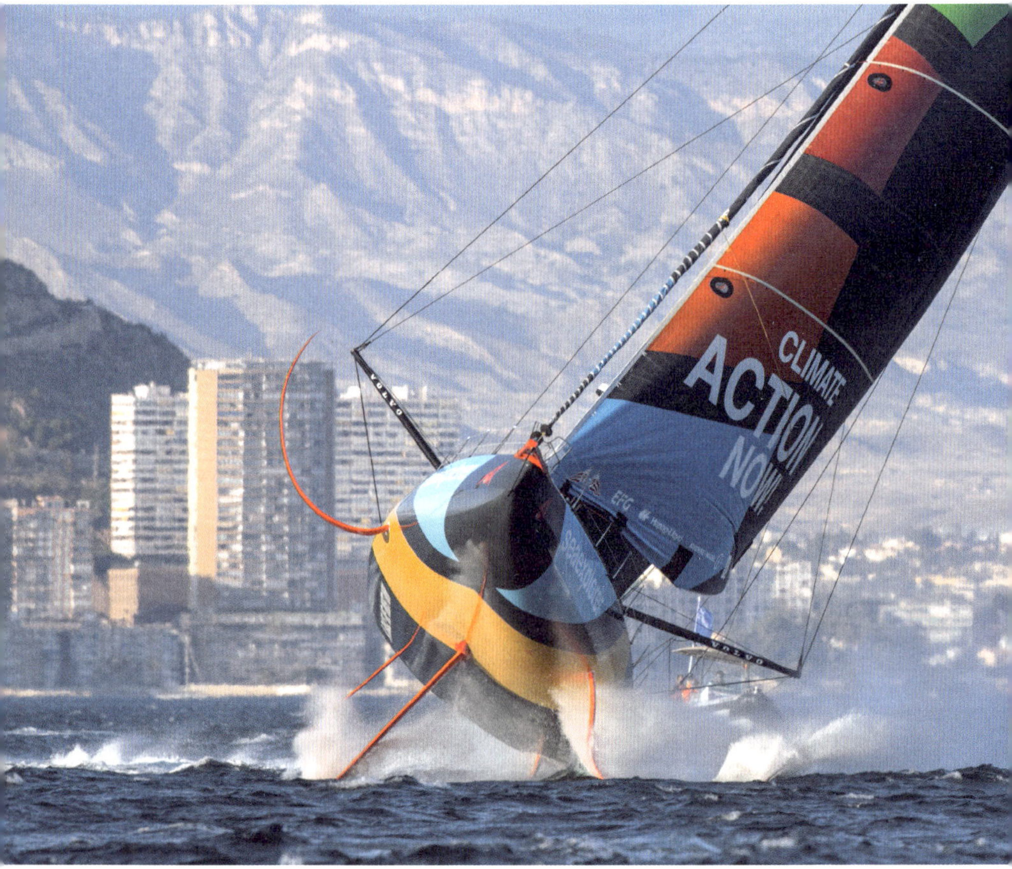

Abflug vor Alicante: Die gebogenen Foils heben die Malizia aus dem Wasser.

1 Kampf vor Gibraltar

Stürmischer Auftakt. Reparatur in letzter Minute, dann Windstärke zehn von vorn

Die Nachricht erreicht Boris einen Monat vor dem Start, im Urlaub auf Teneriffa. Er ist kurz zuvor allein über den Atlantik gesegelt, bei der Route du Rhum, einer legendären Einhandregatta von Frankreich in die Karibik. Nun erholt er sich mit seiner Frau und der dreijährigen Tochter in einer Ferienwohnung am Strand. Kräfte sammeln für das Ocean Race. Draußen fällt warmer Nieselregen, Boris absolviert im Wohnzimmer seine Yoga-Übungen. Als er wie immer mit dem »Herabschauenden Hund« enden will, sieht er auf seinem Handy eine Nachricht aufleuchten. Holly Cova, Teamchefin des Malizia-Rennstalls, hat sie geschickt: Es gibt ein Problem mit den Foils, den seitlichen Tragflügeln der Rennyacht. Ein gravierendes Problem.

Nach Ende der Regatta in der Karibik war Boris zu seiner Familie geflogen und hatte das Schiff der Crew überlassen, die es zurück über den Atlantik segelte, direkt in die spanische Mittelmeerstadt Alicante, wo das Ocean Race in wenigen Wochen starten wird. Die *Malizia* wurde an Land gehoben, und ein Ingenieur fahndete mit einem Ultraschall-Gerät nach möglichen Rissen im Rumpf, Mast, Kiel und in den Foils, ein übliches Verfahren nach längeren Rennen. Als er mit dem Schallkopf über die Foils strich, entdeckte er auf dem Handmonitor alarmierend helle Streifen: Tiefe Risse durchziehen beide Flügel.

Die seitlich herausragenden Foils sind der Turbo dieser Rennyachten. Ihre Profile sind geformt wie die Tragflächen eines Flugzeugs. Ab einer bestimmten Geschwindigkeit heben sie eine Yacht aus dem Wasser, das Schiff beschleunigt spürbar. Die Foils der *Malizia*, das ist nach der Untersuchung klar, würden im nächsten Sturm brechen.

Boris

Die Nachricht von Holly traf mich völlig unvorbereitet, aus heiterem Himmel. Wir haben kurz miteinander telefoniert, danach ging ich davon aus, dass wir es schon hinbekommen würden, die Foils rechtzeitig zu reparieren. Ich glaube, mein Hirn weigerte sich einfach, die Alternative für möglich zu halten. Keine Foils, kein Ocean Race: Das kann nicht sein!

Zwei Tage später informiert mich Holly, dass der Hersteller mit mindestens zwei Monaten für die Reparatur rechnet. Ich bin fassungslos. Das war es dann wohl. Neue Foils zu bauen, dauert etwa ein halbes Jahr. Und die Chance, dass wir irgendwo ein passendes Paar finden und kaufen können, ist minimal. Es gibt weltweit etwa sechzig unserer Imoca-Rennyachten mit Foils, jede Yacht sieht ein bisschen anders aus – weshalb die Tragflügel immer Maßanfertigungen sind. Holly sagt, dass sie und unser Technischer Direktor sich jetzt ans Telefon hängen werden, auf der Jagd nach Ersatzflügeln. Wir schaffen das, meint sie. Auch wenn ich sie in ihrer Zuversicht bestärke, scheint die Sache nüchtern betrachtet aussichtslos. In vier Wochen fällt in Alicante der Startschuss.

Ich sitze in der Ferienwohnung, starre aufs Meer und spüre, dass dies einer der Momente ist, an die man sich jahrzehntelang erinnert. Zerplatzt gerade ein Lebenstraum? Das Ocean Race gibt es seit 1973, seit fünfzig Jahren, es ist eine der ältesten und berühmtesten Regatten überhaupt. Als Schüler blätterte ich gern in Segelbüchern, und am meisten faszinierten mich dabei die Bücher, die vom Ocean Race handelten, von Mannschaften, die sich im Eismeer auf die Suche nach Stürmen machten, um schneller als die anderen nach Kap Hoorn zu gelangen. Die Abenteuer, von denen sie erzählten, und auch die Bilder davon hatten eine Magie, die viel dazu beitrug, dass ich mir damals vorzustellen begann, irgendwann selbst an diesem Rennen teilzunehmen.

Aber erst kam die Vendée Globe. Sie gilt als das Härteste, was man sich als Solosegler zumuten kann: allein und ohne Zwischenstopp einmal um den Erdball. Die Regatta gibt es immerhin auch schon seit 34 Jahren. Bei der letzten Ausgabe 2020/21 habe ich teilgenommen, als erster Deutscher überhaupt. Ich habe das nicht gemacht, weil ich gern allein segele, sondern obwohl ich ungern allein segele. Mich hat einfach die ultimative Herausforderung gereizt. Würde ich dieses Rennen wirklich durchhalten, vielleicht sogar mit einem anständigen Ergebnis? Nach achtzig Tagen um die Erde erreichte ich das Ziel, als Fünfter von 33 Teilnehmern, das war ein irrer Erfolg.

Die Vendée Globe war ein großes Abenteuer – und zugleich ein erbarmungsloser, unablässiger Kampf, mit dem Wetter, mit dem Boot, aber vor allem mit mir selbst. Fast drei Monate lang in dunkler Einsamkeit, das hatte mir schwer zu schaffen gemacht. Es gab in der ganzen Zeit nur wenige Tage, die ich wirklich genießen konnte.

Während des Rennens hatte ich mir geschworen, so etwas nie wieder zu machen. Nach dem Rennen erklärte ich, bei der nächsten Vendée Globe, die Ende 2024 startet, auf jeden Fall antreten zu wollen. Tja. Menschen verhalten sich manchmal widersprüchlich. Vielleicht hängt es damit zusammen, dass die am schwersten erkämpften Erfolge nun mal am süßesten schmecken. Vor allem aber reizte mich der Weg zum Start, der Aufbau einer neuen Kampagne, auch das ist ja ein großes, eigenes Abenteuer, das mich vier Jahre lang in Atem halten würde.

Nur wenige Wochen nach dem Ende der Vendée Globe trafen mein kleines Team und ich zwei Entscheidungen: Wir nehmen am Ocean Race teil. Und wir bauen eine neue, bessere Malizia. Ein Schiff für die zwei wichtigsten Segelrennen um die Welt. Die Veranstalter nennen das Ocean Race den härtesten Teamwettkampf der Sportwelt. Ich glaube, sie haben recht. Ich kenne zumindest keinen Wettkampf, der einem Team über so lange Zeit hinweg so viel abverlangt, körperlich und mental. Die Route ähnelt der Strecke der Vendée Globe – aber diesmal wird auf jedem Schiff eine kleine, verschworene Mannschaft die Erde umrunden. So wie in den Büchern meiner Jugend.

Als wir die Entscheidung fällten, lag der Start des Ocean Race keine zwei Jahre mehr entfernt. Normalerweise braucht man die Zeit schon allein dafür, so eine komplexe Rennyacht zu verstehen. Ich hatte noch nicht mal eine Zeichnung von dem Schiff, nur ein paar Ideenskizzen. Wir vergrößerten das Team, dann legten wir los. Eines der besten Büros für Yachtdesign entwarf das Schiff, eine französische Werft baute es. Im Frühsommer 2022 arbeiteten bis zu fünfzig Leute gleichzeitig an der neuen Malizia. Wie geplant ließen wir sie im Juli 2022 zu Wasser, danach trainierten wir in der Bretagne, segelten zur Schiffstaufe nach Hamburg, dann die Regatta über den Atlantik. Jetzt haben wir noch einen Monat in Alicante eingeplant, um uns in Ruhe auf den Start des Ocean Race vorzubereiten.

Der Weg dorthin war kein Marathonlauf, es war ein Sprint nach dem anderen. Wir haben jeden Termin eingehalten, alles hat funktioniert wie geplant, alle haben ihr Bestes gegeben, damit in Alicante das große Abenteuer beginnen kann. Und nun soll all das vergebens gewesen sein?

~

In dem Mittelmeerhafen laufen sich die Teams warm. Elf Rennställe haben gemeldet: sechs in der alten Bootsklasse der VOR65, fünf moderne Imoca-Yachten. Die Teams der Imocas, zu denen auch die *Malizia* gehört, errichten ihre hallengroßen Zelte nebeneinander auf der Außenmole von Alicante. Drinnen stehen Bürocontainer und Werkstätten, draußen haben sie Tische und Bänke aufgebaut, um zu essen, Musik zu hören oder mit den Nachbarn zu quatschen. Die Stimmung erinnert an ein Zeltlager unter alten Bekannten. Sie alle gehören zu den besten Offshore-Seglern der Welt, eine Elite, die sich regelmäßig bei großen Langstreckenrennen wiedersieht. Auch Olympiateilnehmer sind dabei; sie haben sich irgendwann entschlossen, nicht länger in Küstennähe um Bojen zu segeln, sondern hinaus aufs Meer zu fahren, für Regatten von Kontinent zu Kontinent.

Das Ocean Race ist für sie alle das Fernziel gewesen. Mehr geht nicht. Nun haben sie es tatsächlich geschafft, sie haben einen Platz in einer Crew erhalten und werden an dem legendären Rennen teilnehmen.

Team Malizia besteht aus knapp vierzig Seglern und Nichtseglern. Sie stellen den jüngsten Rennstall des Ocean Race, fast alle sind zwischen Mitte zwanzig und vierzig Jahren alt. Es ist ein sehr internationales Team, die Frauen und Männer kommen aus Frankreich, Deutschland, Großbritannien, Spanien, Portugal, mehrere aus Neuseeland und den USA. Die meisten gehören seit etwa einem Jahr dazu: als Profis für Bootsbau oder Elektronik, für Sponsoren-Kontakte oder Kommunikation auf Social Media.

Team-Director Holly Cova, 33 Jahre alt, souveräne Dirigentin des Rennstalls, hat alle darauf eingeschworen, trotz des Desasters mit den Foils ungerührt weiterzumachen. Ab acht Uhr morgens summt es in der Zelthalle. Das »Tech-Team« arbeitet die Liste mit Ideen ab, was sich an Bord noch alles verbessern ließe. Die Liste ist nach dem Atlantikrennen auf 438 Positionen angewachsen, vom Kauf neuer Schlafsäcke bis zum Anbringen zusätzlicher Griffe unter dem Kabinendach. Eine Sicherheitsmaßnahme für den wilden Ritt durch das Eismeer.

Das »Commercial Team« kümmert sich darum, dass auch an Land die Tour um die Welt klappt: Der gesamte Rennstall wird zu den sechs Hafenstädten reisen, in denen die Flotte der Yachten zwischendurch für ein, zwei Wochen stoppt. Da müssen Team-Basen und Veranstaltungen organisiert werden, Flüge, Leihräder und Unterkünfte. In Alicante sind die »Malizianer«, wie sie sich nennen, in elf Airbnb-Wohnungen untergekommen. Morgens treffen sie sich am Hafen, abends kochen sie zusammen, anschließend ziehen sie häufig um den Block. Team Malizia ist bereit, als Wanderzirkus auf Welttournee zu gehen.

Doch dazu fehlt das Boot. Noch immer ist die *Malizia* flügellahm, buchstäblich. Da meldet sich aus Frankreich der Hersteller der alten Foils: Das Unternehmen hat für eine Imoca-Yacht, die noch gebaut werden soll, die Tragflügel bereits fertiggestellt. Die Maße ähnelten denen der *Malizia*. Vielleicht ließe sich da ja was machen?

Ich bin viermal um die Welt gesegelt und habe rund zwanzigmal den Atlantik überquert. Ich habe an Regatten im Mittelmeer und im Pazifik teilgenommen und die Arktis auf der Nordostpassage durchquert. Ich habe mich also mit vielen unterschiedlichen Yachten vertraut gemacht – aber keine kenne ich bis in die innersten Strukturen so gut wie die neue Malizia. Sie ist die einzige Yacht, die ich selbst mitentworfen und gebaut habe. Sie ist mein Baby. Die Risse in den Foils haben mich daher auch persönlich getroffen; ein bisschen fühlt es sich an, als hätte ich meine Fürsorgepflicht vernachlässigt.

Und dann erfahren wir plötzlich, es gebe da ein Paar Foils, das wir vielleicht gebrauchen könnten. Die Nachricht hat mich so fassungslos gemacht wie zuvor die Schadensmeldung. Was für eine Fügung! Wir ließen uns die Maße schicken, setzten uns an den Computer und schoben die Foils in das 3D-Modell unseres Schiffs. Sie schienen tatsächlich zu passen. Holly und ich fackelten nicht lange und kauften die Teile.

Passende Maße, um sie im Rumpf zu fixieren, sind das eine. Unsere alten Flügel knickten außen allerdings wie ein angewinkelter Arm in die Luft, die neuen biegen sich im Halbkreis nach oben. Keine Ahnung, ob uns das schneller oder langsamer machen wird. Im Grunde genommen ist es so, als würde bei einem Formel-1-Wagen kurz vor dem Rennen der Motor gegen ein neues, unbekanntes Modell ausgetauscht. Nicht das, was man sich wünscht – aber: Wir können starten!

Unsere vor dreißig Jahren entwickelten Yachten waren vor allem dazu gedacht, lange Rennen mit nur einer oder zwei Personen an Bord zu segeln. Das ist bei einer 18-Meter-Yacht eine große Herausforderung und erfordert eine klug durchdachte Ausstattung. Was wiederum dazu führte, dass unsere »Imocas«, so benannt nach der Klassenvereinigung, zum Ideenlabor des Yachtbaus wurden. Von schwenkbaren Kiels bis zu Infrarotkameras auf der Mastspitze: Viele Innovationen, die eine Rennyacht schneller und auch sicherer machen sollten, wurden zuerst bei Imocas ausprobiert. Mit Tragflügeln hatten auch schon andere experimentiert, aber die Imoca-Architekten haben viel dazu beigetragen, dass das Foilen zu einer eigenen Wissenschaft geworden ist.

Die Helden aus meinen alten Büchern wären entgeistert gewesen, hätte man ihnen damals Bilder von den Rennmaschinen gezeigt, mit denen wir heute starten. Mir gefällt diese Verwandlung des Hochseesports. Noch immer brauchst du Gespür, um sicher durch einen Sturm zu kommen. Noch immer musst du Segelsäcke mit der Hand schleppen und lernen, in einem stampfenden Boot Schlaf zu finden. Und natürlich kannst du auch auf einer Imoca die Natur da draußen genießen, etwa die Magie eines Sonnenaufgangs auf See. Es ist halt nur allerhand Technik hinzugekommen. Sie macht unsere Boote schneller, aber auch anspruchsvoller; manchmal kommen sie mir vor wie nervöse, hypersensible Wesen. Wir haben Hunderte von Möglichkeiten, sie optimal einzustellen, die Segel, den Kiel, die Foils, den drehbaren Mast und vieles mehr. Ich mag es, das alles auszuprobieren und jeden Tag ein bisschen besser zu verstehen.

Und noch etwas hat sich verändert: Rennen wie das Ocean Race werden inzwischen zur Hälfte an Land entschieden. Weil die Schiffe, wenn wir sie wochenlang durch schwere See geprügelt haben, oft als Baustellen am Zwischenstopp ankommen. Um sie bis zum nächsten Start wieder herzurichten, bleiben den Tech-Teams manchmal nur eine Handvoll Tage. Bei der Vendée Globe musste das Boot einmal zu 100 Prozent in Topform sein, diesmal müssen wir das siebenmal hinbekommen. Dir nützen also die besten Mitsegler auf See nichts, wenn du keine guten Bootsbauer an Land hast. Wenn wir zur nächsten Etappe aufbrechen, müssen wir darauf vertrauen können, unsere Schiffe wieder bis an die Grenzen der Belastung treiben zu können. Wir beachten diese Grenzen genau – aber es darf nicht sein, dass dir das Schiff schon vorher um die Ohren fliegt.

Die Bootsbauer in unserem Team sind Profis. Ich denke, sie werden es schaffen, in den drei Wochen bis zum Start das Schiff mit den neuen Foils in Topform zu bringen. Für uns hat das Ocean Race bereits begonnen.

Die Tragflügel der Rennyachten sind ein technologisches Wunderwerk, ein Meisterstück von Designern, Datenexperten und Bootsbauern. Sie sehen aus wie elegante Skulpturen: schmale, dünne Schwingen, die zu beiden Seiten der Yacht vier Meter hinausragen, meist in sanftem Schwung nach oben gebogen. Sie bestehen aus bis zu 400 Schichten Kohlefasern, von Robotern millimetergenau ausgerichtet, im Hochdruckofen miteinander verbacken und so stabil, dass sie 25 Tonnen Drucklast aushalten. Sind die Foils für eine Yacht bestimmt, die an einem Rennen um die Welt teilnehmen will, schicken Datenanalysten sie vor dem Bau virtuell auf die Reise. Sie kombinieren am Rechner die lokalen Wetterdaten entlang der gesamten Strecke mit den Leistungsdaten der Yacht, um herauszubekommen, was für diese Route und diese Yacht die bestgeeignete Form der Foils wäre.

Die Mechanik eines Tragflügels ist simpel. Neigt sich das Segelboot im Wind zur Seite, fährt das Foil auf dieser Seite tief durchs Wasser und erzeugt mit seinem Flügelprofil automatisch Auftrieb. Schon bei mittlerem Wind wird die Yacht emporgehoben, so hoch, bis sie nur noch auf ihrer Heckpartie und einem Foil über das Wasser glitscht. Der Reibungswiderstand verringert sich erheblich, das Schiff beschleunigt rasant.

Nimmt der Wind zu, will er die Yacht noch stärker zur Seite drücken. Doch dem widersetzt sich das Foil auf eben dieser Seite; es will mit zunehmender Geschwindigkeit die Yacht zurück in die waagerechte Position drücken. Beide Kräfte wirken gegeneinander – bis irgendwann entweder der Mast bricht oder das Foil. Damit das nicht passiert, messen in Mast und Foil unsichtbare Sensoren die Drucklast an mehreren Stellen und leiten sie über haarfeine Glasfaserkabel an den Zentralrechner im Cockpit weiter. Überschreitet irgendwo eine Last den Grenzwert, schrillt ein Alarm.

Die Foils sind insofern auch ein Symbol: für die Fähigkeit der Rennyachten, sich selbst zu zerstören. Wer eine Imoca sicher um die Welt bringen will, muss vor allem lernen, sie zu zügeln.

Um die neuen Flügel der *Malizia* millimetergenau durch zwei seitliche Schlitze in den Rumpf schieben zu können, müssen die Bootsbauer des Teams, wie sich herausstellt, doch noch einige Änderungen vornehmen. Außerdem sind die Foils noch im Rohzustand, nicht gespachtelt, nicht besprüht, nicht geschliffen. Wer mehrere Hunderttausend Euro Kaufpreis gezahlt hat, wird die finale Feinarbeit nicht irgendjemandem anvertrauen. Er wird die Besten des Fachs haben wollen. Holly engagiert die »Waschbären«.

Der Engländer Ed Wheelhouse, 51, und der Spanier Rayco Perez Miranda, 31, reisen seit sechs Jahren als Team um die Welt, von Australien bis zu den Bermudas, überall dorthin, wo die Eigner von Hochgeschwindigkeitsyachten sicherstellen wollen, dass ihr Schiff unter Wasser von perfekter Ebenmäßigkeit ist. Nicht einfach bloß glatt und gerade, sondern absolut makellos. Ohne eine einzige Unebenheit, und sei sie auch noch so winzig, am Rumpf, Kiel oder an den Foils. Nichts soll das Schiff bei seinem Rauschen durch das Wasser bremsen.

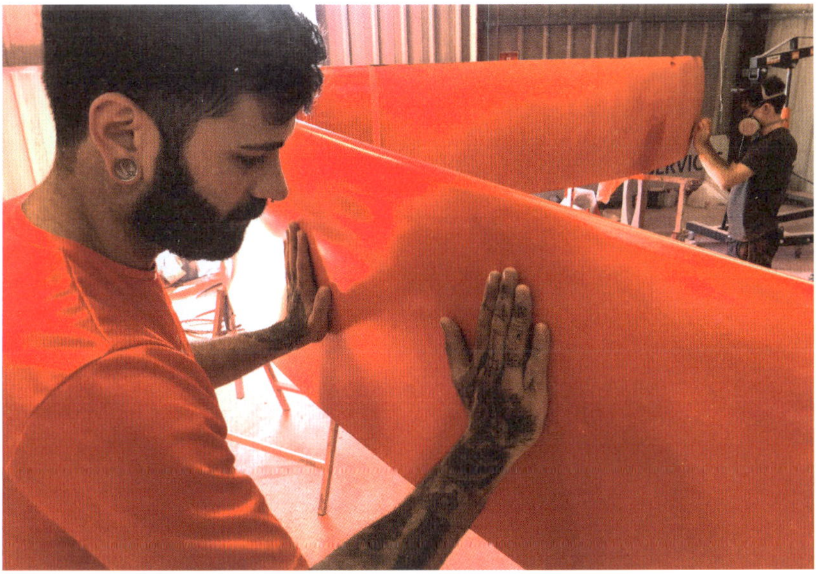

Mit Fingerspitzengefühl: Rayco prüft, ob der Tragflügel makelos ist.

Für ihre Arbeit brauchen die beiden nur ein paar Spritzpistolen, Spachtelmasse, Schleifpapier. Und die Sensibilität ihrer Hände und Fingerkuppen. Ihr ausgeprägter Tastsinn hat ihnen in der Welt der Profisegler den Ehrentitel »the two raccoons« eingebracht, die zwei Waschbären. Die Tiere sind bekannt für ihre hyperempfindlichen Vorderpfoten; in flachem Wasser können sie damit die Bewegungen von Fischen und Krebsen spüren, bevor sie nach ihnen greifen.

Rayco und Ed haben schon die ersten Foils der *Malizia* veredelt. Nun nehmen sie die neuen Flügel in ihre Hände. Die Foils liegen, seitlich gekippt, auf mehreren Böcken, zwei graue, zungenartige Skulpturen in S-Form, sechs Meter lang, einen halben Meter breit, acht Zentimeter dick. Die Männer spachteln und glätten sie, spritzen sie erst weiß, dann rot, schleifen sie immer wieder per Hand, jedes Mal mit etwas feinerem Schleifpapier. Niemals, sagen sie, würden sie mithilfe einer Maschine schleifen, die spürt doch nichts!

Schließlich stellt sich Rayco, ein kräftiger, massiv tätowierter Mann, vor ein Foil, schließt die Augen und fährt mit beiden Handflächen über die gewölbte Außenhaut. Mit geradezu sinnlicher Langsamkeit streicht er über die blanke Fläche, vor und zurück, hoch und runter. Er nutzt immer beide Hände gleichzeitig, sagt er, weil dann »die eine Hand der anderen signalisieren kann, wenn sie etwas spürt«. Ab und zu stockt Rayco, greift nach einem Schleifpapier, das selbst schon fast so blank ist wie Schreibpapier, und bessert nach. Ist er sich unsicher, macht er den »Killer-Test«: Er bewegt eine Neonröhre über die

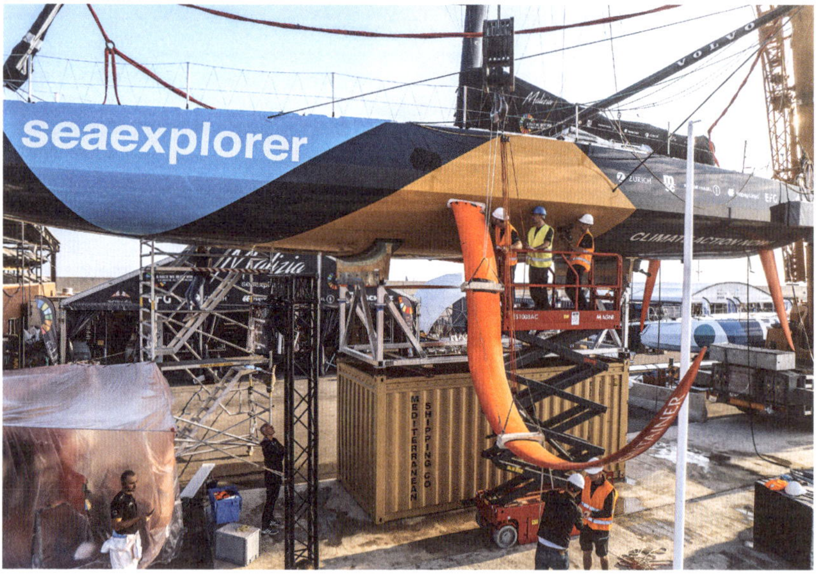

Passen sie? Die neuen Foils werden in den Rumpf geschoben.

glänzende Fläche und prüft, ob in ihrem Spiegelbild eine Unregelmäßigkeit zu erkennen ist. Ed Wheelhouse fühlt sich das zweite Foil entlang. Acht Tage lang versenken sich die beiden in ihren Perfektionismus, dann sind sie zufrieden.

Die meisten Malizianer verbringen die Weihnachtsfeiertage 2022 in der Basis. Auch Silvester und Neujahr stehen sie an den Werkbänken, basteln am Boot oder sitzen in den Bürocontainern vor ihren Rechnern. Am Abend des 4. Januar soll das erste neue Foil in den Rumpf der *Malizia* eingefügt werden. Am Kran schwebt der 280 Kilogramm schwere Flügel zu dem hoch aufgebockten Schiff. Zentimeterweise rutscht der knapp zwei Meter lange Schaft hinein. Das Foil passt, ebenso das zweite. Noch in der gleichen Nacht wird das Schiff zu Wasser gelassen. Ed und Rayco, die Bootsbauer und Elektroniker, die Experten für Segel, Mast und Tauwerk, sie alle haben es tatsächlich geschafft. Zehn Tage vor dem Start funktioniert die *Malizia* wieder.

Boris

Am nächsten Tag sind wir hinausgefahren, haben Segel gesetzt und auf die erste kräftige Böe gewartet. Als sie kommt und das Schiff leicht auf die Seite drückt, hören wir auf zu reden und lauschen den Foils. Ihr Summen verwandelt sich in ein Jaulen, in einen schrillen, immer höheren Ton. Die Malizia beginnt, sich vorne aufzurichten, und schießt durchs Wasser. So soll es sein! Will Harris, mein engster Mitsegler, und ich schauen uns an und grinsen. Wir müssen nichts sagen. Wir sind einfach nur erleichtert, unfassbar erleichtert. Wir werden dabei sein.

Zieht man die Zeit in den Zwischenstopps ab, werden wir über hundert Tage auf See verbringen. Die Strecke führt größtenteils durch kalte, stürmische Regionen, wir werden uns fast immer unter Deck aufhalten. Das Ocean Race lässt sich daher auch so beschreiben: Eine Frau und vier Männer müssen hundert Tage lang auf zwölf Quadratmetern miteinander auskommen. Gibt es Stress, können sie nicht vor die Tür gehen. Gibt es einen Unfall, müssen sie sich gegenseitig verarzten. Und halten sie das Ganze nicht mehr aus, müssen sie es trotzdem aushalten, bis zum nächsten Hafen.

Die Wettfahrtregeln schreiben vor, dass die Crew aus vier Personen besteht, mindestens eine davon muss eine Frau sein. Immer zwei Personen fahren Wache, die beiden anderen können schlafen. Nach mehreren Stunden wird gewechselt. De facto werden unsere Schiffe also von nur zwei Personen gesegelt, bei größeren Manövern holen sie allerdings die anderen zu Hilfe. Der fünfte Mensch an Bord ist der Bordreporter. Sein Job ist es, unser Rennen zu dokumentieren, die Dramen, den Alltag, die spektakuläre Natur. Schon bei den letzten Rennen gab es dafür auf jedem Schiff zusätzlich einen Mann oder eine Frau, und ihre Videos und Fotos waren wirklich beeindruckend. Der Reporter darf uns beim Segeln nicht unterstützen, da sind die Regeln streng. Sie gestatten ihm nur, im Haushalt mitzuhelfen, also Seewasser vom Boden aufzuwischen, die Müllsäcke auszuwechseln und so etwas.

Wir werden uns auf eine so intensive Weise kennenlernen, wie man es sonst niemals erlebt. Hundert Tage in einer schaukelnden Zelle. Was werden wir dabei an den anderen und was an uns selbst entdecken? Wie werden wir auch in schwierigen Situationen miteinander klarkommen? Für mich ist diese Herausforderung mindestens so spannend wie das Rennen selbst.

Will habe ich schon 2019 in mein Team geholt, für eine Regatta zu zweit über den Atlantik. Wir merkten schnell, wie gut wir zusammenpassen, in allen Situationen, sogar in der Freizeit, wenn wir an den nächsten Strand fahren und kitesurfen. Will vertraue ich blind. Rosalin, die alle nur Rosie nennen, stieß vor einem Jahr zu uns. Sie ist erst 27, die Jüngste des gesamten Ocean Race. Sie hat viel Erfahrung und technisch eine Menge drauf. Ich habe erst wenige Tage am Stück mit ihr gesegelt. Ich bin gespannt; ich mag ihren enormen Wissenshunger und ihren Ehrgeiz. Außerdem wird sie uns guttun mit ihrer offenen, munteren Art.

Nico wiederum kenne ich schon seit Jahren aus der Bretagne, er ist ein versierter Imoca-Segler. Vor allem ist er einer der besten Navigatoren der Offshore-Szene; ein stiller, zurückhaltender Mensch – und ein Rockstar unter Frankreichs Seglern. Nico wird uns sagen, wo es langgeht.

So, und dann haben wir noch jemanden dabei, der noch nie eine Nacht auf einem Segelboot verbracht hat: Antoine, unser Bordreporter. Ist es riskant, so jemanden auf ein Segelrennen um die Welt mitzunehmen? Ja, das ist es. Aber ich glaube an Antoine, und ich freue mich auf ihn. Er ist sportlich und zäh, Kitesurf-Weltmeister, Filmemacher, hat eine enorm positive Ausstrahlung – und er schaut auf das, was wir hier veranstalten, mit einer Mischung aus Begeisterung und Befremden. Sein Blick von außen wird uns dabei helfen, auf dem Boden zu bleiben und uns daran zu erinnern, was wirklich zählt.

Unsere Wohngemeinschaft ist, nun ja, eher karg ausgestattet. Wir haben keine Dusche, sondern Feuchttücher; solange das Meer warm ist, können wir uns außerdem in die Gischt stellen, die über das Deck schießt. Wir haben keine Heizung, sie würde zu viel Energie kosten. Unsere Toilette ist ein blauer Plastikeimer, den wir über Bord ausleeren. Unsere Küche ist ein Wasserkocher. Die zwei, die nie zusammen Wache haben, teilen sich einen Schlafsack; das spart Platz und Gewicht und hat den Vorteil, dass man nach einer kalten Wache im Südpolarmeer in einen warmen Schlafsack schlüpfen kann.

Mag sein, dass sich das alles etwas spartanisch anhört. So ganz anders als in früheren Zeiten. Auf der mexikanischen Yacht, die vor fünfzig Jahren das erste Ocean Race gewann, aßen sie mit Messer und Gabel, von Tellern aus Porzellan, und öffneten jeden Abend mehrere Flaschen Wein. Heute löffeln wir gefriergetrocknete Nahrung aus Tüten, in die wir kochendes Wasser gegossen haben. Und zu trinken gibt es Meerwasser aus der Entsalzungsanlage an Bord, mit einer Vitamintablette drin.

Damals bestanden die Mannschaften aus abenteuerlustigen Amateuren, die im Urlaub auch mal gut essen wollen. Heute gehen hier fünf Mannschaften an den Start, die ausschließlich aus Profis bestehen, aus lauter Weltklasse-Seglern. Jedes Team könnte siegen, und wir werden bis zum Schluss ein spannendes Rennen erleben.

Mir gefällt die Professionalisierung. Wir alle machen das ja nicht aus Spaß, wir leben davon, über die Meere zu segeln, das ist unser Beruf. Was für ein Privileg. Dafür verzichte ich gern auf Porzellanteller. Außerdem habe ich sichergestellt, dass wir genügend dunkle Schokolade und Haribo an Bord haben.

Eine Woche vor dem Start öffnet der »Ocean Live Park«. In jeder Hafenstadt, in der die Flotte Station macht, wird es diesen Park geben, er ist das Schaufenster des Ocean Race. In Alicante schieben sich täglich gut 30 000 Besucher über die Kaianlagen, sie stehen staunend an den Stegen mit den Rennyachten, strömen in Ausstellungen über Meeresschutz und Klimawandel, zwängen sich in Modelle der Yachten. Freiluftkinos zeigen Filme über die alten Rennen, auf zwei Bühnen treten spanische Rockbands auf. Es ist ein Volksfest.

In einem Nebengebäude treffen sich die Seglerinnen und Segler zu einem Crashkurs in Notfallmedizin. Es ist eine Pflichtveranstaltung. Dr. Spike Briggs, ein Unfallchirurg aus England, zeigt auf der Leinwand die Aufnahme eines Seglers vom letzten Rennen. Sein Mund ist ein einziger blutiger Schlund. Bei einem Manöver ist ihm eine Winschkurbel ins Gesicht geschlagen. »Wir können euch dabei helfen, was ihr in solchen Fällen tun müsst, an jedem Ort der Erde«, sagt Briggs. »Aber wir können es nicht für euch tun.«

Briggs hat schon alles erlebt, was Menschen bei einem Segelrennen zustoßen kann. Seit 2008 steht er als »Chief Medical Adviser« dem Ocean Race zur Seite. Jedes Mal stattet er die Medizinkoffer der Yachten aus und legt präzise Gebrauchsanweisungen dazu. In seinem Zentrum für Telemedizin im englischen Southampton sind er und mehrere Ärztinnen und Ärzte während des Rennens rund um die Uhr erreichbar, für Diagnosen und Hilfe per Videocall bei Operationen. Er empfiehlt jeder Crew, ein kleines Endoskop mitzunehmen, das sich ans Handy anschließen lässt, für Fotoaufnahmen in Mund oder Ohr.

Der Chirurg und mehrere Kollegen wollen zwei Tage lang mit den Mannschaften üben, was sie hoffentlich nie anwenden müssen: etwa ein gebrochenes Bein zu schienen, Wunden zu nähen, einen gesplitterten Zahn zu kitten. Drei Tische sind aufgebaut, an jedem sitzt ein Arzt und trainiert die reihum rotierenden Teams. Speeddating am OP-Tisch.

Jedes Team hat wie vorgeschrieben mindestens zwei Leute geschickt. Simon Fisher vom US-Team *11th Hour Racing* kennt den Notfallkurs so gut wie kein anderer Segler, er hat schon fünf Ocean Races hinter sich. »SiFi«, wie ihn alle nennen, ist als Navigator eine

Legende, er könne, so heißt es, auch mit geschlossenen Augen um die Welt segeln. Sein Skipper Charlie Enright war zweimal bei dem Rennen dabei, der Bordreporter Amory Ross bereits dreimal. Kein anderes Team hat sich intensiver auf das Ocean Race vorbereitet, die US-Mannschaft trainiert seit drei Jahren. Wir sind dabei, um zu siegen, hat Enright erklärt.

Auch Kevin Escoffier, Skipper des Teams *Holcim*, nutzt den Medizinkurs zur Auffrischung. Er gehörte zur Crew der Yacht *Dongfeng*, die unter chinesischer Flagge erfolgreich an den beiden letzten Ocean Races teilnahm, mit einem dritten und einem ersten Platz. 2020 lag er bei der Vendée Globe ebenfalls in der Spitzengruppe, als sein Schiff bei einem Sturm im Südpolarmeer auseinanderbrach und sofort sank. Eine Nacht lang suchten vier Segler, darunter auch Boris Herrmann, nach der Rettungsinsel mit Escoffier, dann fanden sie ihn. Für das Ocean Race hat Escoffier eine Crew aus französischen und britischen Profiseglern zusammengestellt. Und auch eine Deutsche gehört dazu: Susann Beucke aus Kiel, 31, Silbermedaillengewinnerin bei den Olympischen Segelwettbewerben 2021.

Die Crew von *Biotherm* besteht inklusive der vier Ersatzsegler zur Hälfte aus Frauen. Fast alle an Bord gehören zu Frankreichs besten Einhandseglerinnen und -seglern, drei von ihnen haben bereits an der Vendée Globe teilgenommen. Nun besteht ihre Herausforderung darin, nicht mehr allein zurechtkommen zu müssen.

Schließlich noch das Team *Guyot*. Es ist ein französisch-deutsches Projekt: mit dem Vendée-Globe-Segler Benjamin Dutreux als Skipper und dem Deutschen Robert Stanjek als Co-Skipper. Der 41-jährige Berliner war Starboot-Weltmeister, Olympia-Sechster 2012 und wechselte vor acht Jahren ins Lager der Hochseesegler, vorangetrieben von dem Traum, einmal am Ocean Race teilzunehmen. Mit in seiner Crew: eine britische Olympiaseglerin, ein Berliner Junioren-Weltmeister und ein weiterer Vendée-Globe-Teilnehmer aus Frankreich.

All die Erfolge helfen nicht, als die Seglerinnen und Segler gebeten werden, sich an Tisch 2 gegenseitig Infusionsnadeln in eine Armvene zu schieben. Mehrere winken ab, ein bulliger Spanier verlässt bleich den Raum. *Malizias* Bordreporter Antoine nimmt das Angebot von Dr. Briggs an, dem Arzt die Infusion anzulegen. Am Nachbartisch beugt sich Will über ein lappenartiges Fleisch-Imitat, um mehrere Wunden zu nähen. Rosalin versucht mit zwei US-Seglern, einem am Boden liegenden Franzosen, der einen Beinbruch simuliert, eine aufblasbare Schiene anzulegen.

»Hinter diesem Kurs steckt noch eine zweite Absicht«, sagt Briggs später in kleiner Runde. »Die Segler lernen sich auf eine sehr persönliche, fast schon intime Weise kennen. Sie berühren sich, reden zwei Tage lang viel miteinander. Danach sieht jeder den anderen nicht mehr nur als Konkurrenten – und das wird helfen, wenn sie mit dem Messer zwischen den Zähnen ins Rennen starten.«

~

In Alicante, im Zielhafen Genua und in jedem der sechs Stopps dazwischen wird es ein »In-Port-Race« geben: ein ein- bis zweistündiges Rennen, das um Bojen führt, die direkt vor dem Hafen ausliegen. Für die Crews sind die Sprintstrecken eine heikle Angelegenheit. Sie müssen ihre Schiffe, gebaut für die Langstrecke, auf engem Raum wenden und halsen, häufiger als manchmal wochenlang auf See. Den Besuchern der »Ocean Live Parks« bieten die Rennen die Möglichkeit, die Yachten in Aktion zu beobachten, die großen Begleitfähren sind meist schon Wochen im Voraus ausgebucht. Die Ergebnisse werden für die finale Gesamtwertung keine Bedeutung haben – außer bei gleichem Punktestand für zwei Teams. Dann zählt, wer bei den Hafenrennen besser abgeschnitten hat.

Für Boris und seine Crew bietet das erste In-Port-Rennen vor allem die Chance, im Vergleich mit den anderen Yachten zu erkennen, wie gut die neuen Foils funktionieren. Nach dem Start liegt die *Malizia* auf dem vierten Platz, dann kämpft sich die Crew nach vorn und erreicht das Ziel als führendes Schiff. Erstes Rennen, erster Sieg!

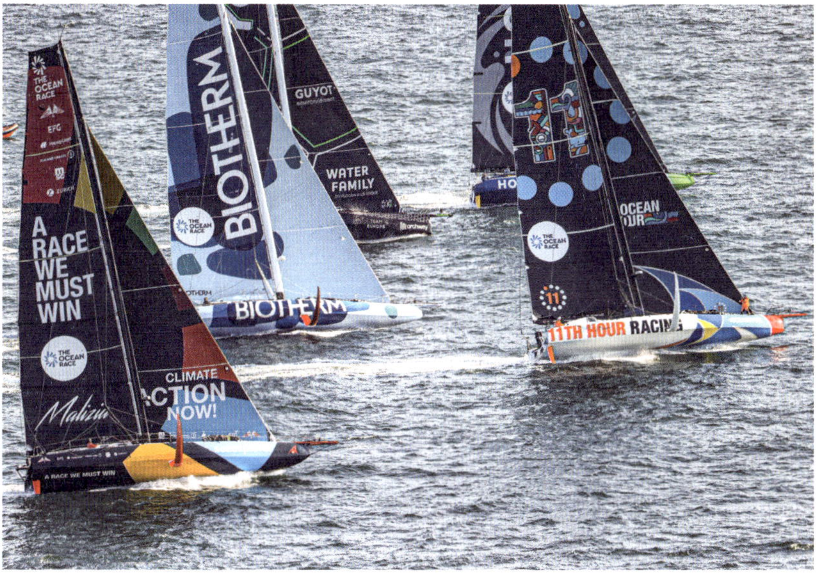

Die Crews der fünf Yachten gehören zu den besten Hochseeseglern der Welt.

Bei der Preisverleihung greift Boris nach dem Mikrofon und widmet den Erfolg dem Tech-Team: »Vor zwei Wochen hatten wir noch keine Foils, heute haben wir gesiegt. Das haben wir euch zu verdanken, das ist euer Triumph.« Abends schieben die Bootsbauer im Malizia-Zelt die Werkbänke zur Seite und bauen eine Musikanlage auf. Die Party, zu der auch die anderen Teams kommen, wirkt wie eine Befreiung.

Rosalin

Für mich als Seglerin war das Ocean Race immer der Everest. Als ich vor zehn Jahren das erste Mal davon erzählte, meinten alle bloß, ich solle mir lieber etwas anderes vornehmen. Nun habe ich es geschafft. Ich bin bestimmt nicht die beste Seglerin der Welt, aber ich habe gearbeitet wie verrückt.

Als Frau musste ich zusätzlich darum kämpfen, überhaupt ernst genommen zu werden. Hochseesegeln ist immer noch eine männerdominierte Angelegenheit. Auf vielen Regatten war ich die einzige Frau an Bord. Die Blonde aus Holland, niedlich, aber hoch in den Mast schicken wir lieber einen Kerl –

so lief das. Nun werde ich mit vier Männern um die Welt segeln, und ich glaube, ich habe Glück mit ihnen. Ich erlebe sie alle als ziemlich entspannt und respektvoll, niemand dabei mit anstrengendem Ego. Vielleicht hat es damit zu tun, dass Boris, Will und Nico viel Einhandsegelei hinter sich haben. Und ohne Beta-Tiere an Bord macht es ja keinen Sinn, zum Alpha-Tier zu werden.

Ich bin mit den anderen aus der Karibik nach Alicante gesegelt, es war meine bisher längste Tour auf der Malizia. Es fällt mir nicht leicht, mich daran zu gewöhnen, die meiste Zeit im geschlossenen Cockpit zu stehen. Ich bin ein Naturmensch, ich liebe Segeln auch dafür, den Wind und spritzendes Wasser im Gesicht zu spüren. Auf den neuen Rennyachten stehst du unter Deck und schaust auf die Computer und bisweilen aus dem Fenster, abgeschottet von der Außenwelt. Aber ich weiß eben auch, dass ich genau dafür im Südpolarmeer dankbar sein werde. Ich war noch nie im Eismeer. Und nun gleich sechs Wochen am Stück. Wir werden Kapstadt als Menschen verlassen und Kap Hoorn als Tiere des Polarmeers erreichen, so stelle ich mir das vor. Vielleicht als Albatrosse.

Wir werden keine Privatsphäre an Bord haben. Müssen wir aufs Klo, klettern wir mit dem Eimer in der Hand ins Vorschiff, dorthin, wo die Segelsäcke lagern. Ansonsten bleibt nichts verborgen. Ich glaube allerdings nicht, dass mir das sehr zu schaffen machen wird. Bei unserer Tour über den Atlantik habe ich gemerkt, wie viel einfacher unser Zusammenleben schon allein dadurch wird, dass es einen festen Wachrhythmus gibt, jeder immer genau weiß, was er zu tun hat, und alle das gleiche Ziel haben. Würden wir zusammen in den Urlaub fahren, hätten wir mehr Stress. Wo geht's heute hin, wer kocht, was machen wir am Abend? Ist hier alles schon geklärt. Ich bin also ganz zuversichtlich, trotz der Enge an Bord.

Zu meinen Aufgaben hier in Alicante gehörte es, die Lebensmittel für die ersten zwei Etappen zusammenzustellen. Ein Ernährungsberater für Spitzensportler hat mir dabei geholfen. Zuerst haben wir alles in unserer Halle ausgebreitet, es sah aus wie in einem Pfadfinderlager. Dann haben wir für jeden Tag fünf Beutel gefüllt, für jeden von uns gibt es drei Mahlzeiten, gefriergetrocknet oder vorgekocht, dazu haben wir Nachtisch und Nüsse gepackt,

Süßigkeiten und Trockenfrüchte, alles lecker. Bei meinen Tagesrationen sieht manches anders aus, weil ich weder Gluten noch Laktose vertrage. Hinzu kommen noch allerhand Pillen, mein Magen ist ein Sensibelchen. Aber auch damit lässt es sich gut segeln.

Heute ist der letzte Tag vor dem Start. Wir haben zwei Kisten mit Obst, Schinken und Käse an Bord gebracht, außerdem Taschenlampen und zwei Dutzend Schatullen mit Ohrstöpseln; der Lärm im Schiff, wenn es durch die Wellen kracht, wird grauenhaft sein. Die großen Taschen mit den Lebensmitteln haben wir im Vorschiff festgebunden. Die Rationen für die ersten zwei Tage habe ich allerdings schon rausgeholt und in unserer Kabine verstaut. Die Meteorologen sagen bis Gibraltar einen schweren Sturm mit heftigem Seegang voraus. Da klettert niemand gern durch ein bockendes Vorschiff.

Die Vorhersagen treffen zu. Bei Sonne und frischem Wind machen sich die fünf Yachten auf den Weg um die Erde. Beim Auslaufen vibriert der Hafen vom Jubel der Zuschauer, auf dem Wasser drängen sich Hunderte von Begleitbooten. Der Start verläuft reibungslos. Endlich geht es los!

Doch dann, nach einer ruhigen Nacht, fällt im Morgengrauen der Sturm über die Flotte her. Vom Atlantik her braust eine Kaltfront durch die Enge von Gibraltar ins Mittelmeer und trifft die Schiffe von vorn, mit Böen bis zu Windstärke Zehn. Die See rollt, von den Brechern reißen auf breiter Front die Schaumköpfe ab, die Gischt nimmt jede Sicht. Es ist, als schickte das Ocean Race die Mannschaften gleich zu Beginn durch eine Feuertaufe.

Wie die *Malizia* sind auch *Holcim* und *Biotherm* erst vor gut einem halben Jahr zu Wasser gelassen worden, keine Mannschaft hat mit ihren Schiffen bisher solche Bedingungen erlebt. Und mit den neuen Foils waren Boris und seine Crew in Alicante nur viermal auf dem Wasser. Die Mannschaften schalten vom Rennmodus in den Überlebensmodus um, alles andere wäre fahrlässig. Und zudem unnötig: Von den 31 000 Seemeilen des Rennens haben die Schiffe gerade mal 200 Seemeilen zurückgelegt. Die Teams entscheiden sich, ihre

Segelfläche auf das Minimum zu reduzieren, sie setzen die Sturmfock und verkleinern das Großsegel bis ins dritte Reff. Die Rennyachten heben ab, nicht zum eleganten Flug auf den Foils, vielmehr schießen sie wie auf Rampen über steilen, anrauschenden Wellen, um dann ins Tal zu krachen.

Den ganzen Tag und die folgende Nacht hindurch versuchen die Mannschaften, sich dicht an der spanischen Küste entlang Richtung Gibraltar vorzukämpfen. Sie setzen darauf, im Schatten der Berge auf etwas weniger Wind und Seegang zu treffen. Doch der Sturm bläst ihnen parallel zur Küste entgegen, mit erbarmungsloser Stärke. Mindestens einmal die Stunde müssen sie eine Wende fahren, was bei diesem Wetter Schwerstarbeit bedeutet. Bevor die Mannschaft den Kurs so ändert, dass der Wind danach von der anderen Seite in die Segel bläst, muss sie unter Deck allen beweglichen Ballast »stacken«, ihn also zum Gewichtsausgleich von der einen Schiffsseite auf die gegenüberliegende Seite schleppen, auf die neue Luvseite. Die Säcke mit den Segeln und Nahrungsmitteln wiegen gut sechzig Kilo, und wer sie in

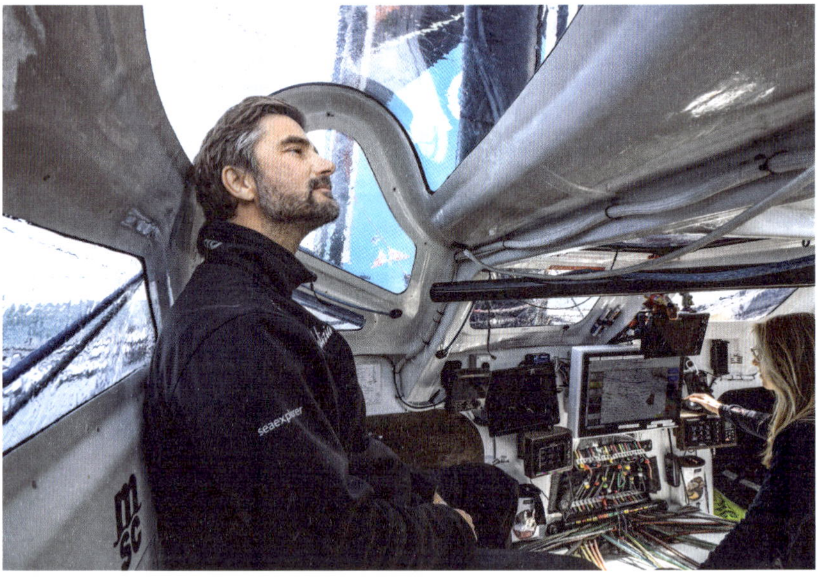

Cockpit mit Ausblick: Boris kontrolliert die Segel, Rosalin die Seekarte.

dem dunklen, springenden Vorschiff umwuchten will, braucht Knieschützer und Rugbyhelm, manche Segler tragen auch Zahnschienen. Es ist, als würde man um Mitternacht geweckt, um jemandem beim Umzug zu helfen. Wer Freiwache hat, darf anschließend zurück in die Koje, nur um eine halbe Stunde später erneut geweckt zu werden.

Alicante war anstrengend und abwechslungsreich. Der Regattabeginn ist brutal, grau, eintönig. Es geht nur noch um eines: das Schiff sicher in den Atlantik zu bringen und selber so lange durchzuhalten. Auf der *Malizia* kommen die Segler in vierzig Stunden auf zwei, drei Stunden Schlaf. Sie reden nur wenig miteinander, was auch an den Stöpseln liegt, die sie sich tief in die Ohren geschoben haben, anders ist der Krach kaum zu ertragen. Antoine liegt die ganze Zeit schwer seekrank in seiner Koje. Er steht nur auf, um sich kurz zu erbrechen. Er ist fassungslos, auf was er sich eingelassen hat.

Auf einem Parkplatz in Alicante wartet der Werkstattwagen von Team *Malizia*, aufgetankt und abfahrtsbereit. Sollte das Schiff nach einem Schaden einen Hafen in Südspanien anlaufen müssen, würden mehrere Leute des Tech-Teams dorthin rasen. Sie können in ihrer mobilen Ambulanz laminieren, schweißen, Segel nähen, gebrochene Beschläge tauschen. Liegt der Nothafen weniger als hundert Seemeilen von Alicante entfernt, würde *Malizia* eine zweistündige Zeitstrafe kassieren, liegt er weiter entfernt, wären es zwölf Stunden. Bis Gibraltar könnte das Team zu Hilfe eilen, danach sind die Segler auf hoher See. Doch es kommt kein Anruf. Zwei Nächte nach dem Start passiert die *Malizia* die Meerenge zwischen Europa und Afrika, sie liegt an dritter Stelle.

Auch im Atlantik stürmt es kräftig, aber nun zeigt der Bug nach Süden. Der Wind kommt schräg von hinten, die *Malizia* stampft nicht mehr, sondern glitscht schräg aufgerichtet über die Wellen – und an Bord beginnt ein neues Leben. Die Crew nimmt die Stöpsel aus den Ohren. Will kocht sich die erste warme Mahlzeit seit dem Start, Antoine taucht mit schrägem Grinsen im Cockpit auf, Rosie schaltet eine kleine Lautsprecherbox ein und stellt ihre Musik-Playlists vor. Auf Höhe der Kanarischen Inseln ist es so warm, dass sich alle nur noch barfuß und in Shorts an Bord bewegen. Noch ein, zwei Tage, dann wird die Flotte in die Passatzone geraten, auf die Autobahn in Richtung Äquator.

Will

Was für ein Auftakt! Da gab es kein Warmlaufen, keine Schonzeit, das war aus dem Stand ein brutaler Härtetest. Ich kam zwei Tage noch nicht mal dazu, mir die Zähne zu putzen. Den Beginn unserer Reise um die Welt hatte ich mir anders vorgestellt.

Zugleich war ich froh, dass es endlich losging. Normalerweise bin ich ein ziemlich kontrollierter Mensch, emotional ausgeglichen. Doch in der Woche vor dem Start wachte ich jeden Morgen gegen fünf Uhr auf und erschrak, wie unvorbereitet ich für dieses Rennen war. Ich sah all die anderen Segler vor mir, die noch lauter Sachen gemacht hatten, die ich versäumt habe. Ich war überzeugt, dass sie mehr trainiert hatten, die Route im Schlaf kennen und natürlich auch einen Mentaltrainer an ihrer Seite haben. Erst wenn ich aufstand und begann, stur meine Liste abzuarbeiten, ließ der Druck nach.

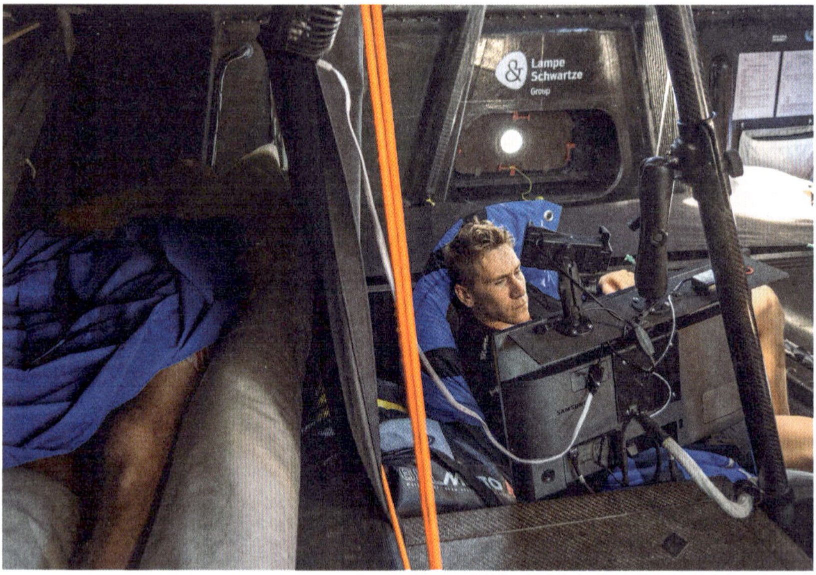

Arbeitsteilung in der Achterkabine: Will navigiert, jemand schläft.

Meine Furcht, nicht perfekt vorbereitet zu sein, hängt bestimmt damit zusammen, dass wir hier auch gegen Leute antreten, die für mich seit Langem Vorbilder sind. Das sind die großen Namen der Offshore-Welt, manche haben schon zwei, drei Mal bei diesem Rennen mitgemacht. Und außerdem ist es die schiere Dimension des Ocean Race, vor der ich Ehrfurcht habe. Beim letzten Rennen 2018 hatte ich einen Job in der Wettfahrtleitung bekommen, ich saß damals in Alicante in der Überwachungszentrale. Auf den großen Monitoren vor uns kontrollierten wir Tag und Nacht, wo sich die Schiffe gerade befanden und ob alles in Ordnung war. Es hat damals mehrere schwere Vorfälle gegeben. Auch diesmal wird es Dramen geben, das ist so beim Ocean Race. Aber nun bin ich selbst dabei. Endlich!

Ich erinnere mich, wie ich einmal Ellen MacArthur traf, bis heute die international erfolgreichste Hochseeseglerin. Ich war zehn Jahre alt, und sie hatte gerade einen neuen Weltrekord aufgestellt, allein und nonstop um die Erde. Sie fuhr mit ihrem Schiff die Themse hinauf und legte in London an. Tausende Menschen warteten am Kai, alle wollten sie sehen, vielleicht sogar ein Autogramm bekommen. Ich stand ganz vorne, ich war noch klein, aber ich hatte meine leuchtend rote Schwimmweste dabei und streckte sie in die Höhe. Ich glaube, das war der Grund, dass sie auf mich zutrat und ihren Namen auf meine Schwimmweste schrieb. Ich war der stolzeste Junge Englands.

Es sind solche Erinnerungen, die dir dabei helfen, Prügelstrecken wie jetzt im Mittelmeer durchzustehen. Nun holen wir uns die Belohnung ab: Die Bedingungen sind perfekt für die Malizia, das ist unser Flugwetter. Jede Stunde treffen die aktuellen Positionsdaten der anderen Schiffe ein – und fast jedes Mal sind wir Holcim und 11th Hour Racing ein bisschen näher gerückt. Ihr Vorsprung beträgt immerhin gut sechzig Seemeilen. Aber wir haben ja noch zwei Tage.

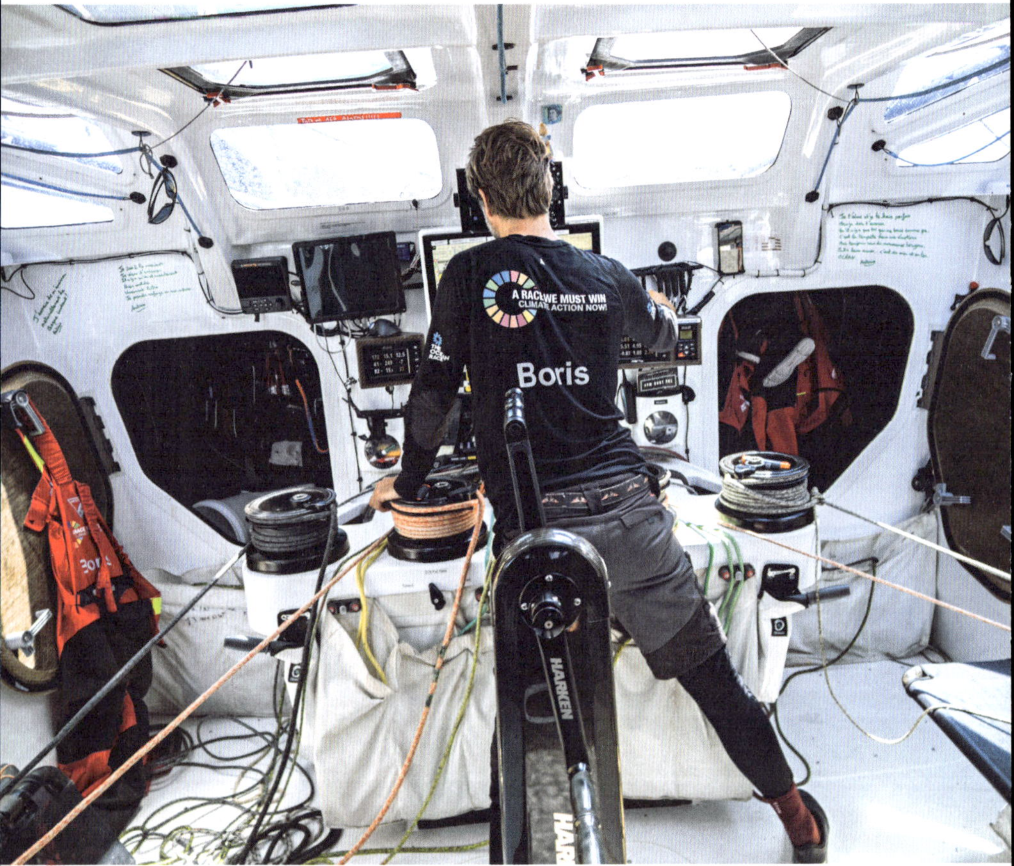

Der Kommandostand mit Monitoren, Leinen, Winschen und Luken zum Vorschiff

2 Inseln unter dem Passat

Rast auf den Kapverden. Stu im Schlauchboot, Boris beim UN-Generalsekretär

Stuart McLachlan, genannt Stu, durchstreift die Straßen von Mindelo. Der Boat Captain der *Malizia* ist auf der Suche nach einem Kinderschlauchboot. Er trägt ausgebeulte Shorts, ein weißes T-Shirt und hat einen kleinen Rucksack mit Werkzeug und Wasserflasche geschultert. Schon am Vormittag steht die Hitze in den Straßen, und Stu achtet darauf, sich im Schatten der Häuser zu bewegen.

Mindelo, ein Städtchen auf den Kapverden, liegt an einer lang gestreckten Bucht, das Zentrum besteht aus drei, vier gepflasterten Gassen mit Häusern in Pastellfarben und Palmen auf den Verkehrsinseln. Viele Fischgeschäfte, zwei Fruchtmärkte in offenen Hallen, Läden mit Elektrowaren, Tischlereien, Cafés mit schattigen Innenhöfen. Vor dem Rathaus im portugiesischen Kolonialstil hocken Frauen auf umgedrehten Plastikeimern, vor ihnen, sorgfältig auf Pappen arrangiert, liegen Mangos, Papayas und Wassermelonen. Aber ein Laden, der so aussieht, als ließe sich dort ein Kinderschlauchboot kaufen, ist nirgendwo zu entdecken.

Morgen wird die Flotte der Ocean Racer in Mindelo einlaufen. Stu hat sich das Hafenbecken angesehen, wo die Schiffe fünf Tage lang liegen werden: alle nebeneinander, im rechten Winkel zur Pier, der Bug mit langen Leinen an Bojen festgemacht, das Heck am Steg vertäut. Ab und zu laufen Wellen in das Hafenbecken, es weht ein starker Wind.

Die Schiffe werden sich auf ihren Liegeplätzen unruhig hin und her bewegen, weshalb sie so vertäut werden müssen, dass ihr hinteres Ende mehrere Meter vom Steg entfernt bleibt. Damit die Crew der *Malizia* an Land und wieder zurück auf das Boot kommt, muss Stu also etwas besorgen, das schwimmt, günstig ist und keine Kratzer an der Bordwand verursacht.

Auf seinem Handy hat er die Seite eines Online-Händlers für Spielwaren aufgerufen, das Foto eines Kinderschlauchboots gefunden und davon einen Screenshot gemacht. Die Bewohner der Kapverden sprechen Portugiesisch, Stu nicht, aber der Screenshot zeigt ja, was er will. In mehreren Geschäften präsentiert er sein Handy mit dem Foto und macht dazu eine fragende Geste, ohne Erfolg. Schließlich schickt ihn jemand zu einem entlegenen Kramladen. Zwischen Stoffballen, Küchengeräten und Plastikblumen zieht die Verkäuferin einen Pappkarton hervor. Darin ein kleines Schlauchboot für umgerechnet vierzig Euro, mit Luftpumpe und Paddeln. Stu strahlt. Eine Aufgabe weniger auf seiner langen To-do-Liste.

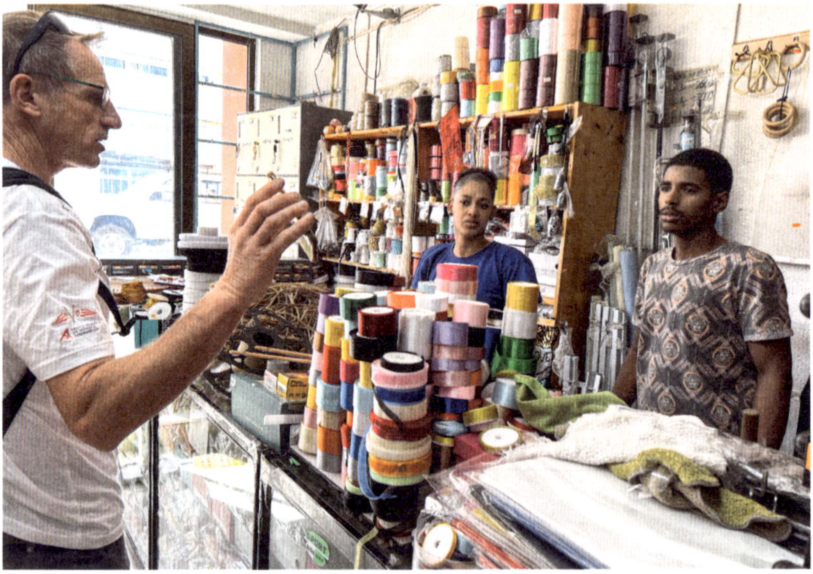

Gibt es das hier? Stu erkundigt sich nach einem Kinderschlauchboot.

Vor drei Tagen ist Stu auf den Kapverden gelandet, um alles vorzubereiten für die Ankunft der *Malizia*. Wie bei jedem Zwischenstopp prüft er den vorgesehenen Liegeplatz, die logistische Anbindung. Vor allem aber muss er herausfinden, welche verlässlichen Werkstätten und Segelmacher es in Hafennähe gibt, für den Fall von Reparaturen. Diesmal haben ihn gleich mehrere Schadensmeldungen von See erreicht. Erst war die Lichtmaschine eine Weile ausgefallen, dann versagte einer der beiden Windmesser auf der Mastspitze. Am stärksten beunruhigt Stu der Wassereinbruch: Seit ein paar Tagen dringt bei mehr als zwanzig Knoten Geschwindigkeit das Wasser des Atlantiks ins Schiff, drei Eimer pro Stunde muss die Crew herausschöpfen. Grund ist eine poröse Gummimanschette am Propellerschaft. Mit Fett und Dichtungsklemmen haben sie das Leck behelfsmäßig versiegelt. Stu muss nun in Mindelo dafür sorgen, dass eine professionelle Reparatur durchgeführt werden kann.

Ein Boat Captain ist ein Mann oder eine Frau mit der Fähigkeit, sich in jedem Hafen der Welt zurechtzufinden. Während sich Eigner großer Motor- und Segelyachten gern zum Sundowner auf der Terrasse eines Yachtclubs treffen, erkunden ihre Schiffsführer die Rückseiten der Häfen. Sie müssen dafür sorgen, dass an Bord alles funktioniert, vom Radar bis zur Ruderanlage, und das können sie, weil sie begnadete Generalisten sind, angestellt als Bootsbauer, Mechaniker, Elektroniker und Tischler zugleich. Wenn sie auf der Suche nach Ersatzteilen oder technischer Unterstützung irgendeine Werkstatt für Yachtservice betreten, wittern sie es geradezu, ob vor ihnen ein guter Handwerker steht oder nur jemand, der so tut, als verstände er etwas von Booten. Erfahrene Yachtkapitäne sind viel in der Welt herumgekommen, die meisten von ihnen sind leutselig, handfest und erzählen gern Geschichten von ihren Einsätzen auf See und an Land. Sie haben schwere Stürme und Havarien überlebt und für ganz unterschiedliche Typen schwerreicher Schiffseigner gearbeitet – und beides hat dazu geführt, dass sie kaum noch etwas aus der Ruhe bringt. Boat Captain ist auch eine Charaktereigenschaft.

Stuart McLachlan, 49, geboren in Neuseeland, verfiel schon als Kind dem Regattasegeln. Nach einer Schweißerlehre und einem Ingenieurstudium entschied er mit 28 Jahren, Job und Leidenschaft zu kombinieren und als technisch versierter Profisegler durch die Welt zu reisen. Er überführte Yachten im Mittelmeer und im Pazifik und betreute jahrelang eine 70-Fuß-Yacht auf den Großen Seen in Nordamerika. Er war damals schon zäh und ausdauernd, einen Marathon lief er unter vier Stunden. Und wenn mal in einer Sturmböe der Spinnaker riss, kletterte Stu nach vorn und bändigte zur Not auch allein das riesige, heftig flatternde Tuch. Er galt als guter Vorschiffsmann, furchtlos und instinktsicher.

Im Laufe der Jahre stellte sich allerdings heraus, dass er an Land noch besser war. Jedes technische Problem schien der segelbesessene Ingenieur lösen zu können, irgendwie. Beim Volvo Ocean Race 2008/09 engagierte ihn daher ein spanischer Rennstall als Boat Captain, beim Volvo Ocean Race drei Jahre später holte ihn ein neuseeländisch-spanisches Team als Technischen Direktor. Bei beiden Regatten reiste er mit um die Welt, nicht auf See, sondern an Land, zu jedem Zwischenstopp, um dort mit einem rund dreißigköpfigen Team die jeweilige Yacht, meist schwer gezeichnet von der letzten Strecke, in ein, zwei Wochen wieder fit zu machen für die nächste Etappe.

2019 erhielt Stu einen Anruf von einem deutschen Segler. Boris Herrmann bereitete sich auf die Vendée Globe vor, die Einhandregatta um die Welt, und suchte für seine Rennyacht einen neuen Boat Captain. Stu sagte zu. Seither ist er eine Schlüsselfigur im Team Malizia, auch beim derzeitigen Ocean Race. Bereits zum fünften Mal beteiligt sich Stu an einem Segelrennen um die Welt, und wieder ist er Chef einer mobilen Werkstatttruppe. »War of attrition«, Abnutzungskrieg, nennt er die wochenlange Hetzjagd über die Ozeane. Ihn kann nichts mehr überraschen, er weiß genau, was auf hoher See alles passieren kann. Und wie sich Schäden beheben lassen, auch mit unkonventionellen Methoden.

Stu schultert das verpackte Schlauchboot und geht zu dem Hafenbecken, in dem morgen die ersten Imocas eintreffen werden. Vertreter der verschiedenen Rennställe haben ein Treffen am Steg vereinbart, um zu besprechen, wie sie sich bei den Anlegemanövern unterstützen können. Keine ungewöhnliche Zusammenkunft: Während die Segler auf See gegeneinander kämpfen, sitzen die Landteams oft beim Bier zusammen, gerade die technischen Experten kennen sich gut, und anders als die Segler haben viele von ihnen schon mehrfach die Teams gewechselt. Man schätzt sich, man hilft sich.

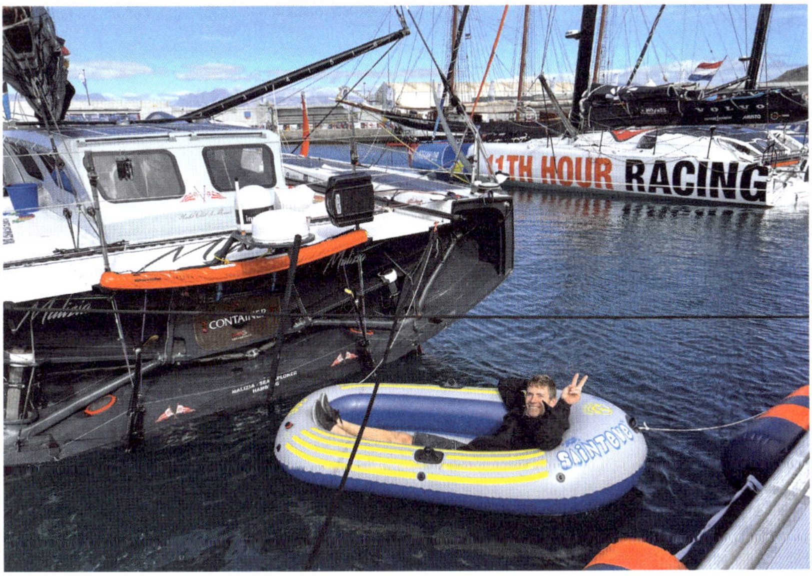

Gummiboot als Gangway: Will setzt zur *Malizia* über.

Heftige Böen mit bis zu sieben Windstärken fegen über das Hafenbecken, sie werden das Anlegen morgen erschweren. Der Australier Neil Cox, technischer Berater der Wettfahrtleitung, beschreibt den Teamleuten das geplante Manöver: Die Yachten sollen unter Motor rückwärts in das enge Becken manövrieren, im schrägen Winkel zum Steg. Zwei Schlauchboote mit dicken Polstern an der Spitze werden der Yacht vorsichtig in die Seite fahren und sie in die richtige

Position drücken. Auf einem dritten Schlauchboot muss jemand die Vorleine entgegennehmen und sie rasch an einer Kette befestigen, die zu einem fünf Tonnen schweren Zementblock unter Wasser führt. Gleichzeitig wird ein Segler die Heckleinen vom Boot aus zu den Helfern an Land werfen. Das Ganze bei heftigem Seitenwind in wenigen Minuten und bitte ohne einen zweiten Versuch.

»So ein Manöver habe ich noch nie gemacht«, murmelt Stu.

Neil Cox hat die Schlauchboote bei der lokalen Wasserschutzpolizei organisiert. Es sind stabile, gut acht Meter lange Boote mit aufblasbaren Wülsten und starken Motoren, RIP genannt. Klassische Hilfsboote in allen Häfen. In jedem RIP wird ein Polizist mitfahren. »Aber keine Sorge«, sagt Neil, »am Steuer sitzt jemand von euch. Ihr wisst am besten, wie man eine Yacht mit Foils seitlich wegdrückt.« Mindestens acht Helfer werden für das Anlegemanöver benötigt. Jedes Team hat nur zwei, drei Leute nach Mindelo geschickt, auch deshalb müssen sie jetzt zusammenarbeiten.

Holcim wird heute als erste Yacht erwartet, ein paar Stunden nach Mitternacht. Der französische Bootskapitän stößt Stu in die Seite. »Helft ihr uns?«, fragt er. »Klar«, sagt Stu. »Wenn ihr auf die Bremse tretet.«

Die Runde lacht. Die *Holcim* hat sechzig Seemeilen Vorsprung, die *Malizia* wird sie bis morgen früh nicht mehr einholen, auch wenn sie inzwischen schneller als alle Konkurrenten den Atlantik hinabsurft. Schon seit mehreren Tagen arbeitet sich die Crew kontinuierlich im Feld nach vorn. Ein wichtiger Wert, um die Leistung einer Yacht bei Langstreckenregatten zu messen, ist das sogenannte Etmal: die Distanz, die eine Yacht in 24 Stunden zurücklegt. Und die *Malizia* hat gerade das höchste Etmal ihrer Geschichte erzielt: 516 Seemeilen von gestern Morgen bis heute Morgen, mit einer durchschnittlichen Geschwindigkeit von 21,5 Knoten. Und das, obwohl sich der Skipper der *Malizia* bei der Hetzjagd eine fatale Verletzung zugezogen hat. Aber das weiß außer Stu niemand hier in der Runde.

Boris

Abgesehen von ein paar Prellungen und kleinen Schnittwunden hatte ich mich noch nie an Bord verletzt. Und ich segele seit fast vierzig Jahren. Vielleicht wollte mir das Universum gestern eine Warnung schicken. Nein, ich bin nicht abergläubisch – aber im Nachhinein wirkt es schon so, als wäre es kein Zufall, dass der blöde Unfall genau an diesem Abend passiert ist.

Es war ein besonderer Abend. Eine halbe Stunde vor Beginn meiner Wache kam ich ins Cockpit. Ich wollte den Sonnenuntergang nicht verpassen. Der Wind blies ziemlich kräftig, er traf uns im idealen Winkel zur Fahrtrichtung, und die Malizia surfte wie entfesselt über die Dünung: genau nach Westen, in die sinkende Sonne hinein. Ab und zu tauchte der Bug in einen Wellenberg, dann sahen wir durch die Fenster im Cockpit, wie rechts und links rötlich schimmernde Fächer aus Gischt aufstiegen.

Lass die Drohne steigen, rief ich Antoine zu, genau jetzt! Kurz darauf saßen Antoine, Rosie und ich nebeneinander im Cockpit und starrten auf den Bildschirm der Fernbedienung. Solche Aufnahmen hatte ich noch nie gesehen. Das Schiff flog elegant über die lang gestreckte Dünung, nur die hinterste Rumpfpartie glitschte über das Wasser. Senkte sich zwischendurch der Bug, zischten vorne Fontänen aus Wasser hoch, dann hüllte eine Gischtwolke die Malizia ein, und manchmal hing ein paar Sekunden ein Regenbogen darüber. Filmte die Drohne uns genau von hinten, gegen die Sonne, war das Schiff nur als schwarzer Schemen erkennbar, der auf einen rot glühenden Himmel zuraste. Die Foils sahen aus wie ausgebreitete Arme.

Schneller, schneller, forderte Antoine Will auf, der am Autopiloten stand. Das Schiff vibrierte und bebte, die Foils sirrten, draußen sprühte überall Wasser und glitzerte im letzten Sonnenlicht. Ich merkte, wie mich ein tiefes Glücksgefühl durchströmte. Zwei Jahre lang hatten wir an diesem Projekt gearbeitet, alles war immer irgendwie auf Kante genäht gewesen. Trotzdem hatten wir es an den Start geschafft – und nun surften wir mit den anderen Teams über den Atlantik und waren seit zwei Tagen das schnellste Schiff der Flotte. Yesss!

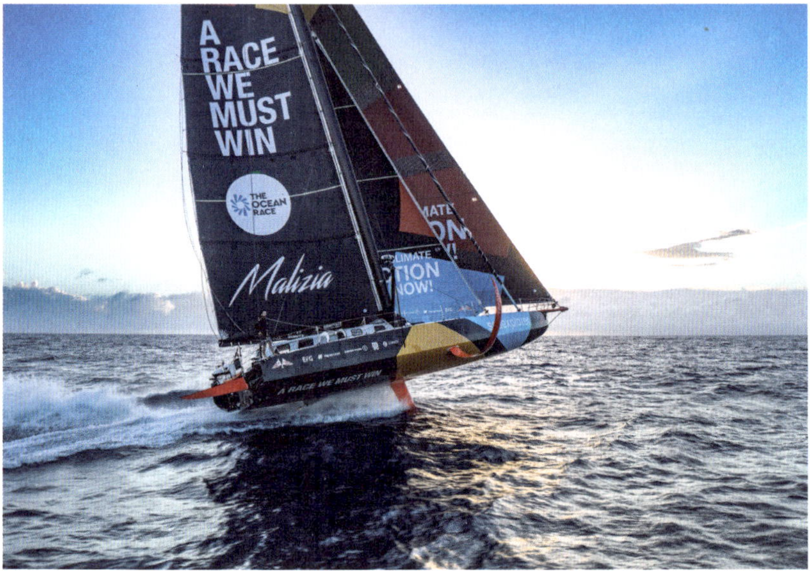

Die Foils als Turbo: Schon bei mittlerem Wind wird das Schiff zum Flugobjekt.

Noch etwas kam hinzu. Wir stehen die ganze Zeit in diesem viereckigen Gehäuse, schauen auf Displays, kurbeln am Grinder und drücken Knöpfe, schlagen uns ständig mit irgendwelchen Alarmen herum und verlieren jedes Gefühl für die Schönheit des Segelns. Wir haben nicht mehr die Muße, das Abenteuer zu genießen, dieses irre Erlebnis mitten auf dem Ozean. Und dann zeigt uns die Drohne plötzlich den Blick von außen. Dieses Schiff, das abhebt und in einer Wolke aus Sprühwasser in den Abendhimmel zu fliegen scheint! Ein Klischeebild, so kitschig wie das vom Cowboy, der in den Sonnenuntergang reitet. Wenn ich als Kind Bücher von Weltumseglern durchblätterte, dann waren es solche Aufnahmen, die mich verzauberten. Ich konnte sie wieder und wieder betrachten und mich davonträumen an Bord der Schiffe.

Antoine ließ die Kameradrohne mit Höchstgeschwindigkeit neben und hinter der Malizia herfliegen – und ich war hingerissen von dem Anblick. Und von der Bedeutung des Moments. Es war wie ein Rausch. Ich glaube, ich habe die anderen mit meiner Euphorie angesteckt, irgendwann waren wir alle überdreht, wie Kinder. Das war nicht gut. Als Rosie hinten am Heck stand, um die heranfliegende Drohne zu fangen, tanzte sie ein bisschen und rief: »Komm her, mein Schatz, komm zu Mama!« Antoine versuchte einen Moment abzupassen, in dem seine Drohne und das schwankende Schiff auf einer Höhe waren, dann ließ er sie auf uns zugleiten, Rosie griff zu, verfehlte sie, die Drohne flog gegen das Großsegel, purzelte an Deck und fiel über Bord. Alles ging blitzschnell.

So etwas passiert, wenn man nicht unablässig auf der Hut ist. Egal was wir tun, an Bord von einem so nervösen Schiff müssen wir in jedem Moment konzentriert bei der Sache sein – und wir waren es alle drei nicht, wir hatten uns davontragen lassen von der dramatischen Schönheit des Dahinsurfens.

Kurz darauf entzündete ich den Gaskocher und setzte Wasser für mein Abendessen auf. Als es brodelte, griff ich nach dem Kessel. So wie ich es schon tausend Mal in meinem Leben gemacht hatte, wollte ich das Wasser in den Beutel mit der gefriergetrockneten Nahrung gießen. Doch diesmal hantierte ich nachlässig, und als das Boot in eine Welle krachte, schwappte das kochende Wasser aus dem Kessel auf meinen nackten Fuß.

Der Fußrücken färbte sich dunkelrot, schnell bildete sich eine riesige Blase. Der Anblick war wirklich nicht schön. Als ich sagte, dass ich kaum Schmerz spürte, meinte Rosie: »Dann ist es schlimm.« Antoine holte den Medizinkoffer, strich Wundsalbe auf meinen Fuß und verband ihn. Dann schob er ihn in eine Plastiktüte, die er mit Tape fest an meiner Wade verschloss, als Schutz vor Spritzwasser. Ich machte ein Foto davon, schickte es Holly und schrieb ihr, was passiert war.

Die meisten Unfälle geschehen bekanntlich im Haushalt. So auch auf der Malizia. Keine Naturgewalten, kein Mastbruch, keine Kenterung – nur ein blöder Wasserkessel, der mir aus der Hand gerutscht ist. Erst die Drohne verloren, dann den Fuß verbrannt, ausgerechnet am schönsten Abend seit dem Start. Vielleicht doch ein Warnsignal? Als wollte uns jemand gleich zu Beginn des Rennens daran erinnern, niemals unaufmerksam zu sein. Auch das gehört ja zu den Herausforderungen des Ocean Race: über Wochen hinweg Tag und Nacht präsent zu sein, in jeder Sekunde fokussiert, mit allen Sinnen.

Ich kann nicht beurteilen, wie schwer die Verletzung ist. Holly meinte, sie wolle sicherheitshalber einen Ersatzsegler alarmieren, für den Fall, dass ich die nächste Etappe nicht mitmachen kann. Ich hoffe, sie übertreibt. Morgen sind wir auf den Kapverden, dann kann ich erst mal fünf Tage den Fuß hochlegen.

~

Nach der Besprechung des Anlegemanövers schlendern die Teams zurück ins Regattazentrum. Das Areal liegt am Rand des Umschlaghafens, umgeben von einer Mauer aus je zwei, drei übereinandergestapelten Containern. Sie sollen vor dem Nordost-Passat schützen, der zu dieser Jahreszeit oft mit fünf Windstärken über die Insel fegt. Doch die provisorische Mauer ist nicht hoch genug, und die Stahlgerüste der großen Hallenzelte, in denen die Wettfahrtleitung und das Pressezentrum untergebracht sind, quietschen ununterbrochen in dem böigen Wind. Morgen wird hier der »Ocean Live Park« eröffnet. Er besteht aus Imbissbuden, einer kleinen Musikbühne, T-Shirt-Shops und mehreren Holzhütten, in denen lokale Umweltaktivisten über die bedrohte Unterwasserwelt der Kapverden informieren wollen. Die Schaltzentrale für die internationale Fernsehübertragung ist am Rand der Freifläche untergebracht, in einem fensterlosen Container mit Satellitenschüsseln auf dem Dach, daneben steht aufgebockt ein Toilettenwagen.

Das Regattazentrum in Alicante war ein moderner maritimer Freizeitpark. In Mindelo ist es eine praktische Angelegenheit. Die Flotte der Ocean Racer hat noch nie an solch einem Ort Station gemacht. Bei den bisherigen Rennen führte die Route die Segler in große, schillernde Hafenstädte, in Metropolen am Meer wie Lissabon, Kapstadt, Sydney, Hongkong, Rio de Janeiro, Miami, New York, Barcelona. Sechs Rennen hatte der schwedische Konzern Volvo seit 2001 organisiert und finanziert, weshalb die Flotte auch in Stockholm und Göteborg anlegte. Mehrere Etappen endeten damals in den Häfen attraktiver Automobilmärkte, etwa den Millionenstädten Qingdao in China und Abu Dhabi am Arabischen Golf.

Nun also Mindelo, mit 76 000 Einwohnern die zweitgrößte Stadt der Kapverden. Das Dutzend kleiner vulkanischer Inseln im Atlantik ist seit 1975 ein unabhängiger Staat. Der Archipel liegt gut 500 Kilometer entfernt von Westafrika auf Höhe der Sahara. Regen fällt selten, weshalb die meisten Nahrungsmittel importiert werden müssen. Der Tourismus entwickelt sich langsam. Anders als die nördlich gelegenen Kanarischen Inseln gelten die Kapverden noch als exotisches Reiseziel, begehrt bei zwei Gruppen von Urlaubern, die schon bei der Ankunft auf den kleinen Inselflughäfen an ihrem Schuhwerk zu erkennen sind: Surfer und Taucher kommen in Flipflops, Wanderer in festen Bergstiefeln.

Mindelo liegt auf São Vicente und bietet weder verlockende Strände noch 2000 Meter hohe Berge wie einige Nachbarinseln. Solange Frachtschiffe mit Kohle befeuert wurden, blühte der Hafen dank seiner Vorratslager für Kohle als Versorgungsstation zwischen den Kontinenten. Mitte des 20. Jahrhunderts rüsteten Schiffsbauer weltweit auf Dieselbetrieb um, und Mindelo verlor seine Bedeutung. Die halbkreisförmige Bucht vor dem Hafen verwaiste. Heute ankert dort ab und zu ein Kreuzfahrtschiff, dann füllt sich die Kleinstadt mit Passagieren, die über die Märkte, durch die Cafés und Galerien streifen. Sie wollen die kreolische Kultur der Kapverden kennenlernen, eine Mischung aus Afrika und Europa, die vor allem die Musik und die Kunst prägt – und Mindelo, so heißt es, ist die Kulturhauptstadt der Kapverden. Reisen die Kreuzfahrer ab, wirkt es, als entspanne sich der Ort. Dann kehrt die schläfrige Gelassenheit einer kleinen Insel unter dem Passat zurück in die Gassen entlang des Hafens.

Ausgerechnet in diesem Ort ist nun der Rennzirkus des Ocean Race gelandet. Wie ein Ufo hat sich seine Maschinerie auf das Inselstädtchen gesenkt. Mindelo statt Miami, haben die Macher des Ocean Race entschieden. Warum?

Es ist eine strategische Entscheidung. Der Volvo-Konzern hatte sich nach dem letzten Rennen 2018 als Hauptsponsor zurückgezogen. Fast zwei Jahrzehnte lang hatten die Schweden alles finanziert: Sie bauten die Rennyachten und stellten sie den Teams zur Verfügung. Sie bezahlten die Organisation und das Personal des Rennens und ließen eine riesige mobile Werkstatt um die Welt transportieren, in der die lädierten Yachten bei jedem Zwischenstopp wieder hergerichtet wurden. Sogar ein fliegender Kindergarten und eine Handvoll Lehrer gehörten zum Service der Schweden, für mitreisende Kinder von Seglern und Technikern. Das letzte Ocean Race soll Volvo fast hundert Millionen Euro gekostet haben. Kurz vor Ende des Rennens entschied der Automobilhersteller: Es reicht, es war zu viel geworden.

Drei Schweden, selbst Hochseesegler mit Ocean-Race-Erfahrung, kauften dem Konzern 2018 die weltweit bekannte Marke für einen symbolischen Preis von einem Euro ab. Sie tauften das »Volvo Ocean Race« kurzerhand um in »The Ocean Race«, führten ein neues Geschäftsmodell und eine neue Bootsklasse ein und erfanden den Slogan »Racing with Purpose«. Sinngemäß: ein Rennen für einen guten Zweck. »Seit fünfzig Jahren sind die Ozeane die Arena unseres Sports. Wir erleben immer deutlicher, was Verschmutzung und Klimawandel mit den Meeren anrichten«, erklärten die neuen Veranstalter. Sie wollen die Berichterstattung über das legendäre Rennen für eine globale Kampagne nutzen: Schaut her, so faszinierend und vielfältig sind unsere Ozeane. Und so bedroht sind sie. Die Segler sollen nicht mehr als Botschafter einer Automarke die Welt umrunden, sondern als Fürsprecher der Umwelt. Deshalb gehört zur Kampagne auch, was sich gegen die Gefährdung der Ozeane tun lässt.

Die Mission beeinflusst die Route des Rennens. Auf dem Rückweg in Europa wird die Flotte einen Zwischenstopp in Aarhus einlegen, der grünen Vorzeigestadt Dänemarks. Und die Kapverden stehen stellvertretend für all die kleinen Inselstaaten, die mit Überfischung, Verschmutzung und Erwärmung der Meere zu kämpfen haben. Während des kurzen Aufenthalts der Schiffe werden sich Wissenschaftler und Umweltaktivisten, Vertreter der UN und westafrikanische Regierungschefs in Mindelo treffen, zu einer Konferenz zum Thema Meeresschutz. Ganz oben auf der Teilnehmerliste steht ein Name, auf den die Veranstalter des Ocean Race besonders stolz sind: António Guterres, Generalsekretär der Vereinten Nationen.

Seine Anwesenheit, so hoffen sie, wird viel dazu beitragen, die Verzahnung von Segelrennen und Umweltmission international bekannt zu machen.

Stu weiß, dass Meeresschutz ein wichtiges Thema ist, auch als Rechtfertigung für ein so aufwendiges Segelrennen um die Welt. Doch Stu ist Boat Captain der *Malizia*, er muss sich um andere Dinge kümmern. Etwa um die poröse Gummimanschette am Propellerschaft, durch die Wasser ins Schiff gedrungen ist. Um die Manschette auszutauschen, wird ein Crewmitglied unter das Schiff tauchen müssen. Die Reparatur wird eine Weile dauern und nur mit Tauchflaschen und Neoprenanzug möglich sein. Stu hofft, beides in der örtlichen Marina auftreiben zu können.

Auf dem Weg von seiner Unterkunft zum Hafen eilt Stu über den Badestrand von Mindelo. Der heftige Passatwind hat allen losen Sand ins Meer geblasen, der Strand ist eine bretthharte Fläche. Wolkenloser Himmel, 23 Grad, normales Winterwetter auf den Kapverden. Vor dem Kalimba Beach Club sitzen ein paar Urlauber unter Sonnenschirmen aus flatternden Palmwedeln und halten sich Tücher vor den Mund. Auf der Terrasse des Clubs fliegen die Strohhalme aus den Cocktailgläsern, dahinter, an den Lichtmasten entlang der Promenade, knattern die Flaggen des Ocean Race in den Böen. Zwischen Dezember und Mai, so heißt es im Revierführer für Segler, liegt die Chance auf wenig Wind bei fünf Prozent.

Stu hat tatsachlich einen kleinen Tauchshop ausfindig gemacht und reserviert die Ausrüstung für die Reparatur unter Wasser. Er braucht sie übermorgen, einen Tag nach Ankunft der *Malizia*. »Können wir euch sonst noch helfen?«, fragt der junge Shopinhaber. »Wir könnten den ganzen Rumpf unter Wasser reinigen, das machen wir oft bei ankommenden Yachten.«

Stu grinst schräg. »Sorry, guy«, sagt er. »Hilfe von außen ist verboten.«

Stu kennt die Spielregeln. Das Ocean Race hat den Ruf, der härteste Mannschaftswettkampf der ganzen Sportwelt zu sein. Auch deshalb, weil die Mannschaften gezwungen sind, auf See über Wochen hinweg mit allen Hürden und Rückschlägen allein fertigzuwerden. Nur bei technischen Problemen dürfen sich die Segler fernmündlich Hilfe holen. Und bei Notfällen natürlich. Im Regelwerk des Ocean Race ist präzise beschrieben, welche Formen der Unterstützung zulässig sind. Und welche Hilfe verboten bleibt. Die Spielregeln dienen auch der Imagepflege: allein gegen die Naturgewalten.

Laufen die Schiffe, oft schwer gezeichnet von der Etappe, in einen Hafen ein, machen sich die Techniker des Teams an die Reparatur. Dafür reisen sie ja an jede Zwischenstation. Nach Mindelo sind aus dem Tech-Team allerdings nur Stu und ein Kollege geflogen. Für den fünftägigen Boxenstopp auf den Kapverden gilt eine Sonderregel: Reparaturen dürfen hier nur von Crewmitgliedern und nur auf dem Schiff selbst durchgeführt werden. Sie dürfen dafür lediglich Werkzeug und Ersatzteile nutzen, die sich bereits an Bord befinden. Kein Techniker aus dem Team darf das Schiff betreten oder unter Wasser an ihm arbeiten. Kein zusätzlicher Proviant darf gebracht, kein Segel ausgetauscht werden.

Die rigiden Vorschriften haben ein klar erkennbares Ziel: Die Segler sollen sich gezwungen sehen, schon zum Start in Alicante ihre Yachten so auszurüsten, als gäbe es keinen Zwischenhalt auf der Strecke von Europa nach Südafrika. So wie bei all den früheren Rennen, als die erste Etappe die Yachten immer direkt bis Kapstadt führte. Das neue Ocean Race, so signalisiert es das Regelwerk, will den Seglern das Leben keinesfalls leichter machen, auch wenn sie diesmal kurz Atem schöpfen dürfen auf den Kapverden.

Stu ahnt, dass die Mindelo-Regeln auch Folgen für den undichten Propellerschaft haben könnten. Er hat per Luftfracht ein Ersatzteil besorgt, wird es aber nur an Bord bringen dürfen, wenn der Austausch als »notwendige Sicherheitsmaßnahme« anerkannt wird. Dann könnten Stu und der Taucher sofort loslegen. Doch die Regattaleitung verweigert die Anerkennung als Notfall. Schaft und Manschette dürften zwar ausgetauscht werden, die Mannschaft würde aber zur Strafe einen Punkt Abzug erhalten – was für die Rangliste das Gleiche bedeuten würde, als käme die *Malizia* nicht wie erwartet als dritte, sondern erst als vierte Yacht ins Ziel.

Teamchefin Holly Cova ist außer sich. »Natürlich ist das eine notwendige Sicherheitsmaßnahme. Sollen wir etwa riskieren, mit einem Schiff nach Kapstadt zu segeln, in das jederzeit wieder Wasser eindringen kann?« Holly und Stu sitzen an einem Holztisch nahe der Anlegepier und trinken schwarzen Kaffee aus Pappbechern. Vor ein paar Stunden sind die Yachten *Holcim* und *Biotherm* angekommen, gleich, kurz nach Sonnenaufgang, wird die *Malizia* erwartet. Stu hat auf einem Zettel notiert, wie der Propellerschaft so versiegelt werden kann, dass er bis Kapstadt garantiert dicht hält. »Dort tauschen wir dann den Schaft aus, wir lassen uns doch hier keinen Punkt nehmen«, sagt er zu Holly. Er wird den Zettel mit den Anweisungen nachher einem der Segler in die Hand drücken und ihn dann während der Reparatur dirigieren, per Zuruf vom Steg aus. Er selbst darf ja nicht an Bord gehen. Alles ein bisschen albern, findet Stu und zuckt mit den Achseln, »aber es ist, wie es ist«.

~

Im warmen Licht des beginnenden Tages fährt die *Malizia* unter Motor rückwärts in das Hafenbecken. Aus großen Boxen dröhnt der Song »Don't stop me now« über das noch leere Hafengelände. Jedes Segelteam hat sich einen Rocksong ausgesucht, der bei allen Zwischenstopps zu hören sein wird, wenn die Yacht einläuft oder ablegt. Boris und seine Mannschaft haben den alten Queen-Hit als Fanfare gewählt. Rosalin tanzt auf dem Cockpitdach, singt und wirft die Arme in die Luft. Will steht am Bug, die Vorleine in der Hand, und grinst. »Sie spielen unser Lied!«, ruft er zu Antoine hinüber, der am Mast lehnt und filmt. Drei RIP-Schlauchboote umkreisen das Schiff, auch Leute aus dem *Holcim*-Team helfen bei dem Anlegemanöver. Als die *Malizia* schließlich vertäut ist, geht Boris zum Heck und lässt sich vorsichtig hinab in das kleine, gelbe Schlauchboot von Stu.

Seinen linken Fuß, bandagiert und in der Plastiktüte steckend, hat er in einen offen stehenden Turnschuh gezwängt. Es sieht komisch aus, aber die amerikanische Journalistin, die ihn am Steg für ein erstes Interview abfängt, bemerkt nichts. Und Boris verschweigt den Unfall. Er will rasch zur Diagnose ins Krankenhaus, erst danach soll das Team seine Verletzung öffentlich machen. Die Journalistin fragt, ob er, wie so oft in seiner Freizeit, auch auf den Kapverden kiten wird. Boris lächelt und sagt: »Mal schauen.« Dann steigen Holly und er in ein wartendes Taxi.

In der Ambulanz des Hospitals Dr. Baptista de Sousa nimmt eine Krankenschwester seine Daten auf: Boris Johannes Herrmann, deutscher Segler, Geschäftsreise. Am Arm von Holly, das verletzte Bein angewinkelt, hüpft Boris über lange Flure zur chirurgischen Station. Dort streckt er sich auf einer Liege aus, noch immer in schwarzer, salzverkrusteter Segelmontur. Holly hat die Plastiktüte vom Fuß abgenommen und die Verbrennung vorsichtig freigelegt. Der Fußrücken glänzt dunkelrot, die Wundränder haben sich violett verfärbt.

Dr. Celso Benedito Sertorio, glatzköpfiger Brasilianer und Facharzt für plastische Chirurgie, schaut sich die Wunde an. Dann greift er nach seinem Handy, stellt einige Fragen auf Portugiesisch und reicht das Gerät dem Patienten. Boris lauscht der metallisch klingenden Stimme der Übersetzungs-App. Wann hast du das letzte Mal gegessen? Gibt es Medikamente, die du nicht verträgst? Bist du einverstanden, wenn wir dir jetzt eine Infusion legen?

Mit jeder Frage wächst die Nervosität von Boris. Was haben die mit ihm vor? Bis jetzt ist er davon ausgegangen, dass er einen frischen Verband und Schmerztabletten erhält, fertig, aus. Die Sprach-App verwirrt ihn zusätzlich, zuletzt übersetzte sie, dass Dr. Sertorio nun die Gebärmutter verbinden will. Boris zückt sein Handy und ruft

Dr. Spike Briggs an. An dem Crashkurs des britischen Unfallchirurgen in Alicante hat Boris nicht teilgenommen. Aber er kennt ihn gut und vertraut ihm. Vor der Vendée Globe hatte der Mediziner einen Tag lang den Einhandsegler darin unterwiesen, bei Unfällen auf See sich selbst zu helfen.

Doch jetzt braucht Boris einfach nur einen Rat. Dr. Briggs meldet sich sofort, und Boris schickt ihm ein Foto seines verbrannten Fußes. Briggs möchte wissen, was sein brasilianischer Kollege vorhat. Leider spricht auch Briggs kein Portugiesisch, Boris wiederum misstraut der Übersetzungs-App, weshalb er nun nach dem Handy von Holly greift und Ricardo Pinto anruft. Als der portugiesische Fotograf des Teams in Lissabon ans Telefon geht, reicht Boris das Handy weiter an Dr. Sertorio. Nun wird es etwas kompliziert: Der brasilianische Arzt telefoniert auf Hollys Handy mit dem portugiesischen Fotografen. Dann hält Boris beide Handys gegeneinander und der Fotograf in Lissabon erklärt, von Bildschirm zu Bildschirm, dem Mediziner Briggs in England, was er erfahren hat. Anschließend spricht Briggs mit Boris. Das Ganze wiederholt sich in der gleichen Reihenfolge noch mehrfach. Schließlich steht fest: Dr. Sertorio will die verbrannte Haut komplett abtragen und die Wunde reinigen, und das Ganze, da lässt er keine Zweifel dran, wäre ohne Narkose äußerst schmerzhaft.

»Die Wunde sieht nicht gut aus, Boris«, sagt Briggs. »Aber das ist normal bei Verbrennungen.«

»Und? Soll ich den Arzt tun lassen, was er für richtig hält?«

»Ich denke, du solltest ihm und seinem Team vertrauen. Die haben wahrscheinlich häufig mit Verbrennungen zu tun und wissen genau, wie man damit umgeht.«

»Ok, super. Danke, Spike!«

Boris wendet sich an Dr. Sertorio und reckt seinen Daumen hoch. Es kann losgehen. Der Arzt lächelt und greift nach der Liege. Dann schiebt er Boris aus dem Flur in den OP-Trakt.

Es verunsichert schon massiv, wenn man den Arzt, der einen gleich operiert, überhaupt nicht versteht. Erst recht verunsichert es jemanden wie mich, der sowieso immer alles besser weiß. Als sie mich in den OP-Bereich schoben, durfte Holly nicht mitkommen. Nun war ich völlig allein. Ich musste mich bis auf die Unterhose ausziehen, dann gaben sie mir eines dieser OP-Hemden, die hinten offen stehen. Ich klammerte mich an meinem Handy fest, bis sie mir auch das wegnahmen. Zwei ziemlich kräftig aussehende Männer legten mich auf einen Tisch, an dessen Kopfende sie Querstreben anschraubten. Daran wollten sie meine Arme festschnallen.

Das war echt zu viel. No way! No! Das haben sie verstanden. Ich habe kurz überlegt, ob ich nicht einfach aufstehen und verschwinden soll. Und das alles selber mache. Schmerztabletten einwerfen, die Wunde sterilisieren, mit einer Nagelschere die Haut wegschneiden. Ich habe es natürlich nicht getan. Sondern mich an die Empfehlung von Spike gehalten, den Ärzten hier zu vertrauen. Sie haben mir eine Spritze gegeben – und von da an weiß ich nichts mehr.

Holly hat mir später erzählt, dass sie fast drei Stunden draußen auf dem Korridor wartete, bis jemand kam und sie zu mir brachte. Sie hatte damit gerechnet, mich schon wieder am Handy zu sehen. Stattdessen lag ich bewusstlos auf einer Liege, die Infusionsnadel im Arm, eine grüne Haube auf dem Kopf. Sie hat sich wahnsinnig erschrocken. Sie wusste ja nicht, dass ich eine Vollnarkose bekommen hatte. Ehrlich gesagt, ich hatte es auch nicht gewusst, und ich kenne bis heute nicht den Grund dafür.

Als ich aufwachte, ging es mir eigentlich ganz gut. Mein Fuß war umwickelt mit einem großen, weißen Verband. Dr. Sertorio trat an mein Bett und sagte, dass er in den nächsten Tagen jeden Abend bei mir zu Hause vorbeischauen würde, um die Bandage zu wechseln. Es würde gut einen Monat dauern, bis meine Verbrennung zweiten und dritten Grades abgeheilt sei. Ich sollte das Bein ruhigstellen, eine Woche nicht aus dem Haus gehen und alles tun, um mir bloß keine Infektion zuzuziehen. Dass ich vorhatte, in fünf Tagen wieder in See zu stechen, wusste er nicht. Holly und ich bedankten uns bei Dr. Sertorio, den ich jetzt, wo alles offensichtlich gut gelaufen war, ganz großartig fand. Dann schob mich Holly im Rollstuhl aus dem Hospital.

In dem Moment war mir endgültig klar, dass ich nicht nach Kapstadt mitsegeln würde. Die für mich wichtigste Etappe ist ohnehin die sechswöchige Strecke durch das Südpolarmeer, die Wettfahrt von Kapstadt nach Brasilien, sie ist der wahre Härtetest, das Herzstück des Ocean Race. Diese Etappe will ich keinesfalls verpassen. In etwa einem Monat werden wir in Kapstadt starten. Mein Fuß muss dann völlig in Ordnung sein. Es täte ihm wahrscheinlich nicht gut, wenn ich vorher noch den Atlantik hinabsegeln würde, mit all dem Herumgeturne an Bord, und dann auch noch durch die Hitze der Tropen.

Natürlich nervt mich das sehr. Aber es geht nicht anders. Außerdem hatte ich mit der Mannschaft schon lange vereinbart, dass ich die Teilstrecke von Brasilien nach Newport in den USA aussetzen würde; Yann Eliès, einer der besten Hochseesegler Frankreichs, wird dann für mich an Bord kommen. Nun müssen wir ihn halt zwei Monate früher als geplant holen. Ich hoffe, er schafft es, sofort hierher zu fliegen. Soweit ich weiß, macht er gerade mit seiner Familie eine Skitour irgendwo in den französischen Alpen.

~

Ein paar Stunden, bevor der Generalsekretär der Vereinten Nationen die Meeresschutz-Konferenz eröffnet, will sich António Guterres im Hafen von Mindelo die Rennyachten ansehen und den Skippern die Hand schütteln. Ob ihn das Ocean Race wirklich interessiert oder der Besuch am Hafen nur eine protokollarische Geste ist, lässt sich am Ablauf nicht erkennen. Soldaten riegeln mit Sperrgittern die Pier ab. Die Skipper reihen sich am Anlegesteg auf, gegenüber ihren Booten. Auch Boris ist dabei, trotz der verordneten Bettruhe. Er muss ja nicht hüpfen. Holly hat ein Paar Adiletten besorgt und den linken Querriemen so geweitet, dass Boris seinen verbundenen Fuß hineinschieben kann. In blauen Plastiksandalen erwartet er den UN-Generalsekretär.

Von rechts nähert sich eine Menschentraube. Ein Bollwerk großer, kräftiger Männer mit Sonnenbrillen und dünnen Spiralkabeln im Ohr.

Zwei TV-Teams strecken ihre Mikrofonangeln über die langsam vorrückende Gruppe, irgendwo in der Mitte muss sich Guterres befinden. Schließlich öffnet sich der Riegel der Sicherheitsbeamten, und Guterres beginnt, die Segler zu begrüßen. Boris steht am Ende der Reihe. Er wartet auf seine Chance.

Jedes Foto und jedes Video, das sich von der *Malizia* weltweit verbreitet, macht auch Werbung für die Vereinten Nationen: Großflächig bedecken die Logos der 17 UN-Nachhaltigkeitsziele die Segel – und, in riesigen Lettern, der Schriftzug »A Race We Must Win«. Seit Boris Herrmann 2019 Greta Thunberg zur UN-Klimakonferenz nach New York segelte, nutzt er den Satz als zentralen Slogan seiner Klima-Kampagne. Wie schön wäre es, all das dem UN-Generalsekretär jetzt persönlich präsentieren zu können. Doch auf der *Malizia*, die direkt vor ihnen liegt, ist nur das nackte Rigg zu sehen.

Fieberhaft hat Boris durch die Bilder auf seinem Handy gescrollt. Als Guterres schließlich vor ihm steht, drückt Boris seine Hand, dann zeigt er ihm das Foto, das er noch rechtzeitig entdeckt hat: eine Nahaufnahme der *Malizia* in voller Beseglung. Guterres mustert interessiert die Aufnahme, dann sagt er: »Very good. Bravo!«

Da ist die Chance. »Und hier liegt unser Schiff, Mr. Secretary-General«, sagt Boris und deutet auf die *Malizia*. Guterres, schon im Gehen begriffen, bleibt stehen, beide Männer treten an den Rand der Pier und blicken auf die Rennyacht direkt vor ihnen. Boris erklärt, was die auffälligen Seitenflügel bewirken und mit wie vielen Leuten er das Schiff um die Welt segelt. Und weshalb das Ocean Race nicht nur dazu beitragen kann, den Menschen die Faszination der Ozeane näherzubringen, sondern auch deren Gefährdung. »Die Kampagne ist für uns Segler eine Herzensangelegenheit«, sagt Boris. »Wir lieben das Meer.«

Der Generalsekretär nickt freundlich, dann wünscht er viel Erfolg bei der Regatta und verabschiedet sich. Die Sicherheitsbeamten schließen den Kreis und geleiten Guterres und seine Begleiter aus dem Hafen. Es war nur eine kurze Begegnung. Aber die TV-Teams haben den Dialog gefilmt, ebenso die Social-Media-Verantwortlichen des Teams Malizia. Boris hat seine Chance nutzen können. Nun, nach dem Stehempfang an der Pier, spürt er die Schmerzen im Fuß. Er lässt sich in die Unterkunft fahren, zum Ausruhen, ehe am Nachmittag die Meeresschutz-Konferenz beginnt. Auch Boris ist als Sprecher vorgesehen.

Am Ortsrand liegt ein moderner, zweigeschossiger Betonbau mit eigenem Steg ins Meer. Das »Ocean Science Center Mindelo« wird seit 2017 vom Geomar Helmholtz-Zentrum für Meeresforschung in Kiel betrieben. Gemeinsam mit lokalen Wissenschaftlerinnen und Wissenschaftlern erkunden die Deutschen von hier aus das enorm artenreiche Ökosystem im tropischen Atlantik. Und sie sammeln Daten aus unterschiedlichen Meerestiefen, um die Auswirkungen des Klimawandels auf die Ozeane zu messen. Die Geräte dafür bauen sie normalerweise in der Werkhalle des Gebäudes zusammen: mit Sensoren bestückte Bojen, Unterwasserroboter, am Meeresboden verankerte Minilabore, ferngesteuerte Segel-Drohnen.

Die Regierung der Kapverden hat die Wissenschaftler gebeten, ihr Institut für die internationale Konferenz zur Verfügung zu stellen. Als Boris und Holly mit einem Taxi eintreffen, parken vor dem Eingang ein Dutzend Limousinen mit verdunkelten Scheiben und Diplomaten-Kennzeichen. Die Regierungschefs von Portugal, den Seychellen und mehreren westafrikanischen Staaten sind angereist, dazu Vertreter der Weltbank, der Vereinten Nationen und zahlreicher NGOs. Und eben der UN-Generalsekretär höchstpersönlich. Die Wissenschaftler haben ihre Werkhalle in einen Konferenzsaal verwandelt: mit Hunderten weißen Klappstühlen, mit Scheinwerfern und Lautsprecherboxen, Palmen in Kübeln und einer opulenten Bühne. Das hintere Hallentor steht weit offen, vom Meer streicht eine warme Brise in das Gebäude.

António Guterres spricht von der Bedeutung der Ozeane als »Klimaanlage der Erde«. Er nennt die zwei wichtigsten Zahlen: Die Meere schlucken neunzig Prozent der Wärmeenergie, die der Treibhauseffekt in der Atmosphäre erzeugt. Und sie nehmen ein Viertel des menschengemachten CO_2 auf. Doch der Klimawandel überfordert die Ozeane. Ihre Pufferfunktion schwächt ab – und die Folgen verändern die Ökosysteme weltweit, in der Tiefsee ebenso wie im Inneren der Kontinente. »Wir haben lange genug geforscht und gewarnt. 2023 muss das Jahr des radikalen Handelns werden«, ruft Guterres. »This is a race we must win!«

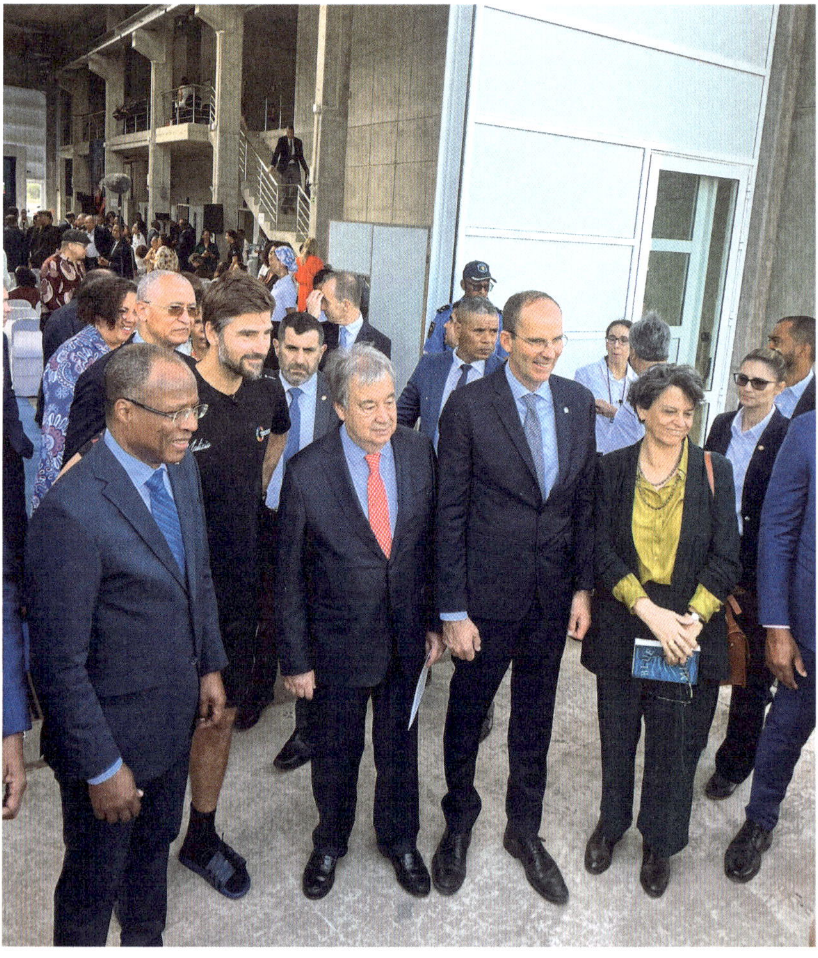

Boris mit verletztem Fuß in Sandale neben UN-Generalsekretär Guterres

Politiker, Wissenschaftler und Ökonomen debattieren bis zum frühen Abend Ideen, wie sich die Meere besser schützen lassen. Für das letzte Podiumsthema haben die Veranstalter eine eher ungewöhnliche Runde zusammengestellt: Extremsportler sollen schildern, wie sie immer wieder die Motivation und die Kraft aufbringen, auf dem Meer schier Unmögliches zu erreichen – als Inspiration für Menschen, die allmählich den Glauben daran verlieren, dass sich der Klimawandel noch aufhalten lässt. Vorsichtig steigt Boris auf die Bühne und nimmt Platz neben einem Kitesurf-Weltmeister von den Kapverden und einem Windsurf-Weltmeister aus Hawaii. Die Sportler schildern sehr unterschiedliche Wege zum Erfolg. Doch alle drei betonen, wie wichtig es sei, sich auf realistische Zwischenziele zu konzentrieren; wer immer nur das Endziel im Auge habe, fühle sich leicht entmutigt.

Im Anschluss an die Runde sitzt Boris noch mit Wissenschaftlerinnen und Wissenschaftlern des Geomar-Instituts zusammen und will wissen, was so eine Veranstaltung wirklich bringt. »Alles, was heute besprochen wurde, ist uns seit Langem bekannt«, sagt Katja Matthes, die Geomar-Chefin. »Aber darum geht es nicht. Es geht darum, die breite Öffentlichkeit aufzuklären über den Zustand der Meere. Die globale Kampagne von Ocean Race erreicht Millionen von Menschen – viel mehr als wir Wissenschaftler.«

Und was bringt die Konferenz den Kapverden? Wenn sich so viel Prominenz zum Thema Meeresschutz in Mindelo versammele, sagt Matthes, dann zeige das den Menschen hier, wie reich und wertvoll ihre Unterwasserwelt ist. Und warum es wichtig ist, sie zu bewahren. »Das hilft dann auch uns. Wenn wir etwa Fischer davon überzeugen können, unsere Messinstrumente mitzunehmen auf See.«

Das Kieler Institut ist ziemlich gut darin, weltweit Kapitäne von Fischerbooten, Fähren, Containerfrachtern und auch Segelyachten für die Forschung einzuspannen. Boris haben die Wissenschaftler schon 2018 überzeugt. Seither strömt auf allen Reisen der *Malizia* unablässig ein dünner Strahl Meerwasser durch einen kleines, fest installiertes Bordlabor. Es misst die Temperatur, den Salzgehalt und die CO_2-

Konzentration des Wassers, Schlüsselwerte des Klimawandels. Die Geomar-Wissenschaftlerinnen und -Wissenschaftler prüfen die übermittelten Werte und lassen sie in internationale Datenbanken einfließen. Die Vendée Globe 2020/21 beendete Boris mit der ersten kompletten Datenreihe dieser Art um den Globus. Auch das Ocean Race will er für ein lückenloses Zahlenwerk nutzen, diesmal einschließlich des Sauerstoffgehalts in den Meeren entlang der Route.*

~

Während Politiker und Wissenschaftlerinnen über den Schutz der Meere diskutierten, hat Teamchefin Holly Cova die Konferenz für einen besonderen Notfalleinsatz genutzt. Yann Eliès, der neue Mitsegler, soll von Paris über Lissabon auf die Kapverden fliegen, um übermorgen anstelle von Boris zur nächsten Etappe zu starten. Doch der Kurier, der Yanns Reisepass nach Lissabon bringen sollte, ist verschwunden. Um ohne den Ausweis Portugal verlassen und in die Kapverden einreisen zu können, braucht Yann eine Sondergenehmigung. Und zwar von den Behörden beider Länder und, bitte schön, bis zum Abflug aus Lissabon morgen früh. Holly liebt solche Herausforderungen! Da Regierungsvertreter beider Länder an der Konferenz teilnehmen, bittet Holly sie mit eindringlichem Charme, ihre Innenministerien anzuweisen, entsprechende Schreiben aufzusetzen und ihr noch in der Nacht zu mailen. Dann macht sie sich auf den Weg zu Boris' Apartment.

Beim Abendessen des Teams ist auch der mehrfache Kite-Weltmeister dabei, Boris hatte ihn nach der Podiumsrunde eingeladen. Mitu Monteiro, vierzig Jahre alt, ein schwarzer Mann mit rotblonden Rasta-Locken, ist ein Popstar auf den Kapverden und eine Legende in seinem Sport. Kitesurfer weltweit versuchen die Tricks nachzuahmen, die er in der Brandung seiner Heimatinsel Sal entwickelt hat. Außer Nicolas »Nico« Lunven sind alle Segler der *Malizia* leidenschaftliche

---

* Informationen zur Klimakampagne von Team Malizia auf Seite 348

Kitesurfer, und so redet an diesem Abend niemand über die nächste Etappe, stattdessen lauschen sie Mitu, der die besten Surfspots an den Küsten von Marokko, Peru und Brasilien beschreibt. Irgendwann entfährt es Boris: »Warum machen wir eigentlich den ganzen komplizierten Quatsch? Es reicht doch ein Brett, ein Kite und Wind, um das Leben zu genießen!«

Holly lacht etwas gequält. Sie wartet noch immer auf die Sondergenehmigungen für Yann. Und eigentlich könnte Boris doch etwas motivierendere Sätze finden, um sich von seiner Crew zu verabschieden.

Boris ist aufgeräumter Stimmung. Er hat sich damit abgefunden, beim zweiten Abschnitt des Rennens zu fehlen. Nur so kann seine Verbrennung abheilen, bis in Kapstadt die Flotte ins Südpolarmeer aufbricht, zur Königsetappe, für Boris die wichtigste Etappe. Außerdem weiß er das Schiff in guten Händen. Die Aufgaben als Skipper wird Will Harris übernehmen. Seit 2019 segelt Boris mit ihm, niemandem an Bord vertraut er so sehr wie dem 29-jährigen Engländer.

»Ich wäre wirklich gern jetzt dabei. Mit euch zu segeln, macht so viel Spaß, viel mehr als allein«, sagt Boris am Ende des Abends. »Nun begleite ich euch halt von Land aus. Ich möchte, dass jeder von euch Will uneingeschränkt unterstützt. Ihr werdet mit ihm ein großartiges Ergebnis einfahren.« Boris hebt sein Glas, er möchte der Mannschaft noch zwei Ratschläge mit auf den Weg geben: »Respektiert die Alarme! Das Schiff redet mit uns, ihr müsst zuhören, es ernst nehmen und sofort reagieren. Und: Vergesst nicht, die Reise zu genießen! Macht Witze, unterhaltet euch. Ärgert euch nicht über kleine Dinge, behaltet das große Ganze im Blick. Es ist ein langes Rennen.«

Will

Es war schon ein Schock, als Boris mich noch beim Verlassen des Krankenhauses anrief und sagte, dass er bis Kapstadt aussetzen müsse. Und dass ich nun der Skipper der Malizia sei. Eigentlich war das erst für die Strecke ab Brasilien vorgesehen. Ich habe mich gefragt: Bin ich wirklich schon bereit, die

Verantwortung für fünf Leute an Bord zu übernehmen? Und meine ehrliche Antwort war: Ja, ich bin bereit dafür.

Seit das Boot vor einem halben Jahr zu Wasser gelassen wurde, war ich bei jeder Meile auf dem Wasser dabei. Ich glaube, außer Boris kennt niemand die neue Malizia so gut wie ich. Nach einer Regatta in die Karibik habe ich das Boot als Skipper zurückgesegelt, mit der gleichen Crew, die nun für die Etappe nach Kapstadt vorgesehen ist. Das war zwar kein Rennen, wir haben das Boot trotzdem hart gepusht.

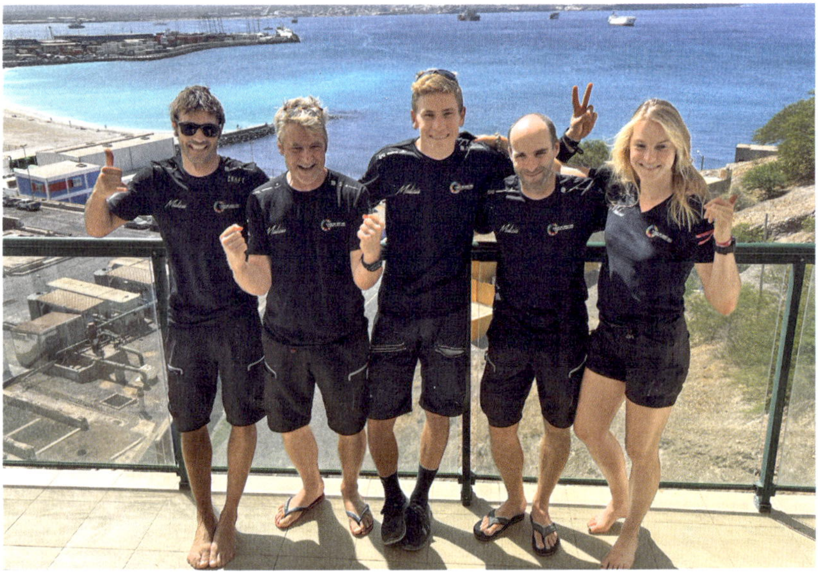

Vor der Abfahrt aus Mindelo: (v. li.) Antoine, Yann, Will, Nico und Rosalin

Ich werde das erste Mal bis ins Südmeer fahren. Auch deshalb bin ich froh, Nico und hoffentlich auch Yann dabeizuhaben, mit all ihrer Erfahrung. Nico ist einer der besten Navigatoren, die ich kenne. Und Yann? Als ich 2016 bei der Solitaire du Figaro startete, der härtesten Hochseeregatta Frankreichs, da hatte Yann bereits 18 Mal teilgenommen. Zwei Mal hat er die Solitaire sogar gewonnen. Yann war 2016 eines meiner Idole. Nun bin ich sein Skipper.

Nico, Yann, Rosie und ich sind schon oft zusammen gesegelt. Ich glaube, ich weiß genau, wer unter welchen Bedingungen sein Bestes leistet. Als Skipper will

ich versuchen, es jedem zu ermöglichen, immer alles zu geben. Ich will, dass wir jede Nuance an Wissen und an Erfahrung nutzen, die wir an Bord haben.

Es beeindruckt mich sehr, wie viel Vertrauen Boris in mich hat. Die Kampagne, das neue Boot, die Crew, nichts davon wäre möglich ohne seinen jahrelangen Einsatz. Und nun legt er all das in meine Hände.

Im Grunde genommen hat er mir von Beginn an gezeigt, dass er an mich glaubt. Als ich 2019 hörte, dass er einen Mitsegler für das Transat Jacques Vabre sucht, eine berühmte Regatta für Zweier-Teams über den Atlantik, da habe ich ihm geschrieben und mich angeboten. Es gab Hunderte von Seglern mit mehr Erfahrung, die er hätte auswählen können; ich war 25 und hatte noch nie den Atlantik überquert. Wir trafen uns, und er sagte: Ich glaube, wir passen zusammen.

Seither haben wir fast alle Zeit auf dem Wasser zusammen verbracht. Übrigens auch auf Surfbrettern. Wir sind beide leidenschaftliche Kitesurfer. Wenn wir in irgendeinem Hafen liegen und wissen, dass es in der Nähe einen guten Strand und Wind gibt, dann treffen wir uns oft morgens um sechs und beginnen den Tag auf unseren Brettern. Auf der Malizia sind wir ein Team geworden – und beim Kiten Freunde. Boris hat als Offshore-Segler unglaublich viel Erfahrung, von niemandem habe ich so viel gelernt wie von ihm. Er weiß genau, wie hungrig ich bin und wie entschlossen. Ich habe jahrelang hart gearbeitet und jede Chance genutzt, die sich mir bot. Ich glaube, das ist wichtig, man weiß nie, welche Tür sich noch öffnet. Beim letzten Volvo Ocean Race 2017/18 habe ich als Freiwilliger in der Wettfahrtleitung gearbeitet, wir saßen nächtelang vor den Überwachungsbildschirmen. Und nun bin ich selbst dabei.

Vom ersten Tag an war ich davon überzeugt, dass wir mit der neuen Malizia ein richtig schnelles Boot gebaut haben. Aber erst seit unserer Ankunft auf den Kapverden haben wir den Beweis dafür: Wir hatten gleich bei der ersten Wettfahrt gezeigt, was das Boot kann, auch wenn wir im Ziel nur Dritter wurden. Im Atlantik haben wir das Potenzial der Malizia kennengelernt. Nein, falsch, eigentlich haben wir das Potenzial nur geschmeckt. In diesem Schiff stecken noch so viele Möglichkeiten: es hier ein bisschen anders einstellen, dort genauer messen. Wir lernen jeden Tag dazu. Ich bin überzeugt, bei der nächsten Etappe werden wir das Schiff noch besser in den Griff bekommen. Und dann noch schneller sein.

Boris meinte zu mir, die Route nach Kapstadt sei die abwechslungsreichste des ganzen Ocean Race. Ich war noch nie so weit im Süden. Immerhin kenne ich die Hälfte der Strecke, seit meiner ersten Regatta mit Boris, als wir 2019 von Frankreich nach Salvador de Bahia in Brasilien segelten. Für Navigatoren eine echte Herausforderung. In weniger als drei Wochen werden wir alle Klimazonen durchqueren. Ich glaube, keine andere Etappe vermittelt so intensiv das Gefühl, tatsächlich die Welt zu umsegeln.

Es ist wirklich schade, dass Boris aussetzen muss. Aber wir brauchen ihn für die Strecke durchs Eismeer, da muss er fit sein. Nun können wir zeigen, was wir auch ohne Boris draufhaben. Ich will, dass wir die Malizia ohne größere Schäden nach Kapstadt bringen. Und zwar als eines der ersten Schiffe.

Sechs Stunden vor dem Start trifft sich die Crew zum Frühstück in Boris' Apartment. Rosalin, Will, Nico, der Bordreporter Antoine – und auch Yann Eliès, der rechtzeitig mit einem Seesack und zwei

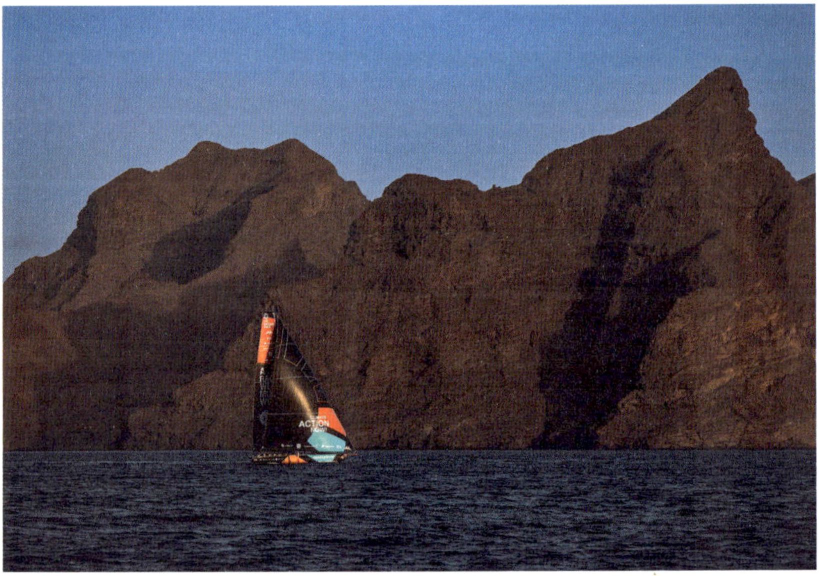

Bergtour: schwierige Windverhältnisse im Schatten der Vulkaninseln

Sondergenehmigungen auf die Kapverden gelangt ist. Am Kopf des Tisches steht der aufgeklappte Laptop von Boris, auf dem Bildschirm ist ein niederländischer Meteorologe zu sehen, der mit den Seglern die neuesten Wind- und Wellenvorhersagen für die Kapverden analysiert.

Nach dem Start werden die Yachten zwischen zwei Inseln hindurchsegeln, deren hoch aufragende Berge ihre Windschatten weit hinaus auf den Atlantik werfen. Ein Mitglied des Teams hat gestern an der Südküste der Insel eine Drohne steigen lassen, um Aufnahmen vom Verlauf der Windschatten zu machen. Doch die helfen nicht wirklich weiter. Boris, der gern von sich sagt, er wisse immer alles besser, beteiligt sich nur wenig an der Debatte über die beste Starttaktik. Dies ist die Wettfahrt von Will und seiner Mannschaft.

Schließlich blickt Will auf seine Uhr. »Ok, dann lasst uns in zwei Stunden an Bord treffen«, sagt er und rafft seine Zettel mit Notizen zusammen. Diese zwei Stunden sind die letzte Chance für lange Zeit, allein zu sein. Antoine geht im Meer schwimmen. Rosalin telefoniert mit ihrem Freund. Nico scrollt noch einmal durch die Drohnenaufnahmen. Yann legt sich im Nachbarzimmer aufs Bett, setzt seine Sonnenbrille auf und lauscht dem Podcast eines französischen Komikers.

Boris hat sich auf einem Sofa ausgestreckt, den schmerzenden Fuß auf der Lehne hochgelagert. Will setzt sich einen Moment neben ihn. Als sich das Team vor zwei Tagen zu einer Besprechung im Kalimba Beach Club getroffen hat, stand plötzlich eine kleine Torte mit brennenden Kerzen vor Will. Es war sein 29. Geburtstag. Will Harris ist jetzt der jüngste Skipper in der Geschichte des Ocean Race. Er möchte sich bei Boris für das Vertrauen bedanken, aber übertriebenes Pathos liegt ihm nicht, und so sagt er nur kurz: »Wir werden alles geben. Ich will, dass du stolz auf uns sein wirst.« Boris lacht ihn an, dann sagt er, dass er schon mal nach Kapstadt vorausfahren werde, um die besten Surfspots ausfindig zu machen.

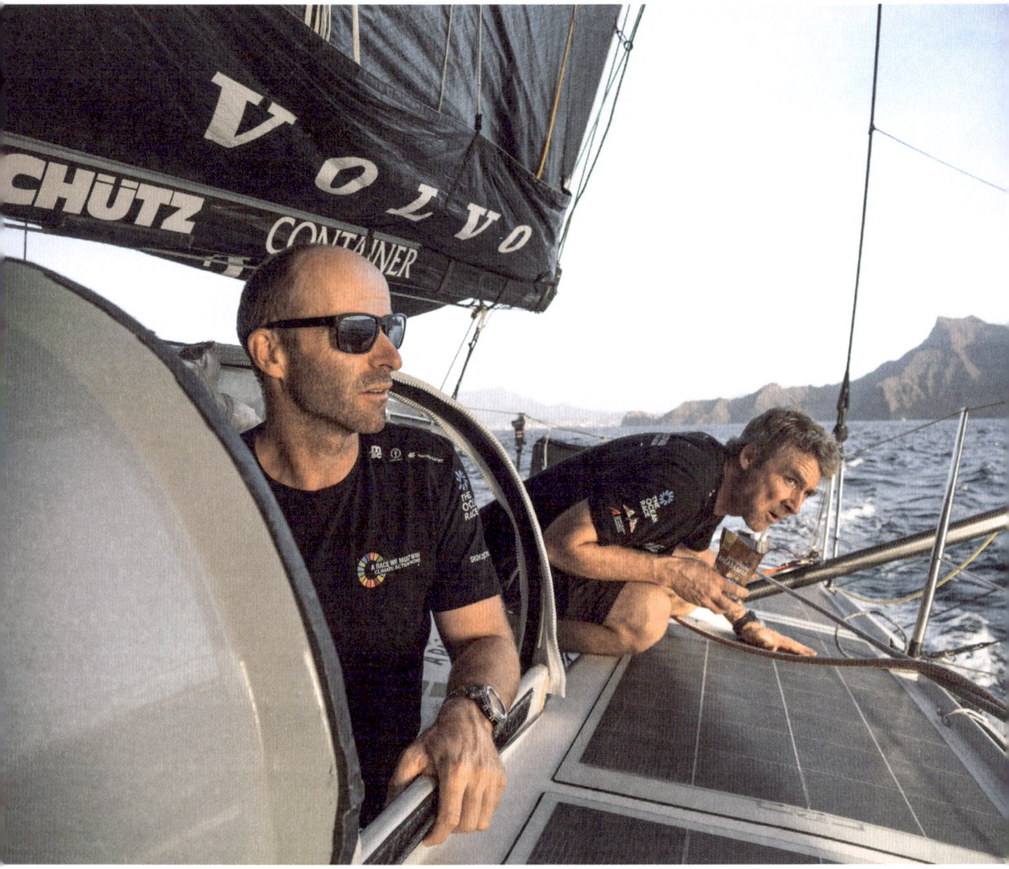

Wo segeln die Gegner? Nico (li.) und Yann beim Aufbruch vor den Kapverden

3 Die Aufholjagd

Zwischen Äquator und Kapstadt. Wie die *Malizia* von ganz hinten an die Spitze fährt – und dann den Sieg verpasst.

Einen Tag nach dem Start liegt die *Malizia* auf dem letzten Platz, mit zwanzig Seemeilen Abstand zum führenden Schiff. Zwei Tage nach dem Start beträgt der Rückstand hundert Seemeilen. Nach drei Tagen ist er auf 230 Seemeilen angewachsen. Bei der großen Atlantik-Etappe des Ocean Race fährt die Flotte der *Malizia* davon, unaufhaltsam. Für Will könnte sein Einstand als Skipper nicht entmutigender sein.

Taktisch hat die Will-Harris-Crew alles richtig gemacht. Wie die anderen Teams hatte sie versucht, nach dem Start an den Kapverden vorbei nach Süden zu segeln, ohne dabei in den Windschatten der hohen Vulkaninseln zu geraten. Schon bald erfasste wie erwartet der Passat die Schiffe. Der warme, kräftige Luftstrom zieht verlässlich von Ost nach West über den Atlantik; Europas Segler nutzen ihn seit jeher, um sich wie auf einem Förderband hinübertragen zu lassen in die Karibik. Die Ocean Racer wollen allerdings nicht in die Karibik, sie wollen nach Kapstadt. Der Passat soll sie einige Tage vorantreiben, bis ein günstiges Wetterfenster kommt, um nach Süden abzubiegen und den Äquator zu überqueren. Alle Mannschaften folgen dieser Strategie.

Das Problem der *Malizia* ist ihr Tempo. Zu jeder vollen Stunde schickt die Wettfahrtleitung die Positionen der fünf Rennyachten und die jeweilige Durchschnittsgeschwindigkeit an die Teams. Auf der *Malizia* sehen sie dann fast jedes Mal, dass sie etwas langsamer gesegelt sind als die anderen. Vielleicht liegt es am Wind: Er weht genau mit der mittleren Stärke, bei der die anderen Boote abzuheben beginnen, die etwas schwerere *Malizia* aber noch zögert. Vielleicht liegt es auch an den neuen Tragflügeln: Sie lassen sich wie alle Foils in Länge und Anstellwinkel verändern, und die Crew hat noch keine Erfahrung damit, wann sie wie am besten eingestellt sind. Oder liegt es an der Mannschaft und ihrem neuen Skipper? Seit drei Tagen versuchen sie mehr Speed aus der *Malizia* zu holen: Sie kombinieren unterschiedliche Vorsegel, ändern die Einstellungen von Kiel, Foils und Ballast, trimmen die Segel neu, sie probieren die gesamte Klaviatur aus – allein, es hilft nichts.

Rosalin

Wir haben jetzt drei Tage lang am Boot herumgefummelt, hier eine Winzigkeit verändert, dort eine zurückgenommen, es gibt ja unendlich viele Möglichkeiten, so eine Maschine einzustellen. Will wird immer schweigsamer, schaut nur noch düster umher. Ich ahne, was in ihm vorgeht. Ab und zu frage ich Will etwas, um ihn zum Reden zu bringen, oder ich mache einen blöden Spruch. Meist funktioniert der Spruch besser, für einen Moment. Aber insgesamt bleibt es einfach frustrierend, wenn du tagelang dein Bestes gibst – und trotzdem fahren die anderen dir weg, jede Stunde ein bisschen mehr. Auf meinem Instagram-Account treffen schon die ersten Fragen ein: Was ist los bei euch? Warum seid ihr so langsam? Ist etwas kaputtgegangen? Nein, alles bestens. Wir treiben die anderen nur erfolgreich vor uns her.

Will

Vor dem Start hatte ich mir mehrfach ausgemalt, wie wir als Sieger in Kapstadt einlaufen; ich habe das real vor mir gesehen, es hat mich wirklich berauscht. Auch andere Szenarien habe ich mir vorgestellt – aber so etwas wie das hier? Nein, ehrlich nicht. Jetzt muss ich kämpfen, um nicht in einem Strudel der

Zweifel zu versinken. Bei einem so großen Abstand werden wir die anderen niemals einholen, davon bin ich überzeugt, zumindest in meinen dunklen Stunden. Und dann frage ich mich, was ich falsch mache. Und ob ich mich vielleicht grundsätzlich überschätzt habe. Ich weiß, dass ich mich solchen Gedanken nicht hingeben darf. Aber schließlich bin ich ja verantwortlich für unsere Leistung. Es hilft mir enorm, wenn ich sehe, wie Yann und Nico, meine zwei Figaro-Vorbilder, unbekümmert weiter pushen. Sie erinnern Rosie und mich immer wieder daran, dass der Weg nach Kapstadt noch sehr lang ist – ein Lieblingsspruch von Yann lautet: Abgerechnet wird im Ziel!

~

Das Segelrennen um die Welt folgt einem bestechend simplen Routenverlauf: von Spanien aus den Atlantik hinunter, vor der Antarktis links abbiegen, an den Südspitzen Afrikas, Australiens und Amerikas vorbei, dann den Atlantik wieder hinauf bis an die US-Ostküste, von dort zurück nach Europa. Das Ganze in sieben Etappen, mit jeweils ein- bis dreiwöchiger Hafenpause dazwischen.

Beim Blick auf die Route könnte der Eindruck entstehen, das Ocean Race sei ein purer Geschwindigkeitswettbewerb: Weil es da draußen nichts als Wasser gibt, kann es ja nur darum gehen, auf gerader Strecke so schnell wie möglich von A nach B zu segeln. Der Eindruck täuscht. Wie alle Regatten auf hoher See ist das Ocean Race ein Hindernisrennen. Manches Hindernis wird den Seglern vom Meer in den Weg gelegt, eine Strömung etwa oder ein brachialer Seegang in einer Meerenge. Die meisten Komplikationen aber verursacht das Wetter, es lässt ständig irgendwo Hochdruckzonen mit quälenden Flauten entstehen und Tiefdruckzonen mit Sturmfronten. Um einige Wetterphänomene machen die Segler einen Bogen, andere nutzen sie zur Beschleunigung, Stürme etwa oder Strömungen, falls sie das Boot in die richtige Richtung treiben. Die gerade Strecke ist auf See selten die empfehlenswerte Strecke. Wer schnell sein will, fährt Umwege. Die Kurse der Ocean Racer verlaufen oft in Wellen und Kurven, mitunter auch im Zickzack, und ihre Gesamtstrecke ist oft zwanzig Prozent länger, als sie theoretisch sein müsste.

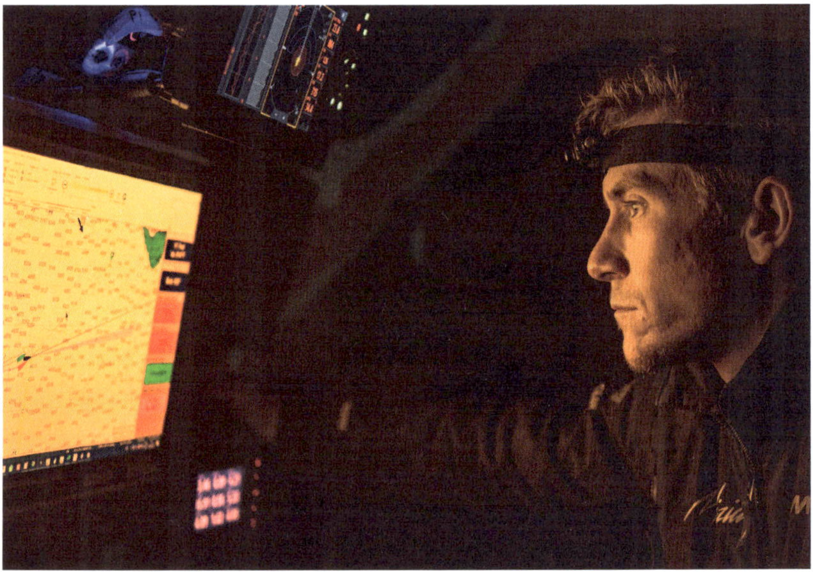

Will navigiert durch die Nacht. Sein Debüt als Skipper beginnt ernüchternd.

Die längsten Umwege machen die Mannschaften auf dem Weg von Europa nach Kapstadt. Auf dieser Strecke blockieren mehrere Hindernisse verlässlich den Weg. Das Azorenhoch und sein Gegenstück im Südatlantik, das St.-Helena-Hoch, legen sich ganzjährig quer über den Atlantik, als gut 2000 Kilometer lange Streifen ohne Wind. Wer dort ohne Motorkraft hineingerät, kann stecken bleiben wie in einem Sumpf. Um etwa das riesige St.-Helena-Hoch zu vermeiden, fahren Segler auf dem Weg nach Süden in einer weiten Linkskurve daran vorbei, viel dichter an Südamerika entlang als an Afrika.

Das tückischste, weil unberechenbarste Hindernis des Atlantischen Ozeans aber sind die Doldrums, auch Kalmengürtel genannt. Die Tiefdruckrinne zieht sich entlang des Äquators, zu allen Jahreszeiten eine Barriere für Segelcrews, die von der nördlichen auf die südliche Erdhalbkugel wechseln wollen oder umgekehrt. Weil in der Äquatorregion die Sonnenstrahlen senkrecht auf die Erdoberfläche treffen, erwärmen sich die Luftmassen hier besonders stark und steigen rasch auf. Der dabei entstehende Unterdruck am Boden formt die Tiefdruckrinne. Sie saugt Luftmassen von Norden und Süden an, die Passatwinde setzen ein und wehen von beiden Seiten in schrägem Winkel auf den Äquator zu, in den Kalmengürtel.

Manchmal ist der Gürtel nur zwanzig Seemeilen breit, manchmal mehrere Hundert. Ebenso unvorhersehbar ist, was in seinem Inneren passiert. Die zusammenstoßenden Passatwinde, die aufsteigenden Luftmassen, der stark schwankende Luftdruck lösen ein Wetterchaos aus, das selbst erfahrene Segler schwer durchschauen. Mitunter erstirbt ein kräftiger Wind wie auf Knopfdruck. Oder er dreht sich um 180 Grad. Tropische Wolkenbrüche und brütende Hitze folgen dicht aufeinander. Ein Schiff hängt reglos in der Flaute, während hundert Meter entfernt der Gegner mit einer Privatböe davoneilt, die wie aus dem Nichts vom Himmel fällt. Regattasegler fürchten die Doldrums, vor allem wenn sie mit ihrem Boot vorne liegen: Ein über Tage hinweg erkämpfter Vorsprung kann hier innerhalb weniger Stunden zusammenschnurren.

Und so geschieht es. Am vierten Tag nach dem Start liegt die *Malizia* morgens gut 200 Seemeilen hinter *Biotherm*, dem führenden Team. Innerhalb weniger Stunden geraten alle Boote außer der *Malizia* in die berüchtigte Rinne. Auf dem Tracker lassen sich die Bewegungen der Schiffe im Zeitraffer abspielen – und dort sieht es nun aus, als würden sie gegen eine Wand fahren. Mit hin und her flappenden Segeln treiben sie auf spiegelglatter See, während von hinten die *Malizia* mit zehn Knoten heranrauscht. Abends beträgt ihr Rückstand nur noch achtzig Seemeilen.

Der Kalmengürtel wird dünner, je weiter er sich von Afrika aus über den Atlantik Richtung Südamerika legt. Es wäre also von Vorteil, die Risikozone mehr im Westen zu durchqueren, näher an Südamerika dran. Üblicherweise halten sich Segler an den für diese Passage geprägten Spruch »Am besten im Westen«. Es sei denn, sie wollen rasch nach Kapstadt. Dann hat der Ratschlag einen Haken: Die Route wäre deutlich länger als ein mehr im Osten gelegener Kurs nach Kapstadt. Alle Teams haben die Alternativen abgewogen, dabei auch andere Faktoren berücksichtigt, etwa voraussichtliche Windstärken – und dann unterschiedliche Entscheidungen getroffen: *Guyot* dringt im Osten in die Doldrums ein, *11th Hour Racing* gut 150 Seemeilen weiter westlich, die beiden anderen Schiffe der Vierergruppe positionieren sich dazwischen.

Und *Malizia*? Wer hinten liegt, bleibt hinten, solange er den anderen Schiffen nur hinterherfährt: Diese klassische Regel des Regattasegelns gilt auch bei Hochseerennen, falls die Wetterbedingungen für alle gleich sind. Die *Malizia* muss also ausscheren. Will und seine Crew entscheiden sich für das Wagnis des längsten Wegs: So weit im Westen wie kein anderes Schiff rücken sie auf die Doldrums vor.

Hier, im Atlantik mit seinen schwer kalkulierbaren Wetterphänomenen, schlägt die Stunde der Navigatoren. Die Etappe durch das Südpolarmeer wird Boot und Menschen zwar an die Grenzen der Leistungskraft bringen, die Navigatoren aber fordert die Autobahn des Südens nicht so sehr, wie es der Atlantik tut. Hier zeigt sich, was sie wirklich draufhaben. Die Männer und Frauen, die am digitalen Kartentisch die genaue Route erarbeiten, haben, so heißt es mitunter, den wichtigsten Job an Bord. Im »Routing«, der Entscheidung über den einzuschlagenden Kurs, bündeln sich Seemannschaft, Wetterkunde, Datenanalyse, taktische Erfahrung, Bauchgefühl. Das Routing ist die Königsdisziplin der Hochseesegler.

Die Wettfahrtregeln spiegeln die Besonderheit wider: Während sie es den Mannschaften gestatten, sich bei technischen Schäden oder Unfällen telefonischen Beistand zu holen, ist bei der Navigation jeder Ratschlag von Land untersagt. Der Wettstreit in dieser Disziplin soll pur und unverfälscht ausgetragen werden, ohne Unterstützung von außen. Die einzigen Entscheidungshilfen sind die mehrmals täglich eintreffenden Wetterprognosen des US-Wetterdienstes GFS und des Europäischen Zentrums für Mittelfristige Wettervorhersagen

(ECMWF). Jeder Hochseesegler kennt die beiden Dienste. Ihre Prognosen gelten als die besten weltweit. Leider weichen die Modelle der zwei Institute häufig voneinander ab, was die Arbeit der Navigatoren nicht leichter macht.

Nico hat als Navigator der *Malizia* den komfortabelsten Arbeitsplatz erhalten. Am hinteren Ende der Kabine, direkt vor dem Notausstieg am Heck, liegt in einer Art Bodenwanne ein großer blauer Sack, luftig mit Styroporkugeln gefüllt. Zu Arbeitsbeginn streckt sich Nico auf dem Sack aus, er versinkt fast in ihm; ohne sich irgendwo anklammern zu müssen, ist er nun rundum geschützt vor den Stößen des springenden Schiffes. Er legt sich eine kabellose Tastatur auf den Bauch, dann dreht er den großen Rechner, der an einem Stützpfeiler befestigt ist, in seine Richtung und heftet den Blick auf den Monitor. Meist ist eine digitale Seekarte zu sehen, über die sich ein engmaschiges Gitter mit den neuesten Wetterdaten legt, mit Pfeilen und Farbflächen für lokale Winde, Wellen, Luftdruck, Wolken, Strömungen.

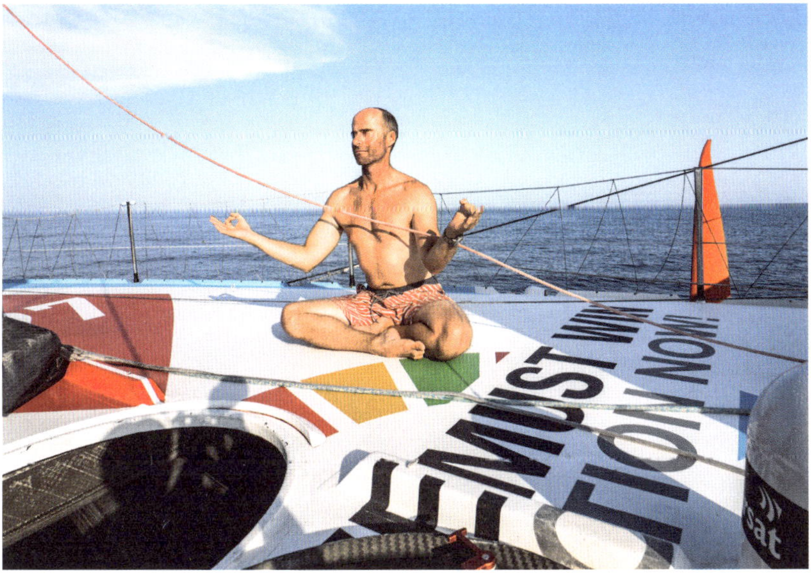

Versenkung auf dem Vorschiff: Navigator Nico kommt zur inneren Ruhe.

Gute Navigatoren sind komplexe Wesen. Es reicht nicht, mit analytischem Verstand die Datenfluten zu verstehen und alternative Routen zu berechnen. Ein Navigator sollte jedes erdenkliche Wetter auf See erlebt haben, um die Risiken eines Kurses für das Boot abschätzen zu können. Er muss ein Gespür für die Stimmung an Bord haben, dafür, was der vielleicht schon völlig erschöpften Mannschaft noch zuzumuten ist. Und wenn sie am Arbeitsplatz umhergeworfen wird wie in einer Hüpfburg, dann sollte die navigierende Person das nicht weiter stören. Stoisch sollte sie sich in die Welt ihrer Karten und Daten und möglichen Szenarien versenken können, abgeschottet von allem, was um sie herum vorgeht. Und möglichst, ohne dabei seekrank zu werden.

Nicolas Lunven, vierzig Jahre alt, ist ein schmaler, drahtiger Mann mit großer Nase, langen Wimpern und nachdenklichem Blick. Er spricht leise, eher wenig als zu viel. Seit zwanzig Jahren gehört der Bretone zu Frankreichs erfolgreichsten Profiseglern, bei Einhand- und bei Mannschaftsrennen. Routing, seine große Leidenschaft, reizt ihn vor allem als intellektuelle Herausforderung. Nico hat in der Szene einen Spitznamen: »The Brain« nennen sie ihn, das Gehirn.

Nico

Früher war es so: Wenn ein Segler wissen wollte, was für ein Wetter auf ihn zukommt, schaute er auf die Wolken, das Meer und das Barometer. Heute blicken wir auf den Monitor. Die Informationen, die wir digital erhalten, sind allerdings von unterschiedlicher Aussagekraft. Man muss sich das so vorstellen: Die Meteorologen nutzen die aktuellen Daten ihrer Messstationen auf dem Meer und an Land, um Vorhersagen zu treffen. Weil das Wetter aber ein chaotisches System ist, können selbst die großen Wetterdienste, die einige der leistungsstärksten Rechner der Welt zur Verfügung haben, verlässliche Prognosen nur für ein paar Tage erstellen. Und immer arbeiten sie dabei mit Wahrscheinlichkeiten. Niemals würden sie behaupten: In drei Tagen wird der Wind mittags mit dieser Stärke aus jener Richtung wehen. Sie würden es stattdessen so formulieren: Die Wahrscheinlichkeit, dass in drei Tagen das und das passiert, beträgt siebzig Prozent.

Manchmal erhalten wir auch harte Daten. Hier in den Doldrums arbeite ich viel mit den Infrarot-Aufnahmen von Satelliten; auf ihnen lässt sich erkennen, was gerade im Inneren einer großen Wolke passiert, ob sich da zum Beispiel ein Gewitter aufbaut. Die meiste Zeit aber haben wir es mit Vermutungen und Annahmen zu tun, nicht mit Gewissheiten. Wir sind eben nicht bei Google Maps. Das macht die Angelegenheit schwierig und deshalb spannend. Denn nun kommt es auf dich an, auf deine Fähigkeit, mithilfe von lauter Wahrscheinlichkeiten etwas Sicheres zu entwickeln. Und am Ende kommt es auch noch auf deine Begabung an, Risiken abzuschätzen, und deine Bereitschaft, sie auch einzugehen.

Wenn mehrere Routen zur Auswahl stehen, ähnelt das Vorgehen der Kalkulation eines Börsenhändlers: Du kannst dich für ein sicheres Aktienpaket entscheiden, da wirst du nicht viel verlieren, aber auch nicht viel gewinnen. Oder du gehst ins Risiko. In der Regatta heißt das: Du wählst einen extremen Kurs, der dich an die Spitze bringen kann – oder ans Ende der Flotte. Beim Abwägen zwischen Vorsicht und Kühnheit fragst du dich natürlich auch, was die Kollegen wohl tun werden. Ich kenne die Navigatoren der vier anderen Schiffe, ich weiß, wie sie ticken. Ihre mutmaßlichen Entscheidungen sind ein relevanter Faktor für meine Planung.

Navigation ist Datenanalyse plus Psychologie. So wie bei unserer Entscheidung, den anderen nicht mehr zu folgen, sondern uns dem Kalmengürtel weit im Westen zu nähern, sozusagen auf der Außenbahn, und dafür den längsten Umweg in Kauf zu nehmen. In ein paar Tagen wissen wir, ob sich das Risiko gelohnt hat.

Die notorische Rinne am Äquator gehört zu den Regionen, wo das Wetter so rasch umschlagen kann, dass die Segler nur noch selten auf den Monitor schauen, sondern stattdessen konstant zum Himmel blicken, wie in alten Zeiten. Wolken kündigen das Wetter an, die nahende Tiefdruckzone, den Regenschauer, die Böenwalze. Die Botschaften versteht allerdings nur, wer das Eigenleben all der Gebilde aus Wasser und Eis kennt, die sich da in unterschiedlichen Höhen zusammenziehen, wenige Hundert Meter über dem Meer bis in sechzehn Kilometer Höhe. Erfahrene Segler können Wolken lesen.

Im Kalmengürtel verquirlen unablässig gewaltige Luftmassen miteinander und lassen große und kleine Wolkenformationen am Himmel blühen. Die fünf Crews nutzen sie zum »cloud-hopping«, zum Springen von Wolke zu Wolke. Wie Ventilatoren am Himmel produzieren Wolken nämlich ihre eigenen Windfelder. Vor allem die tief hängenden, massigen, beulenartig aufquellenden Cumulusvarianten können große Luftmassen ansaugen oder ausstoßen, also Wind entfachen. Fällt Regen aus einer solchen Wolke, ist an ihrer Vorderseite mit kräftigem Wind zu rechnen; fällt kein Regen, bläst es nur an ihrer Rückseite kräftig. Direkt unterhalb der Wolke, ob mit oder ohne Regen, weht oft nur eine schwache Brise. Wer Pech hat, über den stülpt sich das Gebilde wie eine Flautenglocke. Dann treibt das Boot in öliger See, während in Sichtweite ein Konkurrent eine andere Wolke nutzt, um sich davonzumachen.

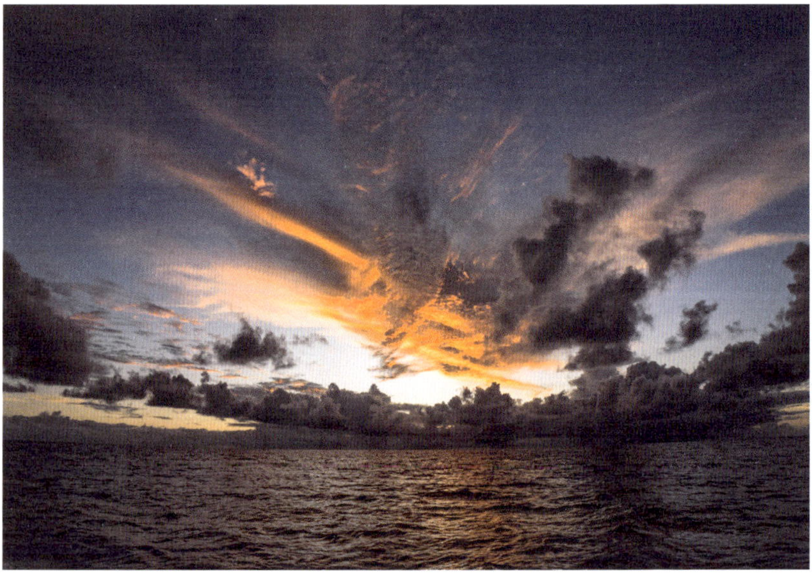

Wo weht der Wind? Im Kalmengürtel muss man Wolken lesen können.

Wie Furten durch einen tückischen Sumpf führen Windkorridore durch den Kalmengürtel, und um sie auch nachts anhand bestimmter Wolkengebilde erkennen zu können, hängt Nico dann stundenlang in seinem Sitzsack, das Gesicht matt erleuchtet von dem Monitor, der in der Dunkelheit glüht. Er mustert Infrarot- und Radaraufnahmen, die, wie er es behutsam formuliert, »mitunter Hinweise darauf geben, wie groß die Wahrscheinlichkeit ist«, dass eine herannahende Wolke starken oder schwachen Wind ausstößt, tropischen Regen prasseln lässt oder ereignislos vorüberzieht.

Nico ist gut darin, Wolken zu lesen, schon nach anderthalb Tagen hat die *Malizia* die Risikozone durchquert. Aber auch die anderen Teams haben erfahrene Navigatoren an Bord. Als die Flotte den Kalmengürtel verlässt, haben sich die Abstände zwischen den Schiffen kaum verändert.

Als letztes der fünf Schiffe erreicht kurz darauf die *Malizia* den Äquator. Will hat die virtuelle Linie, die die Erde in eine Nord- und eine Südhalbkugel unterteilt, bisher einmal überquert, Nico achtmal und Yann Eliès, der auf dieser Etappe für den verletzten Boris eingesprungen ist, etwa vierzigmal, er hat aufgehört zu zählen. Für Rosie und Antoine aber ist es eine Premiere. Und das bedeutet: Neptun wird zur Äquatortaufe an Bord kommen, so gehört es sich in der Seefahrt, seit jeher.

Die beiden Täuflinge sollen ihn im Cockpit erwarten. Antoine möchte von Nico wissen, was gleich passiert. Doch Nico lächelt nur vielsagend. Dann öffnet sich die Tür der Achterkabine und Will kommt heraus, mit dem Wasserkocher in der Hand. Mit einem Löffel trommelt er auf dem Kocher aus Metall und ruft: »Wo sind die Novizen?« Es folgt Neptun: Er trägt den Rugbyhelm, der sonst nur genutzt wird, um bei Seegang ins Vorschiff zu klettern, eine große Sonnenbrille, dazu ein Tuch vor Mund und Nase. Yann ist kaum zu erkennen. Dazu eine Stange mit bunter Flagge, sein Dreispitz. »Fessele sie!«, ruft Yann. Mit Segeltuchstreifen bindet Will die Hände von Rosie und Antoine zusammen. Dann müssen die beiden hinaus, sich ans Heck stellen.

»Ihr seid heute hier, weil ihr in Neptuns Reich gesündigt habt«, ruft Will. Als Erste ist Rosie dran. »Du hast zu viel Toilettenpapier verbraucht«, verkündet Yann und reckt drohend den Dreispitz in die Höhe. Will gießt etwas Olivenöl in einen Turnschuh und führt ihn Rosie an den Mund. Sie trinkt mit zusammengepressten Augen, dann schüttelt sie sich vor Ekel. Antoine wird von Neptun zur gleichen Strafe verurteilt. Er habe zu viel Trinkwasser genutzt, um sich zu waschen.

Für einen Moment herrscht unbeschwerte Ausgelassenheit auf der *Malizia*. Dann kehrt die Realität zurück: Noch immer liegt das Schiff auf dem letzten Platz, der Abstand zu den anderen hat sich wieder auf 130 Seemeilen vergrößert. Und noch immer versucht die Mannschaft, die idealen Trimm-Einstellungen für das Boot bei flauem Wind zu finden. Zudem lähmt die drückende Hitze der Tropen das Leben an Bord.

Dabei segelt es sich auf der *Malizia* deutlich angenehmer als auf den anderen Rennyachten. Beim Entwurf seines neuen Schiffs hatte sich Boris, noch geprägt von der Vendée Globe, gegen die Skepsis der Designer durchgesetzt. Niemals wieder wollte er dieses quälende Gestampfe durch das Eismeer erleben. Eleganter, schneller, sicherer sollte die neue *Malizia* durch den brachialen Seegang des Südens gleiten, das war die Leitlinie. Entstanden ist eine eigenwillige Konstruktion: ein bananenförmiger Rumpf, mit weit überhängendem Bug, mit mehr Verstärkungen als andere Schiffe, mit zwei abgeschlossenen Räumen.*

Vom vorderen der beiden Räume aus, dem rundum geschlossenen Cockpit, wird das Schiff gesteuert, elektronisch mithilfe vieler Schalttafeln und Monitore, und von Hand aus mit Trimmleinen und Winschen. Der Kommandostand hat deutlich mehr Stehhöhe als die eher höhlenartigen Cockpits der anderen Boote. Und er bietet die bessere Aussicht, mit so vielen Fenstern im Dach wie ein kleiner Wintergarten. Nach hinten schließt sich die Achterkabine an. Sie ist geschaffen worden, um wie ein Hohlraum für mehr Auftrieb zu sorgen, also das

---

* Illustrationen von Rumpf und Innenräumen siehe Seite 338

Boot nach einer Kenterung rasch wieder aufzurichten. Zugleich erhöht sie den Komfort an Bord: Hier schläft und kocht die Crew, hier navigiert Nico an seinem Rechner, hier schneidet Antoine an einem zweiten Rechner seine Videos vom Alltag an Bord. Keine andere Imoca-Yacht weltweit besitzt solch eine Extra-Kabine.

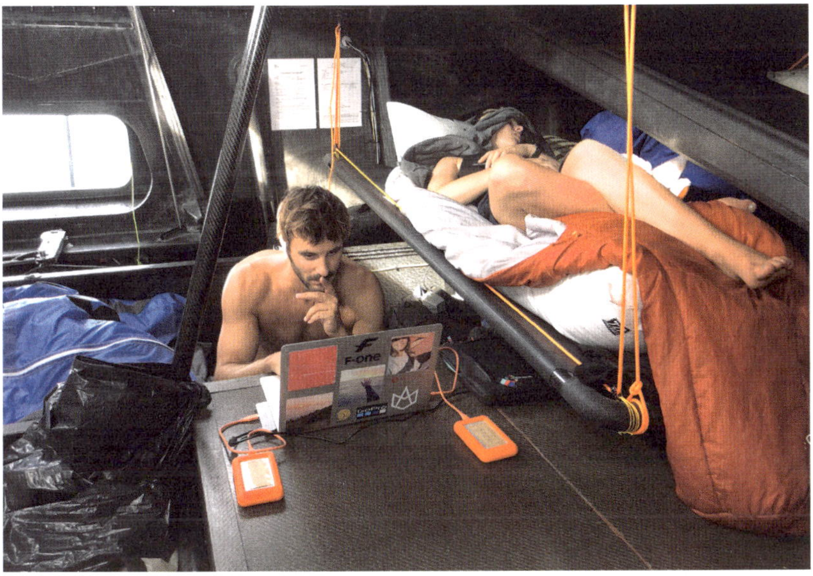

Stillleben in den Tropen: Reporter Antoine schneidet Videos, Rosalin schläft.

Das ganze Design der *Malizia* ist im Grunde genommen eine Wette. Ob das Schiff sie einlösen kann, wird sich im Südpolarmeer zeigen, der durchgehenden Strecke von Kapstadt bis Brasilien. Es ist die längste und härteste Etappe in der fünfzigjährigen Geschichte des Ocean Race. Und sie ist identisch mit zwei Dritteln der Vendée Globe. Auch deshalb will Boris die Eismeer-Etappe unbedingt gewinnen, als Generalprobe für seine Teilnahme an der Vendée Globe 2024.

Doch noch schleppt sich die *Malizia* durch die Tropen. Unter Deck ist die schwüle Hitze kaum auszuhalten. Alle Luken im Cockpit stehen offen, auch der Notausstieg am Heck, um jeden Luftzug einzufangen und durch die Kabine streichen zu lassen. Ab und zu übergießt sich an Deck jemand mit einem Eimer Meerwasser, aber der Atlantik ist zu warm, um zu erfrischen, außerdem beginnt der getrocknete Salzfilm irgendwann zu jucken, denn an Bord gibt es ja keine Dusche, um ihn abzuspülen. Fliegende Fische klatschen an Deck, wie üblich in den tropischen Breiten, andere prallen ins Großsegel, rutschen hinab in eine Art Segeltasche und fangen schnell an zu stinken. Regelmäßig müssen die verwesenden Fische am Großbaum herausgepult werden. Jeder trinkt täglich vier, fünf Liter Wasser aus der Entsalzungsanlage und trägt nur noch das Nötigste am Körper. Regattasegeln in Boxershorts.

Rosalin

Die Doldrums waren eine sonderbare Erfahrung für mich. Zum ersten Mal seit Monaten hat sich in meinem Leben plötzlich alles verlangsamt. Was ich tat, was ich sagte, sogar was ich fühlte und dachte – auf einmal schien sich alles in Zeitlupe zu bewegen, wie das Boot. Ehrlich gesagt, ich fand es ziemlich langweilig. Ich bin gern aktiv. Irgendwann kam ich zur Ruhe und begann, die Natur zu genießen, vor allem den Himmel über dem Äquator. Die Wolken waren gewaltige, hoch aufragende Gebirge, die pausenlos wuchsen und anschwollen. Wie lebende Wesen. Nachmittags wurden sie dunkler, fetter, und wir hofften darauf, dass sie sich öffneten. Manchmal pladderte dann tatsächlich Süßwasser vom Himmel, und wir konnten endlich wieder duschen, open air, an Deck.

Nachts habe ich immer die Wache von eins bis fünf. Es sind die schwärzesten Stunden, und ich mag sie sehr. Ich teile meine Wachen mit Will oder Yann, aber oft sitze ich allein an Deck, lösche unsere Positionslichter und blicke in den Sternenhimmel. Ich habe noch nie so viele Sterne auf einmal gesehen, der ganze Himmel funkelt und strahlt. Und schwebt eine Wolke vorbei, ist sie vor dem leuchtenden Hintergrund gut erkennbar, wie ein schwarzes Loch mit gezackten Umrissen. Ich sitze einfach da, am linken Handgelenk wie eine Armbanduhr die Fernbedienung des Autopiloten, und staune. Im Morgengrauen kehren allmählich die Farben zurück, in das Meer und die Wolken. Es ist ein magischer Moment. Ich liebe es, in dieser Stille frühmorgens meine Tasse Ingwer-Tee zu schlürfen. Wir haben mehrere dieser Wurzeln an Bord, ich schneide mir immer sehr dünne Scheiben ab und nutze sie für so viele Tassen, bis der Tee nur noch nach einem Hauch Ingwer schmeckt. Wir müssen sparsam sein mit unserem Proviant, wir werden bis Kapstadt länger unterwegs sein als geplant.

Die Hitze macht uns sehr zu schaffen, man kann ihr einfach nicht entgehen, nirgendwo gibt es einen kühlen Ort. Unter Deck stinkt es inzwischen ziemlich. Genauer gesagt: Es riecht scharf, nach schwitzenden Körpern. Überall hängen feuchte Shorts zum Trocken, neulich sogar direkt vor meiner Nase. Ich lag in der Koje, wachte auf und kam mir vor wie in einem kleinen Hinterhof in irgendeinem Land des Südens. Ich hab die Shorts ins Cockpit gepfeffert und Antoine gefragt, ob es nicht inzwischen eine Kamera mit Geruchssensor gäbe. Dann könnte er dokumentieren, wie es hier wirklich zugeht. Nein, im Ernst, ich finde, er sollte uns auch filmen, wenn wir kaputt sind, übermüdet, angespannt. Wir machen hier ja keine Ferien, wir sind Profis bei der Arbeit, und die Bedingungen sind gerade nicht die schönsten.

In den Doldrums haben wir im Vorschiff geschlafen, direkt unter der großen, aufgeklappten Decksluke. Wir lagen nebeneinander auf den Segelsäcken, nur in unserer Unterwäsche, nass geschwitzt. Am Anfang habe ich noch überlegt, was meine Omi, die mich immer unterstützt hat, Profiseglerin zu werden, wohl dächte, wenn sie mich so sehen würde, halb nackt und schweißüberströmt zwischen den Kerlen schlafend. Inzwischen beschäftigt mich das nicht mehr. Es ist erstaunlich, wie schnell man sich an all das hier gewöhnt. Unser Leben folgt gerade ziemlich ursprünglichen Regeln, wir arbeiten, essen, gehen auf Klo und schlafen, in genau dieser Reihenfolge. Alles andere, was Energie kosten würde, ohne das Boot schneller zu machen, lassen wir einfach weg.

Sogar die Intimsphäre verliert an Bedeutung. Wenn ich aufs Klo muss, klettere ich nicht mehr mit dem Eimer an einen verborgenen Ort, auch das kostet ja unnötig Energie. Stattdessen stelle ich ihn ins Cockpit und setze mich drauf. Und niemanden stört es, das ist wie Nase putzen. Neulich hat Antoine ein diskretes Foto davon gemacht, ich habe es auf meine Social-Media-Seite gestellt – und es hat Tausende von Likes bekommen, mehr als jedes andere meiner Fotos bisher. Das hat mich daran erinnert, dass für viele Menschen keineswegs selbstverständlich ist, was wir an Bord inzwischen für normal halten.

Für uns hat anderes mehr Bedeutung. Etwa die Tatsache, dass wir nach acht Tagen noch immer auf dem letzten Platz liegen. Ich bin ja generell ein sehr zuversichtlicher Mensch, aber ich merke, wie meine Unsicherheit wächst. Kann es sein, dass wir das Boot nicht in den Griff bekommen? Oder, schlimmer noch, haben wir das Boot längst im Griff und es segelt einfach nicht schneller? Wir werden bald den Passat des Südatlantik erreichen. Dann nimmt der Wind zu und wir werden alle anderen überholen. Ja, genau so wird es sein. Das habe ich jetzt gerade entschieden.

~

Nico bleibt seiner Strategie treu. Er hält die *Malizia* weit im Westen, obwohl sich die Außenkurve in den Doldrums nicht ausgezahlt hatte. Stattdessen übernahm dort das deutsch-französische Team *Guyot*, das sich für die östlichste Route entschieden hatte, die Führung. Der Berliner Robert Stanjek, bei dieser Etappe der Skipper an Bord, überquerte mit seinem Schiff als Erster den Äquator. Ein paar Tage später nähert sich die Flotte der Küste Brasiliens. Auf Höhe von Rio de Janeiro liegt *Guyot* bereits achtzig Seemeilen vor dem Zweitplatzierten. Die *Malizia* bleibt Letzte, mit inzwischen wieder 230 Seemeilen Rückstand. Alles scheint für die *Guyot*-Route im Osten zu sprechen, für den kürzeren Weg nach Kapstadt.

Doch Nicos Kurs führt die *Malizia* näher an Brasilien vorbei als jedes andere Schiff. Denn voraus lauert das St.-Helena-Hoch. Das vor Afrika sitzende Hoch streckt seine Flautenzone wie einen riesigen Fangarm über das Meer, an manchen Tagen bis zur Mitte des Atlantiks, an anderen sogar bis kurz vor die Küste Brasiliens. Je weiter das unberechenbare Hoch seinen Fangarm ausfährt, desto mehr Rennyachten werden in der Flaute stecken bleiben. Von den annähernd parallel segelnden Schiffen würde es zuerst *Guyot* erwischen, zuletzt die *Malizia*. Nico setzt auf einen langen Fangarm.

Präziser hätte der Navigator nicht kalkulieren können. Als die Flotte den Flautenstreifen erreicht, erstreckt der sich genau so weit über den Atlantik, dass die *Malizia* knapp an seinem Ende vorbeisegeln kann, ohne den Kurs ändern zu müssen. Für *Guyot* ist es zu spät. Das Schiff dümpelt hoffnungslos auf blanker, öliger See. Schon einen Tag später liegt der Spitzenreiter auf dem letzten Platz, mit großem Rückstand. Die drei anderen Mannschaften haben rechtzeitig vor der Flautenzone gehalst und fahren nach Westen, auf die sichere *Malizia*-Route zu. Als die vier Schiffe schließlich hintereinander den Ausläufer des Hochs umfahren und erstmals Kurs direkt auf Kapstadt nehmen, trennen die *Malizia*, die auf Platz vier liegt, nur noch 35 Seemeilen von der führenden Yacht.

Knapp zwei Wochen nach dem Start hat die Mannschaft zur Spitzengruppe aufgeschlossen. Was für ein Comeback! Der Wagemut von Nico, dem Risikoanleger, hat sich ausgezahlt. Und auch die Hartnäckigkeit von Will, Rosalin und Yann. Sie haben gehadert und gezweifelt und bisweilen, angesichts des enormen Rückstands, die ganze Fummelei für aussichtslos gehalten. Trotzdem haben sie weitergemacht mit dem Herumprobieren und Feinjustieren, haben die Etappe wie eine intensive Testfahrt genutzt. Die Aufholjagd zeigt, wie sie jeden Tag ein bisschen vertrauter mit der *Malizia* geworden sind.

Nun nähert sich die Flotte dem kalten Süden. Sie gerät in die Zugbahn der großen Sturmtiefs, die ganzjährig über das Südpolarmeer jagen, in einem großen Bogen rund um die Antarktis. Die Ocean Racer gelangen damit in jenes Meer, dessen Seegang und Stürme Boris vor Augen hatte, als er sein neues Schiff entwarf. Dies sind die Bedingungen, in denen die *Malizia* der Flotte davonfahren sollte, sofern die Wette aufgeht, die er unausgesprochen mit all den skeptischen Designern und Imoca-Seglern abschloss.

Und tatsächlich: Am nächsten Tag hat sich die *Malizia* bei Sonnenaufgang auf den dritten Platz vorgearbeitet. Mittags liegt sie auf dem zweiten Platz. Als die Nacht hereinbricht, übernehmen Will und seine Crew die Führung. Zum ersten Mal seit dem Start des Ocean Race liegt die *Malizia* an erster Stelle.

Will

Schon vor den Doldrums hatten wir ja begonnen, diesen großen Bogen im Westen zu fahren. Die Leute an Land, die uns auf dem Tracker beobachteten, müssen gedacht haben, wir spinnen. Die anderen Teams wählten kürzere Routen und segelten schneller. Wir fuhren langsamer – und dann auch noch Umwege. Trotzdem blieben wir auf unserem Kurs, selbst als wir vor Brasilien immer weiter zurückfielen. Das war eine harte Entscheidung. Aber ich vertraue Nico uneingeschränkt. Er ist nervenstark, und er glaubt an das, was er für richtig hält, auch dann, wenn man hinten liegt.

Mental waren das für mich zwei sehr harte Wochen. Ich war so aufgewühlt, meine Enttäuschung und Verzweiflung haben mich zwischenzeitlich voll aus der Spur getragen. Ich habe mit Rosie darüber gesprochen, wie schwer es ist, Emotionen unter Kontrolle zu bringen. Gleichzeitig brauchen wir ja Emotion und Leidenschaft, um so ein langes Rennen durchzustehen und am Ende noch den Biss zu haben, um zu gewinnen. Wir dürfen uns nicht verbrennen – aber brennen müssen wir schon. Wen es nicht ärgert, hinten zu liegen, der segelt nicht hart genug; davon bin ich überzeugt. Das Ganze ist ein schwieriger Balanceakt, und die zwei Wochen haben mir gezeigt, dass ich lernen sollte, ihn besser hinzubekommen.

Es hat uns gutgetan, wie Boris uns von zu Hause aus unterstützt hat. Er hat uns ständig aufmunternde Mails geschickt. Als wir über 200 Seemeilen hinten lagen, schrieb er: Ihr schafft das! Ich glaube an euch! Wir sollten ruhig unser eigenes Rennen fahren, also auch dann im Westen bleiben, wenn es sich zunächst nicht zu lohnen scheint. Und dann hat er uns noch seinen französischen Lieblingsspruch geschickt: »On n'est jamais à l'abri d'une bonne surprise.« Also: Man ist nie vor einer guten Überraschung gefeit.

Ich bemerke, wie häufig ich mich als Skipper an seinem Verhalten orientiere. Wäre Boris an Bord, würde er während der Freiwache in seiner Koje liegen und darüber nachdenken, was auf dem empfindlichen Schiff als Nächstes brechen könnte. Nun habe ich diese Rolle übernommen. Gemeinsam mit Rosie checke ich regelmäßig das gesamte Boot, vor allem die neuen Foils, um rechtzeitig den kleinsten Schaden zu entdecken. Bisher sieht alles gut aus. Den einzigen ernsthaften Schaden nehmen gerade unsere Ohren. Seit wir mit 25 Knoten durch das Südmeer donnern, ist der Krach an Bord noch schlimmer geworden, so laut, als stünde man bei einem Rockkonzert direkt vor dem Boxenturm. Mit dem Unterschied, dass du bei einem Konzert einfach gehen kannst. Wir tragen gleichzeitig Ohrstöpsel und lärmunterdrückende Kopfhörer und verständigen uns mit Handzeichen. Müssen wir miteinander reden, schreien wir uns an. Rosie hört seit gestern permanent einen hohen Piepton im Innern ihres Kopfes; sie fürchtet, es ist ein Tinnitus. Holly hat ihr schon einen Termin bei einem Ohrenarzt in Kapstadt besorgt.

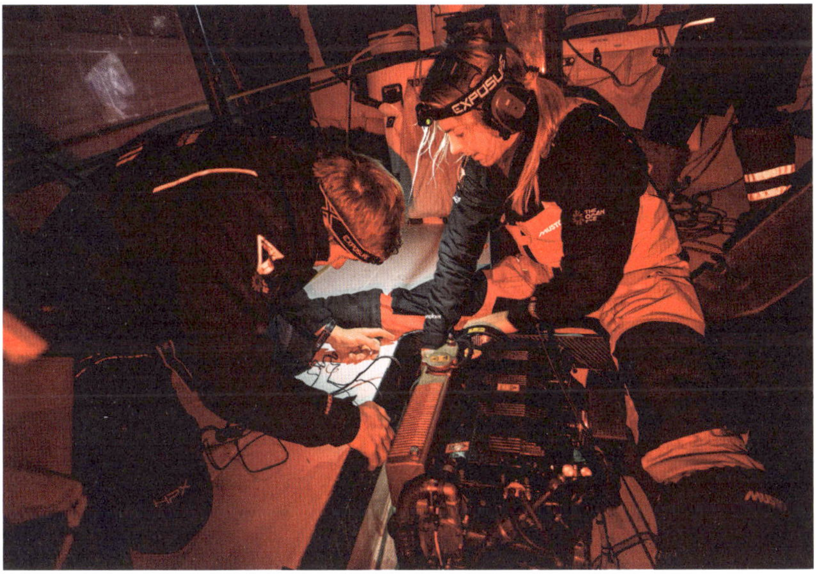

Während der Nachtwache: Will und Rosalin tüfteln an der Lichtmaschine.

In fünf, sechs Tagen sollten wir da sein. Unsere festen Mahlzeiten werden dann längst aufgebraucht sein. Hungern müssen wir deswegen nicht, wir haben noch Reste und vor allem Unmengen von Nüssen und Trockenfrüchten an Bord. Das Zeug schmeckt gut und ist gesund, doch wenn ich ehrlich bin, hätte ich lieber ein Stück Fleisch. Ich bin doch kein Eichhörnchen.

Fünf, sechs Tage können lang werden – erst recht, wenn du plötzlich an erster Stelle liegst. Lange Zeit haben wir ja nicht einmal daran geglaubt, die Spitzengruppe noch einholen zu können. Und nun das! Irre! Ich spüre, wie auf einmal jeder von dem Willen vorangetrieben wird, diese Etappe tatsächlich zu gewinnen, ich merke das bei jedem Manöver, bei jeder Debatte, ob wir ein Segel wechseln sollten. Falls wir nicht gewinnen, wäre ich dennoch zufrieden. Wir haben bewiesen, wie schnell dieses Schiff sein kann und wie gut wir kämpfen können. Ich war so erleichtert, als wir die anderen einholten. Nach all meinen Selbstzweifeln war das für mich schon wie ein Sieg.

Jetzt müssen wir nur noch als Erste in Kapstadt einlaufen.

~

Wer die Erde mit einem Segelboot umrunden will, ohne dabei durch Panama- oder Suez-Kanal zu fahren, wählt üblicherweise eine Route, die von West nach Ost durch das Südpolarmeer führt – und nicht in umgekehrter Richtung. Denn die großen Tiefdruckgebiete mit ihren Sturmfronten ziehen immer von West nach Ost um die Antarktis, und es ist unter diesen Bedingungen sinnvoller, mit dem Wind zu segeln als gegen ihn. Die Navigatoren können dabei mit klaren Verhältnissen rechnen: starker Wind schräg von hinten, Wellenberge aus der gleichen Richtung, Kurs immer geradeaus nach Osten. Freizeitsegler halten meist einen respektvollen Abstand zu den Sturmfronten, die Teams des Ocean Race hingegen versuchen, mit den Schiffen auf die Vorderseite der Front zu gelangen und sich von ihr so lange wie möglich durch das Südmeer treiben zu lassen. Sie »reiten das Tief«.

Von Argentinien aus hat sich ein ausgedehntes Tiefdruckgebiet auf den Weg nach Südafrika gemacht, quer über den Süden des Atlantiks. Etwa zeitgleich erreichen die *Malizia*, *Holcim* und *11th Hour Racing* das Tief – und springen auf wie auf einen Zug. Die Mannschaft von *Biotherm* verpasst den Zug. Und *Guyot* liegt nach der Zwangspause im St.-Helena-Hoch bereits 500 Seemeilen zurück.

Mit durchschnittlich zwanzig bis 25 Knoten jagen die drei Yachten davon. Um die Sturmfront maximal auszunutzen, halten sie nicht auf Kapstadt zu, sondern schräg nach Süden, hinein in die Roaring Forties, die Brüllenden Vierziger. Die stürmische Region zwischen dem vierzigsten und fünfzigsten Breitengrad ist der äußere Gürtel des Südpolarmeers. Die ersten Albatrosse folgen der *Malizia*, die Temperatur fällt von einem auf den anderen Tag um zehn Grad. Der Kurs führt zufällig an Tristan da Cunha vorbei. Die 2000 Meter aus dem Meer aufragende Vulkanspitze gilt als abgelegenste aller bewohnten Inseln weltweit. 235 Menschen leben dort, die meisten arbeiten als Langustenfischer. Es gibt keinen Flughafen, die einzige Verbindung zur Außenwelt ist ein Versorgungsschiff, das etwa alle zwei Monate aus Kapstadt herüberkommt, 2800 Kilometer entfernt. Eine Yacht, die 2011 am Ocean Race teilnahm, lief damals mit gebrochenem Mast das Eiland an, eine der wenigen Segelyachten, die je Station dort machten. Die Mannschaft der *Malizia* sieht die Insel nicht, sie segelt nachts daran vorbei.

Mehrere Tage lang lassen sich die drei Yachten von stürmischen Winden durch das Eismeer treiben, dann müssen sie nach links abbiegen, nach Nordosten, um Kapstadt zu erreichen. Die *Malizia* hat die meiste Zeit geführt. Doch Nico hat frühzeitig vorhergesagt, dass kurz vor Kapstadt alle zurück auf null gehen müssten: Dort blockiert ein Flautenriegel den Weg. Wie ein kleiner, unberechenbarer Kalmengürtel.

Nach 17 Tagen und einer Strecke von 6500 Seemeilen liegen die Schiffe nur wenige Seemeilen voneinander entfernt, als sie gegen eine unsichtbare Wand prallen. In der Ferne ist bereits die Dunstglocke zu erkennen, die über dem Land hängt. *Biotherm* hat von hinten aufgeschlossen, bald hängen alle vier Teams in der Flaute fest. Und nun rauscht auch noch *Guyot* heran. Nachdem sich das Schiff aus den Fängen des St.-Helena-Hochs gelöst hatte, war es Robert Stanjek und seiner Crew gelungen, gleichfalls auf ein Tief aufzuspringen. Sie konnten es länger reiten als die Schiffe vor ihnen, jetzt sind sie nur noch einen halben Tag von der Flautenmauer entfernt.

Am Morgen des 18. Renntags liegt *Malizia* weiter an erster Stelle. Es ist brütend heiß, Hochsommer in Südafrika. Am Horizont schälen sich die Konturen des Tafelbergs aus dem Dunst. Die vier Schiffe kommen nur im Schritttempo vorwärts, alle in Sichtweite voneinander. Die *Malizia* hat sich im Süden der Flotte positioniert; Nico vermutet, dass sich von dort die erste Brise nähert. Die Windströme entlang der Kap-Halbinsel seien allerdings sehr launisch, warnt er.

Es ist still geworden im Cockpit der *Malizia*, nur das Wasser ist zu hören, das leise am Rumpf gluckst. Alle starren auf den Monitor, wo die Standorte der Schiffe inzwischen alle fünf Minuten aktualisiert werden. Und sie schauen nach draußen, um die blanke See nach dunklen Flächen abzusuchen, einem Indiz, dass dort ein Windstrich das Wasser kräuselt. Will kaut auf der Unterlippe, Yann setzt ständig seine Brille auf und ab. Es ist schwer zu ertragen, wenn man alles tun würde, um den ersten Platz zu sichern, und es gibt nichts zu tun.

Der neue Wind setzt ein. Er zieht aus einer anderen Richtung über das Wasser, als die Mannschaft der *Malizia* gehofft hatte. Fassungslos beobachten sie, wie die drei anderen Schiffe langsam davonfahren. Ein paar Stunden später überquert *Holcim* die Ziellinie, 16 Minuten später folgt *Biotherm*, neun Minuten darauf *11th Hour Racing*.

Will Harris und seine Crew erreichen als viertes Team das Ziel, nach einer 18-tägigen Regatta durch den Atlantik, knapp zwei Stunden hinter dem Sieger.

Boris

Ich hatte mit Holly um 50 Euro gewettet, dass wir die Etappe gewinnen. Sie setzte auf den zweiten Platz. Als die Malizia heute Morgen immer noch führte, war ich überzeugt, die Wette zu gewinnen. Tja, dann kam es ganz anders.

Wir sind Will und den anderen mit einem Boot entgegengefahren. Natürlich war ich enttäuscht über den vierten Platz, vor allem, weil sie den Sieg so knapp verpasst haben. Aber in dem Moment, in dem wir uns der Malizia näherten, war die Enttäuschung schlagartig weg. Ich habe mich einfach so gefreut, meine Leute und mein Boot wiederzusehen. Das war ja eine neue Erfahrung für mich: Die Malizia segelt eine Regatta, und ich bin nur Zaungast. Als sie in Mindelo aus dem Hafen fuhren, hatte ich mir vorgenommen, mich nicht ständig zu melden und nachzufragen, und auch Will hat wenig Fragen gestellt. Wir hatten zwei-, dreimal die Woche Kontakt, nicht mehr. Mir war es wichtig, dass sich Will nicht auch noch von mir unter Druck gesetzt fühlt.

Meine Wette auf Sieg ist ja mehr ein Spaß gewesen. Meine tatsächlichen Erwartungen waren andere: dass sie das Boot heil nach Kapstadt bringen, dass das Team gut funktioniert und dass sie ein starkes Rennen machen. Alles gelungen! Ein vierter Platz mit zwei Tagen Rückstand hätte mich irritiert, ein vierter Platz mit zwei Stunden Rückstand tut es nicht. Das ist eine großartige Leistung plus etwas Pech.

Holly und ich sind vorhin zurück in den Hafen gefahren und standen mit dem Team und vielen Zuschauern am Steg, als die Malizia einlief. Alle klatschten und johlten, unser Song dröhnte über den Hafen, im Hintergrund leuchtete der Tafelberg im Abendlicht, das war schon ein besonderer Moment. Will stand mit ernstem Gesicht an Deck und blickte umher; er sah aus, als fragte er sich gerade, ob er mitfeiern sollte. Als sich unsere Blicke trafen, streckte ich die Siegesfaust hoch. Da musste er lachen.

Ganz ehrlich: Ich bin stolz auf mein Team. Sie haben gezeigt, was wir leisten können. Wir sind bereit. Für die wichtigste Etappe des ganzen Rennens.

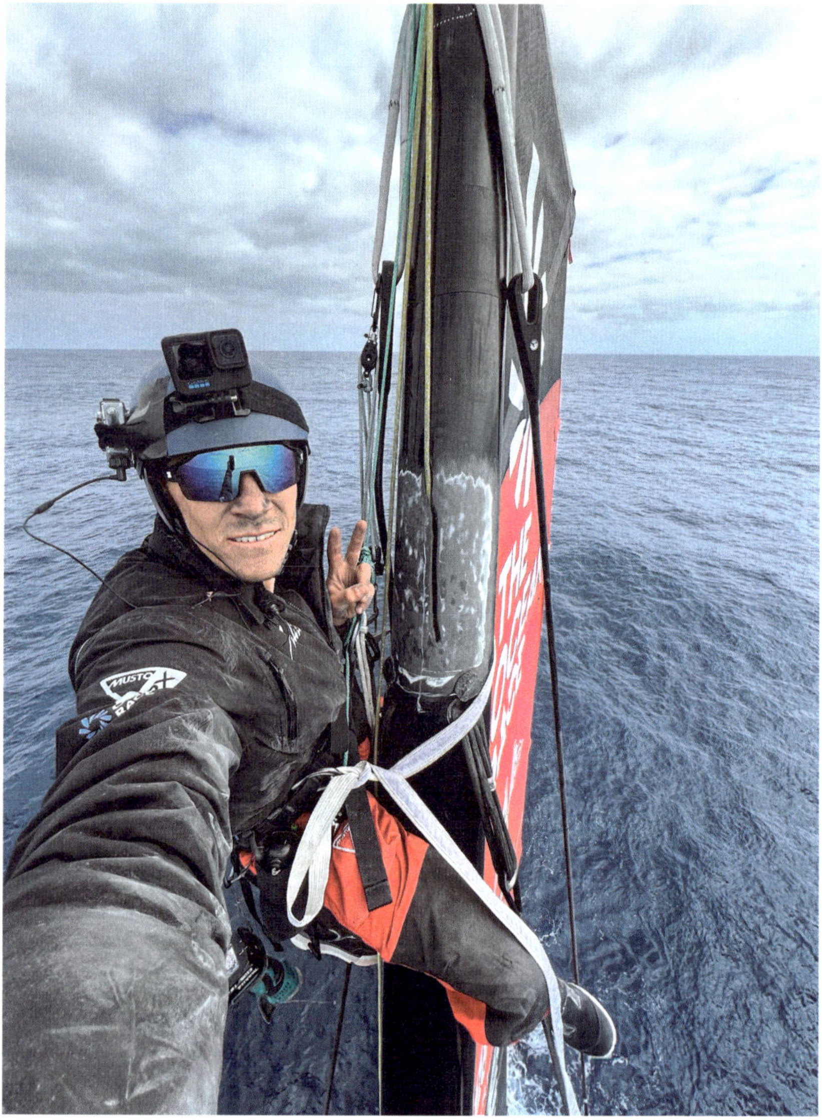

Hoch über dem Meer: Will neben dem angeschliffenen Riss

4 Apollo 13

Rosalin entdeckt einen Riss im Mast.
Gelingt die Reparatur in 29 Metern Höhe?

An dem Tag, an dem in Kapstadt die längste Etappe in der Geschichte des Ocean Race starten wird, schließt sich die Crew der Malizia morgens für zwei Stunden in einem kleinen, grünen Containerbüro ein. Der Container steht in einer Ecke des Hallenzeltes, in dem das Team während der vergangenen drei Wochen seine Basis eingerichtet hatte. Bei lauter Musik packen die Bootsbauer und Rigger ihre Werkstätten zusammen, für die Verschiffung nach Brasilien, zum nächsten Zwischenstopp. Sie sind guter Dinge, sie haben eine lange Jobliste rechtzeitig abarbeiten können. Dazu gehörte auch, die Hinterkanten der Foils und Ruder messerscharf anzuschleifen, um Verwirbelungen im Wasser zu beenden, die mögliche Ursache des Höllenlärms an Bord. Erste Testfahrten haben gezeigt: Es funktioniert.

Es ist Ende Februar, Spätsommer in Kapstadt. Ein heißer Wind fällt vom Tafelberg hinab auf den Hafen, wo sich Menschenmassen durch die Victoria & Alfred Waterfront schieben. Wie viele Metropolen am Meer hat auch Kapstadt einen Teil seines alten Handelshafens zu einem Erlebnisquartier aufgehübscht. In dem Containerbüro ist es kühl und still, nur die Klimaanlage schnauft. Boris, Will, Rosalin und Nico sitzen an einem Klapptisch und blicken auf den Bildschirm eines Rechners. Sechs Stunden vor dem Start wollen sie die letzten Wettervorhersagen besprechen, per Videocall mit dem Meteorologen des Teams. Der hat versprochen, sich aus der Karibik zu melden. Dort ist es jetzt zwei Uhr nachts.

Der Bildschirm zeigt eine große Wetterkarte, die Südspitze Afrikas ist deutlich zu erkennen. Weit unterhalb von Kapstadt kreiselt ein dunkelroter, fast violetter Wirbel von West nach Ost durch das Südpolarmeer, ein Sturmtief auf dem Weg um die Antarktis. Zwischen Kapstadt und dem Kreisel liegt ein Balken in freundlichem Hellblau. Er ist das Problem.

Das Gesicht von Wouter Verbraak schiebt sich über die Wetterkarte. Der Niederländer gehört zu den weltbesten Meteorologen und Navigatoren für Offshore-Regatten. Gemeinsam mit seinem Sohn hat er gestern die Caribbean 600 beendet, eine legendäre Langstreckenregatta durch die Kleinen Antillen. Für das Online-Wetterbriefing meldet er sich aus einer Hafenbar in Antigua.

»Na, Wouter, wie war's?«, fragt Boris.

»Alles voller Schnee«, sagt Wouter lachend. Im Sturm schäumende See also. »War gut für die Charakterbildung meines Jungen.«

Wouter hat Meteorologie in Sydney studiert, seine Masterarbeit schrieb er über Seebrisen in Küstennähe. Er nahm an drei Segelrennen um die Welt teil, er kennt die Wettersysteme sämtlicher Ozeane. Beim Volvo Ocean Race 2014/15 hatte ihn das Team von *Vestas Wind* als Navigator an Bord geholt. Auf der dritten Etappe, schon bald nach dem Start in Kapstadt, krachte das Boot mitten im Indischen Ozean auf ein winziges Riff, gut 200 Seemeilen von Mauritius entfernt. Ein Fischerboot barg die Mannschaft am folgenden Tag von der überfluteten Korallenbank. Wouter, der den fatalen Kurs abgesetzt hatte, schrieb später ein Buch über den »schlimmsten Fehler meines Lebens«, eine Motivationsfibel über den Umgang mit persönlichem Versagen.

Als genialer Meteorologe und Taktiker ist Wouter begehrt geblieben. Für das Ocean Race hat sich Boris seine Dienste gesichert. Wie bei den ersten zwei Etappen berät er die Crew kurz vor dem Start; sind die Boote im Rennen auf See, ist jede taktische Unterstützung verboten.

Wouter deutet auf die hellblaue Zone südlich von Kapstadt, eine

Region mit wenig Wind, die den Weg nach Süden versperrt. »Gut möglich, dass sich das Rennen hier schon entscheidet«, sagt er. »Wer es schafft, als Erster den Flautenriegel zu durchqueren und das Tief im Süden zu erreichen, der kann sich in die Sturmfront einklinken und der Flotte davonfahren.«

In der windarmen, gut 200 Seemeilen breiten Zone gibt es allerdings noch eine zweite Herausforderung: eine starke kreisförmige Strömung. Der Wirbel wird angetrieben vom Agulhasstrom, einer kraftvollen Zufuhr warmer Wassermassen aus dem Indischen Ozean. »Dieser Wirbel ist wie Kreisverkehr auf dem Meer. Da dürft ihr nicht Geisterfahrer spielen«, sagt Wouter. Der Wirbel dreht sich linksrum. »Ihr müsst also erst mal in die falsche Richtung segeln, mehr nach Westen, bis ihr in den Stromkanal gelangt, der euch nach Süden pusht.« Leider ist der Kanal im Ozean stellenweise nur fünf Seemeilen breit, erkennbar einzig am deutlich wärmeren Oberflächenwasser. »Wenn eure Temperaturanzeige also plötzlich auf etwa zwanzig Grad springt, dann wisst ihr: Getroffen!«

Navigator Nico Lunven nickt versonnen. Es wird nicht leicht sein, bei kaum spürbarem Wind das Boot in der schmalen Strömung zu halten. Wie ein Balanceakt auf einem unsichtbaren Seil. Sollte es klappen, würde der Wirbel sie zügig aus der hellblauen Zone tragen, hinab bis in die dunkelrote Sturmfront. Dort könnten sie aufspringen, auf den Schnellzug durchs Südmeer.

~

Es ist sonnig, 24 Grad. Ein starker Landwind wühlt die Bucht auf, treibt weiße Schaumkronen über das türkisfarbene Wasser. Alle warten. Auch die Rennyachten, die vor der Startlinie lauern. Der Kurs ist mit Bojen ausgelegt worden, ein lang gestrecktes Rechteck inmitten der Bucht, das die Boote nach dem Start zweimal umfahren müssen, ehe sie davonjagen. Der doppelte Rundkurs zwingt die Crews in einer Stunde zu mehr Manövern als in einer normalen Woche auf See. Die Veranstalter wollen eine spektakuläre Show bieten: für die

Menschen entlang des Ufers, auf den Begleitbooten – und vor den Fernsehschirmen in gut fünfzig Ländern. Mehrere Kamerateams wollen den Start live übertragen, aus Hubschraubern, die über der Bucht kreisen.

Doch etwa vierzig Minuten vor dem Startschuss entdeckt die Regattaleitung drei Wale in der Bucht von Kapstadt. Sie könnten in den Weg der Yachten geraten. Die Regattaleitung muss reagieren und verlegt kurzerhand den Rundkurs dichter an Land. Was die Windsituation auf der Strecke deutlich verändert.

Während des Sommers braust oft ein starker, trockener Südostwind über die Kapregion. Die Einheimischen nennen ihn den »Cape Doctor«, weil er all den Smog aus Kapstadts Industriezonen hinaus aufs Meer bläst – und damit, so heißt es hier, auch Krankheiten, Unbill und schlechte Laune. Direkt oberhalb des Stadtkerns ragt der gut tausend Meter hohe Felsquader des Tafelbergs auf. Ist der Cape Doctor so aktiv wie heute, wirft der Tafelberg seinen Umriss als klar erkennbaren Windschatten über die Bucht von Kapstadt.

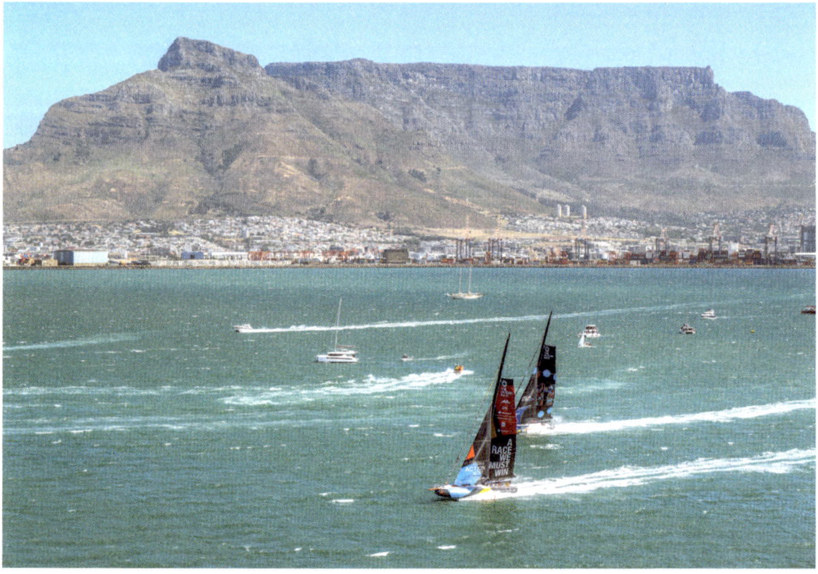

Temporeich vor dem Tafelberg: Die Königsetappe durch das Eismeer beginnt.

Der neue Rennkurs führt nun ungewollt genau durch die scharf abgegrenzte Flautenzone inmitten der aufgewühlten Bucht. An der Grenze zwischen beiden Zonen wird aus einer lauen Brise wie auf Knopfdruck ein kräftiger Wind von sechs, sieben Windstärken. Kreuzt eine Imoca die Grenze, springt sie schräg aus dem Wasser. Der Beginn der längsten Etappe gerät so zur beeindruckenden Inszenierung, zu einem Kräftemessen auf engstem Raum: Wessen Boot hebt als Erstes ab, wer fährt die schnellsten Manöver? Mal mit drei, dann plötzlich mit 25 Knoten absolvieren die Boote den Rundkurs.

Nach der ersten Runde beginnt, was sich ein paar Tage später als schlechtes Omen deuten lässt, als eine Vorahnung auf die Erbarmungslosigkeit des Südpolarmeers.

Die Crew von *Biotherm*, bis dahin in Führung, meldet der Regattaleitung, dass sie in den Hafen zurückkehren muss. Eine Umlenkrolle für die Schot, mit der die Crew das Großsegel kontrolliert, ist aus der Halterung gerissen. Das lässt sich nur an Land reparieren. Die *Malizia* setzt sich an die Spitze, dicht gefolgt von *11th Hour Racing*. Dann unterbricht der Konkurrent das Rennen: Zwei Segellatten sind gebrochen. Die Ersatzstangen an Bord wollen sie nicht jetzt schon nutzen, lieber lassen sie sich vom Landteam neue Latten per Schlauchboot bringen. Die dafür obligatorische zweistündige Zeitstrafe nimmt die Crew von *11th Hour Racing* in Kauf. Als Nächstes hätte es fast *Holcim* getroffen: Außerhalb der Bucht rast das Schiff haarscharf an einem dösenden Wal vorbei. Kevin Escoffier schickt sofort eine Warnung in die interne WhatsApp-Gruppe der fünf Skipper. Eine Kollision bei hoher Geschwindigkeit hätte fatale Folgen für Schiff und Wal.

Malizia, Holcim und *Guyot* segeln eng beieinander in die Nacht. Die drei Schiffe schlagen nicht einen Kurs um das Kap der Guten Hoffnung nach Osten ein, in Richtung Australien, sondern erst mal in die andere Richtung, nach Südwesten. Offenbar folgen die Skipper der gleichen Strategie: Im Südwesten, so hatte auch Wouter vermutet, dürfte der schwache Wind weniger schwach sein, außerdem könnte dort die Strömung von hinten schieben. Beide Vorhersagen erweisen sich als falsch. Am nächsten Tag bei Sonnenaufgang hängen die Schiffe in der Flaute fest, die Segel flappen kraftlos hin und her – und die Strömung kommt genau von vorn.

»Wir machen gerade drei Knoten Fahrt«, informiert Boris das Team in Kapstadt. »Allerdings rückwärts.«

11th Hour Racing hat seine zweistündige Zeitstrafe abgebummelt und inzwischen zur Flotte aufgeschlossen. *Biotherm* hatte bis Mitternacht für die Reparatur im Hafen gebraucht und dann die Gunst des späten Starts genutzt: Die Franzosen sahen auf dem Tracker, wie die Spitzengruppe gegen die Flautenwand fuhr, und schlugen daher gleich den Kurs nach Osten ein. Als endlich der erhoffte Westwind einsetzt und auch die anderen Schiffe Fahrt aufnehmen, liegt die ganze Flotte wieder beieinander.

Der nächste Schaden trifft einen Tag später die *Malizia*. Kurz nach Sonnuntergang, bei starkem Wind und 25 Knoten Geschwindigkeit, bricht oben an der Mastspitze die Verriegelung des Code Zero, des größten Vorsegels. 300 Quadratmeter Segelfläche fallen ins Wasser. In Sekundenschnelle wickelt sich das Segel um Kiel und Foil. Manövrierunfähig schaukelt die Yacht im Seegang. Im Schein ihrer Stirnlampen versucht die Crew vergeblich, den Code Zero an Bord zu ziehen.

Boris schaltet die Unterwasserkamera an. Das Bild auf dem Monitor im Cockpit zeigt, wie fest das Segel inzwischen den Kiel umschlingt. »Ich glaube, wir haben keine Alternative!«, sagt Boris. Jeder weiß, was er meint. Will greift nach einem Messer aus Keramik, die schärfste Waffe an Bord. Er klinkt seinen Sicherheitsgurt an Deck ein, dann steigt er über die Reling und klettert außenbords hinab auf das Backbord-Foil. Rosalin rutscht auf dem Bauch über die Bordkante und beugt sich nach unten, um Will am Kragen festzuhalten. Nico setzt sich auf ihre Beine. Das Schiff macht keine Fahrt, ab und zu schwappt eine Welle über Will, der auf dem Foil hockt, den Rücken an die Bordwand gepresst, und nach dem Segel greift. Er zieht das Messer quer durch das Tuch, es dauert nur wenige Minuten, dann klettert er zurück an Deck.

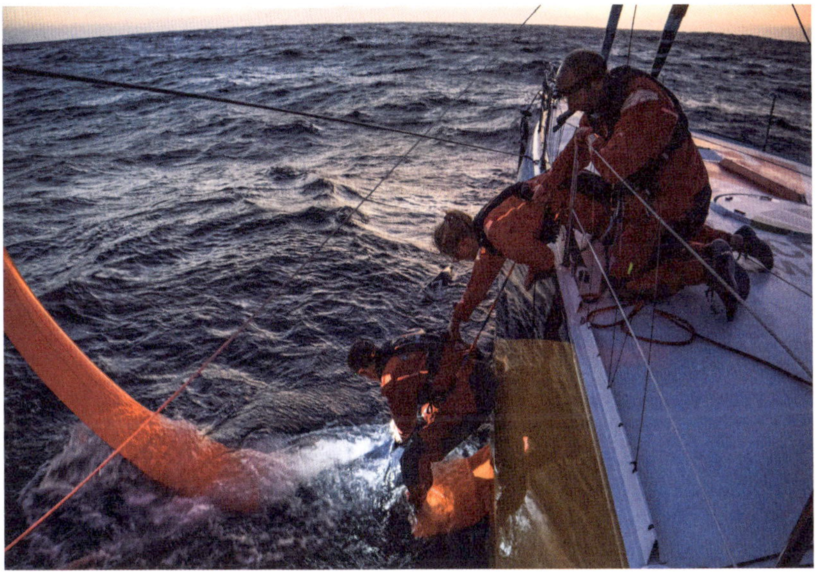

Die Crew birgt ein herabgefallenes Vorsegel, das sich um ein Foil gewickelt hat.

Beide Teile des zerschnittenen Segels lassen sich nun an Bord ziehen und durch eine Luke im Vorschiff verstauen. Bis zur Reparatur in Brasilien muss die Crew ohne den Vorschiffs-Turbo auskommen, was die Kampfkraft aber nur wenig verringert. Für die meiste Zeit im Südmeer sind die anderen Vorsegel, etwas kleiner und flacher geschnitten, ohnehin besser geeignet.

In einer nächtlichen Videobotschaft informiert Boris die Rennleitung. »Außer dem Code Zero ist nichts kaputtgegangen«, sagt er. Er überlegt kurz, dann fügt er hinzu: »Soweit wir bisher wissen …«

~

Die Flotte nähert sich der dunkelroten Sturmfront. Sechs Meter hohe Wellen, Böen bis Windstärke neun: Die erste Begegnung mit den Gewalten des Südmeers steht bevor. Die Chance, aufzuspringen auf den Schnellzug nach Osten. Doch die Kurse auf dem Tracker verraten das Zögern der Segler und Seglerinnen. Niemand will schon jetzt die

Belastungsgrenzen der Boote testen, die Flotte jagt respektvoll am nördlichen Rand des Tiefs entlang.

Für *Guyot* zahlt sich die Vorsicht nicht aus. Die deutsch-französische Crew hat sich mit hohem Durchschnittstempo und kluger Navigation nach vorn gekämpft, liegt nur knapp hinter der führenden *Holcim*. Am dritten Tag, am Ende ihrer Wache um fünf Uhr morgens, schält sich Annie Lush unter Deck aus ihrer Schwerwetterkleidung. Aus den Augenwinkeln registriert die 42-jährige Britin, dass eine am Boden festgezurrte Box für Satellitenkommunikation sich regelmäßig kurz hebt. Annie, Olympiaseglerin, viermalige Weltmeisterin im Match Racing, ist schon zweimal mit dem Volvo Ocean Race um die Welt gesegelt, sie weiß, welche Sinnestäuschungen Übermüdung hervorrufen kann. Sie ruft Benjamin Dutreux aus dem Cockpit nach unten. Der Skipper kauert sich neben der Box auf den Boden, er beobachtet ihre Bewegungen, legt sein Ohr auf den blanken Rumpf, nur wenige Zentimeter Karbon trennen ihn vom Südmeer, dann spricht er das gefürchtete Wort aus: Delamination!

Der Rumpf von *Guyot* ist, wie bei den meisten modernen Yachten, im Sandwich-Verfahren gefertigt, mit einem Wabengitter als Kern und Karbongewebe zu beiden Seiten. Alle drei Schichten werden miteinander laminiert, also mit Harzen verklebt. Der Verbund ist relativ leicht und zugleich enorm steif, ideal für den Bootsbau. Sollten die Klebstoffe allerdings irgendwann nicht mehr wirken und sich die Schichten voneinander lösen, dann wird der Werkstoffverbund wabbelig, kann durchbeulen, sogar einreißen. Er delaminiert. Betroffene Stellen klingen weniger kristallhart als der feste Verbund – weshalb der 32-jährige Skipper nun den Rumpfboden zentimeterweise mit einem Schraubenschlüssel abklopft. Der Geräuschtest bestätigt seinen Verdacht. Benjamin Dutreux alarmiert das Team an Land.

Co-Skipper Robert Stanjek kriecht in das dunkle Vorschiff. Mit einer Taschenlampe prüft er dort den Boden der voneinander abgeschotteten Kammern. Nirgendwo Anzeichen von Delamination. Wenigstens hier gibt es Entwarnung. Aber mittschiffs wölbt sich bei jedem Wellenaufschlag die betroffene Stelle nach oben durch. Stanjek ahnt, dass sie das auf See nicht wieder hinkriegen werden.

Jahrelang hat sich der Berliner auf das Ocean Race vorbereitet, es ist der Traum seines Lebens – und die Etappe durch das Südmeer ist der Höhepunkt dieses Traums. »Wer diese Strecke nicht mitsegelt, der hat das Ocean Race nicht gesegelt« – so stand es zum Start in Kapstadt ausgerechnet in der Pressemitteilung von Team Guyout.

Delaminiert hier gerade auch der Traum des Robert Stanjek? Der 41-Jährige hat seiner Frau versprochen, nur ein einziges Mal beim Ocean Race mitzumachen. Müssten sie jetzt umkehren, dann wär's das für ihn gewesen. »Trotzdem habe ich gehofft, dass die Spezialisten an Land uns jetzt keinen zwangsoptimistischen Reparaturplan schicken!«

Robert Stanjek gehört zu den wenigen deutschen Profiseglern. Nach der Olympiateilnahme 2012 stieg er aufs Hochseesegeln um, er startete bei Offshore-Regatten in aller Welt, meist als Steuermann oder Taktiker, er ist hart im Nehmen und nicht risikoscheu – aber er weiß, dass er ganz sicher nicht mit einem delaminierten Schiff ins Südmeer jagen will. Robert hat zwei Kinder, drei und sechs Jahre alt. »Meine Franzosen hier an Bord haben noch nicht mal 'nen Wellensittich zu Hause.« Der Deutsche hofft auf eine klare Ansage des Landteams.

Seine Mitsegler Benjamin Dutreux und Sébastien Simon starteten 2020/21 beide bei der Vendée Globe, der legendären Regatta allein und nonstop um die Welt. Sébastien musste damals südöstlich von Kapstadt aufgeben, seine Imoca-Rennyacht hatte ein UFO gerammt, ein »unidentified floating object«. Schon allein deshalb würde Sébastien viel in Kauf nehmen, um jetzt nicht an der gleichen Stelle, am Tor zum Südmeer, erneut umkehren zu müssen.

Die Antwort des Landteams trifft nach knapp dreißig Minuten ein: Sofort umdrehen! Das Boot sicher nach Kapstadt bringen. Nicht schneller als zehn Knoten segeln.

Die *Guyot*-Crew laminiert Querstreben auf die durchbeulende Rumpfregion und wuchtet noch 300 Kilogramm Gewicht darauf. Dennoch hebt sich auch der Stapel aus Segelsäcken und Ersatzteilboxen bei jeder durchlaufenden Welle. Sollte der Rumpf an dieser Stelle aufreißen und Wasser ins Boot schießen, ginge *Guyot* zwar nicht unter, denn die Crew hat alle Schotten der Luftkammern im Vorschiff verschlossen. Die Option »kontrolliertes Evakuieren« bereitet sie trotzdem vor: Die Überlebensanzüge liegen griffbereit am Ausgang zum Cockpit, ebenso Proviantbeutel und der »grab bag«, der Notfallsack mit Signalsendern, Funkgeräten und Leuchtmunition. Im schlimmsten Fall würde es nur wenige Minuten dauern, die Rettungsinsel loszubinden, über Bord zu werfen und hineinzuklettern.

»Niemand von uns hat sich Gedanken ums Überleben gemacht, wir waren gut vorbereitet und außerdem noch in Landnähe. Nein, unsere größte Sorge galt dem Schiff. Das wollten wir auf jeden Fall zurückbringen«, sagt Robert Stanjek.

Vier Tage später läuft *Guyot* um ein Uhr nachts in Kapstadt ein. Aus Lautsprechern entlang der Mole dröhnt »Back in Black« von AC/DC über das Hafenbecken, der Erkennungssong der Mannschaft. Teammitglieder und Freunde stehen am Steg, erleichtert begrüßen sie die Rückkehrer. Am nächsten Morgen hievt ein Kran die Yacht auf einen Lagerbock an Land, Bootsbauer öffnen den Rumpf von unten. Team Holcim, auf dem Wasser ein scharfer Konkurrent, stellt den *Guyot*-Leuten Werkstoffe und einen Komposit-Experten zur Verfügung.

Der Schaden, so stellt sich heraus, kann innerhalb einer Woche repariert werden. Anschließend wird die Besatzung das Schiff nach Brasilien segeln – allerdings nicht der Flotte hinterher in Richtung Osten, sondern auf dem umgekehrten, kürzeren Weg nach Westen, quer über den Atlantik. Ab Brasilien wird das Team wieder am Ocean Race teilnehmen. Die wichtigste, längste, herausforderndste Etappe hat es verpasst. Aber das Südmeer ist nur eine von sieben Etappen – weshalb auch die *Guyot*-Crew noch die Chance hat, nach dem Zieldurchgang in Genua auf dem Podium zu stehen.

~

Die Veranstalter des Ocean Race hatten vor dem Start in Spanien alle Teams zusammengerufen, um sie zu informieren, welche Hilfe aus dem Regattazentrum zu erwarten ist, falls es draußen auf dem Meer zu Schäden und Notfällen kommt. Krisenmanagement, das wurde in dem voll besetzten Konferenzraum deutlich, bedeutet bei einem Rennen durch die entlegensten Regionen der Erde vor allem Krisenkommunikation. Auf welchen Wegen gelangen Notrufe zu wem, welche Alarmstufen gibt es, welche Nationen sind in welchen Zonen der Weltmeere für Rettungseinsätze zuständig, wer hält Kontakt zu den Teams, den Angehörigen, den Medien?

»Wir wissen, dass ihr in schwierige Situationen geraten werdet«, hatte Phil Lawrence gesagt, der britische Renndirektor. »Es werden unschöne Dinge geschehen. Wir sind vorbereitet.« Etwa die Hälfte der Segler und Seglerinnen, die vor ihm saßen, waren noch nie bis ins Südmeer vorgedrungen. »Stellt euch darauf ein, dass ihr diese Etappe als einen einzigen Abnutzungskrieg erleben werdet.«

An dem Tag, an dem auf *Guyot* die Entscheidung getroffen wurde, zurück nach Kapstadt zu segeln, steht Rosalin auf dem Vorschiff der *Malizia* und kontrolliert mit einem Fernglas Meter für Meter das Rigg, ein Routinecheck. Kurz unterhalb der 29 Meter hohen Mastspitze entdeckt sie den Riss.

Wenn es auf See ein Problem gibt, muss das Team an Land sofort erreichbar sein, zu jeder Tages- und Nachtzeit. Im Team Malizia gibt es dafür zwei Telefonnummern: die von Teamchefin Holly Cova und die von Boat Captain Stu McLachlan. Beide dürfen sich grundsätzlich nur an Orten aufhalten mit stabilem Netz oder WLAN, das Handy muss immer laut gestellt sein, auch nachts, der Akku geladen. Und nie dürfen sie zur gleichen Zeit in einem Flugzeug sitzen.

Um 14:19 Uhr schickt Boris per WhatsApp kommentarlos ein Foto an Holly und Stu. Antoine hat es mit dem Teleobjektiv seiner Kamera aufgenommen, es zeigt die Mastspitze mit der Windmessanlage und etwa einen Meter darunter, in der Vorderseite des Masts, einen senkrechten Riss, so lang wie ein Unterarm. Stu reagiert sofort, in der

Chatgruppe des Teams schreibt er: »Shit! Habt ihr mehr Fotos oder Infos über den Schaden?« Boris textet zurück: »Nein. Wir gehen da jetzt hoch. Der Dick ist weg.«

Der »dick«, englisch für »Schwanz«, ist gängiger Seglerslang für einen zentralen, penisartig geformten Beschlag am Mast: das Fallenschloss. Vom Cockpit aus läuft das Fall, eine Leine zum Hochziehen eines Segels, unter Deck nach vorn und dann durch den Mast hinauf, bis sie weit oben durch eine Öffnung nach außen tritt. Knapp einen halben Meter höher am Mast baumelt das Fallenschloss, ein etwa zehn Zentimeter langer Metallzylinder mit einer Verdickung am unteren Ende. Die Leine läuft um eine Rolle oben im Schloss, dann nach unten durch den hohlen »dick« und zurück an Deck. Setzt die Mannschaft ein Vorsegel, zieht sie es am Fall nach oben, bis ein ringförmiger Beschlag an der Spitze des Segels sich über das Fallenschloss schiebt und einrastet.

Die Konstruktion ist simpel und robust, fast alle Imoca-Segler nutzen sie. Doch die Mechanik ist auch anfällig. Boris Herrmann bescherte sie ein traumatisches Erlebnis während der Vendée Globe. Nach einem Segelwechsel im Südatlantik ließ sich das oberste Fallenschloss plötzlich nicht mehr öffnen. Voraus lag das Südmeer mit seinen Stürmen; ehe er es in ein, zwei Tagen erreichte, musste er unbedingt das große Vorsegel bergen und ein kleineres setzen.

Boris, der von Kindheit an unter Höhenangst leidet, sah sich gezwungen, in den Mast zu steigen. Ein Albtraum. 29 Meter ragt ein Imoca-Mast auf, so hoch wie ein zehnstöckiges Gebäude. Zwei Versuche vor dem Start, den Aufstieg im Hafen zu üben, hatte er auf halber Höhe abgebrochen; ihm war übel vor Furcht gewesen. Nun gab es diese Möglichkeit nicht, er musste hoch zu diesem verdammten Fallenschloss. Ausgerüstet wie ein Bergsteiger, zog er sich allein mit Sitzgurt, Steigklemmen und Trittschlingen an einem straff gespannten Fall hinauf. Zwanzig Minuten brauchte er, bis er die in der Dünung hin und her schwankende Mastspitze erreichte. Es gelang ihm, nach längerer Fummelei das Schloss zu entriegeln. Die Sonne war untergegangen, als sich Boris seekrank und völlig erschlagen langsam an Deck hinabließ. Drei Tage lang konnte er kaum etwas essen.

Diesmal klemmte das Fallenschloss nicht. Es war, wie Boris geschrieben hatte, einfach weg. Vermutlich schon seit gestern, als der Code Zero, das riesige Vorsegel, plötzlich ins Wasser gestürzt war. Das Fallenschloss, angefertigt aus Titan, robust genug für zehn Tonnen Traglast, war offenbar auseinandergebrochen, aus welchem Grund auch immer. Als das Vorsegel herabfiel, hatte es das Fall hinter sich hergerissen. Fatalerweise fehlte ohne das Schloss nun auch die Umlenkrolle da oben – weshalb das Fall direkt aus der kleinen Öffnung im Mast nach unten gerauscht war, so brachial, dass es den Karbonmast aufschlitzte.

Schon vor dem Start in Alicante hatte sich die Mannschaft auf eine Arbeitsteilung geeinigt. Rosalin ist demnach für alles an Deck zuständig, vor allem das Rigg, Will wiederum für alles unter Wasser, also Kiel, Ruder und Foils. Es ist daher Rosalins Aufgabe, jetzt in den Mast zu steigen und sich den Schaden anzusehen.

Sie schlüpft in den Sitzgurt, streift Knieschützer über, setzt einen Helm auf und lässt sich von Boris und Will an einem Fall zur Mastspitze ziehen. Es ist eine schnelle Aktion. Sie fotografiert den Riss, misst seine Länge – es sind 26 Zentimeter – und markiert beide Enden mit einem fetten weißen Stift, damit sich von Deck aus schneller erkennen lässt, ob der Riss wächst. Dann klopft sie mit einem Schraubenschlüssel die Mastregion ab; wie Benjamin Dutreux auf *Guyot* will sie hören, ob irgendwo die Karbonschichten delaminieren. Mit einer Helmkamera filmt sie den Klopftest.

Zurück an Deck schickt Boris die Fotos und das Video vom Klopftest an Stu, der alles an den Masthersteller in Frankreich weiterleitet. Kurz darauf meldet sich Stu wieder: »Hört mal 'ne Weile mit dem Segeln auf!«

Die Crew hat bereits das Großsegel gerefft und ein kleines Vorsegel gesetzt, nun dreht sie das Schiff vor den Wind und nimmt noch mehr

Fahrt raus. Boris schreibt in die Chatgruppe: »Was sagt dein Bauch, Stu? Weitermachen? Oder zurück nach Kapstadt?«

Stu: »Die Mastfirma hat jetzt eure Fotos. Wenn die uns sagen, ob sich das fixen lässt, machen wir einen Plan.«

Boris: »Wie lange braucht ihr? Nachher wird der Seegang zunehmen, dann kann niemand mehr in den Mast.«

Stu: »Die Jungs arbeiten so schnell sie können. Aber das wird eine heftige Reparatur! Und ihr habt nur Material für einen Versuch. Der Plan muss perfekt sein.«

Bei Navigation und Taktik darf die Crew keine Ratschläge von Land erhalten, bei technischen Problemen schon. Sie muss es sogar. Bei hochkomplexen Rennmaschinen wie den Imoca-Yachten wäre es unmöglich, die ununterbrochene Folge an Schäden in Griff zu bekommen ohne Beistand von Land.

Tritt ein Ernstfall ein, beginnt ein zweites Rennen: Wie schnell versteht das Team, was genau da draußen schiefgelaufen ist? Und wie rasch kann es einen Reparaturplan zusammenstellen, der abgestimmt ist auf die an Bord vorhandenen Ersatzteile – und darauf, in welcher mentalen Verfassung die Crew sich inzwischen befindet? Diese Rennen an Land sind für einen Erfolg beim Ocean Race genauso entscheidend wie das Rennen auf See. Beim Wettkampf der Techniker sind allerdings keine Punkte oder Pokale zu erringen; die zwei Dutzend Männer und Frauen pro Team bleiben unbekannt. Meist erhalten sie nur pauschal und namenlos einen Dank bei den Preisverleihungen.

Jetzt, mehrere Tage nach dem Start, haben fast alle Mitglieder des Teams Malizia Kapstadt bereits verlassen, sie sind nach Hause geflogen oder zum nächsten Zwischenstopp in Brasilien. Holly und Stu alarmieren die Leiter der technischen Abteilungen. Als Krisenteam sollen sie die *Malizia*-Crew nun an die Hand nehmen, sie sollen sich zusammenschalten, egal wo sie sich gerade aufhalten: Clément Caumont, Chef der Bootsbauer, ist zurück in Frankreich; Jesse Naimark-Rowse, Technik, zurück in England; Chris Noble, Rigging, im Oman; Romain Szyjan, Elektronik, auf dem Weg nach Brasilien; Boat Captain Stuart McLachlan noch in Kapstadt; Teammanagerin Holly Cova bereits in Brasilien.

Sie sitzen in irgendeinem Flughafenterminal, Hotel oder zu Hause und haben ihre Laptops aufgeklappt für eine Videokonferenz. Sie haben alles dabei, was sie brauchen: Excel-Tabellen, in denen jedes Werkzeug und jedes Ersatzteil verzeichnet ist, das sich an Bord befindet, jedes Stück Tauwerk, jede Schraube, jeder Spachtel, jeder Kabelstecker. Sie kennen die jeweiligen Maße und Gewichte und haben jedes Einzelteil fotografiert, ehe sie es an Bord brachten und dort an einem Ort verstauten, den sie natürlich auch in den Tabellen notierten. Die *Malizia* ist eine Werkbank unter Segeln, sorgfältig ausgestattet, akribisch dokumentiert.

Boris' Unruhe wächst. Noch immer keine Antwort von Land. Er ist unschlüssig: Umkehren nach Kapstadt oder die Reparatur auf See versuchen? Er greift nach dem Handy und schickt eine Nachricht an Kevin Escoffier. Was würdest du tun? Kevin hat Bootsbau studiert, Schwerpunkt Werkstoffe; der Ingenieur gilt als einer der besten Handwerker der französischen Offshore-Szene, ein MacGyver auf See, der jeden Schaden an Bord irgendwie repariert bekommt. Kevin will Boris beim Ocean Race schlagen – aber er will seinen Sieg bestimmt nicht einem Riss im Mast der *Malizia* verdanken. Kevin wird ihm bei der Abwägung helfen, davon ist Boris überzeugt.

Kevin antwortet sofort. Er schickt eine Sprachnachricht. »Was für eine Scheiße!«, ruft er, man hört die Wut in seiner Stimme. »Jetzt musst du dich entscheiden. Wenn ihr das Rennen gewinnen wollt, müsst ihr den Riss flicken und weitersegeln. Mit dem Risiko, dass euch irgendwo im Südmeer der Mast bricht und ihr gleich zwei Etappen verpasst. Dann liegt ihr punktemäßig echt weit hinten, das holt ihr bis Genua nicht mehr auf.« Oder Boris entscheidet sich für, wie Kevin es nennt, »Madame Sicherheit«. Also Rückkehr nach Kapstadt, professionelle Mastreparatur, Ankunft in Brasilien als letztes Schiff. Aber immerhin alle Etappen gesegelt, und »das ist für deine Kampagne ja nicht ganz unwichtig«.

Also, auf Sieg setzen und vielleicht alles verlieren? Oder einen ehrenvollen Mittelplatz sichern?

Kevin will keinen Ratschlag geben. »Es ist dein Projekt. Du weißt am besten, was dir wichtig ist.« Die Reparatur, meint er, werde der Crew schon gelingen. Aber er könne nicht einschätzen, ob sie danach das Boot genauso hart rannehmen könnten wie vorher. »Das hängt ganz davon ab, wie gut ihr den Job macht. Was immer ihr entscheidet, ich drücke die Daumen. Grüß dein Team von mir!«

Für die Herausforderung, vor der Boris' Team jetzt steht, gibt es in der Szene der Offshore-Profis den Begriff »Apollo-13-Mission«. Die Analogie passt. Wie Raumschiffe durchqueren die Rennyachten endlose Weiten, unerreichbar für praktischen Beistand. Geht etwas kaputt, müssen die Crews den Schaden reparieren, allein und nur mit Bordmitteln. Oft ereignen sich Schäden bei schwierigen Wetterverhältnissen, die Frauen und Männer sind erschöpft, übermüdet, unkonzentriert. Umso besser, wenn ihnen dann das Team an Land per Satellitenverbindung zur Seite steht. Die Techniker kennen das Boot und auch die Crew sehr genau. Sie durchforsten die Inventarlisten und spielen rasch mehrere Varianten der Reparatur durch, ehe sie einen präzisen Ablaufplan zusammenstellen, eine Schritt-für-Schritt-Anweisung mit Fotos und Zeichnungen zum besseren Verständnis. Die Weisungsabfolge kehrt sich um: Die Leute an Land nehmen nun die Leute auf See an die Hand.

Der Raumflug von Apollo 13 vor einem halben Jahrhundert wurde zum Namensgeber für diese Vorgehensweise. Noch bevor das Raumschiff den Mond erreichte, explodierte ein Sauerstofftank, und die drei Astronauten mussten in die angedockte Mondlandefähre klettern, um zu überleben. Doch die CO_2-Filter in der Fähre passten nicht, die Männer hätten sich nach kurzer Zeit mit ihrem ausgeatmeten Kohlendioxid gegenseitig vergiftet. Ein Team der Bodenstation in Houston bastelte fieberhaft eine improvisierte Maske für den Filter: aus Schläuchen, Klebebändern, abgerissenen Buchdeckeln und einer Socke – ausschließlich Materialien, die sich in der Raumkapsel befanden.

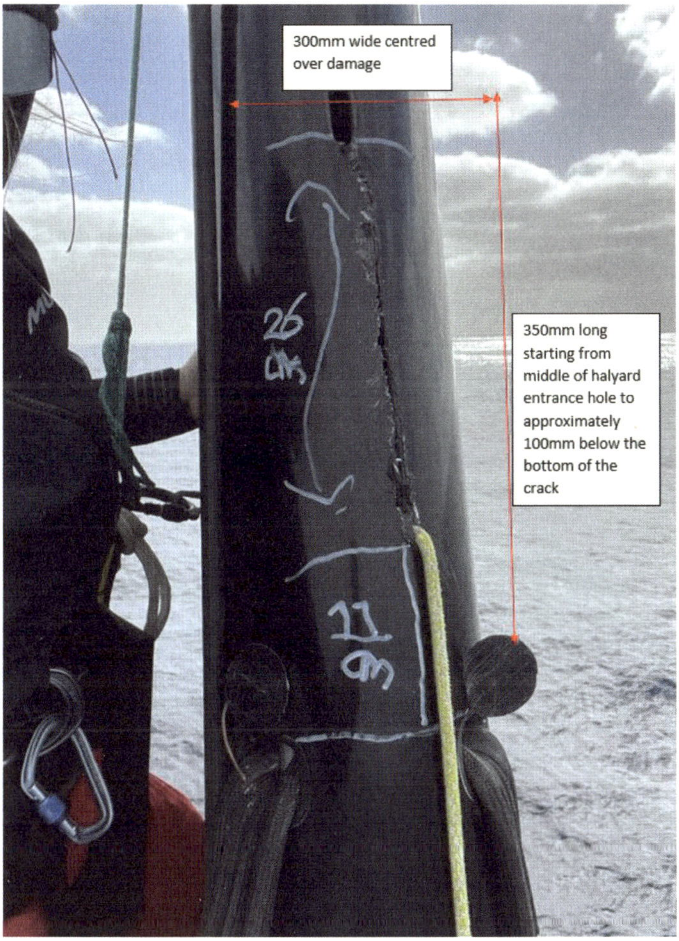

3. **Use the 60 grit roloc disc in the drill to carefully sand off the paint and filler throughout this entire area. BE CAREFUL TO STOP GRINDING AS SOON AS YOU REACH CARBON. Use the 80 grit sandpaper to sand by hand if you are close to any of the strops and for the last part. The goal should be to have clean carbon with almost no paint or filler on it but not to remove any carbon.**
4. **Wipe the area clean with acetone**

Hilfe von Land aus: Das Tech-Team hat zu Rosalins erstem Foto vom Schaden notiert, welche Fläche für das Laminieren angeschliffen werden muss.

Nachdem die Maske in der Bodenstation funktioniert hatte, schickte Houston die Bauanleitung ins All. Gut drei Tage später landeten die Männer sicher auf der Erde.

Im Laufe der nächsten Stunden erhält die Crew der *Malizia* zwei Anleitungen: eine Seite, wie sie die schadhafte Stelle im Mast vorbereitet, acht Seiten, wie sie den Riss flickt, alles in kurzen Sätzen und großen Buchstaben. Dazu Rosalins Fotos des Risses, nun digital bemalt mit Pfeilen, Hinweisen und kleinen Zeichnungen. Ein Reparaturplan, der keinen Platz für Missverständnisse lässt; auch erschöpfte Menschen, die sich alles nur auf kleinen Handy-Bildschirmen ansehen können, sollen ihn verstehen können. Der entscheidende Satz kommt vom Masthersteller: »Wenn ihr das alles so hinkriegt, könnt ihr danach das Teil wieder zu hundert Prozent belasten.«

Inzwischen hat der Wind auf 17 Knoten zugenommen. »Das ist zu viel, um da jetzt hochzugehen«, schreibt Boris. »Wir versuchen es morgen früh.«

Stu: »Ok. Bitte fotografiert jeden Schritt. Damit wir sehen, wie es läuft. Und weitere Vorschläge machen können.«

Jesse: »Die Vorbereitung wird viel länger dauern als das Laminieren selbst. Nehmt euch genügend Zeit. Wahrscheinlich müsst ihr mehrfach da hoch.«

Das Krisenteam hat eine interne Chatgruppe eingerichtet, für offene, auch widersprüchliche Beiträge, von denen die Seglercrew nicht irritiert werden soll. Die Skepsis der Techniker ist in dem internen Chat spürbar. Normalerweise würden sie einen so beschädigten Mast in einer Halle auf Böcke legen, in staubfreier, trockener Umgebung laminieren, bei Temperaturen über 22 Grad härten lassen. Nichts davon ist möglich im Südmeer. Kurz nachdem die Crew den ersten Reparaturplan bekommen hat, schickt Stu, der als Boat Captain sicherheitshalber noch ein paar Tage in Kapstadt bleibt, im internen Chat eine Nachricht an Holly: »Die Container mit den Werkstätten sollen heute nach Brasilien verschickt werden. Ich stoppe das besser mal. Kann ja sein, dass sie zurückkommen. Ok?« Holly antwortet sofort: »Ja!«

Boris

Als wir den Riss im Mast entdeckten, war ich total erschüttert. Mir war klar, dass dieser Schaden alles infrage stellte. Wir hatten das Schiff ja speziell für die Bedingungen im Südmeer gebaut. Die Erfahrungen, die ich bei der Vendée Globe 2021 hier gemacht habe, hatten das Design der neuen Malizia bestimmt. Und nun sollte das alles umsonst gewesen sein?

Ich bin immer noch fassungslos und verzweifelt. Ich will nicht umkehren. Aber ich weiß, was es bedeuten kann, wenn wir tief im Südmeer den Mast verlieren. Bricht nur die Spitze weg, könnten wir das Schiff noch in einen Hafen segeln. Verlieren wir das ganze Rigg, wird uns irgendwann ein Frachter auffischen, und wir müssten möglicherweise das Schiff aufgeben. Mit einem angeknacksten Mast weiterzufahren, bedeutet also ein ziemliches Risiko für die Crew, das Schiff und unsere Kampagne. Und ich trage die Verantwortung für alle drei.

Will zeigt sich kämpferisch. Rosie zweifelt, ob wir weitermachen sollen. Nico hält sich zurück. Wir haben uns entschlossen, morgen auf jeden Fall zu versuchen, den Mast zu reparieren – und erst dann zu entscheiden, abhängig von der Qualität der Reparatur, ob wir nach Kapstadt zurückkehren oder nicht. Der Masthersteller meint, wir könnten den Mast nach der Reparatur wieder voll belasten. Aber bei Gebrauchtwagen spricht man nach schwerem Schaden ja auch von »Unfallwagen«, selbst wenn die Reparatur noch so gut gelungen ist. Und würde ich mit einem Unfallwagen um die Welt fahren wollen? Tja.

Bei diesem Rennen geht es um mehr als um eine gute Platzierung. Ich will, dass wir das Schiff sicher um die Welt bringen, dass wir den ganzen Weg bis Genua nutzen, um unsere Klimabotschaft zu verbreiten und von unserem Abenteuer zu erzählen. Das sind meine wichtigsten Anliegen! Und wenn ich das wirklich ernst meine, sollten wir jetzt umdrehen.

Aber ich will nicht umdrehen!

Ich fühle mich hin- und hergerissen. Und bin wahnsinnig froh, in der Situation nicht allein zu sein. Das wäre eine Horrorshow. Die mentale Stärke der anderen beeindruckt mich. Jeder von uns brennt darauf, das Südmeer zu durchfahren, wegen dieser Etappe sind wir doch beim Race dabei. Aber als wir vorhin zusammensaßen und alle Optionen und Risiken abwogen, da hat das Team gezeigt, um was es in so einer Situation geht: um sachliches Kalkül, um gemeinsame Verantwortung, nicht um persönliche Träume. Egal wie das hier endet, ich glaube, dieses Drama schweißt unser Team mehr zusammen als alles, was seit Alicante passiert ist. Sollten wir Brasilien wirklich aus eigener Kraft noch erreichen, wäre das ein irrer Erfolg. Ich wäre superstolz auf mein Team, völlig egal, welchen Platz wir erreichen.

Rosalin

Anders als Boris steige ich gern in den Mast. Es ist irre da oben. Ich fühle mich, als schwebte ich über dem Ozean, zusammen mit den Albatrossen, die uns begleiten. Na ja, wahrscheinlich beflügelt mich das Adrenalin. Als ich heute Morgen den Riss da oben untersuchte, habe ich laut gesungen; ich mache das oft in heiklen Situationen. Singen gibt mir das Gefühl, alles unter Kontrolle zu haben.

Das war ein sehr emotionaler Tag heute. Mehrmals waren wir alle gleichzeitig wach – was normalerweise nicht vorkommt – und haben besprochen, was wir tun können. Eigentlich will ich weitermachen bis Brasilien. Allerdings nur, wenn der Mast nach der Reparatur wieder voll einsatzfähig ist. Ich meine, wer will denn mit einem Mast segeln, der uns dazu zwingt, ständig auf die Bremse zu treten? Was für ein erbärmliches Rennen wäre das denn! Wahrscheinlich würden wir eine Woche später als die anderen in Brasilien ankommen.

Es geht vor allem um präzises Risikomanagement. Wir haben alle Szenarien diskutiert. Was passiert, wenn der Mast bricht? Ließe sich das Schiff nach Australien bringen? Und dann: per Frachter nach Itajaí und gleichzeitig einen neuen Mast dorthin fliegen lassen? Schaffen wir den nächsten Start rechtzeitig? So vieles, was sich schwer einschätzen lässt. Sicher ist nur: Es würde Unsummen kosten.

Boris holt sich die ganze Zeit weitere Informationen von Land. Ich habe ihm gesagt: Ich trage jede Entscheidung mit, die du fällst, mir ist beides recht. Später habe ich überlegt, ob das wirklich stimmt, und falls ja, woran das liegt. Ich glaube, es liegt daran, dass ich unser Team und das ganze bisherige Abenteuer nicht anders sehen würde, wenn wir jetzt umdrehen würden. Ich bin schon so froh über all die Erfahrungen. Es hört sich vielleicht blöd an, aber ich bin sogar jetzt glücklich. Darüber, wie es gerade läuft, wie wir mit der Situation umgehen.

~

Bei Tagesanbruch lässt der Wind allmählich nach. Die Wellen sind gut einen Meter hoch, die Mastspitze schwingt ständig fünf bis sieben Meter zu jeder Seite. Boris will noch eine Weile abwarten, ehe Rosalin erneut hochsteigt. Doch Will ist unruhig, er möchte, dass die Reparatur so schnell wie möglich beginnt. Probehalber klettert er den Mast halb hinauf, dann kehrt er zurück und sagt: »Das bekomme ich hin.« Boris und Rosalin sind einverstanden. Am Tag nach der Reparatur müsste sowieso ein Kontrollgang folgen und ein neues Fallenschloss befestigt werden. Will und Rosalin wollen sich nun abwechseln.

Will zwängt sich in dicke, wattierte Schwerwetterkleidung, sie soll die Stöße abmildern. Er steigt in den Klettergurt, streift Knieschützer über, setzt den Helm mit Stirnkamera auf, dann lässt er sich hochkurbeln. In 29 Metern Höhe bindet er sich mit einem Stropp eng am Mast fest, den er zugleich mit beiden Beinen umklammert. Trotzdem muss er sich, um nicht hin und her geschleudert zu werden, zusätzlich mit einer Hand festhalten. Für die Reparaturarbeiten hat er nur die andere Hand zur Verfügung. Alle Werkzeuge liegen in einer Bauchtasche, mit kurzen Leinen gesichert für den Fall, dass sie ihm da oben aus der Hand fallen.

Mit einem Elektrobohrer schleift Will rund um den Riss Farbe und Spachtel ab, auf einer Fläche von 30 x 35 Zentimetern. »Sofort stoppen, wenn du auf Karbon stößt!«, hat das Technik-Team im Ablaufplan gewarnt. Von dem Moment an dürfe er nur noch per Hand weitermachen, mit Schleifpapier Körnung 80. »Das Ziel ist eine Fläche pures Karbon, leicht angeschliffen und ohne das Karbon selbst auszudünnen.«

Eine gute Stunde präpariert Will die Fläche für das Laminieren, hin und her pendelnd, mit Krämpfen in den Beinen. Der Riss, den das Fall in den Mast geschlitzt hat, wölbt sich scharfzackig nach außen. Will schleift die Ränder glatt, auch nach innen in die Höhlung. Als er sich dabei einen Karbonsplitter in die Hand rammt, muss er ihn, da er die andere Hand zum Absichern braucht, mit den Zähnen aus dem Fleisch ziehen.

Kaum steht Will mit krampfartig zitternden Beinen wieder an Deck, schickt Boris ihn in die Koje. Er soll schlafen, denn die zweite Hälfte der Reparatur, für die Will nachmittags erneut in den Mast muss, wird noch komplexer und anstrengender. Jesse, der technische Direktor, hatte in dem achtseitigen Ablaufplan über das Auftragen der Karbon-Flicken geschrieben: »Wenn ihr Harz und Härter einmal gemischt habt, tickt die Uhr. Es wird klebrig und hektisch werden. Es wäre gut, wenn ihr vorher einen Probelauf macht. Bitte bestätigt uns, dass ihr alle Anweisungen genau verstanden habt.«

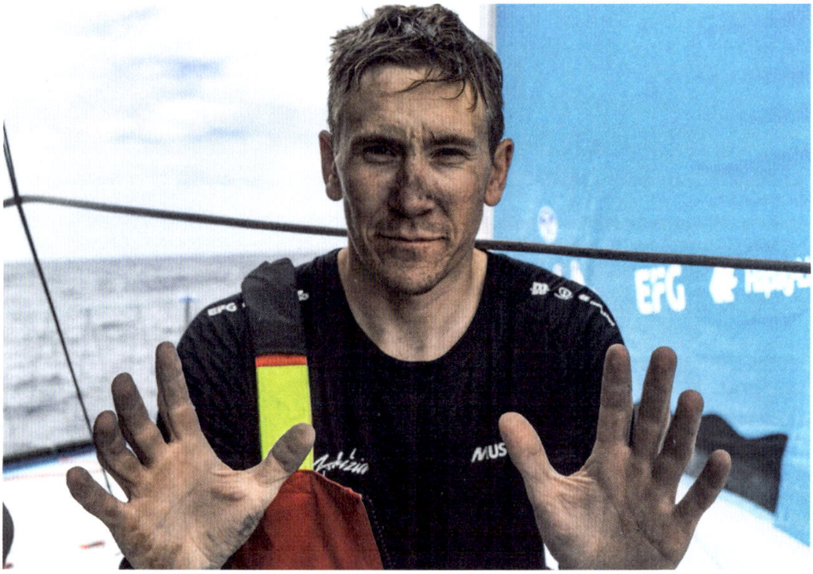

Vom Karbonstaub geschwärzt: Will nach dem Schleifeinsatz

Ein großes, rechteckiges Pflaster aus 18 übereinandergeklebten Karbonmatten soll den Mast rund um den Riss stabilisieren. Der Verband muss unter Deck so vollständig wie möglich präpariert werden. Während Will schläft, Nico steuert, verwandeln Boris und Rosie die Achterkabine in einen Werkraum. Sie schneiden aus zwei Rollen Karbon die Matten zentimetergenau zurecht und stapeln sie in drei Schichten, nach einem bestimmten Muster versetzt übereinandergelegt. Sie müssen nicht verstehen, warum sie das tun, entscheidend ist, dass sie sich präzise an die Anweisungen des Tech-Teams halten. Sie kleben eine schützende Plastikfolie auf den Kajütenboden und stellen zusammen, was sie für das Laminieren brauchen: Epoxidharz und Härter, Mischbecher, zwei Kolbenspritzen, Spatel, Klebeband, Schere und mehrere Paar Handschuhe. Im Halbdunkel der Kabine ähnelt das Ganze einer Drogenküche.

Werden Harz und Härter miteinander vermischt, bleiben dreißig Minuten Zeit. Das Tech-Team hat den Countdown in Etappen unterteilt: fünf Minuten, um die Matten für den ersten Stapel mit dem Harz zu tränken und wie vorgeschrieben aufeinanderzulegen. Zehn Minuten, um den Stapel zusammenzurollen, in einen Eimer zu stecken und ihn zu dem Mann in der Mastspitze hochzuziehen. 15 Minuten, um das Laminat, also die sechs aneinanderklebenden Matten, möglichst fest an den Mast zu pressen, mit einer kleinen Walze und auch mit den Handflächen. Ist die halbe Stunde verstrichen, beginnt das Laminat auszuhärten. Game over.

Boris schreibt an das Tech-Team: »Was passiert, wenn ein Stapel aus dem Eimer fällt? Haben wir genügend Matten?«

Tech-Team: »Nein. Für diese Art Reparatur brauchen wir spezielles UD-Gewebe. Davon haben wir nicht genug an Bord.«

Boris: »Luft hier 16 Grad. Ziemlich kühl für schnelles Aushärten, oder?«

Tech-Team: »Klebt zum Schluss einen schwarzen Müllsack über das Laminat. Der staut die Wärme.«

Der *Holcim*-Crew ist es vor ein paar Tagen gelungen, sich an einen Tiefdruckwirbel mit viel Wind zu hängen und davonzujagen. Inzwischen liegt der Spitzenreiter gut 500 Seemeilen vor den drei Schiffen, die alle in der gleichen Schwachwindzone dümpeln. Boris ist heilfroh über den flauen Wind. Die Crew kann die Reparatur fortsetzen – und zugleich den Anschluss an die Flotte halten.

Falls die *Malizia* nicht umdrehen muss.

Boris und Rosie wecken Will. Das Bodenpersonal ist startklar. Will steigt wieder in seine Schwerwettermontur und trinkt knapp einen Liter Wasser. Er hat viel zu schleppen, kein Platz mehr für eine Trinkflasche. Oben angekommen, sichert er seine Position mit einer zweiten Leine und bindet sich eng an den Mast. Mit Kartuschenpistole und Spachtel verteilt er einen schnell härtenden Kleber auf der angeschliffenen Fläche. Dann spricht er in das Headset am Helm: »Ihr könnt anfangen.«

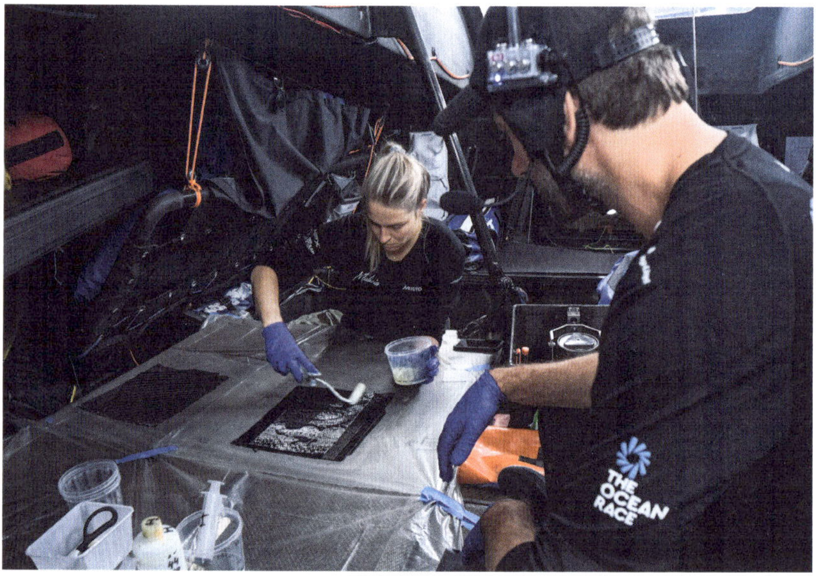

Boris und Rosalin präparieren in der Kabine die Karbonmatten zum Verkleben.

Boris mischt das Harz, Rosie reibt es mit einer Malerrolle in die Karbonmatten. Nach 15 Minuten ziehen sie den Eimer mit dem ersten Stapel nach oben. »Wenn es ein Problem gibt oder die Person im Mast nach dem ersten Laminieren erschöpft ist, könnt ihr eine Pause machen«, heißt es im Ablaufplan. »Idealerweise aber macht ihr weiter.« Als Will den Mattenstapel fest an den Mast gedrückt und flach gestrichen hat, informiert er Boris, dass er das Harz für die nächste Ladung anmischen kann. Keine Pause.

Will presst die zweite und anschließend die dritte Schicht Matten am Mast aufeinander, jeweils leicht versetzt, um keinen dicken Rand entstehen zu lassen. Die Nacht bricht über den Ozean herein, als Will im Strahl seiner Helmlampe eine schützende Plastikfolie über dem feuchten Verband befestigt. Abschließend klebt er blaues Tape quer darüber, Streifen um Streifen, großzügig über beide Ränder hinaus. Das Karbonpflaster haftet nun fest am Mast, trocken verpackt für die Aushärtung.

Zwei Stunden hängt Will im Rigg. Er hat eine Position gefunden, bei der er sich so zwischen Mast und Oberwant verkeilt, dass er ab und zu mit beiden Händen gleichzeitig arbeiten kann. Jeden Arbeitsschritt fotografiert er mit dem Handy, die Bilder schickt er zur Kontrolle an das Technik-Team. Als er schließlich wieder das Deck erreicht, stehen Boris und Rosie neben dem Mast und nehmen ihn in die Arme. Will sagt nicht viel, sein ganzer Körper schmerzt, nur die vom Sitzgurt abgeklemmten Oberschenkel sind gefühllos. Vorsichtig humpelt er unter Deck.

Boat Captain Stu an *Malizia*: »Gratulation, Leute! Das war ein verdammt schwieriger Job, ihr habt das großartig gemacht!«

Holly: »Ein Drink für Will! Er hat sich einen Schuss Rum verdient.«

Jesse: »Unglaubliche Leistung! Wenn ihr jetzt aufräumt, notiert bitte genau, wie viel Harz und Karbongewebe noch übrig sind. Und schickt uns die Infos.«

Will

Am riskantesten sind Aufstieg und Abstieg. Weil du dann noch nicht an den Mast gefesselt bist. Du musst die Wellen lesen, musst fühlen, wohin sich das Schiff gleich neigt, und rechtzeitig eine Reffleine am Großsegel oder eine Want packen. Andernfalls kann es passieren, dass man am Fall, an dem man hängt, weit weg durch die Luft schwingt und dann zurück an den Mast knallt, im schlimmsten Fall mit dem Rücken zuerst. Das muss man nicht haben.

Als ich heute Morgen ganz oben hing und mich an den Mast band, pendelte ich mit der Spitze viel stärker zur Seite, als ich es bei den niedrigen Wellen erwartet hatte. Ich sauste durch die Luft und schaute nach unten und überlegte, wo ich wohl aufschlagen würde, an Deck oder im Meer. Ich habe dann Nico gebeten, den Schwenkkiel zur Seite zu klappen, sodass das Schiff immer in leichter Schräglage fährt. Was meine Chance erhöhen würde, ins Meer zu fallen.

Den AIS-Positionssender hatte ich zur Sicherheit in meiner Jackentasche, in der ruhigen See würden sie mich damit schnell finden. In welcher Verfassung auch immer nach einem Sturz aus dreißig Metern. Aber ehrlich gesagt, darüber habe ich nur am Anfang kurz nachgedacht. Dann habe ich mich darauf konzentriert, meine Arbeit zu machen.

Die präzise Anleitung durch unsere Leute an Land war auch eine mentale Hilfe. Ich habe totales Vertrauen in ihre Kenntnisse und fühlte mich entlastet da oben. Wie ferngesteuert schliff und laminierte ich, ich hatte den ganzen Leitfaden im Kopf. Meine größte Herausforderung bestand darin, mich festzuklammern und einhändig zu arbeiten – und jedes Mal, wenn der blaue Eimer hochschwebte, die zusammengerollten Karbonmatten rauszufischen und am Mast anzubringen, ohne dass sie mir aus der Hand rutschten.

Für meinen Körper war es eine Quälerei. Während des Schleifens habe ich geschwitzt wie bei einem Marathon. Ich hatte ja meine dicke Wettermontur an, zum Schutz vor Karbonsplittern und Prellungen am Mast. Der Karbonstaub klebte in meinem nassen Gesicht und juckte, aber ich konnte ihn nicht abwischen, weil ich keine Hand frei hatte. Nach knapp einer Stunde waren meine abgeschnürten Beine taub, und ich versuchte, mich regelmäßig im Gurt hochzudrücken, um die Schenkel zu entlasten. Als gegen Ende des Laminierens die Dunkelheit hereinbrach, musste ich mit der Stirnlampe arbeiten, die rutschte mir aber ständig über die nasse Stirn auf die Nase, und fester einstellen konnte ich sie da oben nicht.

Ich beschreibe die Schinderei so genau, weil man dann vielleicht besser meine Gefühlslage versteht, als ich nach zwei Stunden wieder runterkam. Ich war dehydriert und völlig erschöpft – und zugleich glücklich und überwältigend dankbar, voller Zuneigung für Rosie, Boris, Nico und Antoine. Das war ein sehr emotionaler Moment. Seit dem Start besteht dieses Rennen aus Teamarbeit. Und doch habe ich mich in keinem Moment so geborgen in meiner Crew gefühlt wie am Ende dieses Tages. Jeder hat den anderen perfekt unterstützt, das war mehr als professionelle Arbeitsteilung, das war, so habe ich es empfunden, der bisher stärkste Beweis, dass wir zusammengehören. Wir geben alles füreinander, nicht aus Notwendigkeit, sondern aus Leidenschaft.

So wie Nervenbahnen den menschlichen Körper durchziehen, so laufen haarfeine Glasfaserkabel durch Rumpf und Rigg der *Malizia* und signalisieren, wenn irgendwo etwas nicht stimmt. Auch den Karbonmast durchziehen Glasfasern, sie messen an mehreren Stellen Druck, Verwindung und Temperatur. Das Tech-Team will diese Daten für eine erste Kontrolle der Reparatur nutzen.

»In etwa sechs Stunden müsste das Laminat hart sein. Dann setzt ein Vorsegel und beobachtet die Werte von Maststation 6 und 7. Beide liegen in der Nähe des Risses. Sind sie ok, schickt jemanden hoch zur Inspektion. Sind sie nicht ok, müsst ihr sofort die Segel bergen.«

Wie die Crew im zweiten Fall weiter verfahren sollte, schreibt das Team nicht. Die Schrittfolge von Plan B werden die Techniker mitteilen, wenn es nötig ist.

Kurz nach Sonnenaufgang trifft sich die Crew erneut im Cockpit. Die Stationsdaten sind in Ordnung, jemand kann gefahrlos in den Mast steigen, um die Reparatur zu überprüfen. Diesmal lässt sich Rosalin in die Höhe kurbeln. Auf Höhe des Flickens bindet sie sich an den Mast, dann löst sie die Schutzschicht über dem Laminat und prüft es mit einem Messer. Das Laminat ist steinhart. Sie schaltet die Helmkamera ein und zeichnet auf, wie es sich anhört, als sie den ganzen Bereich mit einem Schraubenschlüssel abklopft. Überall der gleiche helle Ton. »Nicht schlecht, Will«, ruft sie ins Headset. »Du hast dir einen Mojito in Brasilien verdient!« Rosalin verlangt es geradezu danach, aus spannungsgeladenen Situationen die Luft rauszulassen: mit Selfies, Gesang und flapsigen Sprüchen.

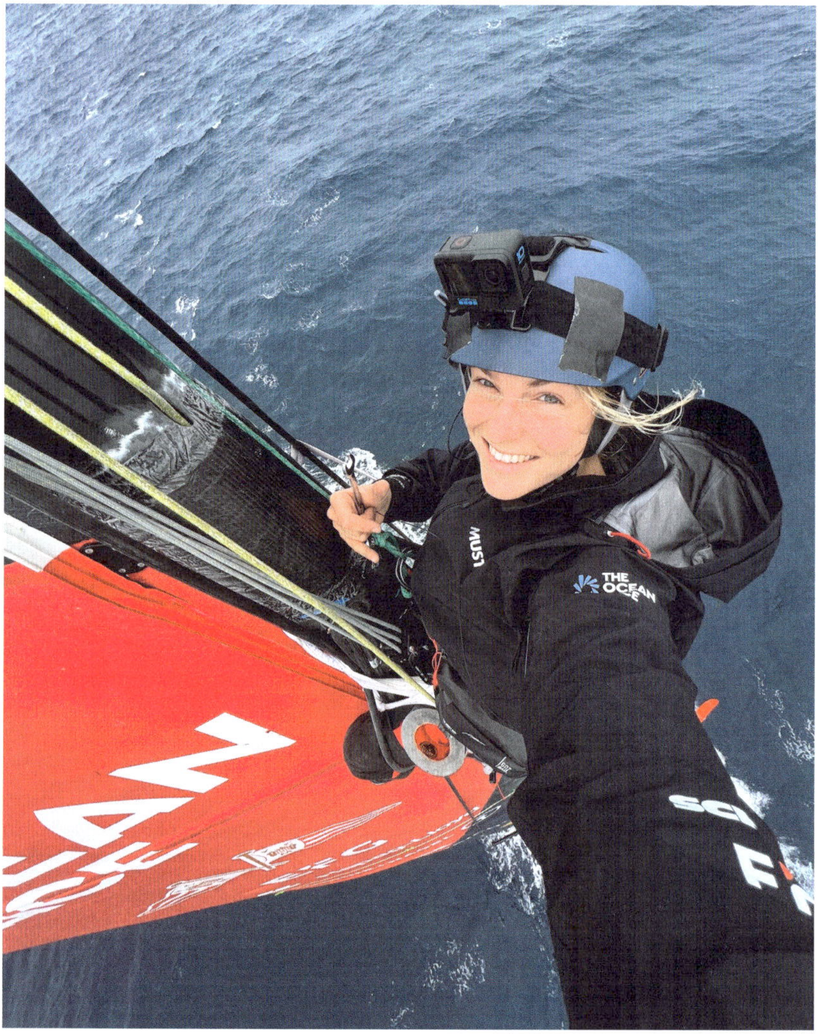

Sie liebt es, hinaufzusteigen. Rosalin bei der Arbeit in schwindelnder Höhe

Vor ihr liegt noch eine zweite, ziemlich knifflige Aufgabe: Etwa auf der Hälfte des Mastes muss sie das Fallenschloss des kleinsten Vorsegels ausbauen und anschließend an der Spitze anbringen, als Ersatz für das weggebrochene Schloss. Die Halterungen hängen an kurzen, dicken Stropps, die durch kleine Öffnungen im Mast führen und dort mit Stahlstiften gesichert sind. Sie ein- und auszubauen, ist schon an Land eine elende Fummelei. Nun soll Rosalin es an einem schwankenden Mast in 29 Metern Höhe versuchen. Die Rigg-Spezialisten im Team haben einen minutiösen Ablaufplan geschickt, jeder Handgriff ist wie in Zeitlupe beschrieben – auch um das Risiko möglichst gering zu halten, dass der Person im Mast etwas ins Meer fällt.

Rosie bleibt zweieinhalb Stunden im Mast. Über Kopfhörer bespricht sie mit Boris, was sie sieht, was sie ertastet, wo es hakt, welcher Handgriff der nächste ist. Zwischendurch singt sie, auf Niederländisch. Als Boris und Will sie schließlich gegen Mittag herunterlassen, sinkt sie zu Boden. Wie ein Käfer liegt sie eine halbe Stunde an Deck, die schmerzenden Beine hoch gelagert. Schließlich bringt Nico ihr einen Becher Tee, Rosie trinkt in kleinen Schlucken, wortlos.

Der Wind hat auf zwanzig Knoten zugenommen. Die J0, nach dem zerschnittenen Code Zero das größte Vorsegel, wäre jetzt ideal. Boris möchte sie sofort am neuen Fallenschloss setzen. Doch von Land kommen warnende Worte: »Ihr habt nur 16 Grad. Wir glauben, das Harz ist noch nicht komplett ausgehärtet. Gönnt ihm Sonne bis heute Abend.«

Boris: »Hier gibt's keine Sonne.«

Tech-Team: »Trotzdem! Es sollte insgesamt 24 Stunden aushärten, bevor ihr es voll belastet.«

Boris: »Ok. Wir nehmen ein kleines Vorsegel. Danke euch, ihr seid ein episches Team! Habt uns perfekt dirigiert.«

Als die Nacht hereinbricht, setzen Nico und Will die J0. Sie kurbeln das Segel hoch, bis die Spitze oben den Mast erreicht. Das neue Fallenschloss schnappt zu. Die *Malizia* ist wieder kampfbereit.

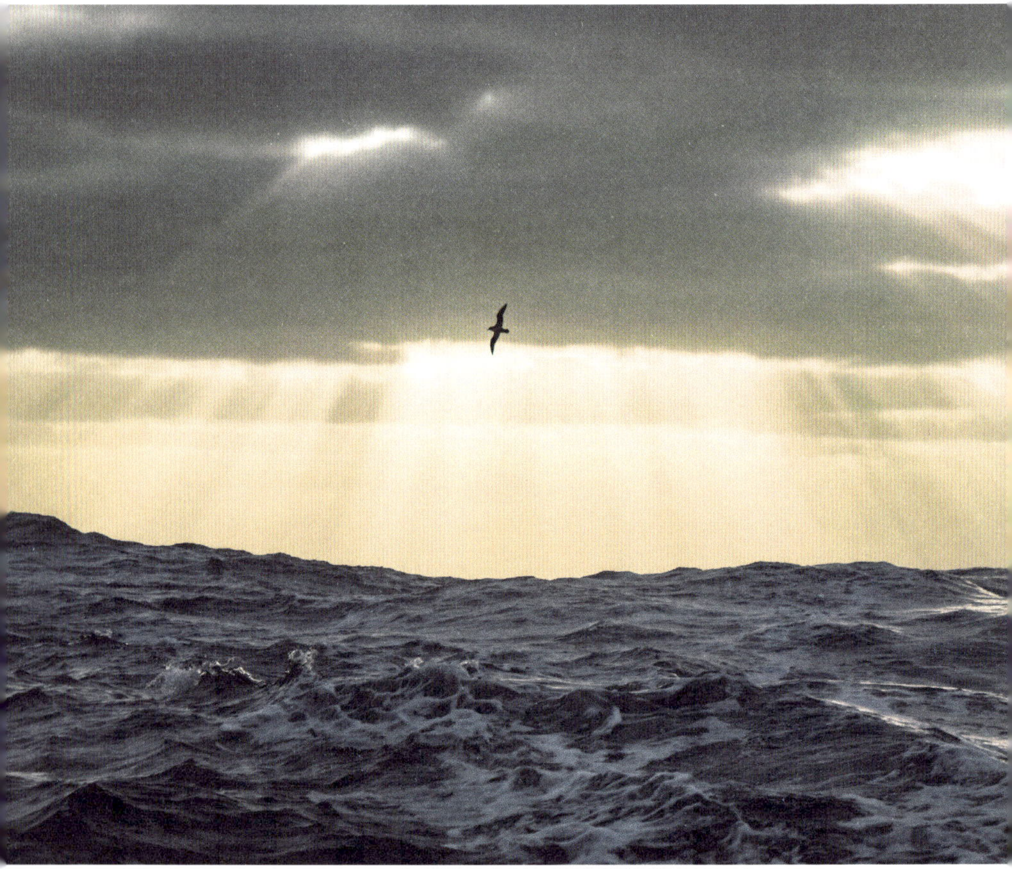

Nur Wellenberge und Wolken und ab und zu ein Albatros, Sinnbild des Südens

5 Surfen im Eismeer

Gebaut für die Gewalten des Südmeers.
Nun zeigt die *Malizia,* was sie kann

In der fünfzigjährigen Geschichte des Ocean Race haben die Veranstalter jedes Mal, wenn die Yachten von Kapstadt aus nach Osten aufbrachen, den Seglern auf ihrem Weg nach Kap Hoorn zwischendurch ein, zwei Ruhepausen gegönnt. Meist stoppte die Flotte für mehrere Wochen in Australien und Neuseeland. Oder sie bog nach Norden ab und machte Zwischenstation in Indien, Singapur oder China. Niemals mussten die Segler die gesamte Strecke von der Südspitze Afrikas zur Südspitze Amerikas in einer einzigen Etappe bewältigen.

Diesmal müssen sie es. Ausgerechnet zur Premiere der Imoca-Yachten, deutlich filigraner und empfindsamer gebaut als die robusten VOR65-Yachten, hat sich die Wettfahrtleitung für diese Tortur entschieden. Aus pragmatischen Gründen: Wegen der strikten Covid-Regeln kommen China und mehrere andere Länder nicht als Stopover infrage. Außerdem sprechen strategische Überlegungen für die monströse Distanz: Die dritte Etappe würde Menschen und Material an die Grenzen ihrer Leistungskraft führen. Sie wäre eine Einladung zu Dramen auf See – und damit der größte Reiz bei der weltweiten Vermarktung des Ocean Race.

Die Route führt von Kapstadt aus durch den Indischen Ozean, südlich an Australien und Neuseeland vorbei, quer durch den Südpazifik, rund Kap Hoorn und dann den Atlantik hinauf bis in die brasilianische Hafenstadt Itajaí. 12750 Seemeilen, rund 23600 Kilometer. Ein Rennen um mehr als die Hälfte der Erde, ohne Zwischenstopp. Es ist auch zeitlich die längste Wettfahrt, die es je bei einem Ocean Race gegeben hat, mit einer Dauer von 35 bis vierzig Tagen, je nach Stärke der Stürme und Ausmaß der Schäden an den Yachten.

Vor allem aber: Die Etappe führt fast die ganze Zeit durch das Südpolarmeer, den entlegensten aller Ozeane. Nur vergleichsweise wenige Menschen haben sich bisher darauf eingelassen, dieses Weltmeer zu durchsegeln, und jene, die es geschafft haben, schworen anschließend, niemals in die Hölle des Südens zurückzukehren – oder sie gestanden freimütig ein, süchtig geworden zu sein nach dieser existenziellen Erfahrung auf See und sie deshalb wiederholen zu müssen.

Bereits beim ersten Ocean Race vor fünfzig Jahren, dem »Whitbread Round the World Race«, führte die Route quer durch das Südpolarmeer, von Kapstadt nach Rio de Janeiro, allerdings mit einem Zwischenstopp in Sydney. Der Preis für das Wagnis war hoch: Fünf Yachten mussten aufgeben, auf dreien brachen die Masten – und drei Segler verloren ihr Leben, als sie zwischen Kapstadt und Kap Hoorn über Bord fielen und im Eismeer ertranken. Immer wieder haben seither Männer und Frauen in ihren Erinnerungen schonungslos geschildert, was sie dort unten erlebten, sie beschrieben die Brutalität des Südpolarmeers, das Wüten des Seegangs, die Wucht der Kaltfronten. Aber sie haben eben auch die sinnliche Magie dieses Ozeans gepriesen, haben versucht, sie in Worte zu fassen. Die Erregung, die so viele von ihnen wie zwanghaft zurückkehren lässt.

Hier, im Süden von Indischem Ozean und Pazifik, in den Breitengraden der Brüllenden Vierziger und der Tosenden Fünfziger, gut 1500 Seemeilen entfernt vom Eisschild der Antarktis, hier wirkt alles größer, gewaltiger. Die Stürme sind stürmischer, die Wogen monströser, die Sterne heller. Das Licht ist härter und klarer, und reißt die massige Wolkendecke einmal auf, setzt die sinkende Sonne den Himmel in Brand wie nirgendwo sonst. Die Abgeschiedenheit und Unberührtheit des Südpolarmeers ähnelt der des Weltalls. Und tatsächlich sind die Menschen, die den Seglern der Ocean-Race-Flotte auf dieser Etappe noch am nächsten kommen, die Astronauten auf der Raumstation ISS, die regelmäßig über ihnen vorbeischweben, in 400 Kilometern Entfernung.

Ein Dutzend Inselgruppen liegt in der ozeanischen Einöde, verloren zwischen Afrika und Australien. Etwa 300 Tage im Jahr regnet es, an gut hundert Tagen stürmt es mit Windstärke zehn und mehr, die Temperatur liegt durchgehend bei rund fünf Grad. Nur Moose und Flechten bedecken den felsigen Boden der Inseln, Bäume können sich hier nicht halten. Mehrere Jahrhunderte lang waren die schroffen Flecken Land immer nur kurzzeitig bewohnt: von Robbenschlägern und Walfängern – und von Schiffbrüchigen. Sie waren an Bord von Frachtseglern gewesen, die sich, wie jetzt die Mannschaften der Rennyachten, von den Weststürmen nach Australien treiben ließen. Ihr Verhängnis waren die fehlerhaften Seekarten. Mehrfach zerschellten Segelschiffe an den kaum bekannten, nachts unbeleuchteten Felsspitzen im Südpolarmeer.

Zwei Tage nach der Mastreparatur passiert die *Malizia* in gut achtzig Seemeilen Entfernung die Îles Crozet, eine Gruppe kleiner, schroffer Vulkaninseln, die zu Frankreichs Überseegebieten gehört. Im 19. Jahrhundert strandeten dort mehrfach Schiffe von Robbenjägern. Oft dauerte es Monate, bis die überlebende Besatzung von den Inseln gerettet werden konnte. Bei den Männern der britischen *Princess of Wales* waren es sogar zwei Jahre, in denen sie sich von Robben, Pinguinen und Flechten ernährten. Nachgewiesen ist auch das Schicksal französischer Schiffbrüchiger, die 1887 einem Albatros einen Blechring mit einer Nachricht um den Hals binden konnten. Sieben Wochen später wurden Vogel und Blechring in Australien gefunden, vier Monate später erreichte ein französisches Kriegsschiff die Crozetinseln. Doch die Retter fanden nur noch das Tagebuch des Kapitäns. In seinem letzten Eintrag schreibt er, dass sie versuchen wollten, mit einem Floß eine größere der Crozetinseln zu erreichen. Sie sind dort nie angekommen.

Die Zwangspause hatte die *Malizia* ans Ende der nur noch aus vier Schiffen bestehenden Flotte zurückgeworfen. Aber seitdem der Wind auffrischte und die Crew, voller Vertrauen in ihren geflickten Mast, die großen Vorsegel erneut gesetzt hat, rauscht die Yacht stetig nach vorn. Nur wenige Fahrtstunden trennen sie noch von *Biotherm* und *11th Hour Racing,* als die Schiffe in einer stürmischen Nacht zwei weitere Inseln passieren: im Süden den größten Archipel des Südpolarmeers, die französischen Kerguelen-Inseln. Und einen halben Tag später im Norden die Sankt-Paul-Insel, der aus dem Wasser ragende Gipfel eines riesigen unterseeischen Vulkans.

Wahrscheinlich ist es nicht verwunderlich, dass die wenigen Geschichten, die über die abgelegenen, gottverlassenen Inseln des Eismeers bekannt sind, von Menschen handeln, die stur und wider jede Vernunft versuchten, in der Einöde Fuß zu fassen – und die dann doch irgendwann aufgaben, erschöpft und ausgezehrt von den Entbehrungen ihres tristen Lebens. So wie auf der Sankt-Paul-Insel. Die nur sieben Quadratkilometer große, kraterförmige Felsinsel war einst bevölkert von Robben, Pinguinen und Albatrossen, die umliegenden Gewässer waren reich an Walen und Schwarzem Seehecht. Eine unwiderstehliche Verlockung für die Schlägertrupps der Robbenfellhändler, für Fischer und Walfänger. Als von den großen Tierarten nicht mehr viel übrig war, wagte Anfang des 20. Jahrhunderts eine französische Firma tatsächlich, eine Langustenfabrik auf der Insel zu errichten. Die Fischer aus der Bretagne hielten es immer nur eine Fangsaison auf dem kahlen, nassen Eiland aus, dann wollten sie ausgewechselt werden. Nach drei Jahren war die Firma pleite. Spätere Versuche, die Fischereistation wieder in Betrieb zu nehmen, scheiterten.

Auch die Kerguelen-Inseln haben sich als resistent erwiesen, öder und unwirtlicher, als Menschen zu ertragen bereit sind. Die Flotte passiert den Archipel im Abstand von nur 200 Seemeilen. Die Hauptinsel ist doppelt so groß wie Mallorca. Tief einschneidende Fjorde zerreißen das Land, Eiskappen krönen die 1500 Meter hohen Berge aus Basalt, Gletscherzungen füllen die Täler und reichen bis hinab ans Meer. Die permanenten Regenstürme haben die Hänge blank geschliffen, nur hier und da krallen sich Flechten in die Felsspalten. Der Südseeforscher James Cook nannte die aus dem Ozean ragenden Vulkangipfel schlicht »Inseln der Trostlosigkeit«. Wal- und Robbenjäger plünderten die Fanggründe. Der anschließende Versuch, hier Kohle abzubauen, scheiterte an der schlechten Qualität der Kohle. Schafzüchter resignierten, weil ihre Tiere erfroren oder verhungerten. Seit 1949 hält sich nur noch eine französische Forschungsstation mit mehreren Dutzend Geologen und Vulkanologen auf den Kerguelen. Sie sind die einzigen Bewohner des 7000 Quadratkilometer großen Inselreichs, mitunter kommen noch einige Touristen mit einem Versorgungsschiff aus Réunion vorbei.

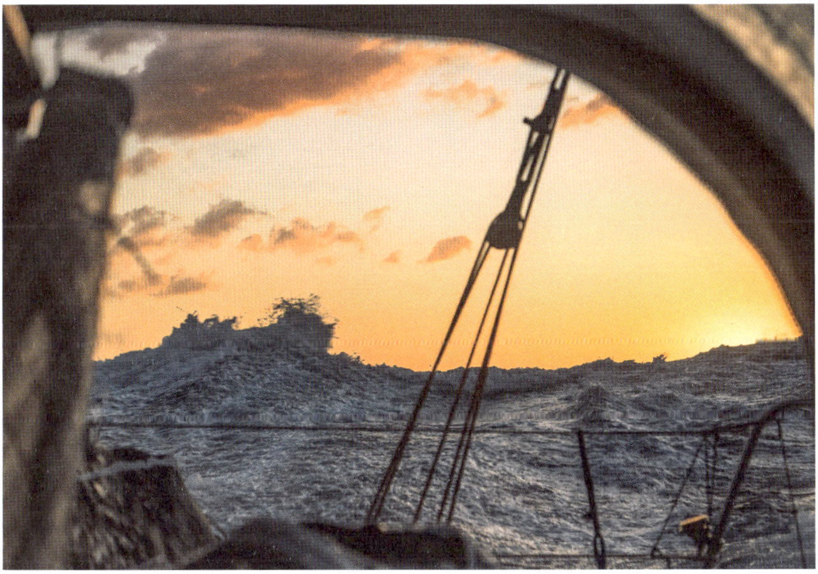

Nur selten reißt der Himmel auf. Die Sonne versinkt in der aufgewühlten See.

Der Kerguelen-Archipel, die Crozetinseln und das Sankt-Paul-Eiland gehören inzwischen zum UNESCO-Weltnaturerbe, andere Inseln im Südpolarmeer sind zu Naturschutzgebieten erklärt worden. Wissenschaftler und Soldaten dürfen sich zeitweilig auf den Inseln aufhalten, sonst niemand. Aber wer sollte sich hier auch niederlassen wollen, auf den nassen, sturmumtosten Felssplittern in ozeanischer Einsamkeit? Die Roaring Forties, die Brüllenden Vierziger, wollen keine Siedler in ihrer Wildnis. Die Tierwelt holt sich die Inseln langsam zurück.

Für Segler in Not aber bleiben sie eine wichtige Zuflucht, vor allem die Kerguelen-Inseln. Die Französin Isabelle Autissier, die 1991 als erste Frau allein die Welt umsegelte, verlor 1995, als sie erneut an einem Rennen durch alle Ozeane teilnahm, nahe den Kerguelen den Mast. Ihr gelang es, mit der havarierten Yacht die Hauptinsel zu erreichen. Dort erhielt sie ein neues Rigg und konnte die Regatta fortsetzen. Doch nur einen Tag nach dem Auslaufen schlug ihr Boot leck und versank im Südpolarmeer. Ein auf dem Archipel stationierter Hubschrauber der französischen Marine rettete die Französin. Autissier hatte, wie sie damals sagte, das Gefühl, mit dem Eismeer noch eine Rechnung offen zu haben – und startete 1998 zu ihrer dritten Solo-Regatta um die Welt. Und wieder versank ihr Schiff in einem Sturm: im Südpolarmeer. Diesmal rettete sie ihr Konkurrent Giovanni Soldini, ein legendärer italienischer Hochseesegler, der 14 Jahre später einen jungen Deutschen namens Boris Herrmann als Navigator auf seine Rennyacht *Maserati* holen sollte.

Gleich zweimal also hatte Isabelle Autissier ihr Schiff an das Südpolarmeer verloren. Aber auch sie kehrte zurück. Die Gefahren waren ja gerade Teil der Anziehungskraft der wilden, unendlichen Einöde. Dieser Ozean verkörperte für sie eine Natur, wie sie einst überall anzutreffen war, einsam und ursprünglich. »Meilen, Meilen und noch mehr Meilen von Wildnis.« Ein Segelrennen durch diese Region zeige, »was man für ein Mensch ist, wenn man seine eigenen Grenzen ausweitet. Man kann sie überschreiten.«

Kaum jemand erlebt die Wucht des Südpolarmeers so intensiv wie die Männer und Frauen, die sich auf die Vendée Globe Regatta einlassen: Sie segeln allein und nonstop durch das gesamte Südpolarmeer, einmal rund um die Antarktis. So wie Isabelle Autissier in den 1990er-Jahren, so wie Boris Herrmann und Kevin Escoffier bei der letzten Vendée Globe 2020/21. Die Wettfahrt durch das Eismeer ist immer auch eine innere Reise, die jeden, der sie durchsteht, verändert und lebenslang prägt.

Der Franzose Philippe Jeantot, Gründervater der Vendée Globe und selbst viermal dabei, fasste damals zusammen, was dieses Meer in ihm angerichtet hatte: »Tausende Meilen von der nächsten Küste entfernt denkst du über dich selbst und dein Boot nach, und der Wind bläst so wütend. Man merkt wie nie zuvor, wie klein man ist. Im Südmeer bekommst du jeden Tag und in jeder Minute eine Lektion in Sachen Demut erteilt. Zugleich ist die Kraft des Lebens dort so stark. Manchmal empfindest du, dass es dir zu viel wird, aber wenn du es hinter dir gelassen hast, spürst du, dass es die wichtigste Zeit in deinem Leben war. Du vergisst nie die Lehren, die der Süden dir erteilt hat. Du kannst danach nicht mehr so sein wie früher. Äußerlichkeiten erscheinen sinnlos. Warum alles so kompliziert machen? Du weißt, du bist, wie du bist.«

~

Zehn Tage nach dem Start in Kapstadt sind die Segler weit nach Süden abgetaucht, sie segeln entlang des 46. Breitengrads durch die Roaring Forties. Die Brüllenden Vierziger, die sich vom vierzigsten bis zum fünfzigsten Breitengrad Süd erstrecken, bilden den äußeren Gürtel des Südpolarmeers. Doch das Eismeer, so scheint es, hält seine Schrecken noch im Zaum. Der Himmel hat sich komplett zugezogen, die graue, ausgebeulte Wolkendecke hängt wie eine gigantische Luftmatratze dicht über dem Wasser, auch das Meer dehnt sich grau bis zum Horizont, ab und zu weiß getupft mit kleinen Schaumkronen. Der Wind weht konstant mit zwanzig Knoten, die weit auseinander liegenden Wellen rollen gleichmäßig heran; ideale Bedingungen für die Yachten, die sich auf ihren Foils aus dem Wasser heben und minutenlang die Wellenhänge schräg hinabsurfen.

Luft und Wasser haben sich auf gut zehn Grad abgekühlt. Bei den Ozeanrennen der letzten fünfzig Jahre begann nun die harte Zeit:

Die Segler mussten draußen neben ihren Winschen stehen, im damals noch völlig offenen Cockpit der Yachten, dick vermummt im Ölzeug, manche trugen auch Schneebrillen, als Schutz vor den Wassermassen, die wie waagerechte Sturzbäche unentwegt über das Deck rauschten und auf die Segler klatschten. Autopiloten waren nicht zulässig, die Yachten mussten Tag und Nacht per Hand gesteuert werden, und wer an der Reihe war, sich an das große Rad zu stellen, der schnallte sich eng am Steuerstand fest, um nicht ständig von den Wassermassen zu Boden gerissen zu werden. Es war kalt und nass und wahnsinnig anstrengend, niemand konnte sich unterhalten, nur gebrüllte Kommandos waren zu verstehen. Segeln im Südpolarmeer war bis zum letzten Volvo Ocean Race vor allem eines: harte, körperliche Arbeit.

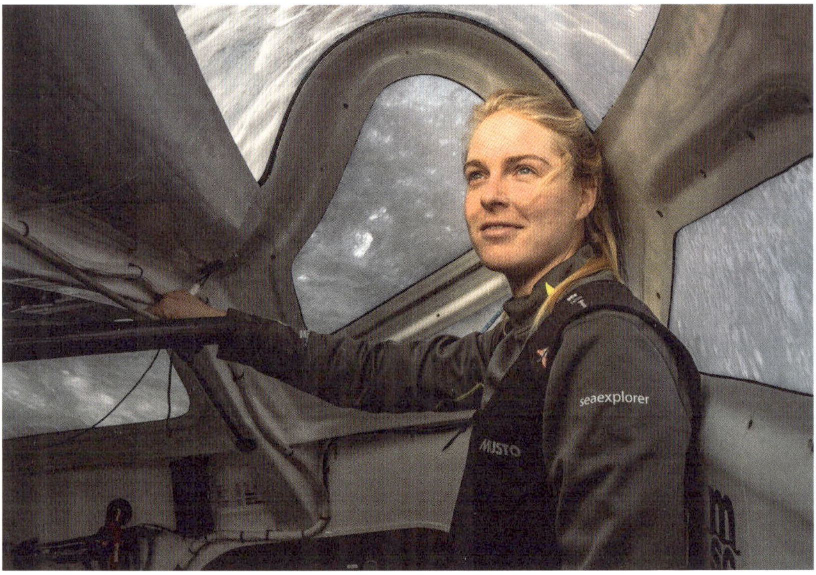

Wogen fluten über das Deck und nehmen Rosalin im Ausguck die Sicht.

Auch jetzt rauschen regelmäßig Wassermassen über die Schiffe. Doch niemand muss sich ihnen entgegenstemmen. Anders als bei den VOR65-Yachten überspannt auf den Imocas ein festes Dach die Cockpits, nur am Heck stehen sie noch lukenartig offen. Auf der

Malizia ist das Cockpit sogar ganz geschlossen. Die Segler erleben das Südpolarmeer die meiste Zeit so, wie Astronauten das Weltall erleben, geschützt in einer Kapsel. Sie sehen den Ozean beim Blick durch die Plexiglasfenster, sie hören ihn, wenn die Wassermassen auf das Deck prasseln, sie spüren ihn, wenn das Schiff in eine steile Welle kracht und der Atem stockt und der ganze Körper sich anspannt. Und sie fühlen ihn, wenn kurz danach die Foils erneut das Schiff anheben und beschleunigen und alles an Bord zu summen und zu vibrieren beginnt. Aber bei alldem bleiben die Männer und Frauen trocken in ihren geschützten Kommandozentren. Nur für Segelwechsel und bestimmte Manöver steigen sie hinaus an Deck. Dann stehen sie angeschnallt neben dem Mast oder kauern auf dem Vorschiff, der kalten Gischt ausgesetzt und dem eisigen, laut fauchenden Wind. Dann erleben sie es wirklich, das Südmeer.

Boris

Mein Gott, ist das schön, sich endlich wieder nur aufs Segeln konzentrieren zu können. Gut eine Woche lang war unser Schiff eine einzige Werkstatt. Erst die Sache mit dem Mast, die uns zwei Tage und Nächte kostete. Dann reparierte ich mit Rosie acht Stunden lang die Lichtmaschine, die unsere Batterien nicht mehr aufladen wollte. Dann mussten wir einen Riss in der J2 flicken. Und schließlich versagte die Hydraulik, mit der sich die Foils seitlich anwinkeln lassen; allein das kostete uns mehr als einen halben Tag. Ein Rückschlag nach dem anderen, jeder hätte fatale Folgen haben können. Zum Glück bekamen wir alles in Griff. Nun sind die Werkzeuge weggeräumt – und wir haben die Jagd wieder eröffnet!

Ich habe in den letzten Tagen mehrfach darüber nachgedacht, was wichtiger ist, Glück oder eigenes Können, um bei einer so langen Regatta erfolgreich zu sein. Ich glaube, ob man an der Spitze oder in der Mitte liegt, hat viel mit Glück zu tun. Wie jetzt bei Kevin. Er hat 500 Seemeilen Vorsprung – aber wir wissen bereits, dass er in ein paar Tagen in die Flaute fahren wird, in ein großes Hoch, das sich vor ihm aufbaut, wir werden ihn hoffentlich kriegen, und er kann nichts dagegen tun. Er hat gerade Pech, wir haben Glück. Die eigentlich viel wichtigere Frage aber ist, ob man das gesamte Rennen durchhält, ob man es schafft, mit full speed um die Welt zu segeln und das Schiff heil ins Ziel zu bringen – und für diese Herausforderung brauchst du vor allem Erfahrung und Durchhaltekraft, über Monate hinweg, ununterbrochen. Dafür ist nicht das Schicksal verantwortlich oder das Wetter oder irgendeine überirdische Macht, sondern ausschließlich wir selbst.

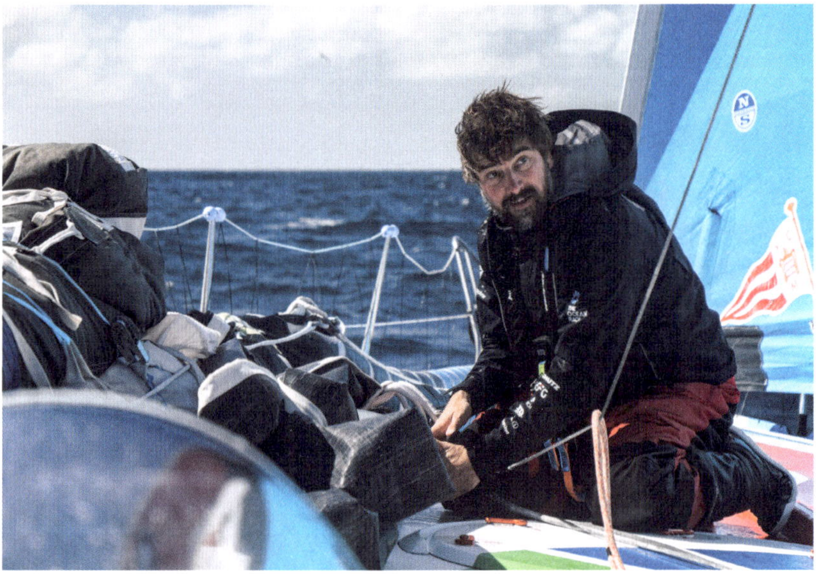

Ein Vorsegel muss gewechselt werden. Boris bereitet das Manöver vor.

Unsere Mannschaft, auch das Team an Land, hat bei dieser Abfolge an Schäden, die einfach nicht enden wollte, bewiesen, was wir zu leisten imstande sind. Das macht mich wirklich stolz. Never surrender, nie aufgeben!

Und noch etwas haben die letzten Tage wieder einmal gezeigt: Die Zeit der Gladiatoren auf See ist vorbei. Ich meine damit diese muskulösen, wortkargen Männer, die am Ruder ihrer Yachten stehen und am liebsten mittenrein in den Sturm fahren. Das ist ein altmodischer Typ Segler, er passt nicht mehr in unsere Zeit und schon gar nicht zu unseren Rennyachten.

Die Männer und Frauen, mit denen ich in der Bretagne trainiere, gehören zu einer neuen Generation von Hochseeprofis, die inzwischen auch die Crews beim Ocean Race prägen. Ich mag sie, es sind oft kluge, umfassend interessierte, unterhaltsame Menschen, denen die mentale Stärke wichtiger ist als die körperliche. Vom Wesen her gehören sie häufig in die Kategorie Mechaniker. Profisegler und Mechaniker haben erstaunlich viel gemeinsam. Beide müssen alles reparieren können und ständig improvisieren. Sie müssen konsequent auf Sicherheit bedacht sein und Schwachpunkte früh erkennen. Und sie müssen gerade bei kniffeligen Problemen präzise formulieren, wo es knirscht und wie es sich beheben lässt. Wer nicht gut kommunizieren kann, kommt hier nicht weit.

Ich habe beobachtet, wie die Crew und unser Team an Land sich in der letzten Woche verständigten. Und ich habe wieder einmal gemerkt, weshalb ich so gern mit Menschen zusammenarbeite, die in Krisenzeiten ticken wie Mechaniker. Alle Absprachen funktionierten reibungslos. Und das, obwohl unsere Leute eine wilde Mischung sind. Es gibt ganz unterschiedliche Charaktere und Schrulligkeiten. Auch hier an Bord. Etwa Rosie mit ihrer sprudelnden Lebendigkeit, ihrer guten Laune. Nico, unser Brain, der nie ein Wort zu viel verliert, zuständig für sehr trockenen Humor. Will, mein langjähriger, verlässlicher Co-Skipper, mit nur 29 Jahren schon so souverän. Niemandem vertraue ich das Schiff lieber an als ihm. Und schließlich Antoine, der überhaupt keine Hochsee-Erfahrung hatte, am Anfang ständig seekrank wurde, inzwischen Yogaübungen auf dem Vorschiff macht und das ganze Rennen mit einer fast kindlichen Lust am Abenteuer in sich aufsaugt.

Eigentlich war die Werkstattwoche nur dazu gedacht, die Malizia wieder fit zu machen für die Härten des Südmeers. Tatsächlich aber haben wir noch etwas viel Wichtigeres geschafft: Wir haben erlebt, wie bedingungslos wir uns in echt schwierigen Zeiten aufeinander verlassen können. Dieses Erlebnis gibt uns eine Stärke und Zuversicht wie nie zuvor. Ich glaube, nun können wir alles schaffen.

~

Bei einem Kontrollgang an Deck entdeckt Will den Albatros. Gut fünfzig Meter hinter der *Malizia* schwebt er knapp über den Wellen. Für Seeleute ist der Vogel seit jeher das Sinnbild des Südens; wenn er das erste Mal ihr Schiff umkreist, wissen sie, dass sie im Südpolarmeer angekommen sind. Während der Vendée Globe begleiteten Albatrosse wochenlang das Schiff von Boris, es waren die einzigen Lebewesen, die er bei seiner Fahrt durch das Eismeer sah.

Nun sind es Will und Rosalin, beide erstmals im Südpolarmeer, die gebannt den Flug des Vogels verfolgen. Elegant und mühelos gleitet er über die dunkelblaue Hügellandschaft, meist gut zehn Meter oberhalb der schaumigen Heckspur, die das Schiff durch den Ozean zieht, dann wieder kippt er zur Seite, berührt mit der Flügelspitze fast das Wasser und verschwindet in einem Wellental, bis er irgendwann hinter dem Kamm einer ganz anderen Welle wieder auftaucht. Sein Flug ähnelt dem Tanz der Delfine, die im Atlantik dicht neben der *Malizia* aus dem Wasser sprangen. Es ist die gleiche Choreografie der Begleitung, ein spielerisches Pendeln im Rhythmus der Wellen.

Monatelang kann sich ein Albatros von den Stürmen über das Südpolarmeer treiben lassen. Schmale, spitze Flügel von gut dreieinhalb Meter Spannweite tragen ihn, kein Vogel hat längere Schwingen. Er fliegt, ohne mit den Flügeln zu schlagen, und nutzt die Aufwinde an besonders steilen Brechern. Und er schläft, ohne sein Dahingleiten zu unterbrechen. Albatrosse brauchen Wind, um sich in der Luft halten zu können, je stärker, desto besser, weshalb sie fast nur in der Subantarktis anzutreffen sind. Etwa neunzig Prozent seines Lebens verbringt ein Albatros auf offener See; zwischendurch, etwa alle zwei Jahre, lässt er sich für eine Weile auf einer entlegenen Insel nieder, um mit dem immer gleichen Partner ein einziges Küken großzuziehen.

Eine bedeutende Albatros-Kolonie nistet auf Marion Island, einer unbewohnten Insel, die weit im Süden des Ocean Race liegt. Vor ein paar Tagen erhielt die *Malizia*-Crew eine Mail aus Südafrika: »Nur wenige Menschen lernen die Sturmvögel des Südmeers kennen. Ihr Segler gehört dazu. Helft uns, ihr Überleben zu sichern! Wir kennen eure Leidenschaft für den Ozean und den Umweltschutz.« Der Klimawandel lässt auch auf Marion Island die Temperaturen steigen, weshalb eingeschleppte Hausmäuse sich dort so rasant vermehren konnten, dass sie aus Futtermangel inzwischen Küken der Albatrosse lebend fressen. Die südafrikanische Initiative »mousefree-marion« will nun eine der weltweit größten Ausrottungsaktionen starten: Per Schiff sollen Helikopter auf die subantarktische Insel gebracht werden und in den nächsten zwei Jahren Köder mit Mäusegift auf die gesamten 300 Quadratkilometer regnen lassen. »Ihr segelt gerade in harten Bedingungen, wir wollen euch nicht weiter nerven«, schließt die Mail. »Habt einen guten Flug nach Brasilien!«

Der Wind hat auf 25 bis dreißig Knoten zugenommen, die See rollt hoch: herausforderndes Flugwetter für Rennyachten mit Foils. Die Verfolgergruppe nutzt die Chance und erreicht die Rückseite der Tiefdruckzone, an deren Vorderseite die *Holcim* mehr als eine Woche lang davongejagt war und nun in ein Hoch mit schwachen Winden geraten ist. Ohnmächtig muss die Crew, die taktisch alles richtig gemacht hat, auf dem Tracker verfolgen, wie die Verfolger jeden Tag näher rücken, wie ihr Vorsprung von 500 auf 150 Seemeilen schmilzt.

Auf der *Malizia* haben die zahlreichen Reparaturen das Leben aus dem Takt gebracht, mehrfach mussten die Segler zwanzig Stunden ohne Pause arbeiten. Das Wegbrechen der Routine ist fatal. Wer wochenlang in eine schaukelnde, krachende Kapsel eingesperrt ist, fern der vertrauten Freunde und Familie, wer in ständiger Anspannung das Schiff beobachtet, wer schlecht schläft und jederzeit für Manöver aus der Koje springen muss, wer nur noch aus Tüten isst und seinen Biorhythmus vergessen kann, weil er auf dem Weg nach Osten jeden Tag fast eine Stunde verliert, wer also unter solchen Bedingungen Höchstleistungen erbringen will, der braucht einen klar strukturierten Tagesablauf. Einen verlässlichen Wach-Rhythmus, der Halt und Orientierung gibt.

Damit jeder weiß, wann er dran ist, klebt an der Cockpitwand der *Malizia* ein eingeschweißter DIN-A4-Zettel mit farblich markierten Zeitfenstern. Die Grundidee ist simpel: Jeder hat vier Stunden Wache, dann vier Stunden frei. Während der Wache steuern immer zwei Segler das Schiff, die beiden anderen schlafen. Die Einsätze beginnen jeweils um zwei Stunden versetzt, was dazu führt, dass etwa Boris, wenn er seine Wache antritt, die ersten zwei Stunden noch mit Nico teilt, die anderen zwei Stunden mit Rosalin. Endet die Wache von Boris, nimmt Will seinen Platz ein – und verbringt die erste Hälfte seiner Wache noch mit Rosalin. Die Verschränkung der Zeitfenster hat den Vorteil, dass jeder zu Dienstbeginn auf jemanden trifft, der bereits seit zwei Stunden mit den aktuellen Bedingungen vertraut ist.

Boris und Will segelten schon auf der alten *Malizia* zusammen, sie haben die meiste Erfahrung mit den kapriziösen Imoca-Yachten. Die Wachaufteilung stellt sicher, dass zu jeder Zeit einer von ihnen im Cockpit steht. Ab und zu sehen sie sich, etwa bei Schichtwechseln und Segelmanövern, aber sie haben nie gemeinsam Wache. Was wiederum den Vorteil hat, dass sie sich einen Schlafsack teilen können, so wie es auch Rosalin und Nico tun. Das spart Gewicht – und es führt dazu, dass jemand, der nach vier Stunden Wache im Eismeer erschöpft und ausgekühlt in die Koje klettert, in einen noch warmen Schlafsack schlüpfen kann.

Antoine ist es, wie den Bordreportern auf den anderen Schiffen, nicht gestattet, die Crew zu unterstützen, auch bei schwierigen Manövern darf er nur zuschauen und filmen, so verlangen es die Regeln des Ocean Race. Sein Name steht daher nicht auf dem Zettel an der Cockpitwand, er schläft, wann er will und wann er kann. Was sein Leben an Bord nicht leichter macht. Im Gegenteil: Mehrere Tage nach Ende der Werkstattwoche hat die Crew in den bewährten Vier-Stunden-Takt zurückgefunden, nur Antoine kämpft noch damit, seine eigene Routine zu entwickeln. »Ich glaube, das Südmeer und ich werden keine Freunde«, sagt er zu Rosalin.

Will

Meine Wache beginnt damit, dass Boris an meinem Fuß rüttelt, um mich zu wecken. Ich liege in diesem flauschigen, warmen Schlafsack, bin immer noch müde und muss jetzt raus in die Kälte; für mich der schlimmste Moment des Tages. Ich ziehe meine Socken an, pule die Lärmschutzpropfen aus den Ohren und greife aus einem Wandbeutel zwei, drei Haribo, um etwas Süßes im Mund zu spüren. Keine Lust zum Zähneputzen. Das Schiff bockt und springt, und ich rutsche vorsichtig und immer noch schlaftrunken auf dem Hintern über den Kabinenboden. Verkeilt im Türrahmen ziehe ich mich im Sitzen an, das Ganze dauert etwa zehn Minuten, dann stehe ich auf, greife nach den Leinen, die straff unter der Decke gespannt sind, und hangele mich zu Boris und Rosie ins Cockpit.

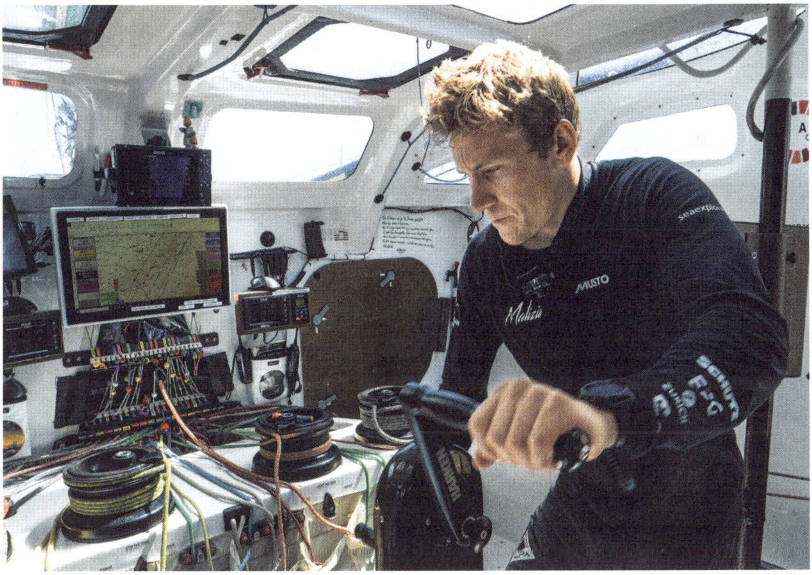

Kraftarbeit: Am Grinder strafft Will die um Winschen gelegten Trimmleinen.

Boris macht eine kurze Übergabe mit mir, dann verschwindet er in meinen warmen Schlafsack. Wenn ich auf dem Monitor sehe, dass wir seit meiner letzten Wache Meilen gegenüber einem Konkurrenten verloren haben, werde ich immer etwas mürrisch. Hatten wir Pech mit dem Wind, oder liegt es an uns? Meistens fummele ich dann so lange an den Einstellungen für Segel, Foils, Kiel, Mastwinkel und vielem anderen herum, bis die Malizia ein bisschen schneller geworden ist. Falls das nicht klappt, na ja, dann hatten die zwei vor mir offenbar wirklich Pech mit dem Wind. Rosie kennt meine Kontrollallüren schon, sie lacht dann bloß und macht Tee für uns beide.

Nachts ist der Kommandostand in schwaches, dunkelrotes Licht getaucht, nur die Bildschirme und Anzeigetafeln glühen im Halbdunkel. Schalten wir die Deckstrahler ein, um die Segel zu kontrollieren, sehen wir durch die Fenster über uns, wie weiß glitzernde Sturzbäche über das Cockpitdach rauschen. Die meiste Zeit bleiben die Außenlampen ausgeschaltet, dann rasen wir durch die Dunkelheit, ohne Sichtkontakt zur Außenwelt. Am Anfang kam es mir vor, als würden wir in einem U-Boot stehen. Nur auf dem Radarschirm und der Seekarte mit den AIS-Signalen anderer Schiffe sehen wir, ob uns irgendjemand in die Quere kommen könnte. Doch hier im Südmeer ist niemand, hier gibt es nur uns und die drei anderen Yachten.

Normalerweise steuert der Autopilot das Schiff allein. Doch bei Sturm und einem chaotischen Seegang wie jetzt gerade kann auch eine super programmierte Steueranlage mitunter nicht verhindern, dass das Schiff frontal in eine Wellenwand kracht oder plötzlich aus dem Ruder läuft und sich auf die Seite legt. Nicht schön. Im besten Fall verlieren wir ein paar Meilen, im schlimmsten Fall das Rigg. Bei so einem Wetter stehen wir deshalb dem Autopiloten zur Seite. Wir tippen ständig auf seiner Tastatur herum, damit er das Schiff blitzschnell ein paar Grad abfallen oder anluven lässt und es so sicherer über den nächsten Wasserberg bringt.

Es fällt mir schwer zu beschreiben, woran genau wir merken, was zu tun ist. Vor allem in der Nacht sehen wir ja nichts. Ich glaube, es liegt daran, dass wir nach insgesamt knapp sechs Wochen auf diesem Schiff einen Instinkt entwickelt haben für sein Verhalten in grober See. Wir spüren, wie eine große Welle das Heck anhebt, wir hören, wie das Jaulen der Foils plötzlich zunimmt – und wir ahnen, ohne groß darüber nachzudenken, wohin das Schiff gleich ausbrechen könnte. Wir haben ein Bauchgefühl, der Autopilot hat keines.

Ehrlich gesagt, es fühlt sich nicht schlecht an, dem klügsten Gerät, das wir an Bord haben, noch auf die Sprünge helfen zu können. Aber dieses hochkonzentrierte Steuern, ohne das Meer im Blick zu haben, ist echt anstrengend. Das schafft man dreißig, höchstens 45 Minuten lang, dann übernimmt der andere Wachhabende. Sind die Bedingungen leichter, steuere ich gern die meiste Zeit, während Rosie die Systeme checkt oder irgendetwas repariert. Nico bleibt während seiner Wache oft hinten in der Kabine und arbeitet sich am Rechner durch die neuesten Wetterprognosen. Ich genieße es dann, allein im Cockpit zu stehen und zu versuchen, mich in das Boot einzufühlen und hier und da zu tüfteln, um es noch ein bisschen schneller zu machen.

Haben wir tatsächlich ein paar Meilen gewonnen, versäume ich nicht, es Boris zu sagen, wenn er mich ablöst. Ich verpacke unseren kleinen, internen Wettbewerb in eine flapsige Bemerkung, aber ich weiß, dass er weiß, dass ich es ernst meine; ich will seinen Ehrgeiz anstacheln. Was eigentlich völlig unnötig ist, Boris will ebenso wie ich diese Etappe unbedingt gewinnen. Aber ich kann nicht anders, ich treibe gern Leute an, auch meinen Skipper.

Die Rennleitung hat die Strecke durch das Südpolarmeer in zwei Abschnitte geteilt, mit einem virtuellen Zwischenziel nach knapp der Hälfte der Distanz. Die Ziellinie beginnt an der Südostecke Australiens, von dort aus verläuft sie geradewegs nach Süden Richtung Antarktis, mitten durchs Meer. Die Segler haben die Linie für die Halbzeitwertung in ihre Navigationsprogramme eingetragen; jedes Schiff, das sie überquert, erhält für den erreichten Platz die gleiche Punktzahl wie zum Ende einer normalen Wettfahrt. Danach gibt es allerdings keine Ruhepause. Die Ziellinie, die genau auf dem 143. Längengrad Ost verläuft, ist zugleich Startlinie: Übergangslos beginnt hier für die Mannschaften der zweite Etappenabschnitt durch den Süden.

Die Segler können sich im Eismeer also gleich zweimal wertvolle Punkte holen. Die Wettfahrtleitung will damit der Ausdauer und Unbeugsamkeit gerecht werden, die notwendig sind, um die längste Strecke durchzustehen, die es je bei einem Ocean Race gab. Außerdem, so hoffen die Vermarkter in Alicante, wird die Zweiteilung dazu beitragen, dass während der insgesamt fünfwöchigen Wettfahrt die Spannung hoch bleibt.

Vier Tage vor Erreichen des Zwischenziels zieht sich Nico kurz nach Beginn seiner Wache an seinen Lieblingsort an Bord zurück, in die Bodenwanne am Ende der Kabine. Er trägt zwei Lagen Fleece und hat eine wollene Pudelmütze bis zu den Augen herabgezogen, manchmal steht eine kleine Atemwolke vor seinem Mund. Navigie-

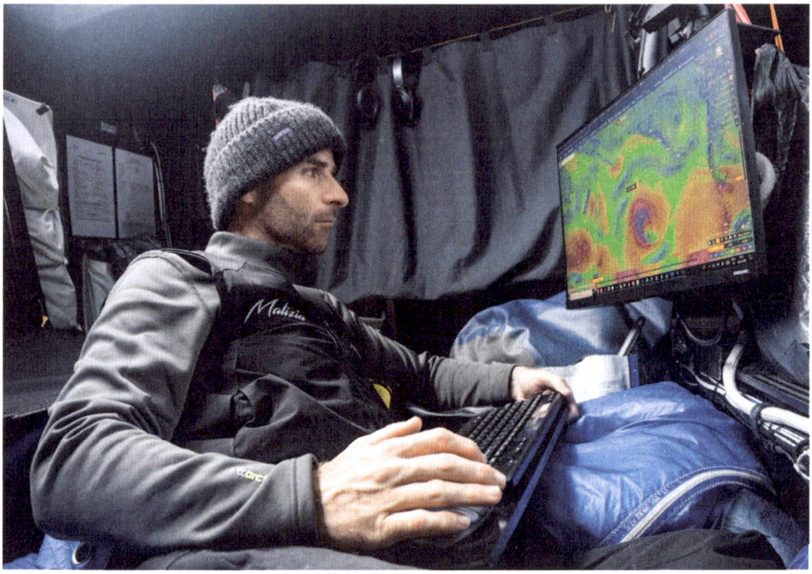

Warm eingepackt analysiert Nico die Symbole für die Sturmwirbel voraus.

ren im Eismeer. Er versinkt in dem Sitzsack und dreht den Monitor zu sich.

Die Vorhersage ist heftig und unkompliziert, Nico muss sich nicht den Kopf zerbrechen über die beste Route zum Ziel. Eine neue Kaltfront wälzt sich im Rücken der Verfolgergruppe heran, mit stürmischem Wind aus Nordwest. Er wird von schräg hinten, im idealen Winkel von etwa 110 Grad, auf die Schiffe treffen und sie mit Höchstgeschwindigkeit über eine See jagen, die wie vor jeder Sturmfront noch relativ flach ist. Ein Wettrennen wie auf einer langen, geraden Autobahn. »Das ist die Stunde der Schnellen, nicht der Schlauen«, sagt Nico, der Navigator, mit einem mokanten Lächeln.

Die Front hingegen, die *Holcim* so lange vor sich hertrieb, hat an Kraft verloren. Stattdessen liegt nun eine schwachwindige Zone wie ein Sperrriegel im Weg des Spitzenreiters. Die Zone verlagert sich langsam nach Osten, mit etwa der gleichen Geschwindigkeit wie die Yacht selbst. Kevin Escoffier und seine Crew müssen sich fühlen, als würde ihre Autobahn von einem dahinschleichenden Lkw blockiert, sie kommen einfach nicht vorbei. Auf Nicos Bildschirm, der auch die Routen der anderen Schiffe zeigt, ist zu erkennen, dass Kevin die Geduld verloren hat: *Holcim* hat gehalst, der Kurs knickt ab Richtung Antarktis. Die Mannschaft will das Hindernis im Süden umfahren, dort weht ein anständiger Wind.

Doch die Yacht wird nicht so weit kommen, wie es die Mannschaft gern täte. Denn 200 Seemeilen weiter südlich beginnt eine verbotene Zone: die »Antarctic Ice Exclusion Zone«. Die Bannmeile des Ocean Race. Sie soll die Segler vor ihrem eigenen Ehrgeiz schützen.

Wenn sie um die Welt segeln, führt mehr als die Hälfte der Strecke rund um die Antarktis. Einen anderen Weg gibt es nicht, Suez- und Panamakanal kommen nicht infrage. Wie bei einem Rundkurs im Stadion wäre es auch beim Rennen um die Antarktis von Vorteil, möglichst weit innen zu liegen. Je näher dran am weißen Kontinent, desto kürzer die Strecke – desto größer aber auch das Risiko, auf einen Eisberg zu prallen.

Lange Zeit haben beim Ocean Race viele Skipper der gefährlichen Versuchung nachgegeben und ihre Schiffe bis tief in die Kreischenden Sechziger gesteuert. Dort, südlich des 60. Breitengrads, durchquerten sie die Kernzone des Südpolarmeers, mit haushohen Wellen und häufig orkanartigen Stürmen, mit Temperaturen um den Gefrierpunkt, Schneefall und einer eisbergverseuchten See.

Der Ire Gordon Maguire nahm an vier Ocean Races teil, das letzte Mal 2001/2002, als die deutsche Yacht *Illbruck* den Gesamtsieg holte. Maguire beschrieb den Horror der Eismeer-Passage: »Es ist immer das Gleiche da unten. Stürmischer Wind von hinten, hohe Wellen, schlechte Sicht, wir haben den Spinnaker gesetzt, das Schiff rast mit 25 Knoten durch die graue Suppe. Sechs Männer stehen im Cockpit, unsere Hände und Füße sind Eisklötze, unsere Gesichter dunkelrot vom kalten Spritzwasser. Und plötzlich taucht der Navigator aus der Kajüte auf und schreit: Eisberg eine Meile voraus! Bei 25 Knoten haben wir gut zwei Minuten, bis es kracht. Unter Spi können wir bei diesen Bedingungen aber nur fünf Grad anluven oder abfallen, jede stärkere Kursänderung würde bedeuten: wipe out! Dann schleudert das Schiff aus der Spur, legt sich auf die Seite! Wir müssen also sofort reagieren. Ohne zu wissen, ob der Scheißklotz unter Wasser noch hundert Meter nach rechts oder links ragt.«

Die vier Rennyachten, mit denen Maguire durch das Eismeer segelte, blieben von Kollisionen verschont. Die Radargeräte wurden zunehmend präziser und erfassten auch kleinere Eisberge – doch letztlich hatten Maguire und seine Leute einfach nur Glück. Tagsüber konnten sie meist noch mit bloßem Auge auf dem Meer voraus erkennen, ob der plötzlich aufgetauchte Punkt auf dem flackernden Radarschirm wirklich ein Eisberg war oder nur eine irreführende Reflexion. Nachts aber blickten die Männer, sofern kein Vollmond die See überglänzte, in völlige Dunkelheit, in eine rundum schwarze Welt. Dann wurde das Rennen zum Russisch Roulette.

»Irgendwann kriechst du halb erfroren in die Koje und tust so, als ob du gar nicht da bist«, sagte Maguire. Beim vierten Volvo Ocean Race reichte es ihm. »Ich brauche das nicht mehr, das ist mein letztes Mal«, erklärte er nach Schlussetappe. Und kehrte tatsächlich nicht mehr zurück.

2014 beendete die Wettfahrtleitung die Verführung zum Leichtsinn und zog eine rote Linie rund um die Antarktis. Sie markiert die Gefahrenzone, die »Antarctic Ice Exclusion Zone«.

Wie bei den Rennen 2014/15 und 2017/18 haben die Mannschaften auch diesmal kurz vor dem Start die Koordinaten der Eisgrenze erhalten und in ihre Navigationsprogramme eingespeist. Natürlich könnte der Renndirektor die rote Linie weit im Norden ziehen, etwa oberhalb des vierzigsten Breitengrads, wohin Eisberge es niemals schaffen werden. Doch dann würden dem Ocean Race auch die Sturmfronten und Wellenberge des Südpolarmeers fehlen. Die Zeit der Gladiatoren auf See mag vorbei sein – aber der Ruf des Ocean Race, der härteste Mannschaftswettkampf auf See zu sein, vielleicht sogar der gesamten Sportwelt, dieser Ruf soll bleiben.

Am besten wäre es, die Grenze verliefe nur knapp außerhalb

der Gefahrenzone. Es fällt allerdings nicht leicht, die aktuellen Ausmaße der Zone zu bestimmen, seit der Klimawandel die Temperaturen und Strömungen auch im Südpolarmeer ändert. Wo überall treiben gerade Eisberge? Die Wettfahrtleitung hat eine französische Spezialfirma beauftragt, das herauszufinden, vor und während des gesamten Rennens. Die Datenanalysten von CLS, die seit drei Jahrzehnten im Auftrag von Regierungen und privaten Konzernen arbeiten, nutzen satellitengestützte Radar- und Bildaufnahmen, um die Weltmeere zu durchsuchen: nach illegal operierenden Fischtrawlern, Ölteppichen, Speedbooten von Piraten, Treibinseln aus Plastikmüll. Und, wenn der Kunde gut bezahlt, auch nach Eisbergen im Südpolarmeer.

Das Problem sind die Eisbrocken. Zu klein für die Satellitenkameras, aber schon mit drei, vier Metern groß genug, um einer aufprallenden Rennyacht das Ruder abzureißen oder den Rumpf aufzuschlitzen. Jeder dieser Brocken ist einige Wochen oder Monate zuvor von einem Eisberg abgebrochen – was den Spähern in Toulouse die Chance gibt, ihn doch noch aufzuspüren. Sie berechnen bei jedem Eisberg, den sie auf ihren Bildschirmen entdecken, wie groß mögliche Abbrüche sein könnten und in welche Richtung sie davontreiben würden, abhängig von Strömung, Seegang, Wind und Wassertemperatur. Das Ergebnis sind fächerartige Zonen, in denen die Wahrscheinlichkeit, auf Eisbrocken zu treffen, relativ hoch ist.

Die Rennleitung hat eine Linie um all diese Zonen markiert. Sie zieht sich wellenartig rund um die Antarktis durch das Meer, im Schnitt knapp tausend Seemeilen von der Eiskappe des Kontinents entfernt. Die Gesamtfläche der Sperrzone ist größer als beim letzten Rennen vor fünf Jahren, ein möglicher Hinweis auf den Klimawandel: In der sich erwärmenden See treiben die Eisberge länger und weiter umher. Sollte eine Yacht in das verbotene Gebiet eindringen, entginge der Wettfahrtleitung der Verstoß nicht. Die Positionen der Yachten werden von Signalsendern an Bord alle fünf Minuten in das Kontrollzentrum im spanischen Alicante gefunkt, schon aus Sicherheitsgründen. Die Regattaregeln schreiben vor, dass die Yacht sofort umdreht, zum Ort des Grenzübertritts segelt und von dort in erlaubtes Gebiet zurückkehrt. Mit hoher Wahrscheinlichkeit müsste sie dafür gegen stürmischen Wind kreuzen und würde viel Zeit verlieren. Das möchte niemand.

Seit dem Start in Südafrika hat die Rennleitung den Verlauf der Eisgrenze zweimal geändert, nach warnenden Hinweisen der Satellitenfoto-Experten. Nico gefallen die neuen Koordinaten nicht. Schon in Kapstadt hatte er erklärt: »Je nördlicher die Grenze gezogen wird, desto schmaler wird unser Korridor für den optimalen Kurs: zwischen der Sperrzone im Süden und den Hochdruckzonen im Norden. Denn da wollen wir auch nicht rein, da weht zu wenig Wind.« Zu was die Ausweitung der Sperrzone führt, ist auf Nicos Bildschirm zu sehen: Die Route der *Holcim* führt inzwischen haarscharf an der roten Linie vorbei, mehr südlich geht nicht. Die drei anderen Schiffe werden die gleiche Strategie wählen müssen, wie an einer Leitplanke entlang werden sie hintereinander auf das Zwischenziel zurasen. Nico hat in das Navigationssystem einen Sicherheitsabstand programmiert; nähert sich die *Malizia* der Verbotszone auf weniger als zehn Seemeilen, schrillt ein Alarm.

Die Durchschnittsgeschwindigkeit der Flotte liegt inzwischen so hoch wie an keinem Tag des Ocean Race bisher. Alle vier Schiffe haben den jahrelang geltenden 24-Stunden-Streckenrekord der Imoca-Klasse gebrochen, haben ihn deutlich von 539 auf über 570 Seemeilen erhöht. Die alten Spitzenwerte fuhren die Imocas immer im Atlantik ein, nun, bei konstant stürmischem Wind und ohne die übliche chaotische See, wird das Südpolarmeer zur Rekordbühne.

Mehr als 25 Knoten Geschwindigkeit erreichte die *Malizia* schon häufiger, auch mal für ein, zwei Stunden. Nun aber jagt sie bereits einen Tag und eine Nacht lang ununterbrochen mit dieser Geschwindigkeit dahin. Und es hört nicht auf. Die permanente Anspannung, die Lautstärke, der Schlafmangel, die Vibrationen bis in die Organe, die Furcht vor einem »wipe out« belasten die Segler. Wer am Autopiloten steht, muss sich enorm konzentrieren und alle dreißig Minuten ausgewechselt werden. Die Segler verständigen sich nur noch in kurzen Sätzen miteinander, sie sprechen Manöver ab, taktische Optionen und wer wem heißes Wasser für Tee und Tütenessen aufsetzt. Niemand plaudert mehr.

Rosalin, Frohnatur und gern redselig, hält es irgendwann nicht mehr aus. Vor vier Jahren erlitt sie einen Burn-out, damals riet ihr eine Freundin, sich und ihre zwei nächsten Freunde jeden Tag zu fragen, wie sie gerade ihre Stimmung einschätzten, auf einer Skala von 1 bis 10. Das kurze Innehalten, das spielerische Beurteilen der Stimmungslage und der Gründe dafür würden ihr automatisch mehr Gelassenheit geben. Gut zwei Jahre befolgte Rosalin den Rat; er habe ihr, sagt sie, ziemlich gutgetan.

Ohne Umschweife fragt sie nun die vier Männer an Bord nach ihren aktuellen Stimmungswerten. Vielleicht hilft es ja, etwas Luft rauszulassen. Boris ist gut drauf, er schätzt sich bei 9 ein, Nico und Will liegen bei 7, Antoine verzieht das Gesicht und nennt die 6. Und warum jeweils? Rosalins Idee funktioniert; der Versuch, die unterschiedlichen Punktzahlen zu erklären, wirkt wie eine Einladung, sich auf gefahrlose Weise zu öffnen. Die Crew gerät ins Plaudern.

Boris schlägt Rosalin vor, von nun an täglich die Stimmung abzufragen und anschließend mit ihr »spontan über alles zu reden, was uns hier an Bord beschäftigt«. All die kleinen, belanglosen Alltagsthemen, die »in Wirklichkeit ja die entscheidenden Themen sind, wenn man lange auf engem Raum zusammenlebt. So wie in jeder Beziehung«. Sie könnten das Gespräch aufzeichnen und an Freunde und Anhänger schicken, vielleicht sogar einen munteren Podcast daraus machen, als Blick in das Innenleben der *Malizia*-Crew.

Als sich die beiden in Kapstadt einmal über Geschlechterklischees unterhielten, sagte Boris, dass Frauen bekanntermaßen viel mehr redeten als Männer, im Schnitt etwa 20 000 Wörter täglich. Rosalin widersprach, sie meinte, Boris quatsche mindestens doppelt so viel. Boris stimmte lachend zu. Er mag es, sich zu unterhalten, er hat zu allem und jedem eine Meinung, und wenn die sich als unbegründet erweist, nimmt er sie eben zurück; ihm geht es vor allem um den Austausch, um das Testen von Argumenten. Die Vendée Globe mit ihrer exzessiven Einsamkeit war im Grunde genommen eine Herausforderung wider seine Natur. Ein Mannschaftsrennen passt besser; umso mehr stört inzwischen auch Boris, dass die Crew im Eismeer immer wortkarger wird. »Wir reden nur noch das Nötigste. Jeder versucht für sich, das hier irgendwie durchzustehen«, sagt er. Täglich eine halbe Stunde miteinander zu plaudern, das könnte doch ein wunderbares kleines Ritual werden. Es würde dabei helfen, »dass es uns gut geht, wenn es uns schlecht geht«.

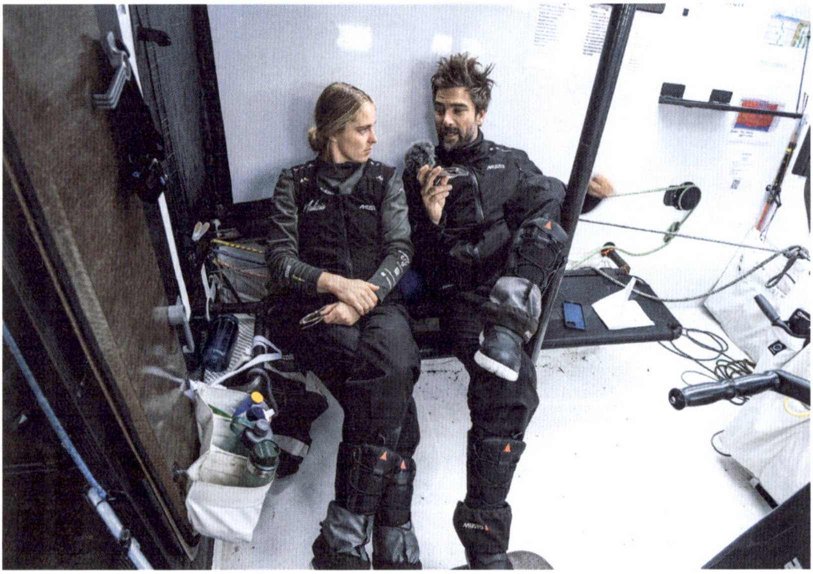

Plaudern im Sturm entspannt: Rosalin und Boris zeichnen ihren Podcast auf.

Zwei Tage, bevor die *Malizia* die Ziellinie südlich von Australien erreicht, setzt sich Rosalin zu Beginn ihrer Freiwache morgens neben Boris ins Cockpit und schaltet ein lärmunterdrückendes Mikrofon ein. Sie haben nicht abgesprochen, über welche Themen sie reden wollen.

Anschließend schicken sie die Datei an Holly. Die Teamchefin fackelt nicht lange und stellt die Aufzeichnung praktisch ungekürzt als Podcast »End of Watch« auf fünf Audio-Plattformen ein. Vorher hat sie Boris und Rosalin das Versprechen abgenötigt, von nun an regelmäßig über die wichtigsten Unwichtigkeiten an Bord zu reden, mal zu zweit, mal mit den anderen.

Boris und Rosalin

B: Guten Morgen, Rosie, wie geht es dir?

R: Ich würde sagen, eine gute 8. Ich hatte ein anständiges Bio-Frühstück.

B: Ich hatte mein normales Müsli und diese mysteriösen Pillen. Also, die Nahrungsergänzungsmittel. In meinem Tagesbeutel sind rote, grüne und durchsichtige Pillen, manche doppelt. Keine Ahnung, was da drin ist. Ich vertraue einfach unserem Ernährungsberater.

R: Aber du bist der Einzige, der Pillen doppelt hat. Wahrscheinlich, weil du hier der Älteste bist. Fühlst du dich eigentlich noch fit?

B: Jetzt gerade nicht. Ich habe mir verboten, Kaffee zu trinken, obwohl ich es so gern täte. Gestern habe ich es gemacht und konnte prompt in meiner Freiwache nicht schlafen.

R: Das kann man bei dir nie erkennen. Du trägst ja immer diese riesige schwarze Schlafbrille, wie eine Diva im Spa.

B: Spa Malizia! Ha, das wäre schön jetzt, warm und ruhig. Unter der Schlafbrille trage ich übrigens noch Kopfhörer, für Musik zum Wegdämmern. Was hilft dir denn beim Einschlafen?

R: Die Pfropfen, die sie für uns in Kapstadt angefertigt haben. Die passen perfekt ins Ohr, die blocken allen Lärm ab. Und dann habe ich noch ein kleines Riechfläschchen, das meine Mutter mir gegeben hat. Das lege ich auf meine Brust, dann steigt ein krasser Pflanzengeruch in meine Nase, und ich fühle mich wie zu Hause. Das beruhigt mich, und ich schlafe schnell ein.

B: Vielleicht sollte ich das auch mal versuchen. Es gibt hier ja gar keine Gerüche. Das Meer riecht nicht, das Schiff riecht nicht. Nur wenn jemand Essen macht, dann zieht der Geruch manchmal bis in meine Koje, davon bin ich sogar schon aufgewacht.

R: Mal direkt gefragt: Hier gibt es ja auch Menschen, die schwitzen und sich selten waschen. Die riechst du nicht?

B: Nein, wirklich nicht. Ich glaube, meine Nase macht auf See einfach dicht.

R: Als ich gestern mit Will gemeinsam am Grinder kurbelte, schaute er irgendwann hoch und meinte: Oh, Rosie, irgendwas geht hier vor… Ich habe schon verstanden, was er meinte. Nach der Wache bin ich mit einer Flasche Wasser ins Vorschiff gegangen, habe mich nackt ausgezogen und einen Schluck Wasser in den Mund genommen. Als das Wasser warm war, habe ich es in meine Hände gespuckt und mich zu waschen begonnen. Mit dieser Seife, die Antoine schon in Guadeloupe gekauft hat. Es war sehr kalt und stockdunkel da vorn. Natürlich ist Will wegen meiner Mini-Dusche nicht langsamer gefahren, deshalb musste ich mich die ganze Zeit mit den Beinen irgendwie verkeilen. Es hat ewig gedauert.

B: Und, hat es sich gelohnt?

R: Ja, natürlich. Es war meine erste Dusche seit zehn Tagen. Ich habe sogar meine Haare gewaschen und sie danach zum Trocken über die warme Lichtmaschine gehängt. Ich fühlte mich so frisch. Als ich bei der nächsten Wache wieder mit Will am Grinder stand, schnupperte er nur und hat gelacht.

B: Will und ich grinden nie zusammen.

R: Na ja, dafür teilt ihr euch einen Schlafsack. Wie ist das denn?

B: Einwandfrei. Er schläft allerdings in einer anderen Körperhaltung als ich, weshalb ich mich immer erst auf der Form-Matratze hin und her wälze, um seinen Abdruck rauszudrücken und mich selber reinzukuscheln.

R: Und dann, wie gut kannst du bei diesem Seegang schlafen?

B: Geht so. Wenn das Boot springt und stoppt, drückt die Anspannung die Luft aus der Lunge. Wenn man dann einatmet, hört sich das an wie Hecheln. Man muss ja gegen die Kompression die Luft einsaugen, das ist im Schlaf schwierig. Hinzu kommt, dass ihr es mir auch nicht leicht macht.

R: Was meinst du?

B: Letzte Nacht, bei der Wache von Will und dir, da hatten wir 32 Knoten Wind und kein Reff im Groß. Ich lag in der Koje und versuchte die Welt da draußen zu ignorieren. Echt schwer. Du wirst umhergeschleudert, und du weißt, dein Boot wird bald zerstört werden von diesen Verrückten im Cockpit, die setzen sogar dein Leben aufs Spiel, bloß um 11th Hour Racing noch zu überholen. Ich kenne Will. Der würde alles geben, damit wir morgen als Zweite ins Zwischenziel kommen, nach Holcim.

R: Wir haben wirklich die ganze Zeit gepusht und gepusht. Manchmal machte das Boot einen heftigen Sprung, und dann sah ich, wie hinten in der Koje dein Bein nach oben schleuderte und wieder runter, und ich dachte, gleich kommst du raus und verlangst, dass wir endlich das Groß reffen. Aber du kamst nicht.

B: Ja, das kann ich erklären. Als ich euch bei der Etappe nach Kapstadt von Land aus beobachtete, da stresste mich euer Hinterhersegeln am Ende der Flotte viel mehr als das Nachdenken darüber, wie viel ihr gerade mit dem Boot riskiert. Ich hatte einfach Vertrauen in euch. In Momenten wie gestern Nacht versuche ich, mich wieder in diese Haltung zu versetzen. Ich denke dann, eigentlich bin ich gar nicht da. Ich könnte genauso gut an Land sein, das Schiff ist bei euch ja in besten Händen. Wenn ich es schaffe, mir das bewusst zu machen, werde ich gleich ruhiger, und manchmal schlafe ich dann sogar ein.

R: Ehrlich gesagt, wenn du nicht an Bord bist, pushen wir weniger hart.

B: Weniger hart?

R: Ja, ernsthaft, wir segeln dann etwas vorsichtiger. Einfach deshalb, weil wir allein die Verantwortung tragen. Bist du aber dabei wie jetzt, dann, glaube ich, vertrauen wir unbewusst darauf, dass du rechtzeitig auftauchst und sagst, hey Leute, das ist jetzt wirklich übertrieben.

B: Hm. Danke für das Vertrauen. Wahrscheinlich kann ich jetzt noch weniger schlafen. Egal, Hauptsache, morgen ist niemand mehr vor uns außer Holcim.

~

Es ist, als wollten Kevin Escoffier und seine Crew die Schmach, ihren enormen Vorsprung weitgehend verloren zu haben, mit einem Tusch ausgleichen: In der Nacht, bevor sie die Halbzeitlinie überqueren, erhöhen sie erneut den 24-Stunden-Streckenrekord der Imoca-Klasse, diesmal auf 595 Seemeilen. Als einziges Schiff der Flotte hat *Holcim* seit Kapstadt keinen nennenswerten Schaden erlitten. Ungezügelt, die Waffenkammer gefüllt, fliegt Kevins Yacht dem dritten Etappensieg entgegen.

Etwa sieben Segelstunden dahinter kämpfen die dicht beieinanderliegenden Verfolger um den zweiten Platz. Die Eisgrenze ist vor einigen Tagen nach Südosten abgeknickt, die Schiffe sind dem Verlauf gefolgt, weil im Süden der Wind noch stärker weht. Inzwischen haben sie fast den 50. Breitengrad erreicht und segeln genau nach Osten, dicht an der Eisgrenze entlang. Die Wolkendecke ist noch grauer geworden, die Luft kälter, der Sturm heftiger, die See schäumender. Die Schiffe rasen und springen über die Wellen wie Geländewagen über eine Buckelpiste. Auf *Biotherm*, derzeit letztes Schiff der Verfolgergruppe, trägt Samantha Davies einen Rugbyhelm und Zahnschutz, wenn sie unter Deck geht.

Auf genau dieses Wetter hat Boris gewartet, seit die *Malizia* im Juli 2022 in Frankreich zu Wasser gelassen wurde. Vor allem dank der

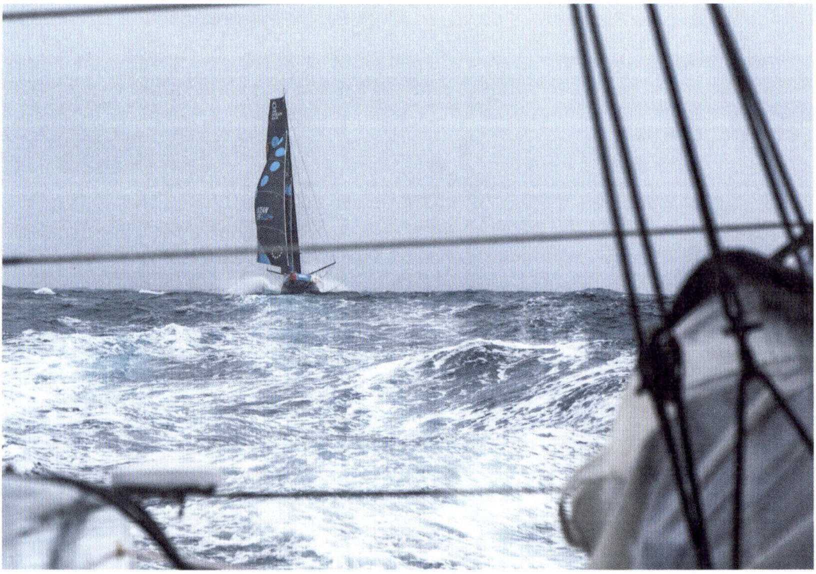

Nach zwei Wochen durch das Südmeer: *Malizia* überholt *11th Hour Racing.*

Rumpfform soll sein Schiff schneller und sicherer als andere Imocas durch die aufgewühlte See gleiten. Einen Tag vor dem Ziel hat *11th Hour Racing* einen Vorsprung von etwa zehn Seemeilen. Beide Mannschaften haben die gleichen Segel gesetzt, profitieren vom gleichen Wind, pflügen durch die gleichen Wellen, brennen mit dem gleichen Ehrgeiz. Es gibt keine Ausreden mehr.

Malizia nähert sich langsam, aber unaufhörlich der US-Yacht. Abends liegt *11th Hour Racing* in Sichtweite, dann setzt Boris zum Überholmanöver an. In ozeanischer Einsamkeit, gut 1100 Kilometer südlich von Australien, rasen die Schiffe in einem Abstand von knapp 200 Metern nebeneinander her, fast eine halbe Stunde lang. Manchmal ist ein Schemen an Deck des anderen zu erkennen, die Segler könnten sich zuwinken, sich per Funk einen Gruß schicken. Doch das macht niemand. Die sechs Männer und zwei Frauen kämpfen um jeden Meter.

Rosalin

Eigentlich hatte ich Freiwache. Aber ich konnte nicht schlafen. Ich stand hinten in der Kabine, hielt mich an den Deckschlaufen fest und beobachtete 11th Hour Racing durch das Seitenfenster. Die waren so nah dran! Sie hatten beide Foils ausgefahren, hatten wie wir zwei kleine Vorsegel gesetzt und das volle Groß. Sie taten alles, um vorne abzuheben und das Schiff so lange wie möglich über dieser wilden See zu halten; man sah das an ihrem geschlängelten Kurs.

Doch es half nichts, ständig krachte ihr Bug hart aufs Wasser zurück. Und irgendwann passierte es: nose dive! Das Schiff tauchte tief in eine Welle und stoppte dabei so brutal, als wäre es gegen eine Wand geknallt. Dann lief es aus dem Ruder und legte sich voll auf die Seite. Ich war echt erleichtert, als ich sah, wie sich das Boot nach einer Weile wieder aufrichtete. Nun lagen sie schräg hinter uns. Sie gaben weiter voll Stoff. Aber es nützte ihnen nichts.

In dem Moment wusste ich: Wir brechen gerade ihre Moral. Die pushen und pushen und prügeln ihr Schiff durch diese See, da ist null Eleganz, nur pure Quälerei – und dann erleben sie, wie wir an ihnen vorbeifahren, sie sehen, wir unser Boot fliegt. Die Malizia ist gemacht für diese See! Und ich dachte:

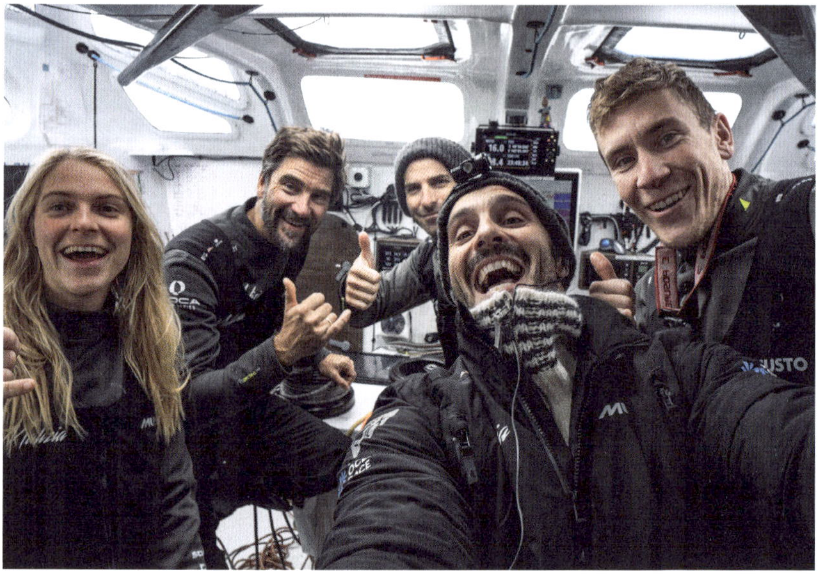

Jubel über den zweiten Platz im Zwischenziel südlich von Australien

Hey Jungs, unser Boot ist einfach schneller als eure Konstruktion. Außerdem sind wir erbarmungslos, wir riskieren ein bisschen mehr, als wir eigentlich sollten, denn wir wollen euch mental brechen. Ihr habt drei Jahre nur für dieses Rennen trainiert, mehr als jeder andere, jetzt werden wir euch zeigen, dass ihr keine Chance habt!

Ja, so war unser Vibe an Bord. Ich sah Will am Autopiloten stehen, er hatte Wache mit Nico. Will bebte vor Ehrgeiz und Kampfeslust. Ich sah die Anspannung in seinem Gesicht, seine Kiefer mahlten die ganze Zeit, er kaute auf der Unterlippe. Schon vor Beginn seiner Wache stieß auch Boris zu uns. Wir haben alle wenig geschlafen in dieser Nacht. Ich liebe es, dieses extreme Segeln, diese irre, pausenlose Konzentration von jedem von uns. Alle dreißig Minuten haben wir uns am Autopiloten abgewechselt. Nur Antoine hatte eine harte Zeit, ich gab ihm all meine Süßigkeiten, um ihn aufzumuntern.

Genau zwei Wochen nach dem Start in Kapstadt erreicht *Holcim* das Zwischenziel südlich von Australien. Sechs Stunden später überquert *Malizia* die Ziellinie, mit 17 Seemeilen Vorsprung vor *11th Hour Racing*.

Boris schraubt eine Flasche karibischen Rums aus St. Kitts und Nevis auf, jeder bekommt einen winzigen Schluck, die Crew liegt sich in den Armen. Für kurze Zeit steuert nur der Autopilot das Schiff. Dann schickt Boris eine Nachricht an das Team an Land: »Hi Malizianer! Wir sind so glücklich über den zweiten Platz! Und dass sich das Schiff so gut segelt! Vor allem downwind bei viel Welle sind wir deutlich schneller als die anderen. Wir denken oft an euch. Manchmal ist es, als ob ihr mitsegelt, es gibt so viele Details hier, die an euch erinnern. Ruht euch aus. Die Etappe ist noch sehr lang. Und es kann noch viel passieren. Cheers!«

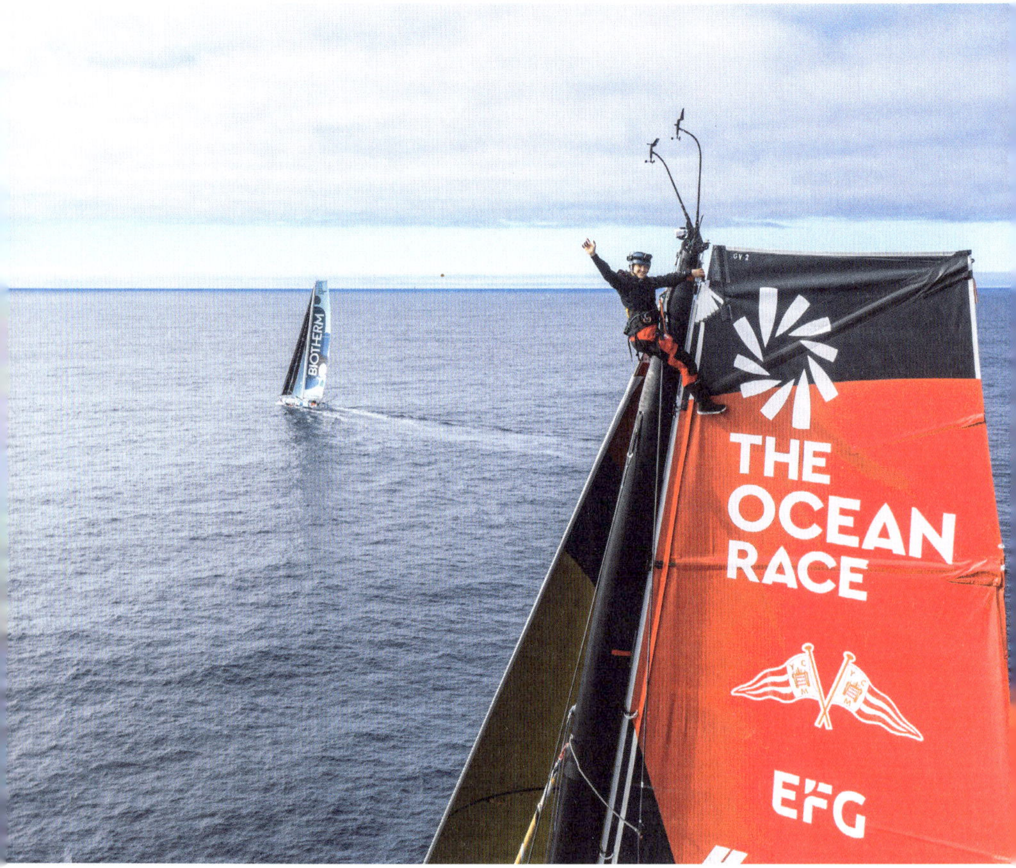

Winken für die Drohne: Rosalin beim Mastcheck, der Gegner nahebei

6 Unfall vor Kap Hoorn

Flottentreffen im Sonnenschein. Point Nemo.
Rosalin stürzt aus ihrer Koje

Vier Tage, bevor der Renndirektor eine scharfe Sturmwarnung an die Mannschaften schickt, herrscht im Süden des Pazifiks ungewöhnlich schönes Wetter. Die Flotte nähert sich einer Hochdruckzone. Die Wolkendecke, die seit Kapstadt über dem Meer liegt, endet abrupt. Es ist, als würde am Himmel eine Haube zurückgezogen. Dahinter öffnet sich ein helles, makelloses Blau bis zum Horizont, nur hoch oben bleibt der Blick an ein paar zarten Wolkenschleiern hängen.

Der Wind ist noch kräftig genug, um die *Malizia* auf den Foils abheben zu lassen. Die See hat sich beruhigt, wirft kaum noch Wellen auf, die das Schiff bremsen könnten. Zwei Drittel des Rumpfs schweben über dem Wasser, und die Yacht rauscht, wie festgeschraubt in dieser Position, auf schnurgeradem Kurs nach Osten. Kein Krachen in Wasserwände, kein angespanntes Steuern am Autopiloten. »Champagner-Segeln« nennt es Boris.

Nico steigt an Deck, macht seinen Oberkörper frei und wäscht sich mit ein paar Feuchttüchern. Dann greift er nach einem Einwegrasierer. Prüfend blickt er in den Spiegel in seiner Hand, während er langsam die Klinge über die Wangen zieht, Bahn für Bahn. Er genießt es sichtlich. Er hat nicht damit gerechnet, im Südpolarmeer mit freiem Oberkörper an Deck stehen und sich in Ruhe rasieren zu können.

Außerdem ist er als Navigator immer im Dienst und hat für solchen Luxus eigentlich keine Zeit. Doch die Wetterlage macht es ihm gerade leicht. In dem Hoch voraus werden alle Schiffe an gleicher Stelle stecken bleiben. Als Erstes wird *Holcim* in den Sumpf der schwachen Winde fahren, danach die anderen Boote. Niemand muss sich jetzt beeilen, es nützt sowieso nichts.

Am nächsten Tag ist es so weit. Drei Wochen nach dem Start in Kapstadt liegen die Schiffe so eng beieinander wie drei Stunden nach dem Start, nur wenige Seemeilen voneinander entfernt. Es ist, als würde mitten im Stillen Ozean die Regatta neu beginnen. Eine Brise kräuselt das Wasser, die Sonne scheint. Das Meer liegt friedlich da, kaum merkbar hebt und senkt es sich in der flachen Dünung, langsam und regelmäßig. Der Pulsschlag des Pazifiks.

Alle Mannschaften nutzen die Ruhepause, um lange Listen kleiner Reparaturen abzuarbeiten und noch gründlicher als sonst das Boot auf Schäden und Schwachstellen zu untersuchen. Auf der *Malizia* hängt die Liste regulärer Checks im Cockpit an der Wand, sie umfasst mehr als hundert Einzelposten. Es gibt tägliche, wöchentliche und monatliche Kontrollen, und die wichtigsten Bereiche sind: Rigg, Tauwerk, Kiel- und Ruderanlage, Elektronik, Segel, Sicherheitsausrüstung. Die Zuständigkeiten sind ebenfalls festgeschrieben, so kümmert sich Will etwa um die Elektronik, Rosalin um das Rigg. Antoine darf sich als Bordreporter nicht an der Schiffsführung beteiligen, er hat daher bekommen, was übrig blieb: volle Müllbeutel zusammenbinden und ins Vorschiff bringen, Proviantrationen bereitlegen, mit einem Schwamm Wasser vom Rumpfboden aufwischen.

Und dann gibt es noch, ganz oben auf der Liste, die Kategorie »Mehrmals am Tag«. In signalroten Spalten steht dort: Trinken (10 Mal), Essen (3 Mal), Schlafen (in jeder Freiwache), Zähneputzen (zum Wohlfühlen), Sonnenschutz (regelmäßig), Feuchttücher (regelmäßig).

Aller Voraussicht nach wird sich die See bis Kap Hoorn nicht mehr so ruhig verhalten wie heute, die Mannschaften kontrollieren auf den sanft dahingleitenden Schiffen deshalb auch die Riggs – bis hinauf zur Spitze. Bei *Biotherm* steigt der Skipper Paul Meilhat in den Mast, bei *Holcim* ist es Sam Goodchild, auf der *Malizia* lässt sich Rosalin hinaufziehen. Sie prüft alle Beschläge und Fallenschlösser und klopft, als sie im Topp angekommen ist, mit einem Inbusschlüssel den reparierten Riss ab. Wie vor zwei Wochen hört sich das Karbonpflaster hell und kristallhart an. Alles bestens. Rosalin beginnt, ein holländisches Lied zu singen, und filmt mit ihrem Mobiltelefon das bizarre Treffen im Südpolarmeer: Die vier Schiffe segeln in Sichtweite voneinander, am dichtesten liegt *Biotherm* mit nur 200 Metern Abstand.

Bis zum Nachmittag dauert der Generalcheck des Schiffs. Die *Malizia* ist in guter Verfassung, außer Abrieb an mehreren Schoten und Fallen hat die Crew nichts Auffälliges entdeckt. Antoine sitzt die meiste Zeit an Deck. Wortlos blickt er zum Horizont oder hält sein Gesicht mit geschlossenen Augen in die Sonne. Bis zum Ocean Race war er es gewohnt, jeden Tag draußen zu sein, als professioneller Kitesurfer und auch als Videojournalist, am liebsten dreht er Naturfilme. Nun aber, ausgerechnet bei einer Segelreise um die Welt, fühlt er sich »so eingesperrt wie seit Jahren nicht mehr«, sagte er kürzlich zu Nico. Die anderen gehen auch im Sturm an Deck, für Manöver. Ab und zu filmt Antoine sie dabei, ansonsten sieht er das Eismeer nur durch die Fenster der Kabine. Umso mehr gibt er sich jetzt dem Genuss hin, sich über die Reling zu beugen und senkrecht hinabzublicken in die dunkelblaue Tiefe des Ozeans. »Ich spüre die Energie der Natur«, sagt er häufig, und nun sitzt er da, als inhaliere er sie geradezu.

Die anderen kommen an Deck und setzen sich auf das Dach der Achterkabine. Der Wind hat etwas zugelegt, *Biotherm* und *Malizia* segeln mit zehn Knoten Seite an Seite. Boris ist aufgeräumter Stimmung: »Wir erleben gerade das absolute Gegenteil unseres normalen Alltags. Es ist kalt, aber sonnig, und wir sitzen an Deck und chillen. Unglaublich.«

Antoine: »Ja, endlich! Ich erinnere mich, wie wunderbar es in meinem früheren Leben war, den Wind und die Sonne zu fühlen.«

Boris lacht: »Achtung, Antoine wird sentimental.«

Rosalin kommt aus dem Cockpit, mit dem UKW-Funkgerät in der Hand. »Lass uns Bioboutique anrufen«, ruft sie, »und nach ihrer Stimmung fragen, von 1 bis 10.« Rosalin hat schon vor einer Weile Spitznamen für die Schiffe erfunden, *Biotherm* wurde zu »Bioboutique«, *Holcim* wegen des Muskelpakets Kevin zu »Popeye the Sailor« und *Malizia* zum »Party-Bus«.

Sie wählt Kanal 16 und drückt die Sprechtaste: »Bioboutique, Bioboutique, here is Party-Bus Malizia. Over.«

Samantha antwortet sofort: »Malizia, Malizia, here is Biotherm.«

Die Engländerin Samantha Davies, 49 Jahre, genannt Sam, lebt in Frankreich und gehört zu den weltbesten Hochseeseglerinnen. 2014 startete sie beim Volvo Ocean Race, als Skipperin der ersten reinen Frauencrew des Rennens. Als Einhandseglerin nahm sie dreimal an der Vendée Globe teil, zuletzt 2020. Damals musste sie, nachdem ihre Yacht vor Südafrika auf Treibgut geprallt war, aufgeben und in Kapstadt einlaufen.

Sam segelte bei der Vendée Globe 2020 im Namen von »Initiatives Cœur«, einer Hilfsorganisation für herzkranke Kinder in Entwicklungsländern. Um der Initiative die versprochene Aufmerksamkeit zu sichern, setzte sie nach der Reparatur das Rennen um die Welt fort, nun außer Konkurrenz, weil sie verbotene Hilfe angenommen hatte. Als Teil der Flotte erreichte sie zwei Monate später die Biskaya – und schlug kurz vor dem Ziel plötzlich einen kreisförmigen Kurs ein. Einen halben Tag brauchte sie, dann war weltweit ihre Absicht auf der Seekarte des Trackers erkennbar: Sam hatte mit ihrer Yacht ein riesiges Herz in die Bucht der Biskaya gezeichnet.

»Hi Sam, wir würden gern wissen, wie bei jedem von euch die Stimmung ist, auf einer Skala von 1 bis 10«, ruft Rosalin.

Samantha Davies lacht: »Ziemlich gut, ich gebe mir eine 9.« Dann hört man, wie sie ihre Mitsegler fragt. Damien, der mittags genügend warmes Wasser erhalten hat, um sich an Deck komplett zu waschen, gibt eine 10. Skipper Paul nur eine 7, weil er gerade aus dem warmen Schlafsack steigt, die beiden anderen schlafen. Die zwei Frauen plaudern noch eine Weile, dann verabschiedet sich Sam: »Wie schön, hier draußen mit Freunden zu segeln. Lass uns morgen wieder chatten. Falls euer Funk dann noch so weit reicht …«

Antoine schickt seine Drohne über das Wasser. Will und Rosalin gehen an die Spitze des Bootes und lassen sich in *Titanic*-Pose filmen, als jubelndes Paar, mit ausgebreiteten Armen. Anschließend surrt die Flugkamera hinüber zu *Biotherm*. Boris kündigt sie per Funk an, er meldet sich mit »Here Flight Control Malizia«, woraufhin Sam und Damien an Deck steigen und die Drohne mit einem aufreizenden Tanz empfangen.

In der Nacht endet die Partytime im Pazifik. Der Wind frischt weiter auf. Im Vollmond rauscht die Flotte über die glitzernde See, mit inzwischen zwanzig Knoten entlang der Eisgrenze. Das Problem ist die Windrichtung. Bläst der Wind genau von hinten, kann ein Schiff nicht schneller segeln als der Wind. Fällt er schräg von der Seite ein, erhöht sich vor allem bei Rennyachten die Geschwindigkeit deutlich. Und so fahren die vier Schiffe im Zickzackkurs vor dem Wind her. Es ist ein anstrengender Kurs, weil die Mannschaften regelmäßig halsen müssen und für das halbstündige Manöver auch die Freiwache geweckt wird. Außerdem nähern sich die Schiffe immer wieder der verbotenen Zone. Kevin riskiert bei dem Halsenslalom am meisten, mehrfach fahrt er bis zu zwei Meilen an die Eisgrenze heran.

Im Kontrollzentrum in Alicante überwachen sechs Leute die Kurse der Teams, Tag und Nacht in mehreren Schichten. Einige von ihnen waren schon bei früheren Rennen dabei, doch was sie jetzt sehen, lässt sie entgeistert auf die Bildschirme starren. Nach einer Strecke von 8000 Seemeilen liegen die Schiffe so dicht beieinander, dass ihre Symbole auf dem Tracker verschmelzen. Nur wenn sie in Alicante den größten Maßstab einstellen, ist erkennbar, was da unten passiert: Seit zwei Tagen rasen alle vier Schiffe dicht nebeneinander her, manchmal mit 24 Knoten. Der Abstand zwischen dem nördlichsten und südlichsten Schiff beträgt nur fünf Seemeilen. Ihre farblich unterschiedlich markierten Kurse schwingen synchron hin und her. Es sieht aus wie der Schweif einer Kunstflugstaffel.

Nico hat auf seiner Navigationskarte ein auffälliges Symbol eingetragen, nicht weit entfernt vom Kurs der *Malizia:* ein kleiner gelber Sandhügel mit zwei Palmen darauf. Es ist ein Scherz, es gibt dort keine Insel, das Meer ist an dieser Stelle 3700 Meter tief. Nico hat die Koordinaten von Point Nemo markiert: den »Pol der Unzugänglichkeit«, den einsamsten Ort auf Erden.

Der Ort ist seit 1992 bekannt. Ein Vermessungsingenieur wollte damals herausfinden, welche Stelle im Meer sich am weitesten von Land entfernt befindet. Bei der Suche mithilfe eines selbst geschriebenen Computerprogramms berücksichtigte er auch kleine Inseln und unbewohnte Felsspitzen. Nichts als Wasser sollte den Ort umgeben, eine schier endlose Wasserwüste.

Der Ingenieur entdeckte das Zentrum der Einsamkeit im Südpazifik, in der Mitte zwischen Neuseeland und Chile. Die nächsten Landsplitter sind drei Inseln. Jede liegt genau 2688 Kilometer entfernt: im Norden das polynesische Ducie-Atoll, im Nordosten die chilenische Osterinsel und im Süden ein kleines Eiland vor der Küste der Antarktis. Der virtuelle Punkt erhielt später den Namen Point Nemo, nach Kapitän Nemo, dem Helden in Jules Vernes Roman *20 000 Meilen unter dem Meer*.

Die Veranstalter des Ocean Race betonen gern, die Segler befänden sich die meiste Zeit weiter vom Festland entfernt als die Astronauten der ISS von der Erde. Das klingt nach einer dramatisch großen Distanz. Tatsächlich ist die Distanz noch sehr viel größer: Die Raumstation schwebt in nur 400 Kilometern Höhe durchs Weltall, das entspricht der Breite der Biskaya. Nahe Point Nemo trennt die Segler eine siebenmal längere Strecke von festem Boden. Noch relevanter ist ein anderer Unterschied: Bei einem Notfall steigen die Astronauten in eine angedockte Raumfähre und kehren in wenigen Tagen auf die Erde zurück. Sollten die Segler in Not geraten, könnte bestenfalls ein Konkurrent sie retten; für einen Hubschrauber ist die Distanz zu weit, und ein Schiff von Chile aus bräuchte gut zehn Tage bis Point Nemo.

Niemand lebt in der ozeanischen Region von der Größe Europas, keine reguläre Frachtroute führt hindurch. Die riesige Leere hat die Gewässer um Point Nemo zu einem beliebten Endlager für Weltraumschrott gemacht. Über 260 ausrangierte Satelliten und Raumschiffe wurden von ihren Betreibern im Sturzflug in den Südpazifik gesteuert, auch die russische Raumstation Mir liegt dort am Meeresgrund. Die NASA plant, 2031 die ISS am gleichen Ort zu versenken.

Doch noch umkreist die Internationale Raumstation die Erde, gut 16 Mal täglich. Führt ihre Flugbahn über den Südpazifik, kommen die Astronauten den Seglern näher als irgendjemand sonst. Was Charlie Enright, Skipper von *11th Hour Racing*, auf die Idee bringt, einen Gruß ins All zu schicken. Er ruft seine Crew im Cockpit zusammen und nimmt eine Videonachricht auf: »Hi ihr da oben, ein paar Erdlinge grüßen euch.« Enright weist auf seine Mitsegler in orangefarbenem Ölzeug und stellt sie der Reihe nach vor. »Wir nehmen am Ocean Race teil und passieren bald Point Nemo. Abgesehen von unseren Konkurrenten seid ihr die Einzigen in der Nähe. Wir wollen die Gelegenheit nutzen, euch Hallo zu sagen.« Er habe gerade mit seinen Leuten überlegt, wie ähnlich ihre Jobs eigentlich seien. »Klar, ihr könnt bestimmt besser schlafen und wohnt etwas komfortabler. Aber bei euch wie uns steht Teamarbeit ganz oben. In der Einsamkeit müssen sich alle voll aufeinander verlassen können. Außerdem sind wir ja auch im Dienst der Wissenschaft unterwegs. Wir sammeln hier überall Wasserproben. Und setzen Messbojen für die Forschung aus. Das ist cool. Wir hoffen, euch geht es gut da oben.«

Die NASA leitet den Gruß an die Raumstation, ein paar Tage später trifft die Antwort ein. Das Video zeigt den US-Astronauten Frank Rubio, ein Mikrofon in der Hand. »Während ihr die Erde auf dem Meer umrundet, machen wir das Gleiche im All. Es ist ein überwältigender Anblick. Und man versteht, warum wir die Erde den blauen Planeten nennen. Wir sehen die Ozeane nur, ihr erlebt sie. Ihr habt das Privileg, dort Mutter Natur in all ihrer Kraft und Herrlichkeit zu spüren. Wir wünschen euch alles Gute. Und dem ganzen Ocean Race eine sichere Fahrt. Godspeed, viel Glück!«

11th Hour Racing und die Konkurrenten passieren Point Nemo im Abstand von etwa zwanzig Seemeilen. *Malizia* hat sich an die Spitze gesetzt, was sich aber rasch ändern kann, weil die vier Schiffe weiterhin nur wenige Seemeilen auseinander liegen. Niemand braucht sich einsam zu fühlen. Aber die Zeit launiger Dialoge über Funk ist vorbei. Himmel und Meer sind wieder zu einer grauen Suppe verschmolzen, es ist kalt und sehr windig, zwischendurch regnet es. Die Wellen beginnen zu brechen, die See gerät ins Rollen. Mit zunehmender Präzision beschreiben die Meteorologen das Sturmtief, das noch vor Kap Hoorn über die Boote herfallen wird.

Will

Als wir an Point Nemo vorbeifuhren, hat sich ein Traum von mir erfüllt. Ich war in der Mitte von Nichts. Hat es sich besonders angefühlt? Ehrlich gesagt, nein; es war die gleiche Wasserwüste wie seit Wochen. Ich glaube, ich werde das alles erst richtig begreifen und beschreiben können, wenn ich im Sommer nach Hause zurückkehre und mit meiner Familie und meinen Freunden abhänge. Ich habe mich einfach an diese Welt in Grau gewöhnt, an die Stürme, die Albatrosse, an das wochenlange Zusammensein von fünf Menschen in dieser winzigen Kammer. Schon merkwürdig: Obwohl ich all diese Momente intensiv erlebe, glaube ich manchmal, dass mir ihre volle Bedeutung erst im Nachhinein bewusst werden wird. Wenn ich zu Hause davon erzähle. Wahrscheinlich bin ich jetzt einfach zu beschäftigt.

Die letzte Woche war angenehm. Jeder hat viel geschlafen, es gab wenig Reparaturen, und wir haben uns gut erholt. Und auch mehr geredet als vorher. Wir kommen wirklich alle gut miteinander aus.

Nun müssen wir zurück in den Rennmodus. Der Wind hat zugelegt, und wir wissen, dass wir einen erkämpften Vorsprung auch halten können und nicht in einer Flaute wieder verlieren werden. Kap Hoorn ist nur noch fünf Tage entfernt. Voraus erwartet uns schweres Wetter. Wir haben das perfekte Boot für diese

Bedingungen, aber wir müssen die Chance auch nutzen. Wir können es schaffen, in jeder Stunde den anderen zwei Seemeilen abzunehmen. Es ist nicht nötig, dafür das Boot ständig ans Limit zu treiben. Wir müssen uns selber pushen und immer hochkonzentriert bei der Sache sein. Heute Morgen haben wir zehn Seemeilen auf Holcim verloren, weil wir bei einem Segelwechsel und der Halse danach langsam waren. Das darf nicht sein. Ich hoffe, jeder auf dem Boot versteht das.

Im Atlantik wird der Wind wohl schwächer sein und schwieriger zu kalkulieren. Wir sollten deshalb bei Kap Hoorn einen Vorsprung von hundert Seemeilen vor dem Zweiten haben. Wir haben fünf Tage Zeit dafür. Im Moment liegt Holcim dicht hinter uns. Es gibt keinen Grund, warum die bei diesen Bedingungen schneller sein sollten als wir. Die Malizia hat das bessere Design.

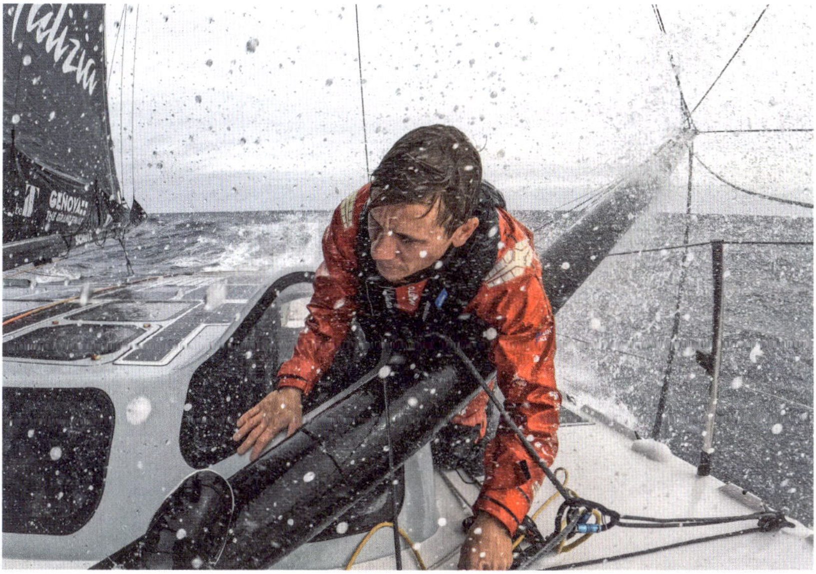

Auf Knien hangelt sich Will in stürmischer See am Cockpitdach vorbei nach vorn.

Im Großen und Ganzen war das Südmeer bisher nett zu uns. Das wird sich ändern, es kommt viel Arbeit und Quälerei auf uns zu. Wir müssen uns wieder an die harten Schläge gewöhnen, die das Boot uns versetzt. Und an die absurde Position, in der wir zu schlafen versuchen. Wir liegen eingeklemmt in der Koje, und die ganze Zeit schüttelt das Boot den Körper durch, ohne irgendeine Regelmäßigkeit, an die man sich gewöhnen könnte. Gleichzeitig pendelt der Kopf hin und her, als ob wir ununterbrochen Nein sagen würden. Aber so ist das Ocean Race.

Vor dem Zwischenziel bei Australien habe ich mir ständig vorgestellt, was für ein Glücksgefühl mich überkommen würde, wenn wir 11th Hour Racing noch überholen und Zweiter würden. Und dann tat ich alles, damit es wahr wurde. Nun will ich, dass wir vor Kap Hoorn an erster Stelle liegen. Vielleicht funktioniert die Strategie ja wieder: die Situation, die ich so sehr erhoffe, in allen Details zu visualisieren! Also versuche ich, sie mir so lebendig und realistisch wie möglich vorzustellen, immer wieder. Solche Tagträume treiben mich voran.

~

Gleich vier Mal musste die Rennleitung in den letzten Tagen die Sperrzone vergrößern. Ein Verband von Eisbergen hatte sich der Route der Segler genähert. Inzwischen wölbt sich die Bannmeile um die Antarktis im pazifischen Teilstück nach Norden. Auf der Seekarte sieht die dunkelrot schraffierte Sperrzone aus wie ein lang gestreckter, sanft ansteigender Berg. Nach dem tagelangen Anstieg folgt auf Höhe von Point Nemo der Abstieg: Parallel zu der nach Südosten abknickenden Eisgrenze segeln die Schiffe nun wieder mehr Richtung Antarktis. Sie werden tief in den Süden eindringen müssen, anders kommen sie nicht um Kap Hoorn herum.

Da erreicht eine Nachricht des Wettfahrtleiters die Chefs der fünf Rennteams: »In den nächsten Tagen trifft die Flotte auf starke Winde und einen hohen Seegang. Es wird hart werden. Bitte sorgt dafür, dass eure Kontakte für Krisenfälle erreichbar sind, mit aufgeladenen Mobiltelefonen. Wenn jemand aus eurem Krisenteam demnächst fliegt, bestimmt einen Vertreter und schickt uns die Kontaktdaten. Anbei unsere interne Wetteranalyse. Nutzt sie NICHT für öffentliche Mitteilungen.«

In der mitgeschickten Wetterkarte ist die Gefahr als fetter, dunkelvioletter Wirbel erkennbar: Im Rücken der Schiffe, vom Westen her, rauscht eine Sturmfront heran. Sie wird mit Winden von durchschnittlich 35 Knoten über die Flotte hereinbrechen, mit Böen bis 45 Knoten, also Windstärke neun. Der Sturm ließe sich noch gut abreiten, es ist der Seegang, der den Seglern mehr Kopfzerbrechen bereitet: Vorhergesagt sind Wellen mit sechs bis acht Metern Höhe, rasch aufeinanderfolgend, steile Wellenhänge. In zwei, drei Tagen dann eine weitere Verschlechterung, eine chaotische Kreuzsee.

Es ist genau diese Wetterlage, die Kap Hoorn seit jeher zu einem der gefürchtetsten Orte der Seefahrt macht. Regelmäßig ziehen Tiefdruckzonen über den Südpazifik. Ohne störendes Festland im Weg haben sie viel Zeit zu wachsen, immer schneller rotieren die Windströme um das Tief. Erst die südamerikanische Andenkette bremst die Sturmfahrt. Die gewaltige Luftmasse wird nach Süden abgedrängt, die Windgeschwindigkeiten nehmen zu, und wie in einem Trichter braust das ganze Gebilde dem Ende der Bergkette entgegen, der Südspitze des Kontinents. Kap Hoorn!

Dort wird es eng. Genau gegenüber erstreckt sich von der Antarktis aus eine gewaltige Halbinsel aus Fels und Eis. Sie verengt den Durchlass zwischen Amerika und der Antarktis auf 800 Kilometer. Wenn hier die Sturmfronten des Sudpazifiks anrauschen, mussen sich Wind und Wellen durch eine vergleichsweise schmale Passage zwängen. Dadurch nehmen sie weiter an Stärke zu. Hinzu kommt der Zirkumpolarstrom, eine mächtige Meeresströmung, die ungehindert um die Antarktis kreist. Bis sie nach Kap Hoorn gelangt. Dort bremst der amerikanische Festlandsockel den Durchfluss in den Atlantik. Der 4000 Meter tiefe Meeresboden steigt plötzlich an, der Polarstrom gerät ins Stocken, und die lang gestreckten Wasserberge des Pazifiks stauen sich zu steilen, kreuz und quer laufenden Wellen auf, über acht Meter hoch. Nicht so sehr die Stürme, sondern vor allem die brutalen Kreuzseen haben über Jahrhunderte hinweg viele Schiffe vor Kap Hoorn auseinandergebrochen.

Es wird stiller im Cockpit der *Malizia*, nur noch wenige Plaudereien. Das Sturmtief hat die Flotte erreicht. Der Himmel ist verhangen, das Meer schäumt weiß. Das neueste Drohnenvideo von Antoine zeigt, wie das Schiff schräg aufgerichtet über die See glitscht. Beide Foils sind ausgefahren, zwei Drittel des Rumpfs schweben in der Luft. Um die sicherste Position beim Surfen zu finden, dreht sich das Schiff ständig leicht auf seiner Heckpartie, pendelt ein bisschen nach links, dann nach rechts; fast sieht es so aus, als tänzelte die *Malizia* leichtfüßig über die Wellenberge. Nur ab und zu prallt der Bug auf, dann zischen vorne Wasserfontänen hoch und hüllen das Schiff ein.

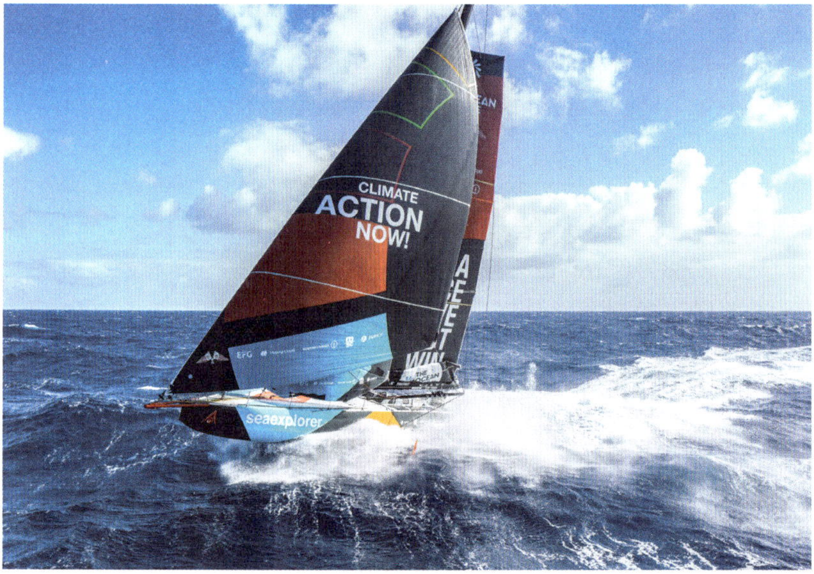

Es sieht elegant aus – aber das Boot springt und hüpft und kracht unablässig.

Antoine

Ich glaube, dieses Video ist mein bestes bisher. Wie die Malizia über die tobende See fliegt: Das sieht magisch aus. Aber es war auch riskant für die Drohne. Sie konnte gerade noch mithalten, wenn das Schiff mit 35 Knoten losraste. Inzwischen schicke ich die Drohne nicht mehr raus, der Sturm hat weiter zugelegt.

Ich bin kein ängstlicher Mensch. Aber bei dieser Geschwindigkeit mache ich mir schon Sorgen, was passiert, wenn wir irgendwo gegenknallen, etwa auf einen Container. Von fünfzig Stundenkilometer auf null. Peng! Wir würden quer durchs Schiff fliegen und uns alles Mögliche brechen.

Meine zweite Angst ist, bei diesem Seegang über Bord zu fallen. Wenn ich den Klo-Eimer mal für eine größere Sache nutze und den Beutel dann über Bord werfe, versuche ich immer, ihn so lange wie möglich noch zu sehen. Das ist wie ein kleines Spiel. Bei dieser Geschwindigkeit verschwindet er schon nach einer Sekunde zwischen den Wellen. Habe ich Glück, sehe ich ihn noch ein zweites Mal, ganz kurz oben auf einem Wellenkamm. Dann ist er weg. So würde es uns auch gehen. Wenn man hier über Bord fällt, ist es aus, ganz bestimmt.

Hinter dem Schiff wachsen Wellenberge aus dem Meer empor, oft scheint es, als würden sie die *Malizia* gleich unter sich begraben. Doch im letzten Moment heben sie das Heck an, und dann braust das Schiff los. Den Hang schräg hinab bis ins Wellental, dort weht weniger Wind, und der Sprint endet. Beschleunigen, Abbremsen, Beschleunigen, Abbremsen: Der ständige Wechsel zerrt an den Nerven der Crew. Vor allem, seit die Kreuzseen steiler und unberechenbarer anrollen und das Schiff immer häufiger krachend eintaucht. Die *Malizia* kämpft mit den härtesten Bedingungen seit dem Start des Ocean Race.

Die Temperatur unter Deck ist auf acht Grad gefallen. Alle tragen dicke Wollpullover aus Norwegen, beim Sprechen hängen kleine Atemwolken vor dem Mund. Wer Wache hat, steht breitbeinig, mit federnden Knien im Cockpit und hält sich an Griffleinen unter der Decke fest. Die Segler haben den überforderten Autopiloten quasi entmachtet; sie nutzen seine Tastatur nun wie eine Fernsteueranlage, um das Schiff, das jederzeit aus dem Ruder laufen und sich auf die Seite legen kann, möglichst sicher durch die wirre See zu steuern. Sie müssen auf schräg anrollende Wellen, Winddreher, plötzliche Böen achten – und können sich bei alldem nur auf ihr Gespür und die Daten der Messgeräte verlassen. Der Blick nach draußen ist ihnen versperrt: Ununterbrochen rauschen Brecher über die Dachfenster, im Cockpit fühlt es sich an wie in einer sehr lauten Autowaschanlage.

Alltägliche Handgriffe werden zur artistischen Einlage. Wie kann man aus der Tüte essen, den Klo-Eimer nutzen, sich an- und ausziehen, wenn man beide Hände braucht, um sich festzuhalten? Wer ins Vorschiff klettert, um den Müll wegzubringen, setzt einen Helm auf und bewegt sich nur kriechend vorwärts. Kracht das Schiff in eine Welle, durchfährt ein Stoß den ganzen Körper. Rosalin hat drei Stoßrichtungen ausgemacht: Beim »Organkiller« schmerzen für ein, zwei Stunden die inneren Organe. Der »Rückenbrecher« staucht die Wirbelsäule. Beim »Kopfstoßer« schleudert der Kopf ruckartig nach vorn. Der Rückenbrecher ist die häufigste Variante, sagt sie, der Organkiller die schlimmste.

Der einzige einigermaßen sichere Ort ist die Koje. Die Liegefläche lässt sich seitlich hochklappen, bis der Körper, halb eingewickelt in die Matratze, fest an die Bordwand gedrückt wird. Die Segler liegen immer mit den Füßen voraus in der Koje; stoppt das Boot in einer Welle ab, rutscht man nur in die Knie und kann sich danach wieder hochdrücken, im besten Fall, ohne aufzuwachen.

Wochenlang hatte sich das Südpolarmeer unerwartet zahm gezeigt. Nun aber testet es, zum zweiten Mal nach Australien, die Leistungskraft der Flotte unter genau den Bedingungen, auf die Boris und seine Bootsarchitekten setzten, als sie den ungewöhnlichen Rumpf der *Malizia* entwarfen. Leicht bananenförmig sollte er vor allem bei hohem Seegang und viel Wind von hinten wie ein Turbo funktionieren. Die Hoffnung erfüllt sich. Die Flotte, die so lange im Päckchen segelte, zerfällt; einen Tag vor Kap Hoorn liegen 200 Seemeilen zwischen der *Malizia* an der Spitze und *11th Hour Racing* am Ende des Feldes.

»Das Boot funktioniert«, schreibt Will dem Team an Land. »Bis 35 Knoten Wind schaffen wir es, schneller zu sein als die anderen. Darüber sind wir alle im Überlebensmodus.«

Seit wir unsere Imocas mit Foils bestückt haben, sind sie in der Lage, sich selbst zu zerstören. Wenn eine dieser Hammerböen vom Himmel fällt, dann rasen sie wie auf Knopfdruck los. Falls wir sie dann nicht zügeln, springen sie über die Wellen, bis sie auseinanderbrechen, so wie Kevins Schiff 2020 vor Kapstadt.

In der Koje habe ich oft den Eindruck, gleich ist es so weit. Dort unten im Dunkeln, mit dem Kopf nahe der Bordwand liegend, wirkt das Gebolze noch dramatischer als im Cockpit. Der Rumpf ist sehr steif und hart und rumst fürchterlich, ich leide da jedes Mal mit. Außerdem habe ich halt diese Paranoia und frage mich dauernd, was wohl als Nächstes bricht. Passiert wirklich etwas, verschwindet die Beklemmung sofort. Ich bin dann kristallklar und voll fokussiert. Ich habe das schon oft erlebt. Aber es muss ja nicht sein. Als ich das letzte Mal auf Kap Hoorn zufuhr, riss das Großsegel halb durch, ich konnte es mit letzter Kraft reparieren. So etwas möchte ich nicht noch mal durchmachen.

Die Mittagszeit ist in dieser Gegend noch die beste Zeit. Weil wir dann, wie jetzt gerade, den hellsten Grauton des Tages erleben. Wir kennen ja inzwischen alle Varianten von Grau, Antoine nennt es »Fifty Shades of Grey«. Er und Rosie versuchen, uns mit flapsigen Sprüchen aufzumuntern. Das ist nicht leicht: Wir legen gerade in 24 Stunden gut tausend Kilometer zurück. Würde man diese Strecke mit einem Auto fahren, dann gabe es viele Pausen, man wurde aussteigen und ein bisschen umhergehen. Wir aber machen das ohne Pause, Tag und Nacht, wir kochen und essen während der Fahrt, gehen aufs Klo und versuchen zu schlafen, alles wie in einem kleinen Lieferwagen, der ununterbrochen über eine Buckelpiste mit vielen Schlaglöchern rast.

Es sind anstrengende Tage, und ich merke, wie sich mein Körper zusammenzieht und automatisch nur noch das Nötigste tut, um Energie zu sparen. Sogar das Nachdenken lässt nach, etwa über meine Pläne für die nächsten Jahre. Ich brauche einfach alle Kraft, um jetzt zu funktionieren. Ich lebe nur noch im Moment, wie abgeschottet. Ja, zugegeben, das ist alles ein bisschen freudlos. Und Albatrosse sehe ich auch keine mehr. Unser Motto heißt gerade: Arschbacken zusammen und durch! Wir reden auch weniger. Will und Nico gehen stoisch ihrer Arbeit nach, ich mache das auch, Antoine liegt hinten im Bällebad und schneidet still seine Filme. Nur Rosie bleibt so munter wie bisher. Manchmal frage ich mich, ob sie sich dafür anstrengen muss. Ich glaube, nein. Sie ist einfach so.

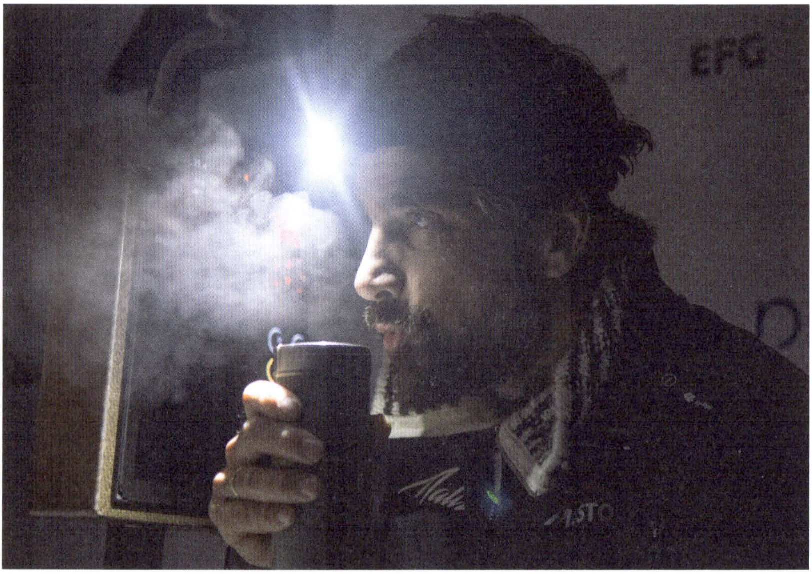

Mit heißem Tee und Wollpullover wärmt Boris sich im nächtlichen Eismeer.

Am Sonntag, dem 26. März, legt sich die *Malizia* um sechs Uhr morgens plötzlich schief und fällt in Seitenlage eine steile Welle hinab. Rosalin wird aus ihrer Steuerbord-Koje geschleudert, trotz eines aufgespannten Seitenschutzes. Sie rutscht fünf Meter über den schrägen Kabinenboden und prallt in eine Nische unter der gegenüberliegenden Koje von Nico. Sie ist benommen, kann sich nicht aus eigener Kraft befreien und schmeckt Blut in ihrem Mund.

Boris und Nico stehen im Cockpit und versuchen das Schiff wieder auf Kurs bringen. Will, der in seiner Koje liegt, hört ein Wimmern. Im Strahl seiner Stirnlampe kriecht er durch die dunkle Kabine. Rosalins Koje ist leer, und es dauert, bis er sie eingeklemmt in der Nische entdeckt. Antoine und er ziehen sie hervor und legen sie in Nicos

Koje. Rosalins Gesicht ist blutüberströmt, und sie wirkt, als würde sie gleich das Bewusstsein verlieren. Boris ruft Dr. Briggs in England an, den Rennarzt, der ihm telefonisch schon auf den Kapverden zur Seite stand.

Oberhalb von Rosalins rechter Augenbraue klafft eine tiefe Wunde. Antoine und Will reinigen ihr Gesicht vom Blut, dann desinfizieren und klammern sie die Wunde. Will beginnt mit den Checks, die er beim Notfallkurs von Dr. Briggs in Alicante gelernt hat: Er prüft Rosalins Pupillen, misst den Blutdruck, tastet den Körper nach schmerzenden Stellen ab. Und er testet, wie klar ihr Bewusstsein ist. »Wo sind wir, Rosie?«, fragt er. »In Kapstadt«, antwortet sie. Als sie seine erschrockene Miene sieht, lächelt sie schief. »Nur ein Witz«, sagt sie.

Rosalin zittert vor Kälte, und die beiden Männer wickeln sie in zwei Schlafsäcke ein. Dann geben sie ihr etwas zu trinken, Schmerzmittel und Haribo. Rosalin sagt, sie habe rasende Kopfschmerzen, außerdem sei ihr schwindelig. Dr. Briggs lässt sich per Videocall ihren Zustand beschreiben und schaut die Werte an, dann sagt er zu Boris, sie habe eine Gehirnerschütterung. Eigentlich müsse sie jetzt in einem ruhigen, abgedunkelten Raum liegen, in völliger Stille, und »nicht in eurer Hüpfburg«. Die Crew muss Rosalin ständig überwachen, sagt er. Verschlechtert sich ihr Zustand, kann sie nahe der chilenischen Küste von Bord geholt werden. Die *Malizia* ist noch anderthalb Tage von Kap Hoorn entfernt.

Rosalin

Ich hatte fest geschlafen. Als ich aufwachte, wusste ich nicht, wo ich war. Es war stockdunkel, ich konnte mich nicht bewegen und hatte starke Schmerzen. Ich spürte, dass mein Gesicht nass war, ich schmeckte Blut. Dann hörte ich Will meinen Namen rufen. Irgendwie ist er immer da, wenn mir etwas passiert. Er holte mich in Lorient aus dem Meer, als ich beim Kitesurfen abtrieb, und er fand mich im Wald, als ich mir einmal beim Joggen den Knöchel brach.

Als Erstes sah ich in der Finsternis zwei Stirnlampen, die mich anleuchteten. Will und Antoine hoben mich hoch und legten mich in Nicos Koje. Sie erzählten, was passiert war, dann begannen sie, mein Gesicht zu säubern. Überall lagen diese blutgetränkten Wattebäusche herum. Sie sprachen ganz ruhig und sachlich, aber ich sah, dass sie Angst hatten. Sie tasteten meinen Körper ab und versorgten die Wunde. Ich dachte, wie gut, dass die beiden bei dem Erste-Hilfe-Kurs mitgemacht haben; viel mehr konnte ich nicht denken, ich glaube, ich habe kurz das Bewusstsein verloren.

Als sie mir das Pflaster quer über die Stirn klebten, fragte ich, ob ich jetzt wie ein Pirat aussehe. Will sagte, ja, du siehst aus wie ein Pirat. Komisch, aber darüber habe ich mich richtig gefreut. Dann bin ich eingeschlafen.

Will

Es hat wirklich eine Weile gedauert, bis ich Rosie fand. Sie lag am Seitenrand der Kabine, eingequetscht unter einer Querstrebe. Wir haben sie vorsichtig da rausgezogen und in eine Koje gelegt. Für mich war das der schlimmste Moment des ganzen Rennens. Ihr Gesicht war blutüberströmt, sie stöhnte vor Schmerzen – und ich wusste nicht: Kann sie sich überhaupt noch bewegen? Hat sie innere Verletzungen? Ist sie in Lebensgefahr?

Wir haben dann all diese Tests gemacht, im Strahl unserer Lampen, in einem ruckartig schaukelnden Boot, das Ganze dauerte endlos, und mir war schlecht vor Angst. Aber irgendwann stand fest, dass sie Glück gehabt hat. Sie hätte bei dem Sturz ihr ganzes Gesicht zerschlagen und sich alles Mögliche brechen können. Briggs meint, sie hat eine Gehirnerschütterung. So wie ich Rosie kenne, wird sie in ein, zwei Tagen wieder anfangen wollen, mit uns auf Wache zu gehen. Aber wir werden dafür sorgen, dass sie nicht aus dem Bett kommt.

Rosalin bleibt in der Koje liegen. Sie schläft fest, zwischendurch trinkt sie, lässt sich den Klo-Eimer geben, dann schläft sie weiter. Ihre Blutdruck- und Pulswerte bleiben stabil. Als sich die *Malizia* Kap Hoorn nähert, will Rosalin jedes Mal, wenn sie kurz aufwacht, die verbleibende Distanz wissen. Es kann doch nicht sein, dass sie diesen Moment verpasst! Der Sturm hat nachgelassen, die Wellen sind niedriger als erwartet, die Sicht ist gut. »Weckt mich auf jeden Fall, wenn es so weit ist«, sagt sie.

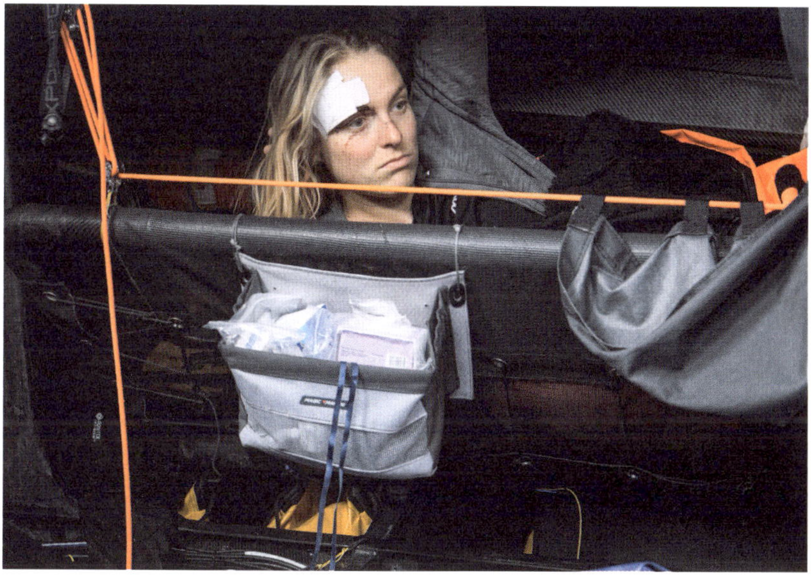

Nach dem Unfall bleibt Rosalin tagelang in der Koje liegen.

Am 27. März um 13 Uhr passiert die *Malizia* als führendes Schiff der Flotte die legendäre Südspitze Amerikas. Seit einem Monat hat die Mannschaft nichts anderes gesehen außer Wasser bis zum Horizont, nun erblickt sie zum ersten Mal wieder ein Stück Land: In fünf Seemeilen Entfernung ragt ein kantiger, flacher Klotz aus dem Meer. Es ist eine Insel. Der amerikanische Kontinent endet in einem Archipel aus Hunderten von Inseln und Felsbuckeln, grau und glatt gewaschen von den ständigen Regenstürmen. Isla Hornos liegt südlicher als alle anderen Inseln, und an ihrer Südküste ragt eine hohe Klippe auf: Kap Hoorn.

Der Wind weht eiskalt. Kein anderer Kontinent ragt so tief ins Polarmeer hinab, so dicht an die Antarktis heran. Hier, am 56. Breitengrad, hat die *Malizia* den südlichsten Punkt ihrer Weltumsegelung erreicht, von nun an wird es wärmer. Der Autopilot steuert das Schiff, als sich alle nebeneinander an Deck setzen, mit Rosalin in der Mitte. Quer auf ihrer Stirn klebt ein großes weißes Pflaster, noch immer quälen sie heftige Kopfschmerzen, aber »das ist mir gerade völlig egal«, hatte sie gesagt, als sie langsam aus dem Cockpit hinauf an Deck stieg.

Es ist ein historischer Moment. Mit einer Pappe in den Händen, auf die Nico in großen Lettern Ort und Datum gemalt hat, fotografiert Antoine die Mannschaft, die Konturen des Kaps klar erkennbar im Hintergrund. »We made it!«, brüllt Will und ballt die Faust. Auch Rosalin und Antoine schreien ihre Freude hinaus. Die drei und Nico runden Kap Hoorn das erste Mal, für Boris ist es schon das sechste Mal. Weil das Schiff konstant in leichter Schräglage segelt, riskiert die Mannschaft ein zweites Motiv: Sie klettert auf den Großbaum, dann lässt Antoine seine Drohne steigen und filmt fünf Menschen, die in signalrotem Ölzeug Arm in Arm im Großsegel liegen, auf einer foilenden Yacht, die an Kap Hoorn vorbeirauscht.

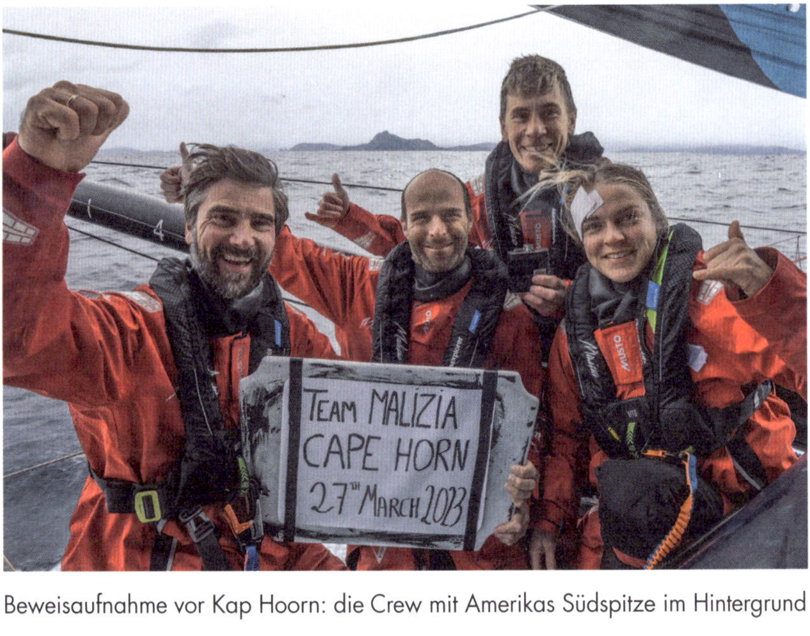

Beweisaufnahme vor Kap Hoorn: die Crew mit Amerikas Südspitze im Hintergrund

Die Bedingungen könnten nicht besser sein. Normalerweise wühlen Stürme die See auf, an neun Monaten im Jahr fällt prasselnder Regen, an den trockenen Tagen liegen oft Nebelbänke auf dem Meer. Die Gewässer um Kap Hoorn sind der größte Schiffsfriedhof der Welt. Etwa 800 Schiffe sanken auf den Meeresgrund, mehr als 10 000 Seeleute ertranken hier in den letzten drei Jahrhunderten. Kap Hoorn ist ein Schauplatz des Schreckens – und auch der Freude: Wem es gelingt, an dieser verdammten Felswand vorbeizukommen, der weiß, dass er es geschafft hat, der kann endlich alle Kälte und Mühsal hinter sich lassen und einen Kurs in reizvollere Regionen einschlagen, in die Südsee oder den Atlantik.

Die *Malizia* rundet Kap Hoorn als erste Yacht des Ocean Race. Noch vor drei Wochen trieb sie am Ende des Feldes in einer Flaute, mit 600 Seemeilen Rückstand und kurz davor, wegen eines Risses im Mast aufzugeben. Mit der Aufholjagd durch das Eismeer sichert sich das Team nun die »Roaring Forties Trophy«: den begehrten Preis für die schnellste Passage vom Kap der Guten Hoffnung nach Kap Hoorn. Bei jedem Ocean Race wird der Preis außerhalb der Wertung verliehen, der Sieger erhält keine Punkte, dafür Ruhm und Ehre. Boris holt die Flasche für besondere Gelegenheiten an Deck. Es sind 700 Milliliter Talisker-Whisky, sie müssen ausreichen für das ganze Rennen. Boris schraubt den Deckel ab, dann sagt er: »Dieser Preis bedeutet mir mehr, als wenn wir jetzt auch noch die Etappe gewinnen. Die *Malizia* hat im Südmeer gezeigt, was in ihr steckt.« Er hebt die Flasche: »Auf unser Team und unser Boot!« Jeder nimmt einen kleinen Schluck, nur Rosalin beschränkt sich darauf, an der Flasche zu riechen.

Will sucht mit einem Fernglas die Klippe von Kap Hoorn ab. Da oben muss der legendäre Leuchtturm stehen, neben einer meteorologischen Station, beides überwacht von einem chilenischen Marineoffizier. Wer zum Dienst in diesem Außenposten verpflichtet wird, muss es ein Jahr lang dort aushalten, dann schickt die Armee den nächsten Offizier auf die Insel am Ende Amerikas.

Boris schraubt die Flasche zu. »Zurück in den Rennmodus!«, sagt er. Es sind noch 2000 Seemeilen bis ins Ziel vor der brasilianischen Hafenstadt Itajaí. Und *Holcim* liegt nur zwanzig Seemeilen hinter der *Malizia*. Die Mannschaft von Kevin, die bisher bei jeder Etappe gesiegt hat, wird alles daransetzen, auch diese Etappe zu gewinnen, die längste und wichtigste von allen.

Will

Ich bin eigentlich kein sehr emotionaler Mensch. Aber der Moment vor Kap Hoorn hat mich aus der Spur getragen. Ich war so bewegt! Seit zehn Jahren arbeite ich an meinem Ziel, ein guter Offshore-Segler zu werden und um die Welt zu segeln. Das waren zehn Jahre harte Arbeit. Nie nachlassen, so wie in den letzten Wochen, da habe ich mich jeden Tag und jede Nacht nur auf das Rennen konzentriert – und dann sah ich Kap Hoorn, und es war, als ob ich auch innerlich aufblickte und plötzlich wusste: Ich habe es geschafft!

Ich glaube, Rosie und Nico ging es ähnlich, ich habe die Aufregung in ihren Gesichtern gesehen. Und ich war froh, das erste Mal nicht als Einhandsegler zu erleben, sondern den Moment mit dem Team zu teilen.

Dreißig Tage lang hatten wir kein Land gesehen. Alles um uns herum war ununterbrochen in Bewegung. Die Wellen, die Wolken, das Schiff, alles rollt und fließt. Und dann siehst du auf einmal etwas Festes aus dem Meer wachsen. Ich hatte fast schon vergessen, wie Land aussieht, so massiv und stabil. In Lee von Kap Hoorn ankerte ein Kreuzfahrtschiff, und ich war ein bisschen neidisch auf die Menschen, die da jetzt hochgehen konnten, mit festem Boden unter den Füßen. Ich würde gern wieder irgendwo sitzen, ganz in Ruhe, und nichts wackelt.

Noch sechs Tage bis Itajaí. Der Endspurt durch den Atlantik wird hart: Die Meteorologen haben zwei Sturmfronten entlang der argentinischen und brasilianischen Küste angekündigt – und auf der *Malizia* fehlt ein Crewmitglied. Rosalin ist nach ihrem Ausflug an Deck bleich in die Koje zurückgekrochen; Dr. Briggs, mit dem sie täglich telefoniert, hat ihr dringend geraten, dort vorerst zu bleiben.

Boris und Will fahren ihre vierstündigen Wachen nun meist allein. Nico hat keine festen Wachzeiten mehr, er ist immer im Dienst. Mal steht er im Cockpit, hilft beim Kurbeln am Grinder oder übernimmt für eine Weile den Autopiloten. Oder er liegt hinten in seiner Kuhle, eingesunken im Sitzsack, und navigiert: mit dem schwenkbaren Rechner vor dem Kopf und der Tastatur auf dem Schoß. Zwischendurch rollt er sich auf dem weichen Sack zusammen und schläft, meist nicht länger als zwanzig Minuten, bis zum nächsten Manöver oder Wetterbericht. Nico, sagt Boris, sei jetzt im Kampfmodus des Figaro-Seglers.

Die Figaro-Rennyachten gelten in Frankreich als härteste Schule für Einhandsegler. Sie sind elf Meter lang, mit Foils ausgestattet und als Einheitsklasse alle etwa gleich schnell. Bei manchen Regatten starten bis zu fünfzig Figaros, mehrere Tage und Nächte führt der Kurs durch die Biskaya, es wird wenig geschlafen und um jeden Meter gekämpft. Bei der Solitaire du Figaro, dem Höhepunkt der Rennsaison, absolvieren die allein segelnden Frauen und Männer gleich vier mehrtägige Rennen direkt hintereinander, mit nur wenigen Tagen Pause dazwischen. Es kommt vor, dass bei der letzten Wettfahrt manche Teilnehmer zu halluzinieren beginnen, aus Schlafmangel und Erschöpfung. Sie reden mit einem unsichtbaren Wesen, streiten über den besten Kurs. Oder sie kehren plötzlich um, weil sie die Person suchen müssen, die, davon sind sie fest überzeugt, gerade über Bord gegangen ist. Die Solitaire zu gewinnen, gilt in der französischen Seglerwelt mehr als ein Olympiasieg. Nico hat sie zwei Mal gewonnen.

Mit der Zähigkeit des Figaro-Seglers hat sich Nico auf den Wegfall seiner Freiwache eingestellt; wortkarg, fast stoisch geht er seiner Arbeit im Cockpit und in der Navigationskuhle nach. Als die angekündigte Sturmfront die *Malizia* überrollt, kommt er auf zwei Stunden Schlaf in 24 Stunden. Schließlich lässt der Wind nach, und die Segler erleben die erste einigermaßen ruhige Nacht seit langer Zeit, bei 18 Grad Lufttemperatur und einer im Mondschein glänzenden See. Rosalin meldet sich aus ihrer Koje und erklärt, sie wolle morgen versuchen, ins Wachsystem zurückzukehren. Dann schläft sie weiter. Und auch Nico rollt sich zusammen, diesmal für ganze vier Stunden.

Boris, Rosalin und Antoine

B: Guten Morgen, Rosie. Wie ist die Stimmung?

R: Eine knappe 8. Mein Körper fühlt sich noch nach 6 an, Tendenz steigend. Ich hoffe, es ist ok, dass ich noch eine Weile im Bett bleibe. Für unsere erste Plauderei seit Tagen.

B: Völlig ok. Will hat mich gerade abgelöst, Nico navigiert, und ich beobachte Holcim durchs Fenster. Die segeln nur 500 Meter neben uns!

R: Wie ist das passiert? Bei Kap Hoorn waren sie noch klar hinter uns.

B: Die haben uns halt eingeholt. Aber wir werden sie nicht vorbeilassen! Heute Morgen hatten wir einen wunderbaren Sonnenaufgang, den ersten nach dreißig Tagen Grau. Es wird endlich wärmer, und wir sehen viele Vögel um uns. Du bekommst ja von alldem nichts mit.

R: Zum Glück. Ich schlafe so viel wie noch nie in meinem Leben. Ich schätze, ich komme auf 16 Stunden Schlaf täglich. Wenn ich wach werde, überfallen mich die Kopfschmerzen, vor allem, wenn das Boot aufs Wasser kracht. Bis gestern war es, als würde mir dann jemand ein Messer in den Kopf rammen. Heute geht's schon besser.

A: Als wir dich fanden, da hast du so gezittert. Erinnerst du dich, dass wir versucht haben, dich in Nicos Koje warm zu reiben?

R: Ja, natürlich. Da habe ich gedacht, dass jedes Mädchen auf Erden jetzt neidisch auf mich ist. Gleich vier Jungs kümmern sich um mich.

B: In den ersten Tagen hast du ununterbrochen geschlafen. Antoine hat ständig die Hand vor deinen Mund gehalten, um zu spüren, ob du überhaupt noch atmest.

R: Ihr seid so gut zu mir. Ich glaube, ich möchte jetzt nirgendwo anders sein. Und bald kann ich wieder mithelfen, ein bisschen jedenfalls. Wir wollen uns doch den Sieg holen, gerade bei dieser Etappe!

B: Mal schauen, es kann noch allerhand Unangenehmes passieren. Vor Brasilien fahren wir dicht an die Küste, da gibt es oft Fischerboote ohne Positionssignale. Und das nächste Sturmtief kommt schon, mit starken Winddrehern. Nico wird viel zu tun haben.

R: Ich würde gern einmal in Nicos Kopf kriechen. Vielleicht verstehe ich dann besser, wie er es schafft, immer alles in Ruhe abzuwägen. Und so ausgeglichen zu sein. Jedes Mal, wenn seine Wache beginnt, kommt er mit diesem versonnenen Lächeln ins Cockpit. Ich glaube, Nico ist immer bei 9.

B: Obwohl du sein Bett genommen hast. Er muss die ganze Zeit auf dem Boden schlafen.

R: Mach mir kein schlechtes Gewissen. Strengt euch einfach mehr an, dann sind wir schneller im Ziel, und alle können schlafen.

A: Hallo? Vor ein paar Tagen hast du noch gesagt, du willst nicht, dass diese Wettfahrt zu Ende geht.

R: Ja, stimmt. Ich fühle mich einfach wohl mit euch, in unserer kleinen Blase. Heute ist Tag 33, und ich habe mich so an uns gewöhnt, dass ich das Gefühl habe, so ist das Leben und so wird es immer weitergehen. Niemand stört uns. Ich verrate euch was: Vor ein paar Tagen habe ich geträumt, dass wir an Land ankommen, und auf einmal seid ihr alle weg und ich bin allein. Das war wirklich ein Albtraum! Ich glaube, wir sollten auf dem Schiff bleiben.

B: So was habe ich auch schon von anderen Seglern gehört. Ich erinnere mich an das Buch von Ellen MacArthur über ihre Vendée Globe 2001. Damals war sie hundert Tage ununterbrochen auf ihrem Boot. Nach dem Ziel war sie in Tränen aufgelöst. Sie wollte ihr Boot nicht verlassen. Ich glaube, sie musste damals von Bord getragen werden.

R: Das hört sich verrückt an, aber ich verstehe sie. Ich finde es auch schrecklich, wenn wir anlegen und ich sehe, wie andere Menschen an Bord klettern und plötzlich in mein Zuhause gehen und alles auf den Kopf stellen. Ich fühle mich dann immer etwas verloren. Und wenn ich abends in irgendeinem Hotelbett liege, ist dieses Gefühl noch stärker.

B: Die ersten Menschen kommen ja schon auf See zu uns, gleich nach dem Ziel. Klar, ich bin glücklich, wenn ich das Team im Schlauchboot sehe. Meist klettert Stu als Erster hoch, er bringt mir ein Bier, dann checkt er das Boot. Aber es ist jedes Mal auch ein verstörender Moment: der Einbruch der anderen in unsere kleine Welt.

A: Ich habe eine Idee. Wir machen eine stille Ankunft. Wenn wir in den Hafen einlaufen, dann jubeln wir nicht und winken nicht, wie stehen einfach schweigend an Deck. Und die auf dem Steg sollen das auch tun. Bis wir anlegen.

B: Das gefällt mir. Das machen wir! Zwei Minuten der Stille und Besinnung. Halten wir das durch? Lasst es uns einfach versuchen, zusammen mit dem Team an Land.

R: Meint ihr das ernst? Das wäre echt schräg. Die Leute warten 35 Tage auf uns – und dann bitten wir sie, still zu sein?

B: Eben. Genau deshalb.

Etwa tausend Seemeilen vor dem Ziel beginnt das, was Kevin später »dogfight« nennen wird, Hundekampf. Zwei Schiffe, die sich, so sieht es auf dem Tracker aus, ineinander verbissen haben, die jeder Wendung des anderen sofort folgen, die mal gewinnen, mal verlieren. Die einfach nicht voneinander loskommen. Es ist ein erbitterter Kampf entlang der Küste Südamerikas, drei Tage und zwei Nächte lang.

Die Atempause mit weniger Wind war nur von kurzer Dauer, inzwischen ist die zweite Sturmfront über die Schiffe hereingebrochen. Sie zerstört endgültig die Hoffnung, im Atlantik würde das Segeln angenehmer. Mit Windstärke neun zerwühlt der Sturm das Meer. Die Böen fallen aus unterschiedlichen Richtungen vom Himmel und türmen eine chaotische Kreuzsee auf. Selbst Nico, dem jeder Superlativ suspekt ist, räumt ein, dass diese Bedingungen schlimmer sind als alles, was sie im Südpolarmeer erlebt haben. Das Meer schäumt weiß, grollend brechen die Wellen neben dem Schiff, und die Gischt, die auf breiter Front von den Kämmen abreißt, nimmt jede Sicht.

Die Unberechenbarkeit, mit der Böen und Wellen von schräg hinten auf die *Malizia* prallen, macht den Seglern am meisten zu schaffen. Jederzeit könnte das Schiff aus dem Ruder laufen, in voller Fahrt querschießen und sich komplett auf die Seite legen. Die Rennyacht, die mit über dreißig Knoten vor dem Sturm herjagt, muss daher so gesteuert werden, dass sie so aufrecht wie möglich über die Wellenberge fährt. Es ist wie ein Balanceakt auf einem wackelnden Seil. Wer am Autopiloten steht, tippt unablässig auf die grüne oder rote Taste: um den Kurs, den die Elektronik in diesem Moment für den sichersten hält, blitzschnell um ein paar Grad nach rechts oder links zu korrigieren. Es wäre riskant, dabei auch nur wenige Sekunden unkonzentriert zu sein, Boris, Will und Nico lösen sich daher in kurzen Abständen am Autopiloten ab. Rosalin hilft bei manchen Manövern mit, für den Autopiloten und alles andere fühlt sie sich noch nicht fit genug.

Es herrscht Ruhe auf der *Malizia*, alle funktionieren nur noch. Trimmen und steuern, trimmen und steuern, zwischendurch heißes Wasser aufsetzen, sich zum Essen in eine Ecke klemmen, hastig aus der Tüte löffeln, kurz schlafen. Der Sturm hält seit 36 Stunden an, und *Holcim* lässt nicht locker.

Im Südpolarmeer hatten Boris und Kevin, wenn ihre Boote in Funkweite lagen, ein paar Mal miteinander telefoniert. Beide Segler kennen sich seit Jahren, sie sind oft gegeneinander gesegelt, auch im Südpolarmeer. Bei aller Konkurrenz entstehe in dem Eismeer auch eine Art Kameradschaft, hatte Boris vor dem Ocean Race erklärt, schon allein deshalb, weil es immer möglich sei, dass der eine das Leben des anderen retten müsse. So wie bei der Vendée Globe 2020, als Boris zu den vier Seglern gehörte, die eine Nacht lang nach Kevin in seiner Rettungsinsel suchten, nachdem dessen Boot in mörderischer See südlich von Kapstadt plötzlich auseinandergebrochen und gesunken war.

Nun, kurz vor dem Ziel, verändert sich der Ton. Bei einem Telefonat am Tag nach Kap Hoorn haben beide noch darüber gesprochen, welche Segel sie gerade fahren. Inzwischen verraten sie einander nichts mehr. Sie schweigen und beobachten sich durchs Fenster. Dogfight.

Die *Holcim*-Mannschaft kämpft sich zu viert durch die Sturmfront, auf der *Malizia* sind seit einer Woche, seit Rosalins Unfall, nur noch drei Segler einsatzfähig – und am Ende ihrer Kräfte. Boris, Nico und Will haben es aufgegeben, sich nach den Wachzeiten zu richten. Durchhalten, nur noch durchhalten! Alle zwanzig Minuten berechnet der Bordcomputer die Durchschnittsgeschwindigkeiten beider Schiffe und vergleicht sie. Leuchtet dann ein kleiner Ball auf dem Monitor in Grün, segelt *Malizia* schneller als *Holcim*. Leuchtet er in Rot, ist es umgekehrt. Das ständige Umspringen von Rot auf Grün und zurück hält die Crew auf den Beinen wie eine Wachdroge, unentwegt schielt sie nach dem Ball. Und dann kurbelt sie am Grinder und zieht an den Schoten und fummelt an den Einstellungen für Foils und Kiel und probiert einfach alles, damit das verdammte Rot endlich verschwindet. Schlafen kann man auch an Land.

Anderthalb Tage bis zum Ziel. Noch immer erreichen manche Böen Orkanstärke, und das einzig Gute daran ist für die *Malizia*-

Crew die Gewissheit, dass die gleiche Böe auch über *Holcim* herfällt, nur ein paar Meilen entfernt. Welche Mannschaft hält den Dogfight länger durch?

Beide Boote fahren jetzt dicht an der Küste entlang, in der Hoffnung auf weniger aufgewühlte See. Auf der Höhe von Uruguay passiert es: In einer Böe mit Windstärke zehn läuft *Holcim* aus dem Ruder und kippt auf die Seite, Mast und Segel liegen nahezu waagerecht im Wasser. Ein Video des Bordreporters zeigt, wie Kevin und seine Mitsegler durch das Cockpit schlittern, wie sie sich festklammern und verzweifelt versuchen, die Kontrolle über das Schiff wiederzuerlangen. Es dauert mehrere Minuten, bis die Yacht sich aufrichtet. Eine Latte im Großsegel ist gebrochen, weshalb die Crew das Segel bergen muss. Bis sie eine Ersatzlatte auf Länge gesägt hat und das Segel wieder setzen kann, hat sich der Abstand zur *Malizia* auf dreißig Seemeilen vergrößert.

»In dem Moment wusste ich: game over für Kevin!«, schreibt Boris in einer Nachricht an sein Team. »Eigentlich können wir die Etappe nur noch verlieren, wenn wir einen Fehler machen.«

Sie machen keinen Fehler. Die *Malizia* baut ihren Vorsprung auf siebzig Seemeilen aus. Um drei Uhr nachts nähert sie sich der Ziellinie vor der Hafeneinfahrt von Itajaí. Mehrere Dutzend Boote erwarten die Yacht, Nebelhörner tuten, Signalraketen explodieren, Scheinwerfer leuchten das Deck der *Malizia* ab. Dort ist niemand zu sehen. Die Mannschaft steht gespannt unter Deck und wartet auf den Anruf des Renndirektors. Es knackt im Funkgerät, und Phil Lawrence meldet sich mit der ihm eigenen britischen Korrektheit: »Hier Race Control. Eure Zielüberquerung ist aufgezeichnet worden.« Will bedankt sich höflich, dann schaltet er das Funkgerät aus. Jubel bricht los. Das Team tanzt und schreit, Rosalin lässt ihre Discokugel rotieren, dann steigen alle an Deck in die Lichtkegel der Scheinwerfer.

In der Morgendämmerung legt die *Malizia* in Itajaí an. Journalisten und Kamerateams drängen sich auf dem Steg. Die Geschichte ist gut: Hier kommt die Mannschaft, die gerade die längste und härteste Etappe

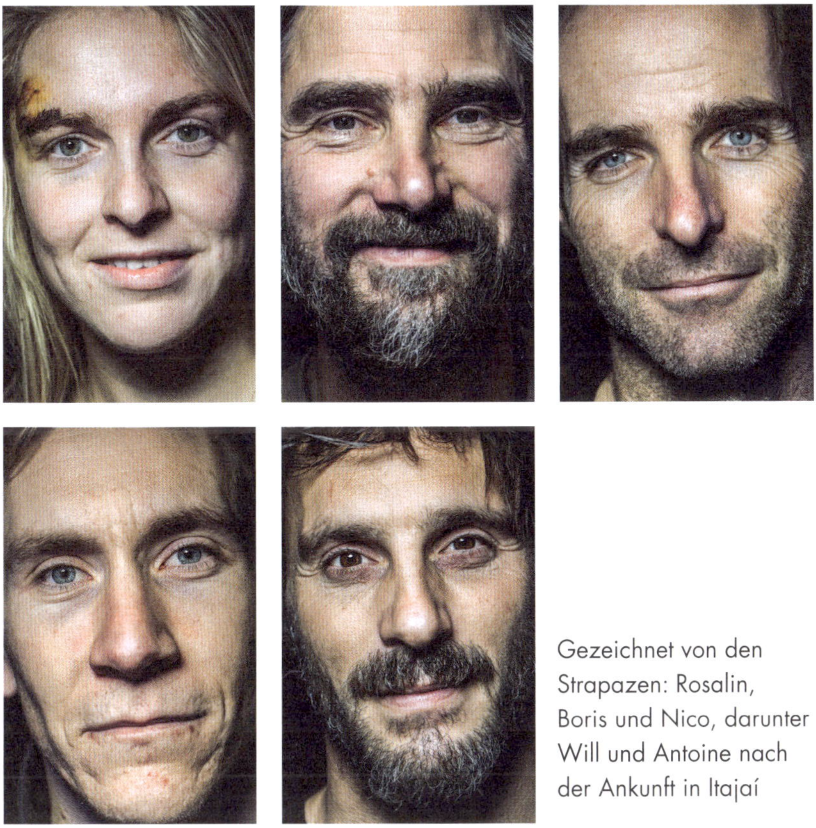

Gezeichnet von den Strapazen: Rosalin, Boris und Nico, darunter Will und Antoine nach der Ankunft in Itajaí

in der Geschichte des Ocean Race gewonnen hat. Nach 35 Tagen auf See klettern Rosalin und ihre Männer vorsichtig auf den Steg und fallen Holly, Stu und all den anderen des Teams in die Arme. Nach 35 Tagen Tütenessen erhalten sie Pizza und Hamburger mit frischen Salatblättern und Wasser, das nicht nach Vitamintabletten schmeckt. Jeder absolviert mehrere Interviews, dann lassen sie sich in ihr Hotel fahren, zum ausgiebigen Duschen. Und zum Schlafen in einem Bett, das nicht riecht und auch nicht wackelt.

Nur Boris geht zurück an Bord. Er möchte eine Weile allein sein mit seinem Schiff. Er stellt die Uhr und legt sich auf den Boden der Achterkabine. In vier Stunden wird *Holcim* einlaufen, dann will er auf dem Steg stehen und Kevin und seine Mannschaft begrüßen.

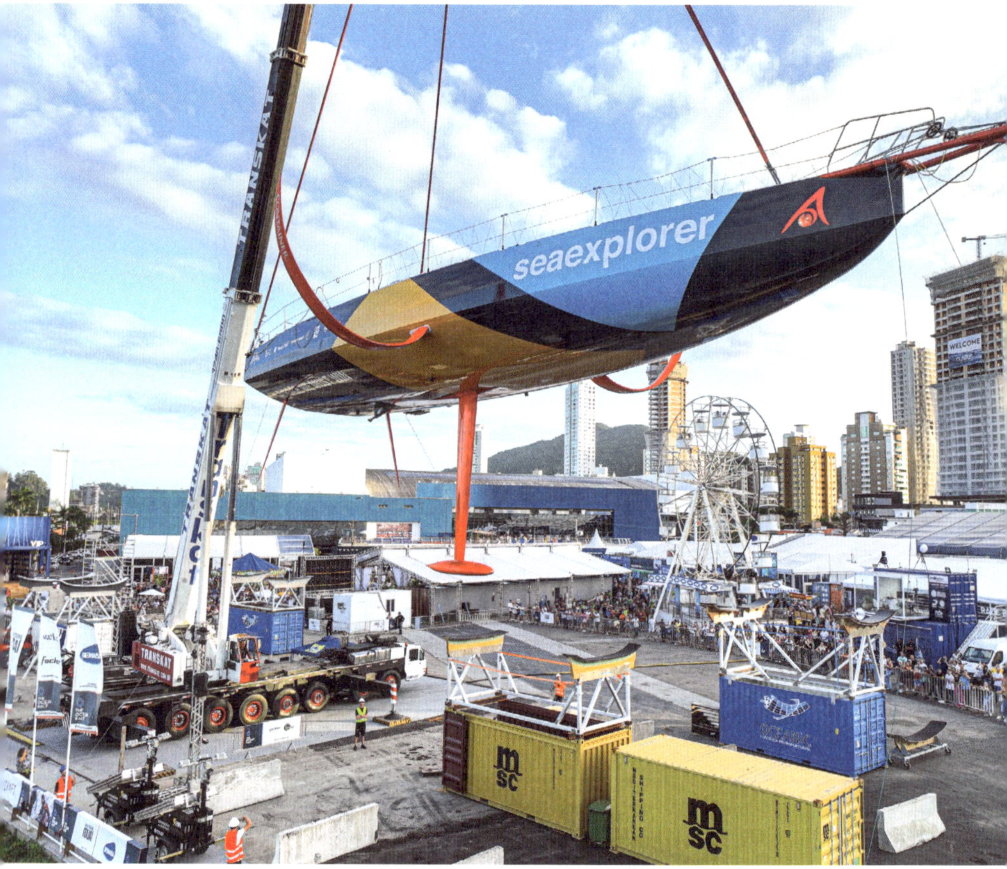

Nach der Marathonstrecke: Die Malizia schwebt zum Generalcheck an Land.

7 Brasilianische Nächte

Work hard, play hard: In Itajaí, dem längsten Stopp, lebt Team Malizia beides aus

Itajaí ist eine brasilianische Stadt am Atlantik mit 170 000 Einwohnern. Ein breiter, brauner Fluss teilt die Stadt in zwei Hälften. Am Nordufer seiner Mündung, so heißt es, wird gearbeitet, hier liegen der zweitgrößte Containerterminal Brasiliens, Fabrikanlagen und der Flughafen. Am Südufer wird gelebt. Die besonders begehrten Wohnviertel erstrecken sich entlang der Atlantikküste, in den zwei, drei Querstraßen direkt hinter den kilometerlangen Stränden.

Die feinsandige Praia Brava, gut zwanzig Autominuten von der Stadt entfernt, wird an beiden Enden von bewaldeten Hügelzügen eingefasst, die wie grüne Finger ins Meer ragen. Der Hügel am Südende des Strands ist an die hundert Meter hoch. Von seiner Kuppe aus heben mittags Gleitschirmflieger ab, um in der Seebrise über die Badezone zu zirkeln, bis sie genug davon haben und sich vom Aufwind am Hügel wieder auf die Kuppe tragen lassen. Am Nordende der Praia Brava steht im Grünstreifen zwischen Strand und Promenade der Kiosk Madalu, ein Holzschuppen mit ein paar Tischen, guter Musik und einem Sonnenschutz aus Palmwedeln. Boris hat die Beachbar am zweiten Abend nach der Ankunft entdeckt und zu seinem Lieblingsort erklärt.

Landeinwärts grenzt das Wohnviertel an eine bewaldete Bergkette, die Asphaltstraßen enden dort und winden sich als Trassen aus roter Erde die Hänge hinauf. Praia Brava kann sich nicht weiter ausdehnen.

Doch weil das Wohnviertel zu den teuersten der Stadt gehört, wird seit einem Jahrzehnt eben in die Höhe gebaut. Von See aus muss das Viertel inzwischen aussehen wie ein Stangenwald. Eingeklemmt zwischen den Hochhäusern ducken sich hier und da noch Gebäude aus der Gründerzeit. Auch das Hotel Joao De Barro stand schon hier, als der Bauboom einsetzte: ein ockerfarbener, dreistöckiger Kasten mit kleinem Pool und Gemeinschaftsküche. Lucia Nebrada, die Logistik-Chefin im Team Malizia, hat kurzerhand das ganze Hotel gemietet.

Bei den bisherigen Zwischenstopps hatte Lucia das gut 35-köpfige Team zumeist auf mehrere große Airbnb-Wohnungen in Hafennähe verteilt. Doch das in die Jahre gekommene Hotel in Praia Brava war einfach zu verlockend: günstig, groß genug und nur hundert Meter vom Strand entfernt. Vor allem der Standort gab den Ausschlag; für die meisten jungen Leute im Team Malizia ist das Meer nicht nur Arbeitsplatz, sondern auch Spielplatz. Sie surfen in allen Varianten. Weshalb im Innenhof des Hotels Joao De Barro jetzt ein Dutzend Surfbretter an der Wand lehnen, zum Wellenreiten, Kitesurfen und Wingfoilen. Auf dem Boden liegen Rucksäcke für Kites und Luftpumpen für die Wings. Der Sportgerätepark des Teams gehört zur Logistik-Fracht, die von Zwischenstopp zu Zwischenstopp reist.

Nach sechs Wochen auf See wachen die Segler noch immer im Rhythmus der vierstündigen Wachwechsel auf, mitten in der Nacht, trotz enormer Erschöpfung. Boris bleibt dann liegen und arbeitet sich durch eine Flut an Textnachrichten, Rosalin telefoniert und schreibt, Nico steht auf und hofft, dass eine seiner drei kleinen Töchter, die gemeinsam mit seiner Frau nach Brasilien gekommen sind, auch schon wach ist. Und Will schnappt sich, sollte der Tag bereits anbrechen, ein Surfbrett und paddelt in den ersten Sonnenstrahlen bäuchlings hinaus aufs Meer. Der Wind ist noch zu schwach zum Kitesurfen, die Luft bereits zwanzig Grad warm. Die Wellen rollen gleichmäßig an den Strand, gut einen Meter hoch und sanft brechend, ideal für einen noch schlaftrunkenen Wellenreiter. Etwa eine halbe Stunde lang gleiten Will und manchmal auch andere aus dem Team die Wellen ab, dann gehen sie barfuß, mit dem Brett unterm Arm, zurück ins Hotel.

Um sieben Uhr baut Thibaut Viat, der mitreisende Koch des Teams, im Gruppenraum das Frühstücksbuffet auf: Toastbrot und Aufschnitt, Berge an Müsli und Früchten, Salate, Omelette mit Schinken, warme, überquellende Käsesandwich-Blöcke aus dem Waffeleisen. Wenn der 23-jährige Thibaut, Profikoch und Surfer, Glück hat, steht ihm wie zum Start in Alicante ein gut ausgestatteter Küchencontainer zur Verfügung, aufgebockt neben der Teambasis. Hat er Pech, muss er mit dem auskommen, was die Küche einer Airbnb-Wohnung oder eines kleinen Hotels an Gerätschaften bietet. Doch auch dann gelingt es ihm irgendwie, für 35 Menschen jeden Tag Frühstück, Lunch und ein warmes Abendessen zuzubereiten und es zur Basis bringen zu lassen. Bei jeder Mahlzeit gibt es eine vegane Option, darum hatte Teamchefin Holly gebeten, selbst Veganerin. Je länger die Reise dauert, desto mehr Veganer gibt es im Team, zur Entgeisterung von Boat Captain Stu. Per App wählen die Teammitglieder morgens aus, welche der angebotenen Mahlzeiten sie heute haben wollen.

Anständige Verpflegung und gemeinschaftliches Essen heben die Stimmung bei jeder Gruppenreise. Und weil Thibaut es schafft, auch unter kargen Bedingungen gut zu kochen – »the kitchen ist ok-ish« nennt er das dann –, gehört der junge Franzose zu den beliebtesten Leuten im Team. Wenn er abends in Itajaí die kleine Hotelküche aufgeräumt und die Spülmaschine angestellt hat, geht er in den Garten, raucht ein, zwei selbst gedrehte Zigaretten, dann streift er sich ein buntes Hemd über und zieht bis spät in die Nacht um den Block, gemeinsam mit den zwei Feierwütigsten des Teams, dem Systemtechniker Corentin Cusant aus Frankreich, 28, genannt Coco, und dem Rigg-Experten Oakley Marsh aus Neuseeland, 25. Die beiden sind ebenfalls Surferboys, natürlich.

Vor Beginn des Ocean Race hatte Holly ein Dokument zum Selbstverständnis des stark gewachsenen Teams aufgesetzt, eine Art Kodex.

Jeder sollte sich damit identifizieren können, denn, so schrieb sie, »unsere Werte definieren, wer wir sind, wofür wir stehen und wie wir arbeiten«. Der erste Leitsatz lautet: »Arbeite hart, aber habe Spaß.« Ein Schlüsselsatz, gerade für den Aufenthalt in Brasilien. In keinem anderen Hafen bisher war die Check- und Reparaturliste für das Tech-Team so lang wie jetzt nach der Südmeer-Tortur in Itajaí. In keinem anderen Hafen aber gab es nahe der Unterkunft auch so viele Surfspots, Beachbars und Clubs, gute Musik und starke Cocktails. Das Team ist entschlossen, in Brasilien zu beweisen, wie leidenschaftlich es beide Hälften des Leitsatzes umsetzen kann.

»Wir wollen immer etwas besser werden, mit Mut und Ehrgeiz«, steht ebenfalls auf der Liste.

Und auch: »Wir sind leidenschaftliche Veränderer.«

»Wir denken unkonventionell.«

»Uns gelingt mehr mit weniger.«

»Wir halten einander den Rücken frei.«

»Wir gehen offen, ehrlich und freundlich miteinander um.«

Knapp drei Monate nach dem Start des Rennens ist die Stimmung gut im Team. Deutlich besser als zuletzt in der Bretagne: Nach dem Stapellauf Mitte 2022 im Heimathafen Lorient hatte es viele enge Terminpläne gegeben, zahlreiche Überstunden und Nachtschichten und trotzdem beim Team das Gefühl, das neue Boot noch nicht ausreichend im Griff zu haben, als es zum Start nach Spanien gebracht wurde. Dieses Gefühl ist verschwunden. Vor allem den Sieg im Südmeer genießt das Team wie eine Belohnung für all die Monate detailbesessener Fummelei an und unter Deck. Und auch den Rennzirkus selbst erleben die Malizianer nach den harten Wochen in Alicante inzwischen als Privileg. Es macht einfach Spaß, als Profi in einem Team von Profis zu arbeiten, mit ihnen um die Welt zu reisen und in der freien Zeit die überwiegend gleichen Leidenschaften zu teilen. Die meisten sind zwischen 25 und 35 Jahre alt, was wahrscheinlich dazu beigetragen hat, dass einige miteinander auch engere Bindungen eingegangen sind: Will und Lucia sind nun ein Paar, ebenso Kommunikationschefin Hélène Katz und Romain Szyjan, Leiter der Elektronik-Abteilung. Und auch Bootsbauer Stuart Oliphant und Bethany Harris aus der Logistik haben sich zusammengetan.

Holly dirigiert und kontrolliert das Team, sie mag es, viel zu wissen und zu entscheiden, und hält die Zügel straff. Zugleich hat sie ein gesundes Gespür für Situationen, in denen es klüger ist, den Beachboys und Beachgirls Freiräume zu gewähren. Sie ist Juristin, keine Arbeitspsychologin, hat nie Seminare in Motivations- und Mitarbeiterförderung besucht. Dass es ihr gelingt, die »Family«, wie sie das Team nennt, auch in Stresszeiten motiviert und bei Laune zu halten, liegt auch daran, wie konsequent sie versucht, die Leitsätze ihres Kodex vorzuleben.

Täglich um neun Uhr stellen sich die Experten für Werkstoffe, Maschinenbau, Elektronik, Systemtechnik, Rigg, Segel und Tauwerk in einem großen Kreis auf, unter dem Zeltdach der Teambasis. Morgenbriefing durch Pierre-François Dargnies, genannt Pifou, seit Kurzem der neue Technische Direktor. Boris und Holly haben den 39-jährigen Ingenieur bei Jérémie Beyou abgeworben, einem der erfolgreichsten

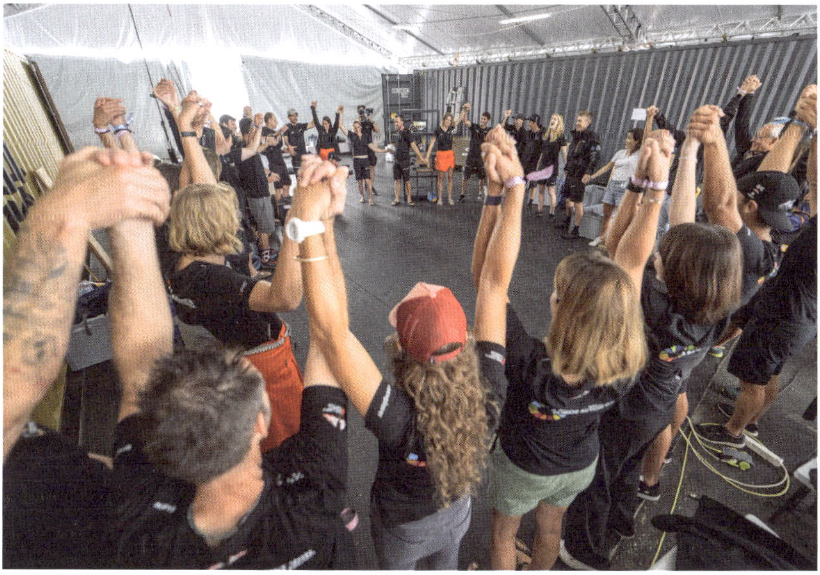

Hände hoch: Nach dem Morgenbriefing feuert sich das Team an für den Tag.

Imoca-Segler Frankreichs. Neun Jahre lang leitete Pifou die technische Abteilung des Beyou Racing Teams, nun, zum Ocean Race, hat er den Rennstall gewechselt.

Für einen Franzosen spricht Pifou ziemlich gut Englisch, er formuliert klar und kompakt, dennoch dauert es in Itajaí immer eine Weile, bis er die Liste der Jobs des Tages mit dem Team durchgegangen ist. Sie umfasst Hunderte von Positionen: notwendige Reparaturen, Routinechecks, Wünsche der Segler. Bei den anderen vier Teams sind die Listen zum Teil noch umfangreicher. Zum Glück ist der Boxenstopp in Itajaí der längste des ganzen Rennens, die Veranstalter haben ihn auf drei Wochen angesetzt. Sie ahnten, dass die Boote nach der Etappe durch das Eismeer als Großbaustellen in Brasilien ankommen.

Das Ocean Race ist seit jeher auch ein Wettstreit der Tech-Teams an Land, wer die malträtierten Yachten in kurzer Zeit am besten wieder herrichten kann. Das Rennen von Itajaí begann schon mehrere Tage, bevor die *Malizia* das Ziel erreichte: Boris hatte eine lange Reparaturliste an Land geschickt, und das Team legte los. Warum genau könnte dieser Beschlag oder jener Sensor kaputtgegangen sein? Ist es sinnvoll, ihn zu ersetzen, oder sollten wir nach einer neuen Lösung suchen? Wo in diesem Itajaí gibt es einen Händler für Dyneema-Tauwerk, und wer von uns spricht eigentlich Portugiesisch?

In dem Moment, als die *Malizia* am Steg festmachte und die Segler das Schiff verließen, übernahmen Pifou und sein Team das Kommando. Sie holten Segel, Ersatzteile, Proviant, Sitzsäcke und alles andere, was nicht festgeschraubt war, von Bord. Dann hoben sie mit einem Kran das Schiff auf einen Lagerbock an Land und zerlegten es. Sie schraubten den Kiel ab, schoben die Foils aus dem Rumpf, entfernten die Ruderblätter. Unter Deck legten sie das Gewirr an Stromkabeln frei, überprüften jedes Tau auf Abrieb, schmierten die mechanischen Systeme. Sie fotografierten alles, was sie entfernten; zur Sicherheit, falls sie sich nach dem Check nicht mehr erinnern sollten, wohin dieses Tau und jene Dichtung gehörten.

Eine Imoca-Rennyacht ist ein hochempfindliches Wesen. Und die Chance ist groß, dass irgendwo im Inneren dieses Organismus ein, zwei, drei Schwachpunkte schlummern, etwa ein Haarriss in einem Beschlag, ein korrodierter Kabelstecker, eine abgenutzte Umlenkrolle – eine Kleinigkeit nur, die aber im nächsten Sturm eine Kettenreaktion auslösen kann, an deren Ende der Mast bricht. Die manische Angst, solch eine Schwachstelle zu übersehen, treibt das Tech-Team dazu, die *Malizia* buchstäblich auszuweiden. Es ist der intensivste Generalcheck während des gesamten Rennens, und wenn sie etwas finden, sind sie nicht erschrocken, sondern erleichtert. Ein Risiko weniger. Pifou aktualisiert täglich sein Online-Tool für Projektmanagement. Jeder kann dort einsehen, wer für welche Aufgaben verantwortlich ist, wie viel Zeit dafür bleibt, wo es klemmt und wer morgen Hilfe braucht. Eine Woche vor dem Start der nächsten Etappe soll das Schiff zurück im Wasser sein, für Testfahrten und für das In-Port-Race vor dem Hafen. Dem Tech-Team bleiben 13 Tage.

Boris

Als wir frühmorgens in Itajaí festmachten, bin ich nach der Pressekonferenz noch mal allein zurück zum Schiff gegangen und habe mich im Cockpit hingelegt. Das war ein besonderer Moment. Es war so still. Und nichts bewegte sich. Ich wollte Abschied von meinem Schiff nehmen, ehe das Team es auseinandernimmt.

Drei Tage ist das nun schon her, aber richtig angekommen bin ich noch nicht. Ich wache jede Nacht nach vier Stunden auf. Das wird wohl noch eine Weile so bleiben. Dafür bin ich schnell das Gefühl losgeworden, mich um mein Schiff kümmern zu müssen, das macht nun das Tech-Team. Ich bin sehr stolz auf die Jungs, ich glaube, wir haben die besten Techniker der ganzen Flotte. Das behaupten die anderen Teams natürlich auch. Das Überraschende ist: Bei uns stimmt's.

Wenn wir draußen auf See sind, dann meinen wir Segler ja immer, wir seien das Zentrum des Universums, alles drehe sich um uns, wir kämpfen schließlich

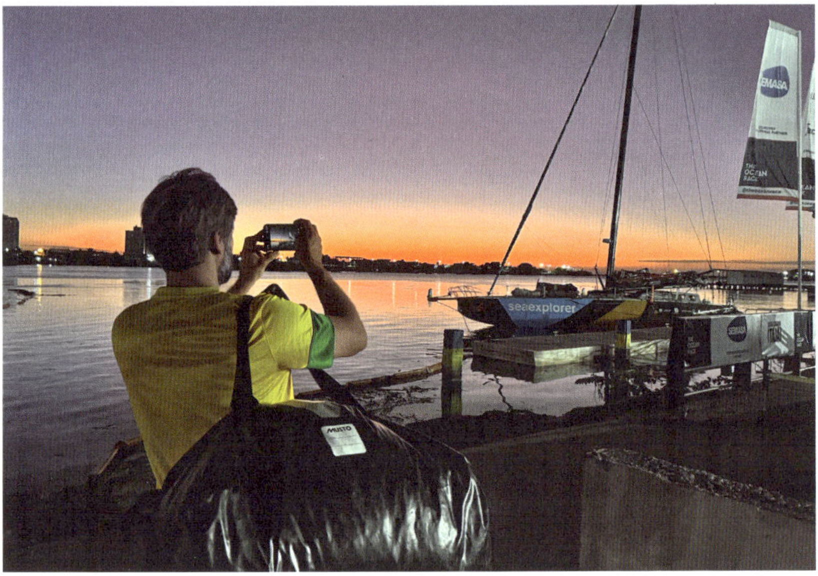

Kurz nach der Ankunft fotografiert Boris sein Schiff im Morgengrauen.

um jeden Meter und haben die ganze Zeit wahnsinnig viel zu tun. Doch dann legen wir an wie hier in Itajaí, und am Steg stehen Leute aus unserem Team, die noch müder aussehen als wir. Die wie immer nur ein paar Tage Zeit gehabt haben, das Zelt und die Werkstätten und die Bürocontainer aufzubauen und die gesamte Logistik bereitzustellen für den Moment, von dem an sie noch mehr arbeiten müssen, um unser Schiff fit zu machen für den nächsten Start.

Ich kann nachempfinden, wie sie sich fühlen, ich glaube, in mir selbst steckt ein bisschen von der Kultur eines Mechanikers. Das verdanke ich meinem Dad. Der hatte zu Hause eine Werkstatt, in der er mir schon als kleiner Junge beibrachte, wie ich mein Fahrrad flicke, wie man eingerostete Schrauben löst und sauber schleift und all so was. Seitdem habe ich eine enorme Hochachtung vor Leuten, die immer wissen, wie sich etwas reparieren lässt, denen für jeden Schaden eine Lösung einfällt. Vor jemandem wie Stu etwa. Gibt es Bruch an Bord, schicke ich ein Foto davon an ihn. Dann schreibt er: »Oh, da wartet Arbeit auf uns«, und oft will er, dass ich noch weitere Fotos aus anderen Winkeln mache. Spätestens danach weiß er, ob und wie etwas repariert werden kann. Stu und seine Leute lassen mich nie im Zweifel. So wie bei dem Riss im Mast.

Als Junge habe ich damals auch begonnen, vom Südpolarmeer zu träumen. Ich las Bücher wie »Der verschenkte Sieg« von Bernard Moitessier, und dann lag ich auf dem Bett und starrte an die Decke und stellte mir vor, wie es wäre, durch dieses entfesselte Meer zu segeln. Nun habe ich es gerade zum vierten Mal gemacht. Ich muss sagen, es wirkte nicht so magisch wie in den Büchern damals. Bei den beiden ersten Weltumsegelungen begleiteten uns riesige Dünungswellen, es fühlte sich an wie eine wilde, wochenlange Schlittenfahrt. Diesmal hielt sich der Pazifik die meiste Zeit zurück, ein paar Male konnten wir sogar das genießen, was ich »Champagner-Segeln« nenne. Der Indische Ozean wiederum, der wütete zwar, aber da war nichts Magisches, das war harter, freudloser Alltag in konfuser See. Es heißt ja, unser Rennen sei der Everest der Meere. Nun ja, der Indische Ozean ähnelte diesmal eher dem Base Camp des Everest: Man kämpft sich durch eine Schotterlandschaft, es ist kalt und grau und macht selten Spaß.

Trotzdem war der Ritt durch den Süden ein großes Abenteuer! Wir haben erlebt, was in unserem Boot steckt – und in uns als Crew. Wir lagen 600 Seemeilen zurück, hatten einen schwer beschädigten Mast und dachten ans Aufgeben. Später erlitt Rosie eine Gehirnerschütterung und fiel eine Woche aus. Und trotzdem haben wir die längste aller Etappen gewonnen. Die wichtigste Lehre aus dieser Wettfahrt ist für mich: Nie aufgeben! Never surrender!

Beim Fußballspielen gibst du neunzig Minuten lang alles, du zügelst dich nicht, und dann hast du entweder gewonnen oder verloren. Wenn du beim Segeln zu doll pushst, verlierst du den Mast, dein Boot, möglicherweise dein Leben. Und die ganze Kampagne sowieso. Es geht nie nur ums Gewinnen. Beim Hochseesegeln hängt viel mehr dran als bei anderen Sportarten.

Ich war von Beginn an derjenige, der ständig sagte, lasst uns auf das Boot aufpassen. Will hingegen fällt es leichter zu pushen, er ist jung und unbefangener und hat nicht über zehn Jahre dieses Projekt und dieses Team aufgebaut. Natürlich wollen wir beide gewinnen, aber unsere Rollen sind unterschiedlich. Ich glaube, genau deshalb hat es so gut funktioniert: Wir ergänzen uns, wir reden viel, und dann finden wir die Balance.

Vor wichtigen Entscheidungen befrage ich das ganze Team. Ich möchte, dass jeder sich offen äußert, dass jeder sich anstrengt, so zu denken, als müsste er jetzt allein entscheiden. Arbeitspsychologen nennen das »Empowerment«, ein Füh-

rungsstil, der das Team stärkt – aber ehrlich gesagt, ich mache das vor allem, weil es meinem Wesen entspricht. Ich rede einfach gern, ich bin common-sense-orientiert und versuche immer, aus den anderen möglichst viel Feedback rauszuholen. Das hilft mir bei der eigenen Einordnung einer Sache, selbst wenn ich mich dann manchmal gegen die Mehrheitsmeinung entscheide. Was aber selten passiert.

Bei der Vendée Globe musste ich mich so viel mehr quälen! Da waren all diese unterschiedlichen Stimmen und Meinungen ja in meinem Kopf, die eine verlangte, mehr zu pushen, die andere wollte zügeln, die dritte lieber noch abwarten. Ich musste jede Entscheidung mit mir allein ausfechten. Und hatte ich sie getroffen, gab es niemanden, der mich dafür lobte oder tadelte. Das zermürbte mich maßlos.

Im November 2024 werde ich wieder zur Vendée Globe antreten. Und versuchen, mit der monatelangen Einsamkeit klarzukommen. Im Südmeer habe ich häufig mit Rosie und Antoine darüber gesprochen, und wenn das Boot mal wieder durch die Wellen krachte, dann schauten sie mich entgeistert an und fragten: Und das willst du wirklich allein machen? Ja, das wirkt dann schon absurd. Vor allem auf Antoine, der im Südmeer wochenlang gelitten und oft gesagt hat: »Was macht ihr hier bloß, so kann man doch nicht leben!«

Es gibt Menschen, die sind gern längere Zeit allein, und manche von ihnen haben diese Art Wildschwein-Charakter, die lassen es gern krachen, je heftiger und rauer, desto besser. Die können es vielleicht genießen, da unten wochenlang durch den krassen Seegang zu hämmern. Ich kann es nicht. Aber der gewalttätige Süden ist nun mal das, was die Vendée besonders macht. Und der Traum, bei diesem Rennen dabei zu sein, hat mein Leben geprägt, er war die Inspiration für meine ganze Kampagne. Ich weiß, das mag widersinnig klingen.

Antoine hat kurz vor Kap Hoorn gesagt: Eigentlich will ich jetzt nicht aufhören, ich habe endlich meinen Rhythmus gefunden. Wochenlang hat er gelitten, es war die härteste Zeit seines Lebens – aber in der letzten Woche hat ihn ein irrsinniges Gefühl von Glück und Stolz überwältigt. Es war wie ein Rausch, so elementar wie nie zuvor, sagte er. Antoine hat in diesen Wochen etwas aus sich rausgeholt, was er nicht erwartet hatte. Ich glaube, er versteht jetzt zum ersten Mal, weshalb wir so etwas Verrücktes machen. Das ist wie beim

Everest, da hätte niemand dieses Hochgefühl, wenn einen ein Hubschrauber da oben absetzen würde.

Unser Gewinn der längsten Etappe hat eine große Bedeutung, vor allem, weil wir gezeigt haben: Das Schiff funktioniert. Das ganze Tech-Team kann stolz sein auf seine Arbeit – und ich kann endlich ein bisschen loslassen. Das Ocean Race darf jetzt seinen Weg gehen. Aus meiner Sicht haben wir das Wichtigste geschafft, was jetzt noch passiert, kommt on top.

Ich werde bei der nächsten Etappe nach Newport in den USA nicht dabei sein, das habe ich schon vor einem Jahr mit Birte vereinbart, meiner Frau. Für den Bau des Schiffes war ich wochenlang in Frankreich, jetzt das Ocean Race, danach kommen mehrere Atlantikrennen, dann die Vendée Globe; ich bin einfach oft unterwegs – und zugleich will ich so viel Zeit wie möglich mit Birte und Malou verbringen, unserer dreijährigen Tochter. Sie soll mich ja auch noch wiedererkennen. Deshalb steige ich zwischendurch aus.

Außerdem kann Will dann zum zweiten Mal während des Ocean Race als Skipper die Verantwortung übernehmen. Das stärkt ihn, schließlich will er in den nächsten Jahren eine eigene Renn-Kampagne aufbauen. Und es bringt mehr Gleichgewicht in das Team. Auf den anderen Schiffen hat immer derselbe Skipper das Kommando. Die Crews wiederum werden in fast jedem Hafen mit neuen Leuten aufgefrischt. Bei uns ist es umgekehrt, wir segeln mit zwei Skippern und mit kleiner, fester Stammcrew um die Welt. Wir wollen zeigen, dass dies keine Boris-Herrmann-Show ist, sondern das Ocean Race von Team Malizia.

~

Wenn eine Handvoll Menschen über Monate hinweg gegen die Härten der Natur und die Grenzen der eigenen Leistungskraft kämpfen muss, wenn sie Glücksmomente und Rückschläge erlebt, wenn sie als Gruppe zu scheitern droht und dann die Kraft findet, sich wieder aufzurichten, wenn das Ganze auch noch in einzigartiger Wildnis stattfindet: dann ist das immer eine spannend zu erzählende Geschichte, ob im Himalaja oder auf hoher See. Geschichten dieser Art leben von charakterstarken Menschen und krassen Emotionen, außerdem von spektakulären Bildern. Seit 1973 liefert das Ocean Race all das im Übermaß.

In den ersten Jahrzehnten erfuhr die Welt allerdings nur bruchstückhaft, was während des Rennens an Bord geschah. Sie war angewiesen auf kurze Funk- und Fax-Nachrichten, die ab und zu das Festland erreichten.

Als die Kameras besser und die Satellitenverbindungen stabiler wurden, hatten die Veranstalter des damaligen Volvo Ocean Race eine für den Segelsport revolutionäre Idee: Sie verpflichteten beim Rennen 2008/09 jede Crew, einen »Onboard-Reporter«, kurz: OBR, mitzunehmen. Der Mann oder die Frau sollte unerschrocken und seetauglich sein und in der Lage, bei jedem Wetter die Ereignisse an Bord zu filmen. Um anschließend, fest verkeilt irgendwo im Rumpf, das Material zu schneiden und zu senden. Es war ihnen verboten, den Seglern bei Manövern zu helfen, lediglich beim Kochen und beim Reinigen des Boots durften sie mit anpacken.

Das Rennen 2008/09 ist bis heute das einzige Ocean Race, bei dem auf keiner Yacht der Mast brach. Doch es gab auch so ausreichend Dramen für die Reporter, und ihre Filme davon beeindruckten mit nie gesehener Nähe und Authentizität. Seither gehören die OBR zum festen Bestandteil der Crews. Ihre packenden Bilder vor allem aus dem Eismeer ließen mit jedem Rennen weltweit die Zahl der Zuschauer wachsen.

2022 stieg Warner Brothers ein. Der US-Mediengigant hatte sich gerade mit Discovery zusammengetan, dem global führenden Anbieter von »Real Life Entertainment«, von fesselnden Geschichten aus dem wahren Leben. Geschichten wie der von einem mörderisch harten Segelrennen um die Welt. Hätte Warner Bros. den Wettkampf als Spielfilm produzieren wollen, der Film wäre unbezahlbar gewesen. Doch das Ocean Race gab es ja praktischerweise schon. Um es maximal verwerten zu können, kaufte Warner Brothers Discovery (WBD) nicht die Übertragungsrechte, sondern stieg gleich als Mitveranstalter in das Rennen ein. Der Medienkonzern, zu dem auch Eurosport gehört, hatte Segeln bis dahin als Nischensportart betrachtet. Inzwischen hat die Zentralredaktion beschlossen, das Ocean Race als einen Programmhöhepunkt des Jahres 2023 auszustrahlen, als sechsmonatiges Dokudrama von den Meeren.

Keine Träne an Bord soll der Redaktion entgehen, nicht der Freude, nicht der Wut. Der Medienkonzern ließ vor dem Start alle Yachten aufrüsten: mit neuester Satellitentechnik, mit fest installierten Kameras – und mit einem »Crash-Button«. Die Segler wurden eingeschworen, in dramatischen Situationen instinktiv auf einen großen roten Knopf im Cockpit zu schlagen. Die Kameras, die normalerweise alle Aufzeichnungen nach einer bestimmten Zeit löschen, um den Speicher nicht zu überladen, würden automatisch die letzten zwanzig Minuten speichern und von da an gar nichts mehr löschen. Die Onboard-Reporter könnten die Aufzeichnungen des Vorfalls sofort und ungeschnitten an den zentralen Server in Alicante senden, ebenso wie ihre eigenen täglichen Videos und Bilder.

Die Teams und ihre Sponsoren profitieren von der hochprofessionellen Berichterstattung. Sie erklärten sich deshalb einverstanden, dass ihre OBR nicht nur für den jeweiligen Rennstall, sondern auch für den Medienkonzern arbeiten. Antoine und seine Kolleginnen und Kollegen konnte die Übereinkunft allerdings in eine unangenehme Situation bringen. Die OBR sollen, so heißt es in einem Strategiepapier von WBD, »die obsessive Hingabe offenlegen, die nötig ist, um das Ocean Race zu gewinnen. Das bedeutet auch, dass sie schwierige Fragen in dramatischen Situationen stellen müssen. Wir erwarten, dass sie ihre verständliche Neigung kontrollieren, ihr Team zu schützen, und offen die Höhen und Tiefen einer monatelangen Achterbahnfahrt der Gefühle zeigen.«

Ein paar Tage nach Ankunft der Flotte stehen Natasha Gonzáles und ihr Kamerateam am Kai von Itajaí, direkt vor der aufgebockten *Malizia*, um Boris zu interviewen. Natasha, Seglerin und Filmemacherin, ist keine Onboard-Reporterin, sie ist die Chef-Interviewerin des Medienkonzerns während des gesamten Rennens. Sie befragt die Crews in jedem Hafen, bei der Ankunft, bei der Abfahrt und in der Zeit dazwischen. Manchmal führt sie tiefgründige Gespräche, dann wieder möchte sie nur kurze, knackige Antworten haben, zum Würzen der Filme im Schnittstudio. Boris steht barfuß auf dem warmen Asphalt, er wippt auf den Zehen und ist sichtlich gut gelaunt, er genießt das Hochgefühl des Etappensiegers. Natasha hat ihn gebeten, ihre Fragen hintereinander auf Deutsch, Englisch und Französisch zu beantworten; Warner Brothers Discovery überträgt das Ocean Race in vielen Ländern, und Boris beherrscht alle drei Sprachen fließend. Dann bittet Natasha um die kurzen, prägnanten Statements.

»Boris, die dritte Wettfahrt war …? Jetzt bitte nur ein Stichwort.«

Boris schaut fragend.

»Sie war unbarmherzig, historisch, die Hölle. So was eben«, sagt Natasha.

Boris lächelt. »Sie war ein Märchen«, sagt er. Natasha blickt ihn irritiert an. Na ja, wie sonst solle man das denn nennen, sagt Boris: Der Mast reißt ein, der Spitzenreiter hat 600 Seemeilen Vorsprung, und dann wird *Malizia* trotzdem Sieger.

Natasha macht einen zweiten Versuch. »Wir haben trotz all der Rückschläge durchgehalten, weil …?«

Boris überlegt kurz, dann unterläuft er ihre Erwartungen erneut: »Wir haben durchgehalten, weil wir keine andere Wahl hatten.«

»Ok. Dann zu Point Nemo: Fühltest du dich da sehr isoliert?«

»Nein. Unser Treffen als Flotte verdarb ja den Eindruck der großen Leere. Wir saßen an Deck, schickten die Drohnen raus und filmten uns gegenseitig. Wir hatten Spaß.«

Boris ist Medienprofi. Seit seinem Erfolg bei der Vendée Globe wird er regelmäßig interviewt, und oft bekommt er die gleichen Fragen gestellt: Was war Ihr schönstes Erlebnis bei der Wettfahrt? Was war Ihr schlimmstes? Worauf freuen Sie sich am meisten bei der Ankunft? Das verdrießt ihn, und trotzdem beantwortet er jede Frage mit erkennbarer Ernsthaftigkeit und mit Respekt. Nun aber haben sein Team und er den bisher größten Sieg eingefahren, er fühlt sich erleichtert und befreit, und er gönnt es sich, bei den Interviews in Itajaí auch mal anders zu reagieren als erwartet.

Natasha ist ebenfalls Medienprofi. Sie weiß, dass sie keine Fragen stellen sollte, die nur sie interessieren, sondern solche, die ihre Zuschauer interessieren. Und das sind nun mal naheliegende, oft schlichte Fragen. Natasha selbst würde sich gern nach anderen Themen erkundigen, nach speziellen Aspekten, sie weiß ja genau, wie es da draußen zugeht. Die Journalistin ist der Magie des Ozeans erlegen, so wie viele der Frauen und Männer, die im Tross um die Welt reisen und bei den Zwischenstopps das Ocean Race inszenieren. Sie wurden als Experten für Events, Marketing oder Sportrechte eingestellt, als Kaufleute, Logistiker, Rennärztinnen, Bühnenbauer, Filmemacherinnen. Ein Panoptikum an Menschen, mit Lebenswegen, die oft auch über See führten. Es ist allerdings schwer vorstellbar, dass sich jemand von ihnen länger und kompromissloser auf ein Leben mit dem Meer eingelassen hat als Natasha. Die Frau ist eine Seenomadin.

An ihrem 16. Geburtstag hatte sie vier Ziele aufgeschrieben, die sie im Leben erreichen wollte: in New York leben, Film studieren, jung Mutter werden, um die Welt segeln. Mit 18 verließ sie ihr Geburtsland Costa Rica und zog nach New York. Sie studierte Film, arbeitete als Schauspielerin und Model und bekam zwei Töchter, die sie Sol und Luna nannte, Sonne und Mond auf Spanisch. Mit dreißig zog sie mit den Töchtern zurück nach Costa Rica. In einer Seglerbar an der Pazifikküste traf sie einen 23-jährigen Kalifornier namens Jay mit langen, blonden Haaren und eigenem Boot. Er hatte schon als Kind davon geträumt, einmal an der Vendée Globe teilzunehmen. Um zu sehen, ob es auch sonst passte, lebte Natasha zwei Monate mit ihm auf dem Boot. Es passte.

Bald darauf brachen Jay, Natasha und die beiden Mädchen, damals zwei und drei Jahre alt, zu einer Weltreise auf. Sie dauerte acht Jahre und führte vom Pazifik über die amerikanische Ostküste bis

Island, wo sie neun Monate in einer verschneiten Bucht lagen, von dort über Norwegen und England bis nach Frankreich. Das Boot war gut dreißig Jahre alt, elf Meter lang und hatte keinen Motor; auch in den schwierigsten Häfen konnten sie nur unter Segeln anlegen. Jay verdiente sich unterwegs Geld als Bootsbauer und Rigger, Natasha als Hochzeitsfotografin. Auf Martinique bekam sie ihre dritte Tochter, auf Island ihr viertes Kind, einen Sohn.

2016 erreichten sie das Ziel ihrer Reise: Lorient, das Zentrum der französischen Offshore-Seglerszene. Beide fanden rasch Arbeit bei den Rennställen, Natasha in der Medienabteilung, Jay bei den Bootsbauern. Die sechsköpfige Familie blieb auf ihrem Segelboot wohnen, nur im Winter mietete sie für drei Monate ein möbliertes Haus. 2020 stieß Jay für eine Weile zum Team Malizia von Boris Herrmann. Inzwischen ist er Boat Captain der neuen Yacht von Samantha Davies, der Engländerin, die beim Ocean Race gerade die Eismeer-Etappe an Bord von *Biotherm* mitgesegelt ist. Die Szene ist klein.

Als der WBD-Konzern 2022 eine Chefreporterin für das Ocean Race suchte und von Holly Cova einen Tipp haben wollte, empfahl sie Natasha Gonzáles. Nach einen kurzen Videotelefonat hatte Natasha die Stelle. Wenn die Teams nachts durch die Clubs und Bars von Itajaí ziehen, bleibt Natasha meist bis zum Schluss dabei, die inzwischen 47-Jährige ist zäh und ausdauernd, außerdem kennt sie fast alle Segler seit Langem, mit vielen ist sie befreundet – »wahrscheinlich deshalb, weil ich mindestens so verrückt bin wie die«, lacht sie.

Wer aus den Crews gefällt ihr am besten?

Rosie, sagt sie ohne Zögern. »Wenn ich groß bin, will ich so sein wie Rosie. So viel Energie und Offenheit!«

Rosalin

Nun sind wir schon ein paar Tage an Land, und ich fühle mich noch immer etwas verloren. Wo gehöre ich hin? An Bord kenne ich meinen Platz. Das Leben dort ist schlicht, alles ist geregelt: vier Stunden Wache, vier Stunden frei, feste Zeiten zum Essen, Schlafen, Aufs-Klo-gehen. Ich weiß genau, was von mir erwartet wird, darauf stelle ich mich ein und gebe mein Bestes. An Land stoße ich ständig auf irgendwelche neuen, überraschenden, oft widersprüchlichen Erwartungen. Weil ich niemanden enttäuschen will, setzt mich das massiv unter Druck. An Bord gibt es diesen Stress nicht. Es klingt vielleicht schräg, aber selbst im brutalsten Sturm fühle ich mich nicht gestresst. Weil ich immer weiß, was zu tun ist. Diese kleine überschaubare Welt gibt mir eine Sicherheit, die ich so an Land noch nicht erlebt habe. Ich glaube, ich kann auf See die beste Version meiner selbst sein, aus genau diesem Grund.

Als ich nach der Zieleinfahrt in Itajaí in meinem Hotelzimmer ankam, stand ich da ziemlich orientierungslos rum. Schlafen konnte ich nicht, dafür war ich zu aufgedreht. Die Stadt zu erkunden, interessierte mich nicht. Also ging ich unter die Dusche. Ich weiß, Wassersparen ist eine wichtige Sache – aber ich habe trotzdem vierzig Minuten lang geduscht. Mir wurde bewusst, wie gezeichnet mein Körper aussieht, mit blauen Flecken, schwieligen Händen. Und sichtlich außer Form, ich hatte ja sechs Wochen lang keinen Fitness-Sport gemacht. Außerdem stellte ich fest, dass ich seit meiner Geburt noch nie so viele Haare am Körper hatte. Es brauchte also eine Weile, bis ich mich wieder hergerichtet hatte.

Morgen fliege ich zu meiner Familie und meinem Freund nach Holland, für zehn Tage. Mein Körper muss sich dringend erholen, vom Südmeer und von der Gehirnerschütterung. Der Rennarzt hat meinen Kopf untersucht und mir grünes Licht für den Flug gegeben. Er machte allerhand Tests mit mir, ich habe sie bestanden – aber, ehrlich gesagt, kannte ich alle Tests schon: von den Neurologen, die mich früher wegen meiner ständigen Kopfschmerzen untersuchten.

Als ich Psychologie in Leiden studierte, beschäftigte ich mich viel mit Organisationspsychologie, unter anderem mit »Teambuilding im Hochleistungssport«. Also genau mit dem, was ich gerade erlebe. Vor dem Start hatte ich noch gedacht, meine wissenschaftliche Ausbildung würde mir helfen, besser zu verstehen, welche gruppendynamischen Muster und Prozesse da ablaufen, wenn vier Männer und eine Frau auf einer Rennyacht um die Welt segeln. Tja, ich glaube, das klappt nicht. Ich bin persönlich zu beteiligt und befangen, um das unabhängig betrachten zu können.

Aber man muss auch keinen Master in Psychologie haben, um ein paar simple Dinge zu erkennen. Wir haben als Crew den Härtetest im Südmeer aus zwei Gründen bestanden: Wir haben viel Respekt füreinander, nicht obwohl, sondern weil wir so verschieden sind. Wir ergänzen uns einfach gut, und Boris achtet als Skipper immer darauf, jedem den Freiraum für seine Stärken zu geben. Hey, dieser Mann weiß so genau, wie dieses Boot gesegelt werden muss, trotzdem hat er uns ständig nach unserer Einschätzung gefragt. Und er meinte das ernst. Das Ergebnis war, dass jeder von uns sich dazu angestachelt fühlte, auf seine Weise alles zu geben, völlig rückhaltlos. Was dann wieder die anderen beeindruckte. Wir haben alle voneinander gelernt, jeden Tag. Und weil niemand von uns ein aufgeblasenes Ego hat, wuchsen wir zu einer ziemlich gleichberechtigten, starken Truppe zusammen.

Der zweite Grund ist der Humor. Natürlich waren wir nicht ständig bester Stimmung, weiß Gott nicht. Aber auf Dauer lässt sich harte Arbeit nur dann gut machen, wenn man dabei auch Spaß hat. Und den hatten wir. Oft reichte schon eine flapsige Bemerkung. Oder ein Stück Schokolade im richtigen Moment. Oder meine Discokugel. Ich glaube, am meisten Spaß miteinander hatten Antoine und ich, wir konnten uns über die absonderlichsten Themen unterhalten und uns dabei wegschmeißen vor Lachen. War Nico dabei, hörte er sich das ungerührt an, er verzog keine Miene – bis er plötzlich eine Bemerkung machte, die zeigte, dass er nur darauf gewartet hatte, uns mit seinem hintergründigen Witz noch weiter zu treiben.

Boris wiederum hat der Podcast mit mir regelmäßig eine halbe Stunde entspannter Plauderei gebracht, mit einer Unbeschwertheit, wie sie ihm sonst selten gelingt; normalerweise macht er sich ständig Sorgen, um das Schiff, die Kampagne, seine nächste Vendée Globe. Mir ist noch nie so bewusst geworden, welche Bedeutung Momente von Spaß und Genuss für ein Team haben, das über eine lange Zeit hinweg ununterbrochen unter Druck steht.

Vielleicht hört es sich an, als wolle ich die Zeit verklären, als versuchte ich, etwas schönzufärben – aber es war wirklich so: Es hat trotz aller Anspannung nie ein böses Wort zwischen uns gegeben, nicht ein einziges Mal.

Ich werde häufiger gefragt, wie ich es erlebe, als Frau mit vier Männern wochenlang eine Zelle zu teilen. Nun, die Wahrheit ist, dass es den vier Män-

nern von Beginn an gelungen ist, mir das Gefühl zu geben, ich sei nicht deshalb besonders, weil ich eine Frau bin. Nein, wir sind einfach fünf Menschen, wir haben alle einen anderen Charakter, und dass ich außerdem noch ein anderes Geschlecht habe, ist unerheblich. Wie die Jungs habe ich mir am Grinder die Lunge aus dem Leib gekurbelt, habe im Cockpit auf dem Klo-Eimer gesessen, musste die Lichtmaschine reparieren und Segelsäcke umwuchten. Mir ist nichts geschenkt worden. Und genau so soll es sein.

Team Malizia ist das erste Team, in dem ich diesen unverkrampften Umgang mit mir erlebe. Ich war schon auf vielen Rennyachten im Einsatz, oft als einzige Frau an Bord. Einmal sollte ich mit 25 Männern auf einer Megayacht segeln. Als ich an Deck kletterte, starrten mich alle an: Wer ist diese blonde Frau? Bringt sie Kaffee und Gebäck? Als wir aus dem Hafen fuhren, begannen sie sofort, mich zu testen. Nach einer Weile hieß es: Ah, sie kann ja doch segeln! Ah, sie ist nicht die Tochter des Eigners! Die Regatta dauerte zehn Tage, und mit der Zeit akzeptierten die meisten Männer mich wie einen »normalen« Mitsegler. Zurück im Hafen wollten wir abends zusammen essen gehen, ich brezelte mich auf, und wieder starrten mich alle an: Oh, sie ist ja doch eine Frau! Und begannen mich anzubaggern. Puh, so lief es häufig. Oft war es anstrengend, manchmal lustig und immer überflüssig.

Umso mehr Freude bringt es mir, mit meinen vier Malizia-Jungs um die Welt zu segeln. Das ist auch anstrengend. Aber aus anderen Gründen. Und nichts davon ist überflüssig.

~

Als die Nacht hereinbricht, gehen entlang der Promenade von Praia Brava die Scheinwerfer an. Sie leuchten über den leeren Strand aufs Meer, wo in der Dunkelheit ab und zu weiße Surfbretter vor anrollenden Wellen aufglänzen. Ein feiner, warmer Regen fällt. Etwa dreißig Menschen stehen unter dem schützenden Vordach des Kiosk Madalu am Nordende des Strands. Boris fliegt morgen zu seiner Familie nach Hamburg, erst beim nächsten Zwischenstopp in Newport/USA wird er die Malizianer wiedersehen. Um Abschied zu nehmen, hat er das ganze Team an seinen Lieblingsort in Itajaí eingeladen.

Der Holzschuppen ist der Hangout von Surfern und Handwerkern aus der Nachbarschaft. Sie stehen, Bierflaschen in der Hand, mit Leuten aus dem Team Malizia zusammen und lassen sich erklären, was es mit diesem Ocean Race auf sich hat. Ein Mann spielt Gitarre und singt brasilianische Schlager, mehrere Frauen tanzen. Mittendrin sitzt Boris barfuß auf einem Holzschemel, er trägt das blaue Trikot eines lokalen Fußballvereins, das er mit jemandem gegen sein Malizia-T-Shirt eingetauscht hat. Als er zu Beginn des Abends den Kioskbesitzer nach einem Friseur gefragt hatte, rief der einen Freund an, der nun aufkreuzt und Boris die Haare schneiden will. Der Mann, tätowiert bis unter die Augen, legt Boris einen Friseurkittel mit aufgedruckten Totenköpfen um die Schultern, dann klappt er eine Ledermappe mit Scheren und Bartmessern auf. Er fragt Boris nicht, wie er es denn gerne hätte, sondern legt sofort los.

Als Boris nach einer Weile Holly fragend anblickt, nickt sie ihm beruhigend zu. Es sieht gut aus. Als der Friseur sein Werk beendet hat und Boris aufsteht, nimmt Antoine sofort als Nächster Platz. Der

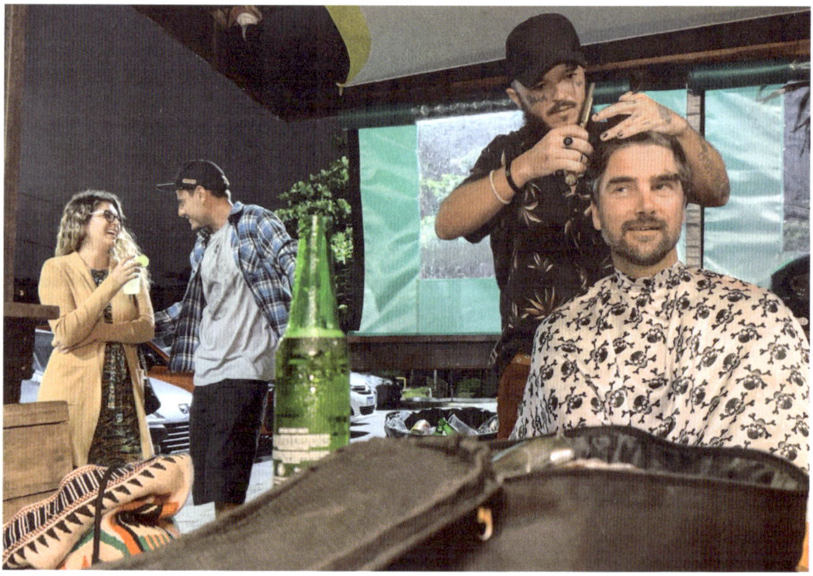

Im Strandkiosk gibt es Bier und Mojito und mitunter auch einen Haarschnitt.

Regen hat zugenommen, wie ein Vorhang fällt er von den Rändern des ausladenden Dachs. Die Nacht ist noch immer sehr warm. Die Brasilianer, Franzosen, Engländer, Deutschen, Spanier, US-Amerikaner, Australier und Neuseeländer quatschen, trinken und tanzen zusammen. Boris steht inzwischen hinter dem Tresen und lässt sich zeigen, wie man Maracuteco verfeinert, eine Art Mojito mit Maracujasaft. Der Musiker reicht seine Gitarre an den Franzosen Jimmy Horel weiter, der im Team die Videos für Social Media produziert. Jeroen Swart stellt sich neben ihn ans Mikrofon, der Niederländer ist IT-Experte am Flughafen Schiphol, Frontmann der Rockgruppe »De Klittenband« und außerdem seit ein paar Monaten mit Holly verheiratet. Jimmy und Jeroen beginnen zu rappen. Der Kiosk vibriert.

In dieser Nacht ist Boris ganz bei sich. Er genießt es, nicht übers Segeln zu reden, nicht mit den Brasilianern, nicht mit seinem Team. Er genießt die Musik, die Wärme und das Gelächter, er stellt sich hierhin und dorthin und spricht mit jedem, zwischendurch geht er allein an den Strand und blickt im Regen aufs Meer, dann kehrt er zurück zum Kiosk und lässt sich wieder einfangen von den »good vibes«, wie Antoine es immer nennt.

Antoine

Eigentlich ist Boris ein großer Junge. Ein Beachboy. In der Nacht nach unserer Ankunft sind wir noch mal rausgegangen, wir konnten beide nicht schlafen. Leider war alles geschlossen, aber dann sahen wir am Ende des Strandes ein Licht brennen. So haben wir diesen Ort gefunden. Wir wussten sofort, dass wir hierhergehören. Es sind die richtigen Leute, die richtige Musik, die richtigen Drinks, und hinter dem Kiosk liegt das Meer.

Genau so haben wir uns Brasilien vorgestellt. Voll das Klischee – und plötzlich liegt es vor dir. Ich glaube, Boris braucht von Zeit zu Zeit solche Orte. Niemand kennt ihn hier, er muss nichts repräsentieren, er kann einfach nur sein und Druck rauslassen, schließlich managt er ein sehr großes Projekt.

Die Malizia-Kampagne wird seit ihrem Beginn vom Yachtclub von Monaco unterstützt. Der ist wahrscheinlich der größtmögliche Gegensatz zum Kiosk

Madalu. Boris fährt regelmäßig nach Monaco, er hat gute Freunde in dem Yachtclub – aber mehr zu Hause fühlt er sich in einer Umgebung wie hier, davon bin ich überzeugt. Ich bin viel durch Indien gereist, habe lange in einem Ashram gelebt, ich glaube, ich habe dort ein gutes Gespür für die Ausstrahlung von Menschen und Orten bekommen, für vibrations. Auch Boris hat ein Gespür dafür, er vertraut seinem Instinkt, wenn er überlegt, wen er nahe an sich heranlassen will und wohin er geht, um zu sich zu kommen.

Seit drei Monaten segeln wir zusammen um die Welt. Ich habe gelernt, was Segeln auf diesem Boot in Wahrheit bedeutet: ununterbrochen irgendetwas reparieren zu müssen. Ich verstehe den Reiz davon nicht so richtig. Ich verstehe auch nicht, wo das ganze Wasser herkommt, das ich ständig mit Schwamm und Eimer aus dem Schiff hole. Trotzdem ist dieses Rennen die großartigste Erfahrung, die ich je gemacht habe. Auch wegen Boris; ich glaube, wir sind inzwischen verbunden wie Brüder.

~

Das Ocean Race ist auf See ein Rennen – und an Land eine große bunte Veranstaltung. An jedem Zwischenstopp lockt für ein paar Wochen ein »Ocean Live Park« die lokale Bevölkerung an den Hafen. Die Stadt Itajaí, seit 2012 Gastgeber des Rennens, hat den größten der acht Parks aufgebaut. Täglich strömen mehr als 10 000 Menschen über das Gelände, sie bestaunen die aufgebockten Imocas und können in eine alte, seitlich aufgeschnittene Rennyacht klettern, es gibt Infostände von Umweltschützern und Klimawissenschaftlern, Veranstaltungen für Schulklassen, Filme über den ökologischen Zustand der Meere, Konzerte, Restaurants, Tanzböden, ein Riesenrad, ein Karussell und eine große, von knatternden Generatoren gekühlte Eislaufhalle, deren Vorhandensein bei einer Veranstaltung mit nachhaltigem Anspruch nicht leicht zu erklären ist.

In einem Hallenkomplex am Rande des Parks findet eine Messe für Immobilienentwickler statt. Ein paar Tage vor dem nächsten Start haben die Ocean-Race-Veranstalter die Skipper in das Auditorium der Messehallen gebeten, zu einer international übertragenen Pressekonferenz. Fünf leere Barhocker stehen auf der Bühne. Der TV-Moderator kündigt jeden Skipper einzeln an, als letzten den »Skipper des deutschen Teilnehmers Team Malizia«. Will Harris steigt auf die Bühne und setzt sich auf den Hocker neben Kevin Escoffier. Sein Unterkiefer malmt.

Nach dem Ende der langen Südmeer-Etappe haben mehrere Crews personell aufgerüstet. Kevin hat seine Mannschaft komplett ausgetauscht, er segelt nun mit einer dreimaligen Olympiateilnehmerin, einem Figaro-Experten und einem Teilnehmer des letzten Ocean Race. *11th Hour Racing* verstärkt sich mit Damien Foxall, einem altgedienten Profisegler, der bereits sechs Ocean Races hinter sich hat. Paul Meilhat, Skipper von *Biotherm*, hat einschließlich der Onboard-Reporterin drei Frauen an Bord geholt, es ist die frauenstärkste Crew der ganzen Flotte.

Guyot tritt mit den Seglern an, die bereits für die Südmeer-Etappe vorgesehen waren, zwei Franzosen, einer Britin und dem Deutschen Robert Stanjek. Nach dem vorzeitigen Abbruch der Etappe und der Reparatur in Kapstadt hatte die Crew das Schiff auf direktem Weg über den Südatlantik nach Brasilien gesegelt. Nun, in Itajaí, kehrt des deutsch-französische Gemeinschaftsprojekt in das Rennen zurück.

Auf der *Malizia* gibt es nur ein neues Gesicht: Der 42-jährige Franzose Christopher Pratt, ein Profisegler mit viel Imoca-Erfahrung, ersetzt für eine Etappe Boris Herrmann. Und Will übernimmt die Verantwortung als Skipper.

»Du bist erst 29«, spricht ihn der Moderator an. »Wie fühlt man sich als jüngster Skipper des Ocean Race?«

Will greift nach dem Mikrofon. »Ja, ich bin der jüngste und wohl auch unerfahrenste Skipper hier. Aber wir haben im Südmeer gezeigt, was unser Team und unser Boot leisten können. Ich denke, das werden wir auch mit mir als Skipper schaffen.«

Auf der Leinwand hinter den Seglern leuchtet die aktuelle Rangliste auf, mit *Holcim* auf Platz 1, *Malizia* auf Platz 2 und *11th Hour Racing*, die bis zum Start des Rennens als klarer Favorit galten, auf Platz 3. Der US-Skipper will die Rangfolge nicht unkommentiert lassen. »Für uns ist es bisher nicht so gut gelaufen«, sagt Charlie Enright. »Wir müssen jetzt liefern. Viel Glück für *Malizia* – aber: Wir werden alles geben, um als Sieger in Newport einzulaufen!« Kein Welpenschutz für Will.

Einen Tag früher als geplant hat das Tech-Team den Generalcheck der *Malizia* beendet und das Schiff wieder zu Wasser gelassen. Eine neue Erfahrung für das Team, bisher waren die Bootsleute es gewohnt, trotz Nachtschichten bis zur letzten Minute arbeiten zu müssen. Sie testen das Schiff nun draußen auf dem Meer; Rosalin, Will, Nico und Chris sitzen derweil im Bürocontainer und beugen sich über Seekarten und Wettervorhersagen.

Die vierte Etappe führt nach Newport, dem US-Segelzentrum nördlich von New York, und wird etwa 16 Tage dauern. Sie ist die zweitlängste Etappe des Ocean Race und taktisch kniffelig, sie gilt als »Poker-Strecke«. Zunächst wird der Südostpassat die Flotte vorantreiben, danach folgen die Doldrums, berüchtigt für Flauten und Gewitter, östlich der Karibik die Sargassosee mit kilometerlangen Teppichen aus Seegras, das Bermuda-Hoch mit wenig Wind, der Golfstrom als Quertreiber, vor Newport schließlich Küstennebel und tückische Strömungen.

Die Wettfahrtleitung hat den Seglern zudem mehrere Sperrzonen in den Weg gelegt, zu ihrer eigenen Sicherheit, manche schützen sie vor Ölplattformen, andere vor dichtem Schiffsverkehr. Eine Zone entlang der Nordküste Brasiliens wiederum soll die Flotte von den großen Mengen an Treibholz und Unrat fernhalten, die aus der Mündung des Amazonas hinaus auf den Atlantik treiben. Wie beim Eisberg-Gürtel um die Antarktis ist es den Seglern verboten, in die Sperrgebiete einzudringen.

Und dann gibt es noch eine Kategorie an Verbotszonen, für die eine Gruppe engagierter Meeresbiologen verantwortlich ist. Die Wissenschaftler wollen Rennyachten und Wale voreinander schützen. Sie versorgen die Wettfahrtleitung vor jeder Etappe mit aktuellen Karten, die weltweit die Wanderrouten verschiedener Walarten zeigen. So schwimmen im Frühsommer etwa 25 000 Buckelwale aus der Antarktis nach Norden, um in den warmen Gewässern des Abrolhos-Archipels, einer kleinen Inselgruppe vor der Küste Brasiliens, ihren Nachwuchs zu gebären. Ein Buckelwal kann bis zu dreißig Tonnen wiegen. Nicht nur aus Tierschutzgründen möchte niemand mit einer Rennyacht auf so einen Koloss prallen. Die Wettfahrtleitung hat den Archipel, der auf der Idealroute der Segler liegt, großräumig zur Sperrzone erklärt.

Der Atlantische Glattwal wiegt sogar fünfzig bis siebzig Tonnen. Er ist nach dem Blauwal das schwerste Tier der Erde – und vom Aussterben bedroht: Nur noch etwa 350 Exemplare des Giganten kreisen vor der Nordküste Amerikas, auch vor Newport sind sie gesichtet worden. Die Wissenschaftler haben deshalb empfohlen, die Ziellinie nicht nahe dem historischen Seglerhafen auszulegen, sondern 200 Kilometer von der Küste entfernt, dort wo der unterseeische Festlandsockel ansteigt; danach sollten sich die Yachten in langsamer Fahrt Newport nähern. Bei allem Respekt, das ging der Wettfahrtleitung dann doch zu weit. Die Segler werden wie geplant in Sichtweite der erwarteten Zuschauermassen die Etappe beenden, nur hundert Meter vom Ufer entfernt.

Will

Wenn wir auf dem Meer sind, erfahren wir wenig davon, wie es auf den anderen Schiffen zugeht. Wir erhalten jede Stunde die neuen Positionsmeldungen, und wenn irgendwo etwas Dramatisches passiert, schickt uns Holly eine Textnachricht. Das ist alles. Hier in Itajaí habe ich mir zum ersten Mal die Videos aus dem Südmeer angesehen, die die anderen Onboard-Reporter täglich an Land gesendet hatten, so wie Antoine es ja auch tat. Oha! Die Videos zeigen, wie in den letzten ein, zwei Wochen vor Kap Hoorn die Stimmung, so mein Eindruck, immer schlechter wurde. Die Leute sahen sehr erschöpft aus, ihre Gesichter wurden fahler, ihre Kommentare kürzer, grummeliger. Kaum jemand machte noch Witze. Eine Seglerin, so wurde mir erzählt, hat zu ihren Männern eines Morgens gesagt: »Sprecht mich einfach nicht mehr an! Nur noch Kommandos! Bis ins Ziel!«

Auch wir waren am Rand unserer Kräfte. Trotzdem, so finde ich, sehen wir auf den meisten Videos immer noch etwas frischer aus, fröhlicher als die anderen. Das liegt nicht an unseren Persönlichkeiten. Es liegt an unserem Boot.

Auf den anderen Schiffen bricht oft Wasser durch die Niedergänge ins Cockpit, es ist dort ständig feucht. Meist fließt es schnell nach hinten raus, aber ein Video von Biotherm zeigt, wie ein Schwall Wasser hinab zu den Kojen rauscht, als das Boot plötzlich abstoppt und sich schräg legt. Wenn es in so einer Situation deine Klamotten oder gar den Schlafsack erwischt, dann hast du ein großes Problem, gerade im Eismeer. Du bekommst ja nichts getrocknet in der Kälte da unten. Wenn du aber ständig frierst, dann zerfrisst das deine Moral, dein Durchhaltevermögen.

Unser Cockpit ist sehr geräumig, rundum geschlossen und hat die größte Stehhöhe. Wir haben außerdem als einziges Schiff eine separate Achterkabine, die wir bis zum Schluss knochentrocken halten konnten. Noch vor einem Jahr, als ich die neue Malizia zum ersten Mal sah, war ich entgeistert. Was hatten wir da entworfen? Das Schiff sieht aus wie ein Tanker, groß und massig. Nun wissen wir, dass Boris recht hatte mit seinen Designideen. Sie haben im Südmeer das Schiff schneller gemacht – und uns mental stärker. Wir haben nie gefroren, mussten nie in einen klammen Schlafsack kriechen. Bisher habe ich Komfort auf einer Rennyacht für Luxus gehalten. Nun weiß ich: Komfort macht schnell.

Natürlich sind auch wir ziemlich ausgelaugt hier angekommen. Ich habe acht Kilo Gewicht verloren, vor allem Muskelmasse, weil wir ja gar keinen Sport machten. Und es dauerte mehr als eine Woche, bis ich erstmals wieder durchschlafen konnte. Als das Tech-Team das Boot auseinandernahm, sind wir Segler in Urlaub gefahren, jeder für sich. Ich habe mir mit Lucia ein Häuschen am Strand von Florianopolis gemietet, einem Badeort südlich von Itajaí. Wir sind zusammen gesurft und gelaufen, wir haben Yoga auf unserer Terrasse gemacht, gut gegessen, gelesen oder haben einfach nur abgehangen. Und einmal in den Regenwald gefahren. Ich habe dort den größten denkbaren

Kontrast zum Meer erlebt, so bunt und üppig, so unüberschaubar vielfältig. Und zugleich spürst du im Regenwald das Gleiche wie auf hoher See: die zügellose Kraft der Natur.

Inzwischen sind wir zurück in Itajaí, und ich habe den Schalter umgelegt, nun bin ich, wie Lucia es nennt, wieder Will im Race-Modus. Ich denke, plane, träume, esse, atme das nächste Rennen. Sonst nichts, es ist die absolute Konzentrationsverengung.

Ich habe überlegt, ob ich als Skipper etwas anders machen sollte als während der Etappe nach Kapstadt, bei der ich Boris ja auch schon vertreten habe. Ich denke, ich bleibe bei dem alten Prinzip »lead by example«, Führung durch Vorbild. Motiviert werden muss hier niemand mehr, das sind wir alle bis in die Haarspitzen. Es geht vielmehr darum, mir und den anderen zu zeigen, wie wir bei allen Bedingungen versuchen können, die maximale Geschwindigkeit aus dem Boot zu holen. Das bedeutet nicht, auch wenn es mir manchmal nachgesagt wird, dass ich das Boot ständig an die Grenzen der Belastbarkeit treiben will! Nein, es bedeutet Fokussierung. Es bedeutet, sich ununterbrochen zu konzentrieren, beim Steuern, bei jedem Manöver.

Die nächste Etappe ist 5000 Seemeilen lang. Wenn wir nur ein Prozent schneller sind als die anderen, haben wir im Ziel einen Vorsprung von fünfzig Meilen. Das ist enorm viel. Und man muss keine Wunder vollbringen, um ein Prozent schneller zu sein. Es reicht, das Schiff während der ganzen vier Stunden, in denen man Wache hat, möglichst perfekt zu steuern und zu trimmen. Nicht essen, nicht plaudern, möglichst nicht pinkeln, mit allen Sinnen in das Boot hineinspüren, es zur Verlängerung deines Körpers machen: So gewinnt man das eine Prozent hinzu. Das funktioniert, und ich werde versuchen, mit gutem Beispiel voranzugehen.

Als ich Boris einmal fragte, nach welchen Kriterien er die Mannschaft zusammengestellt hat, sagte er nur: Bauchgefühl. Respekt für seinen Bauch! Einschließlich Antoine ergänzen wir uns auf perfekte Weise. Als Profisegler – und als fünf Menschen, die im Südmeer Freunde geworden sind. Ich glaube, wir hatten nie schlechte Stimmung an Bord, wir haben nie an uns gezweifelt und an dem, was wir tun. Was für ein Glück! Der Kampf gegen Zweifel und Verzagtheit ist härter als der gegen Naturgewalten.

Wenn wir in Newport ankommen, möchte ich, dass wir sagen können: Wir haben das beste Rennen gesegelt, das uns möglich war. Wir müssen mit unserer Leistung zufrieden sein, das ist noch wichtiger als das Ergebnis. Das gilt auch für mich als Skipper. Entscheidend ist, dass ich weiß, ich habe mein Bestes gegeben. Reicht es nicht aus, dann bin ich hier fehl am Platz. Reicht es aber, dann mache ich weiter und verbessere mein Bestes. Natürlich setzt es mich unter Druck, dass ich der jüngste Skipper bin. Und die Welt noch nicht umrundet habe. Aber im Moment kann ich den Druck ganz gut zur Seite schieben, indem ich mich auf die vertrauten Abläufe konzentriere, auf all die tausend Sachen, die ich noch erledigen muss, ehe es in 48 Stunden endlich losgeht.

Bei Sonnenschein, 28 Grad Lufttemperatur und einer leichten Seebrise macht sich die Flotte um 14 Uhr auf den Weg nach Nordamerika. Die Party zum Abschied von Brasilien beginnt sechs Stunden später. Lucia hat sie organisiert. Die Einladung schickte sie an alle Teammitglieder – und in die WhatsApp-Gruppe »Social 22–23«, die Party-Plattform des Ocean Race.

Es ist nicht die erste Einladung dieser Art. Drei Monate nach dem Start haben sich die konkurrierenden Teams zusammengefunden. Noch immer halten sie viele Informationen intern, um den anderen keinen Wettbewerbsvorteil zu geben, etwa die Auswahl der Segel für die nächste Etappe. Aber die Techniker hocken oft zusammen vor den Teamzelten, man hilft sich mit Tipps und Werkzeugen aus, und als die *Biotherm*-Crew mit Schäden am Foil von der Eismeer-Etappe zurückkehrte und die Zeit für die Reparatur knapp war, da stellte ihr Pifou zwei seiner Bootsbauer zur Verfügung. Thibaut, der *Malizia*-Koch, versorgt auch andere Teams mit Essen, natürlich gegen Bezahlung, ausgehandelt von Holly. Und wo sich nachts am besten feiern lässt, das wird in jedem Hafen seit Alicante in der Chatgruppe »Social 22–23« besprochen, mit immerhin 126 Mitgliedern aus allen Teams. Lucia hat die Gruppe gegründet, und die Malizianer haben sich den Ruf erkämpft, dort das aktivste Team zu sein.

Für heute Nacht hat Lucia ein Restaurant am Strand reserviert. »Für 18 Euro gibt es Buffet satt und zwei Caipirinhas«, hatte sie in die Gruppe geschrieben. »Das Passwort am Einlass lautet Ocean Race. Zieht euch Hawaii-Hemden oder irgendwas Schräges an.«

Etwa hundert Leute kommen, die meisten in Blumenhemden. Gegen Mitternacht schieben sie die Tische zur Seite, der Malizianer Oakley und ein Bootsbauer vom Team Guyot stehen am DJ-Pult, das Ocean Race tanzt. Holly steht etwas abseits, den Kopf über ihr Handy geneigt. Sie hatte am frühen Abend eine Nachricht von Rosalin erhalten: Bei einem Manöver hatte eine umherfliegende Leine Nico an der Nase getroffen, ein Foto zeigte, wie er mit blutüberströmtem Gesicht im Cockpit stand. Dr. Briggs diagnostizierte, dass die Nase höchstwahrscheinlich nicht gebrochen ist. »Es sieht schlimm aus, aber macht euch keine Sorgen«, beruhigte der britische Rennarzt. »Die Nase ist nun mal das Körperteil, aus dem bei einer Verletzung am meisten Blut sprudelt.«

Holly hat Nicos Frau und die Wettfahrtleitung informiert, dann ist auch sie schließlich zur Party gegangen. Alle zehn Minuten schaut sie aufs Handy, nur zur Sicherheit. Sie weiß, dass sie Dr. Briggs vertrauen kann. Außerdem hat Nico jahrelang Figaro gesegelt, es ist nicht seine erste Verletzung dieser Art, und er ist hart im Nehmen.

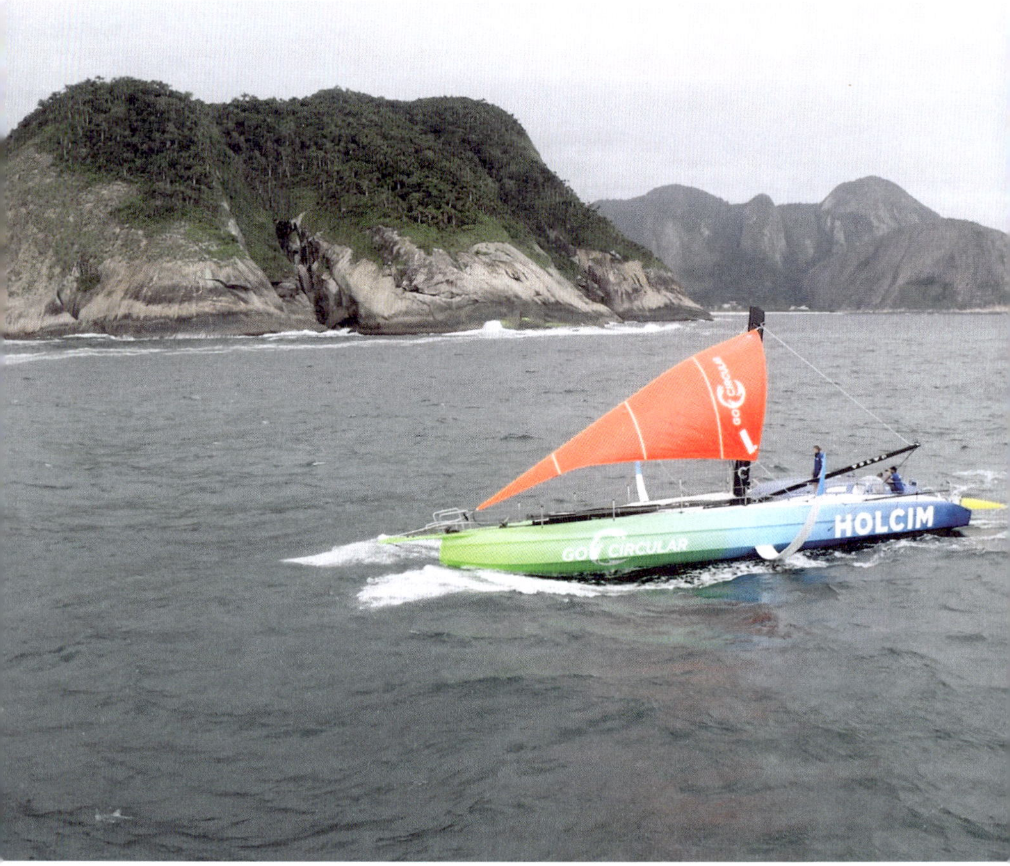

Vom Mast nur ein Stumpf: Unter Notsegel erreicht *Holcim* Brasilien.

8 Pokerstrecke mit Mastbruch

Kniffelige Etappe für Navigator Nico.
Zwei Yachten »dismasted«. Duell vor Newport

Vier Tage nach dem Start in Brasilien erreicht um 6.54 Uhr morgens eine WhatsApp-Nachricht die Wettfahrtleitung in Alicante. Sie enthält nur ein Wort: »Dismasted«, Mastbruch. Georgia Schofield hat sie geschickt, eine junge Neuseeländerin, die als Bordreporterin bei *Holcim* mitsegelt.

Der Wachhabende im Kontrollzentrum antwortet sofort: »Alle ok?«

Kevin Escoffier meldet sich wenige Minuten später: »Alle sind ok.«

Der Wachhabende informiert Phil Lawrence, den britischen Renndirektor, und Marine Derrien, die Chefin des *Holcim*-Rennstalls. Dann aktiviert Alicante den »Krisenmanagement-Plan«.

Die fünf Boote kreuzen zu diesem Zeitpunkt dicht an der brasilianischen Küste entlang nach Norden. Mäßiger Wind, kein hoher Seegang, 1.50 Uhr Ortszeit. *Holcim* liegt an erster Stelle, als plötzlich das Vorstag bricht, die zentrale Verbindung zwischen Mastspitze und Bug. Es ist dunkle Nacht, aber die Infrarotkamera am Mast zeichnet in scharfen Schwarz-Weiß-Bildern auf, wie erst das Segel, das am Vorstag befestigt ist, flatternd an Deck fällt, dann kippt der Mast, der vorne nicht mehr gehalten wird, nach hinten und kracht auf das Cockpitdach. Er zertrümmert die Kamera, das Video endet in zuckenden Blitzen.

Die Mannschaft hat sich unter Deck aufgehalten, niemand ist verletzt. Georgia filmt, was von nun an geschieht. Die Segler greifen nach Handschuhen und Bolzenschneider, setzen Schutzhelme auf, schalten die Stirnlampen ein und klettern an Deck. Der Mast ist mehrfach gebrochen. Ein langes Teilstück hängt mit dem Großsegel über Bord, schlingert in den Wellen und droht Rumpf und Foil zu beschädigen. Fieberhaft kappt die Crew all die Kabel und Taue, die das Teilstück mit dem Boot verbinden. Dann ruft Kevin »Ok, hau weg damit!«, und Mast und Segel versinken im Meer.

Ein Crewmitglied setzt einen Funkspruch ab, wiederholt ihn mehrfach: »Pan-pan, Pan-pan, Pan-pan, here is *Holcim-PRB*, we lost our mast.« Die international übliche Kennung »Pan-pan« signalisiert, dass ein Schiff in eine schwierige Situation geraten ist, dass aber, anders als beim Notruf »Mayday«, keine akute Lebensgefahr besteht.

Teamchefin Marine Derrien verbringt auf dem Weg von Itajaí nach Newport ein paar Tage Urlaub in Mexiko. Es ist bei ihr kurz nach Mitternacht, als der Anruf aus dem Kontrollzentrum in Alicante sie erreicht: »Es tut uns leid, aber dein Boot hat den Mast verloren. Alle an Bord sind ok.« Marine, 38 Jahre alt, Wohnort Lorient, ist krisenfest. Als Managerin hat sie für mehrere Rennställe gearbeitet, zweimal bei der Vendée Globe, einmal beim America's Cup, einmal beim Volvo Ocean Race. Seit 2022 leitet sie das 25-köpfige Team von Kevin Escoffier. Sie schickt ihm eine Nachricht: »Ich weiß, dass ihr sicher seid. Melde dich, wenn du dafür Zeit hast.«

Ihr selbst bleiben noch 35 Minuten, dann wird der Tracker aktualisiert, und alle Welt kann sehen, dass das führende Schiff plötzlich im Atlantik gestoppt hat. Marine möchte den Spekulationen zuvorkommen, die in den sozialen Medien sofort hochkochen werden. Sie benachrichtigt telefonisch als Erstes die Familien der zwei Frauen und drei Männer an Bord, dann informiert sie ihr Team und die Sponsoren, danach, kurz vor Aktualisierung des Trackers, stellt sie eine Pressemitteilung ins Netz: Der Mast ist gebrochen, die Crew unverletzt, der Spitzenreiter vorläufig aus dem Rennen. Weitere Informationen folgen, sobald sie vorliegen.

Krisenmanagement ist die Königsdisziplin aller Veranstalter. Den Machern des Ocean Race liegt diese Disziplin, ungewollt. Sie haben nach fünfzig Jahren Segelrennen um die Erde praktisch alles erlebt, was einer Yacht und der Crew auf hoher See zustoßen kann. Ihre Krisenmanagement-Pläne berücksichtigen auch die unwahrscheinlichsten Fälle.

Ein Mastbruch ist eher etwas Wahrscheinliches. In der Wettfahrtleitung weiß jeder, was jetzt zu tun ist. Den ersten Schritt, eine Rettungsaktion auf See, können sie überspringen: *Holcim* wird aus eigener Kraft die nahegelegene Küste erreichen, das Wetter soll freundlich bleiben, und die Mannschaft kann einen Behelfsmast aufstellen und segeln, außerdem kann sie die Notration Diesel nutzen und für eine Weile unter Motor fahren. Welchen Hafen aber sollen sie für die Reparatur ansteuern? Und: Wie bekommt man schleunigst einen neuen Mast dorthin? Das Krisenteam in Alicante konzentriert sich auf diese beiden Fragen. Sie wollen, aus Solidarität und auch aus Eigeninteresse, dass der Spitzenreiter so schnell wie möglich in das Rennen zurückkehrt.

Die Hilfsaktion für *Holcim* fällt in die Kategorie Krisenlogistik, ein spröder Begriff für die sportliche Herausforderung, innerhalb kurzester Zeit ein Ersatzteil an jeden Ort der Erde bringen zu können. Ein Stück Ausrüstung oder ein Segel sind rasch zu transportieren, schwieriger wird es mit einem 29 Meter langen Mast oder einem Paar Foils. Solche Aktionen stehen immer unter Zeitdruck, es sind global angelegte, minutiös zu planende Operationen, meist laufen sie geräuschlos ab, unbemerkt im Hintergrund der glitzernden Roadshow. Sie sind das Werk einer Handvoll Profis und Voraussetzung dafür, dass es Rennyachten auch bei schweren Schäden häufig gelungen ist, bei der nächsten oder übernächsten Etappe wieder dabei zu sein.

Neil Cox, genannt Coxy, Technischer Direktor des Rennens, koordiniert die Operation. Der 54-jährige Australier war schon bei sechs Ocean Races dabei, als Boat Captain oder Manager eines Tech-Teams, er hat mehr Erfahrung mit Mastbrüchen, Rumpfschäden und um die Welt geprügelten Yachten als jeder andere im Orga-Team von Alicante. Beim letzten Rennen 2017/18 bekam er die Leitung der »Boatyard« übertragen: Die mobile Werft gehörte seit dem Ocean Race 2014 zur Veranstaltung, sie wurde an jedem Zwischenstopp aufgebaut, um die geschundenen Yachten wieder einsatzfähig zu machen. Bis zu fünfzig Bootsbauer flogen mit der Werft und allen Ersatzteilen um die Erde, die damaligen VOR65-Yachten waren eine Einheitsklasse und daher gut kollektiv zu reparieren. Außerdem gehörten die Yachten nicht den Rennställen, sondern dem Veranstalter Volvo. Der gesamte Fuhrpark inklusive fliegender Werft kostete viele Millionen Euro. Aber Geld war beim Volvo Ocean Race lange Zeit in ausreichender Höhe vorhanden.

Nun muss sich das Rennen ohne die Finanzierung aus Schweden tragen. Bei den VOR65-Yachten fehlt vielen Teams das Geld für die Strecke um die Welt, sie gehen daher nur bei den drei Etappen in Europa mit an den Start, ihre mitreisende Werft gibt es nicht mehr. Die Imocas, die das neue Ocean Race prägen, werden von den Bootsleuten ihrer eigenen Teams betreut. Coxy aber ist immer noch dabei. Er unterstützt die Teams bei technischen Problemen jeglicher Art, auf den Schiffen, in ihren Werkstätten an Land. Und er koordiniert Hilfseinsätze wie die Operation *Holcim*.

Die Morgenschicht im Kontrollzentrum hat bereits berechnet, wie lange die Rennyacht bräuchte, um einen rettenden Hafen zu erreichen, unter Notrigg und Berücksichtigung von Wind, Wellen und Strömungen der nächsten Tage. Coxy telefoniert die drei infrage kommenden Häfen ab: Gibt es einen Liegeplatz für eine Yacht mit 4,5 Metern Tiefgang und ausladenden Foils? Ist der nächstgelegene Flugplatz groß genug für einen Frachtflieger mit einem langen Mast im Bauch? Im französischen Lorient liegt ein Ersatzmast bereit, er gehört der Herstellerfirma, die ihn bei Notfällen dieser Art zur Verfügung stellt.

Kevin möchte, dass der Mast schleunigst von Frankreich nach Brasilien geflogen und aufs Schiff gestellt wird, er möchte die Etappe nach Newport unbedingt fortsetzen. Würde die *Holcim*-Crew jetzt aufgeben, bekäme sie für die Etappe null Punkte; erreichte ihr Schiff als Letztes das Ziel, erhielte sie immerhin einen Punkt. In der Gesamtwertung würde *Holcim* dann weiterhin führen – mit einem Punkt Vorsprung.

Marine telefoniert von Mexiko aus mit den Verkehrsbehörden Frankreichs, sie braucht eine Sondererlaubnis, um den 29 Meter langen Mast von Lorient aus mit einem Lkw zu einem Flughafen bringen zu lassen. Doch ausgerechnet einen Tag nach dem Mastbruch beginnt ein langes Wochenende mit dem 1. Mai am Montag. Niemand will eine feste Zusage machen, wann die französischen Beamten die Erlaubnis ausstellen werden. Mit jedem weiteren Tag aber steigt das Risiko, dass der Mast nicht rechtzeitig zum nächsten Start in Newport eintrifft.

Kevin, Marine und Coxy spielen mehrere Szenarien durch. Leider enthalten sie zahlreiche Unwägbarkeiten, von der Behäbigkeit französischer Behörden, einem drohenden Streik brasilianischer Hafenarbeiter bis hin zum Wetter, von dem niemand weiß, wie es sein wird während der zweieinhalb Wochen, die das *Holcim*-Team für die Strecke von Rio nach Newport bräuchte. So viele Unsicherheitsfaktoren, nur um einen einzigen Punkt zu sichern?

Schließlich lässt sich Kevin davon überzeugen, die vierte Etappe aufzugeben und auf den Punkt zu verzichten. Die anschließende, über den Atlantik nach Europa führende Strecke ist wichtiger. Sie zählt doppelt. Der neue Plan sieht vor, das Schiff nach Rio de Janeiro zu segeln, es dort an Deck eines Frachters zu hieven und rasch nach Newport zu verschiffen. Der Mast soll von Frankreich aus direkt zu dem amerikanischen Seglerhafen geflogen werden.

In 22 Tagen beginnt in Newport die Etappe über den Atlantik. Spätestens zwei Tage vorher muss der Frachter mit dem *Holcim*-Rumpf dort eintreffen, um die Yacht mit dem neuen Mast auszurüsten und startbereit zu machen. Für die Strecke ab Rio braucht der Kapitän etwa 16 Tage. Für Marine und ihren Unterstützer Coxy bleiben damit vier Tage, um einen geeigneten Frachter zu finden, der die Yacht in Rio an Bord nimmt. Sie müssen ein Flugzeug finden, das den neuen Mast über den Atlantik bringt. Und Marine muss den Sponsor überzeugen, das alles zu bezahlen. Der Schweizer Konzern Holcim, einer der weltweit größten Zementproduzenten, finanziert die Kampagne erst seit einem Jahr. Das umgefallene Rigg und die Folgen werden ihn zusätzlich eine Million Euro kosten, mindestens. Der Konzern nickt die Operation ab.

Kevin und seine Mannschaft stellen den übrig gebliebenen Maststummel aufrecht, sichern ihn seitlich ab und spannen ein kleines rotes Vorsegel auf. Die Wettervorhersage ist günstig, und sie rechnen damit, in zwei Tagen Rio zu erreichen. Dann sollte auch der noch aufzuspürende Frachter dort eintreffen.

Boris, der von Hamburg aus das Rennen verfolgt, hatte nach dem Mastbruch sofort mit Will Kontakt aufgenommen. Was genau war auf Kevins Boot geschehen? Und könnte das Will und seiner Crew auch passieren? Offenbar war ein Beschlag am oberen Ende des Vorstags gebrochen – und ohne Halt nach vorn fällt jeder Mast sofort um. Boris hat es daher zur Regel erklärt, immer ein zweites Vorstag zu setzen, ein sogenanntes Biz-Kabel, oft mit eingerolltem Vorsegel. Der zusätzliche Windwiderstand bremst, weshalb die anderen Mannschaften darauf verzichten. Auch die *Holcim*-Crew fuhr nur mit einem Vorstag.

»Will«, hakte Boris nach, »fahrt ihr mit Biz-Kabel?«

»Ja, klar, machen wir«, antwortete Will.

»Sehr gut! Ich fing schon an, mich etwas komisch zu fühlen mit der strikten Regel.«

»Wir halten uns dran. Jetzt erst recht.«

»Ist nicht schön, auf diese Weise bestätigt zu werden. Passt auf euch auf, guys!«

Um *Holcim* zu helfen, hat inzwischen in der Zentrale des Ocean Race das Räderwerk der Logistiker zu rotieren begonnen. Am größten Rad drehen die Leute von GAC Pindar. Die britische Spedition, spezialisiert auf die Yachtbranche, transportiert für das Ocean Race bereits zum dritten Mal alles, was zu den Häfen entlang der Route gebracht werden muss, von Satellitenanlagen, IT-Servern und riesigen Plakatwänden bis zu mehreren Dutzend Containern, in denen die Teams ihre Werkstätten eingerichtet haben. Weil die Rennyachten oft schneller den nächsten Hafen erreichen als die Frachter mit den Containern, gibt es alles, was die Teams bei den Zwischenstopps brauchen, in doppelter Ausfertigung: Was an einem Ort nach dem Auslaufen der Flotte abgebaut wird, wird so erst für den übernächsten Ort benötigt. Für die Transporte über See beschäftigt GAC viele lokale Außendienstler, die Agenten in den Häfen wissen aus langjähriger Erfahrung, wie sich die Verladung der Frachten oder die Zollabfertigung beschleunigen lassen. Gerade bei Einsätzen als Krisen-Logistiker entscheiden manchmal nur wenige Stunden über den Erfolg.

Wie beim Volvo Ocean Race 2008: Damals sollte im chinesischen Qingdao die bis dahin längste Etappe starten, quer durch den Pazifik um Kap Hoorn herum bis Rio. Die schwedische Yacht *Ericsson 3* hatte während der vorangegangenen Etappe im Sturm einen Rumpfschaden erlitten und sich nach Taiwan gerettet. Die Crew wollte unbedingt bei der nächsten, doppelt gewerteten Strecke wieder dabei sein. Sie hatte zwölf Tage, um die eingerissenen Rumpfteile auf der Bauwerft in Italien neu anfertigen und nach Taiwan fliegen zu lassen. Der Logistiker nahm für die Reparatur gleich noch ein Team an Bootsbauern im Flieger mit. Als die wiederhergestellte *Ericsson 3* zu Wasser gelassen wurde und lossegelte, blieben der Crew noch drei Tage, um rechtzeitig in Qingdao einzutreffen. Kurz vor der Hafenstadt kam ihr die inzwischen bereits gestartete Flotte der Konkurrenten entgegen. Die Schweden legten für zwei Stunden in China an, füllten den Proviant auf, tauschten den Skipper aus und starteten mit sieben Stunden Verspätung zur Marathonstrecke. Mehr als einen Monat später erreichten sie Rio – als erstes Schiff.

So endete ein legendärer Countdown für eine Mannschaft, die keinesfalls die nächste Etappe verpassen wollte. Genau wie jetzt die *Holcim*-Crew. Die GAC-Logistiker durchsuchen die Tracker von Reedereien nach einem Frachter, der auf dem Weg von Brasilien nach Nordamerika ist, der noch einen freien Platz an Deck hat und für eine anständige Chartersumme eine Ladung von Rio nach Newport mitnehmen würde. Sie entdecken die *Rosario A. Desgagnes,* einen Stückgutfrachter unter kanadischer Flagge. Alles passt, die Charterverhandlungen sind erfolgreich, und der Frachter, der bereits Salvador de Bahia erreicht hat, kehrt um nach Rio.

Am 1. Mai läuft die *Rosario A. Desgagnes* in Rio ein. Einen Tag zuvor ist *Holcim* unter Notrigg dort eingetroffen. Der 1. Mai ist auch in Brasilien ein Feiertag, die Hafenarbeiter wollen die Yacht erst am Nachmittag des nächsten Tags verladen. Kevin schäumt vor Ungeduld. Am 2. Mai setzt der Kranführer behutsam die Yacht auf einem Gestell an Deck des Frachters ab. Am 3. Mai morgens verlässt das Schiff den Hafen von Rio de Janeiro. Der Kapitän ist zuversichtlich, am 18. Mai, drei Tage vor dem Start, in Newport anzulegen. Falls kein schweres Wetter dazwischenkommt.

~

Fernab von Rio hat die Flotte der Ocean Racer auf dem Weg nach Norden inzwischen den Äquator überquert. Sie haben die Linie unweit der Stelle gekreuzt, an der die Flotte vor genau drei Monaten auf umgekehrtem Weg in die südliche Hemisphäre eindrang. Die Schiffe haben die Erde nun umrundet.

Seit dem Mastbruch auf Kevins Boot kämpfen *Malizia* und *11th Hour Racing* um die Führung. Als die beiden Schiffe den Äquator überqueren, beträgt der Abstand zwischen ihnen nur eine Seemeile. Mittlerweile segeln sie schon eine Woche in Sichtweite voneinander; tagsüber erkennen sie, wenn auf dem anderen Schiff jemand an Deck steigt, nachts sehen sie das weiße Topplicht des Verfolgers in der

Dunkelheit blinken. Mäßiger Wind, flache Wellen, eigentlich keine Idealbedingungen für die *Malizia*, trotzdem bleiben auf dem Tracker die Symbole der beiden Schiffe übereinander liegen.

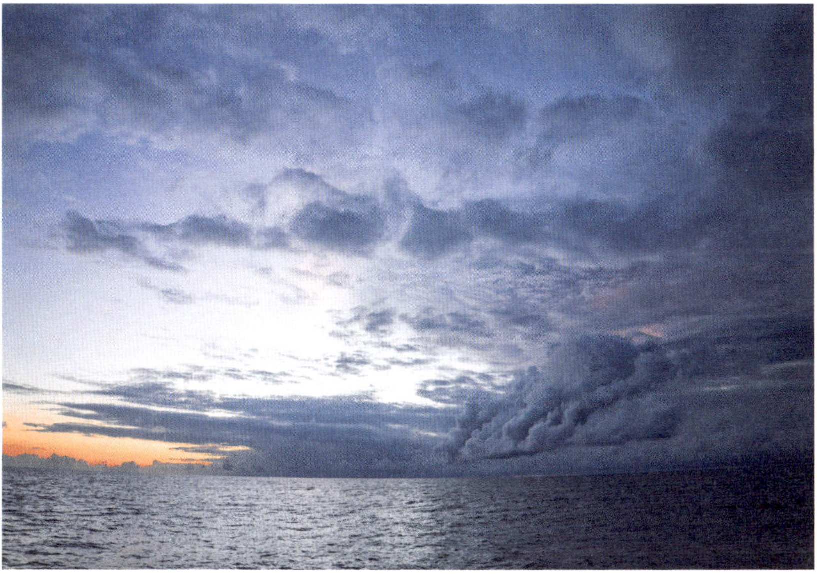

Erneut durchquert die Mannschaft die Doldrums, mit den Wolken als Wegweiser.

»Was für ein Kampf!«, schreibt Boris aus Hamburg an seine Mannschaft an Bord, »wie schafft ihr es, *11th* so zu kontrollieren?«

»Ich verliere Meilen«, antwortet Chris, »und Rosie holt sie zurück …«

Beide Mannschaften kämpfen wie bei einer Jollenregatta in der Kieler Förde um jedes Manöver, um jeden Meter. In den tropischen Doldrums, berüchtigt für ihre Wetterkapriolen, beginnt ein spezieller Wettbewerb: Wer ist besser darin, Wolken zu lesen und Böen einzufangen? Das Meer liegt glatt in der Flaute, harmlose Wolken hängen am Himmel, doch ständig ballt sich eine von ihnen unversehens schwarzgrau zusammen und stößt kräftige Böen aus. Die gilt es zu erwischen. Chris macht den Windspotter. Er beobachtet, wo sich die Wasserfläche unter einem Fallwind kräuselt und erkennbar verdunkelt.

Wie bei einem Countdown zählt er dann herunter, bis die Windzone die *Malizia* erreicht. Wenn bei null eine heftige Böe in die Segel fällt, kurbeln Will oder Nico blitzschnell am Grinder, und Rosalin korrigiert am Autopiloten den Kurs. Sie wollen jede Sekunde des Winds nutzen, so lange, bis er ebenso plötzlich wieder nachlässt. Auf diese Weise, mal Stillstand, mal Sprint, hangeln sich die beiden Schiffe durch die Doldrums, wie auf einer Springprozession.

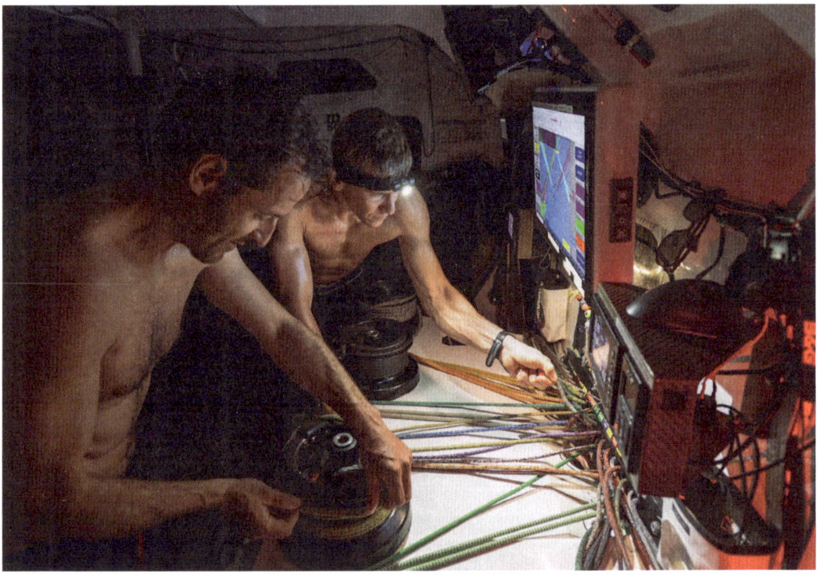

Chris und Will im Cockpit: Am »Piano« laufen alle Trimmleinen zusammen.

Im Kommandostand der *Malizia* herrschen etwa dreißig Grad. Die Dachluken und Seiteneingänge sind geöffnet, auch der Notausstieg im Heck, knapp über der Wasseroberfläche, steht offen, sodass manchmal ein kühlender Luftzug durch das Schiff streicht. Barfuß und nur mit Shorts bekleidet trimmen die Segler das Schiff, die Oberkörper glänzend vor Schweiß. In der Sonne ist es so heiß, dass sie nur an Deck steigen, um ein Segel zu wechseln oder den Klo-Eimer zu leeren. Oft werfen sie dann auch ein paar fliegende Fische ins Meer, die da oben gelandet sind und stinkend in der Hitze verwesen.

Meine Koje in der Achterkabine ist direkt unter dem schwarzen Seitendeck angebracht. Das heizt sich tagsüber so auf, dass ich mich wie in einem Backofen fühle. Inzwischen schlafen wir alle im Vorschiff, auf den Segelsäcken. Dort ist viel Platz, und weil wir eher langsam segeln und kein Wasser überkommt, bleibt die große Luke auf dem Vordeck geöffnet. Trotzdem liegen wir auf den Segelsäcken fast nackt in unserem Schweiß. Am Anfang war mir das unangenehm, inzwischen ist es mir egal. Ich habe es einfach akzeptiert, die ganze Zeit zu schwitzen, die anderen tun es ja auch.

Ich schätze, ich trinke mindestens doppelt so viel wie im Südmeer. Fast ununterbrochen. Dank der Entsalzungsanlage ist unser Trinkwasserkanister ständig gefüllt. Boris hat mal erzählt, dass er während der Vendée Globe versuchte, die verschiedenen Ozeane am Geschmack zu erkennen. Aber das Wasser habe immer gleich fade geschmeckt. Das stimmt. Wir werfen noch Elektrolyt-Tabletten rein, manchmal auch Vitamin-Tabletten, das gibt dem Ganzen etwas Frische.

Ehrlich gesagt, weil ich so viel trinke, pinkele ich auch viel. Bisher haben wir in der letzten Stunde der Wache möglichst wenig getrunken, um in den vier Stunden danach, also während des Schlafens, nicht aufstehen und zum Eimer gehen zu müssen. Das klappt jetzt nicht mehr. Jede Stunde werde ich mindestens einmal wach, klemme mich mit dem Eimer irgendwo in eine Ecke, klettere nach oben an Deck, leere ihn über Bord aus, klettere zurück in die Kabine, fülle meine Wasserflasche neu, trinke und trinke, steige durchs Schiff nach vorn und strecke mich auf einem Segelsack wieder aus. Leider ist das Ganze keine Aktion, die sich im Halbschlaf erledigen lässt.

Beim Schlafen trage ich immer einen Kopfhörer, der schluckt alle Geräusche, und ich kann beim Wegdämmern Musik hören. Ich habe so ein kleines Reise-Kopfkissen, das ist geformt wie ein Donut-Ring. Liege ich auf der Seite, ragt die Kopfhörermuschel in das Loch hinein, ohne die Matratze zu berühren, es drückt also nichts, und ich kann wunderbar einschlafen.

Wegen der Hitze esse ich deutlich weniger. Meistens nur eine große Mahlzeit am frühen Nachmittag, den Rest des Tages ernähre ich mich von Snacks und Nüssen. Beim Start in Brasilien wog ich 72 Kilogramm, drei Kilo mehr als normalerweise, ich hätte also kein Problem damit, wenn ich jetzt an Gewicht verliere.

Ich vermisse BigB, so nenne ich ihn inzwischen, hier an Bord, er ist nun in Hamburg bei seiner Familie. Aber Chris passt perfekt zu uns. Irgendwie hat er von allen etwas, er kann so ernst sein wie Nico, mit dem er vorm Monitor steht und konzentriert das Routing bespricht. Beide segeln seit Jahren gegeneinander, in Figaros und Imocas, sie sind unsere »French Connection« an Bord. Chris hat aber auch einen schrägen Humor, er liebt es, bei den Quatschgesprächen von Antoine und mir mitzumachen. Neulich haben wir darüber gesprochen, wie großartig es wäre, unseren Schlaf-Wach-Rhythmus einfach an Land fortzusetzen. Wir könnten endlos Party machen. Ab und zu zwanzig Minuten schlafen – und weiter geht's!

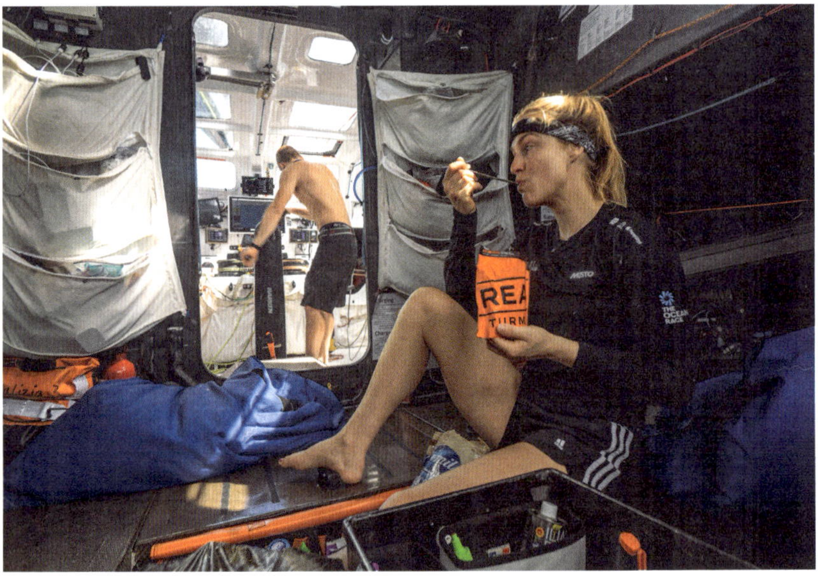

Homeoffice: Rosalin isst in der Kabine zu Mittag, Will kurbelt im Cockpit.

Antoine und ich albern viel herum, wir erzählen uns von den kleinen Abenteuern in unserem Leben, wir lachen oft und versuchen, in allem, was so passiert, die komische Seite zu entdecken. Antoine ist zugleich ein spiritueller Mensch, er denkt viel darüber nach, wie sehr wir Teil der Natur sind, mehr als wir wahrhaben wollen. Er ist empfindsam, oft auch poetisch, er schreibt Gedichte, eines davon hat er neulich mit wasserfestem Stift an die Cockpitwand gemalt. Aber es kann passieren, dass er fünf Minuten später in der Kabine zu tanzen beginnt, einfach so. Oder er schreit »Fly Captain is coming!«, und dann startet er seine Drohne und freut sich wie ein aufgedrehtes Kind, wenn sie neben dem Schiff herjagt.

Einmal saß er stundenlang vor dem Rechner, um seine Filme zu schneiden. Man sah ihm an, wie schwer es ihm fiel, sich in dem hüpfenden Schiff zu konzentrieren. Plötzlich begann er heftig den Kopf zu schütteln und streckte die Zunge raus. Er wollte nur kurz den Druck rauslassen. Später sagte er lachend zu mir: »Viele Leute denken, ich bin ein bisschen verrückt. Es stimmt. Ich denke, wir sollten alle ein bisschen verrückt sein im Leben. Andernfalls langweilt man sich doch. Und wird selber langweilig.«

Ohne den Spaß zwischendurch würde es mir schwerer fallen, das hier durchzustehen. Seit einer Woche haben wir 11th Hour an den Hacken. Und natürlich strengst du dich noch mehr an als normalerweise, wenn die anderen direkt neben dir fahren und du sofort siehst, wie die kleinste Unaufmerksamkeit von dir denen ein paar Bootslängen schenkt. Das ist ziemlich intensives Segeln gerade, Tag und Nacht. Wie sehr der Zweikampf uns alle antreibt, zeigt der Tracker: Der Abstand unserer Schiffe zu Biotherm und Guyot wächst die ganze Zeit.

Wie schon vor drei Monaten, als wir den Atlantik runtersegelten, fasziniert mich die Nacht in den Tropen. Wenn wie gestern nur eine Brise weht und das Schiff perfekt eingestellt durch die See schnurrt, dann kann während der Nachtwache einer in der Kabine dösen, und ich stehe allein im Cockpit. Es ist still, und ich höre nur das Wasser, das leise am Rumpf entlangschlürft, ein wunderbares Geräusch. Ich lösche dann gern die Navigationslichter, greife die Fernbedienung des Autopiloten und setze mich auf das Cockpitdach.

Am schönsten sind Nächte ohne Wolken und ohne Mond. Dann strahlt der sternenübersäte Himmel und wölbt sich wie eine perfekte Halbkugel über das Meer. Und die Sterne direkt über dem Horizont leuchten genauso hell wie im Zenit. Manchmal höre ich dann »Luna« von Alessandro Safina, mein

Lieblingslied für solche Momente. Oder ich schaue einfach nur nach oben. Es ist so surreal und real zugleich. Die Zeit steht still. Es gibt keinen Grund, irgendwo anders auf der Welt zu sein.

~

Drei Tage vor der Ankunft in Newport gerät die Flotte in einen Orkan. Die Meteorologen hatten einen schweren Sturm angekündigt, doch es kommt schlimmer. Ein Wirbelsturm mit Böen in Orkanstärke pflügt von der US-Küste durch den Atlantik und wirft, zusammen mit dem Golfstrom, eine brutale Kreuzsee auf, direkt vor den vier Yachten. *11th Hour Racing* und *Malizia* müssen die Front als Erste durchqueren.

»Ehrlich gesagt, es wird schrecklich«, schreibt Amory Ross, Bordreporter bei *11th Hour Racing*. Der US-Segler hat schon drei Ocean Races hinter sich und neigt nicht zu Panik. »Es wird härter als alles, was wir bei dem gesamten Rennen bisher erlebt haben. Es gibt nur einen Weg: festhalten, Kopf runter und dann geradeaus durch, so schnell wie möglich. Bei solchen Bedingungen brechen Boote auseinander. Ich fürchte, *Biotherm* und *Guyot* hinter uns wird es noch schlimmer treffen. Daumen drücken, dass alle heil in Newport ankommen!«

Will entscheidet, das Vorsegel einzurollen und das Großsegel maximal zu reffen. Weniger Windwiderstand geht nicht. Der Atlantik kocht, die Gischt fliegt, keine Sicht. Welle für Welle stampft sich die *Malizia* vorwärts. Die Geschwindigkeit ist zweitrangig geworden, es geht nur noch darum, da heil durchzukommen. Nach sechs Stunden erreichen beide Schiffe gegen Mitternacht die andere Seite der Front, der Orkan schwächt ab zum Starkwind. Etwa 160 Seemeilen hinter ihnen dringen *Biotherm* und *Guyot* in die Laufbahn des Wirbelsturms ein.

Wie die *Malizia* zuvor kämpft sich auch *Guyot* mit minimaler Besegelung durch die tobende See. Nach einem hohen, sehr steilen Brecher fällt der Rumpf krachend in ein Wellental. Es ist, als schleuderte eine gewaltige Faust das Schiff ins Meer. Co-Skipper Robert Stanjek, gerade auf Freiwache, wird aus dem Schlaf gerissen. Es ist gegen drei Uhr morgens, als er laute Schreie von Deck hört.

»Dismasted!«, brüllt Sébastien.

»Oh, nein, nein, nein, bitte nicht, nein, nein, nein, nein!«, ruft Skipper Benjamin Dutreux, erst flehend, ungläubig wimmernd, dann brechen Entsetzen und Fassungslosigkeit mit einem gellenden Schrei aus ihm heraus.

Das Schiff taumelt ohne Halt im Seegang umher. Der Mast ist in zwei Teile zerbrochen. Der Stumpf liegt an Deck, der gut 25 Meter lange Rest schleift mitsamt Großsegel durch das Wasser.

Die beiden Franzosen, der Deutsche und die Britin Annie Lush diskutieren unter Deck, es ist ein schneller Wortwechsel, ein englisch-französisches Gemisch.

»Sollen wir den Mast losschneiden?«

»Lasst uns so viel behalten, wie wir können.«

»Ich denke, wir sollten den Mast und auch das Segel aufgeben.«

»Warum auch das Segel?«

»Weil es am Mast hängt. Das bekommen wir nie davon los«, ruft Robert.

Ben zögert. »Wir könnten den Mast parallel zum Rumpf ziehen«, sagt er. »Und dann alles hochzerren.«

Rigg und Segel kosten mehrere Hunderttausend Euro. Aber Robert sieht keine Alternative. »Glaubst du im Ernst«, fragt er Ben, »wir sind stark genug, um Mast und Segel aus dem Wasser zu kriegen?«

»Nein, nein, wahrscheinlich nicht. Aber vielleicht, wenn wir erst das Großsegel…? Ich weiß auch nicht.«

»Wir kriegen das Segel niemals vom Mast los. Lass uns alles wegschneiden!«

Die Crew holt die Bolzenschneider und die Messer heraus. Dann steigt sie an Deck, hakt die Karabiner ihrer Sicherheitsgurte ein und beginnt, die Drähte und Taue zu kappen. Ständig brechen Wellen über das Schiff und die an Deck kauernden Menschen. Endlich ist die letzte Verbindung getrennt, das Rigg versinkt im Meer. Den Stumpf bindet die Mannschaft flach an Deck fest.

Ausgerechnet *Guyot*. Die ersten Reparaturen hatten gleich nach dem Start in Alicante begonnen. Dann, auf der Etappe nach Kapstadt, waren zwei Segel gerissen. Bei der Jagd durch das Eismeer hatte die Mannschaft nach mehreren Tagen auf Platz 2 gelegen, als sie wegen Strukturschäden im Rumpf umdrehen musste. Nach der Reparatur in Kapstadt war *Guyot* auf kurzem Weg nach Brasilien gesegelt, quer über den Atlantik, um auf der Etappe ab Itajaí endlich auftrumpfen zu können. Die Mannschaft hatte 2021 schließlich das Ocean Race Europe gewonnen. »Es ist ein Desaster!«, schreibt Robert Stanjek in einer Nachricht an Land. »Ich weiß nicht, ob man nach alldem, was hier kaputtgegangen ist, noch von Pech reden kann.«

~

An dem Morgen, an dem auf *Guyot* der Mast zerbricht, herrscht bei den GAC-Mitarbeitern, die sich um das Ocean Race kümmern, gute Stimmung. Tagelang hatten sie in Frankreich und den Nachbarländern nach einem Frachtflugzeug gesucht, in das, bei aufgeklappter Schnauze, der neue Mast für *Holcim* hineingeschoben werden kann. Heute früh ist die Boeing 747F vom belgischen Lüttich aus nach New York gestartet, keine exklusive Chartermaschine, sondern ein reguläres Linienfrachtflugzeug. Das macht das Ganze erheblich günstiger. Die Gesamtkosten der Operation *Holcim* liegen inzwischen bei 1,2 Millionen Euro. Von New York aus soll ein Lkw den Mast nach Newport bringen, begleitet von einer Polizei-Eskorte. Ein GAC-Mitarbeiter hat vor ein paar Tagen die knapp 300 Kilometer lange Strecke abgefahren – um sicherzustellen, dass der Transport mit Überlänge um jede Kurve kommt.

Ein paar Stunden nach dem Start des Fliegers in Lüttich kippt die gute Stimmung. Coxy ruft bei den GAC-Logistikern an: »Wir brauchen noch einen Mast! Und wir brauchen eine Idee, wie wir *Guyot* an Land bekommen!«

Anders als Kevins Schiff hat *Guyot* den Mast nicht nahe der Küste verloren, sondern 600 Seemeilen von Newport entfernt. Der nächstgelegene Hafen ist das kanadische Halifax, 380 Seemeilen entfernt. Die Mannschaft könnte unter Notrigg dorthin segeln. Sie müsste allerdings die Maschine mitlaufen lassen, sonst würde es endlos dauern, außerdem müssten die Batterien aufgeladen werden, für die Navigationsinstrumente. Für all das reicht aber die Dieselration an Bord nicht.

GAC prüft, welche Schiffe in den nächsten 24 Stunden nahe *Guyot* vorbeifahren werden, und sendet die Kontaktdaten an die Mannschaft. Benjamin greift zum Funkgerät. Der Kapitän des dritten Schiffs, eines Tankers, ist selbst Segler und sagt sofort Hilfe zu. Er lässt ein Bündel Kanister zusammenbinden, die einen gefüllt mit insgesamt 150 Liter Diesel, die anderen leer für den Auftrieb. Ein GPS-Sender und ein rotes Blinklicht kommen noch dazu, dann lässt die Tanker-Besatzung das Bündel hinab ins Meer. Kurz darauf, in der zweiten Nacht nach dem Mastbruch, zieht die *Guyot*-Crew die Kanister aus dem Wasser. »Krasse Aktion von Ibrahim«, sagt Robert Stanjek über den Kapitän. »Das muss ein guter Mensch sein.«

Holly

Bis kurz vorm Ziel hatte ich als Teamchefin eine vergleichsweise entspannte Zeit, die Jungs da draußen machten mir so wenig Arbeit wie bei keiner Etappe zuvor. Es gab keinen Schaden auf der Malizia, stattdessen schrieb die Crew jeden zweiten Tag dem Tech-Team, wie perfekt die das Schiff in Itajaí durchgecheckt und vorbereitet hätten. Und es gab keine Verletzungen, abgesehen von Nicos Nase gleich nach dem Start.

Doch dann passierten gleich zwei Mastbrüche. Unfassbar. Als ich das Video von Guyot sah, von den ersten Minuten, als sie begriffen, was geschehen war, da hätte ich fast geheult. Man konnte so sehr die Verzweiflung spüren, diesen Schmerz!

Natürlich fragt man sich sofort: Kann das auch uns passieren? Bei Holcim kennen wir die Ursache, da zerbarst am oberen Ende des Vorstags das gleiche Fallenschloss wie bei uns im Südmeer. Der entscheidende Unterschied: Wir setzen zur Sicherheit immer ein zweites Vorstag. Das ist eine eiserne Regel von Boris. Die anderen Schiffe hatten diese Regel bisher nicht, vielleicht ändert sich das jetzt.

Weshalb bei Guyot der Mast knickte, wissen wir nicht. Sie haben ja versucht, so vorsichtig wie wir die Front zu durchqueren, mit winzigem Großsegel und ohne Vorsegel. Eigentlich gab es keinen Grund für den Mast, plötzlich von oben runterzukommen. Genau das beunruhigt mich. Man will ja wissen, was einen Schaden verursacht hat.

Das Entscheidende aber ist, dass auf beiden Booten niemand verletzt wurde. Wenn alles nach Plan läuft, geht Holcim in Newport wieder an den Start. Guyot wird das nicht schaffen. Ich hoffe so sehr, dass sie in Europa ins Rennen zurückkehren. Das Schicksal hat es bisher nicht gut gemeint mit ihnen. Es hat das Pech sehr unfair verteilt.

~

11th Hour Racing und *Malizia* waren nebeneinander durch die flauen Doldrums gefahren, nebeneinander durch die Sturmfront, und jetzt, einen Tag vor dem Ziel, segeln sie erneut in Sichtweite voneinander. Will und seine Mannschaft schöpfen wieder Hoffnung.

Nach der Sturmfront hatte eine dunkle, massige Wolke ihren Weg gekreuzt. An den Rändern solcher Ungetüme ist der Wind meist am stärksten; wer ihn nutzen will, sollte also dort unter der Wolke entlangsegeln. Der Navigator von *11th Hour Racing* wählte den einen Rand, Nico den anderen. Leider wehte der kräftige Wind nur an einer Seite, es war einfach Pech. Die US-Yacht jagte mit 25 Knoten davon, *Malizia* blieb mit vier Knoten fast stehen. Als es endlich aufbriste, war der Konkurrent hinter dem Horizont verschwunden, mit rund vierzig Seemeilen Vorsprung. Manchmal bleibt das, was am Himmel vor sich geht, selbst für »The Brain« unberechenbar.

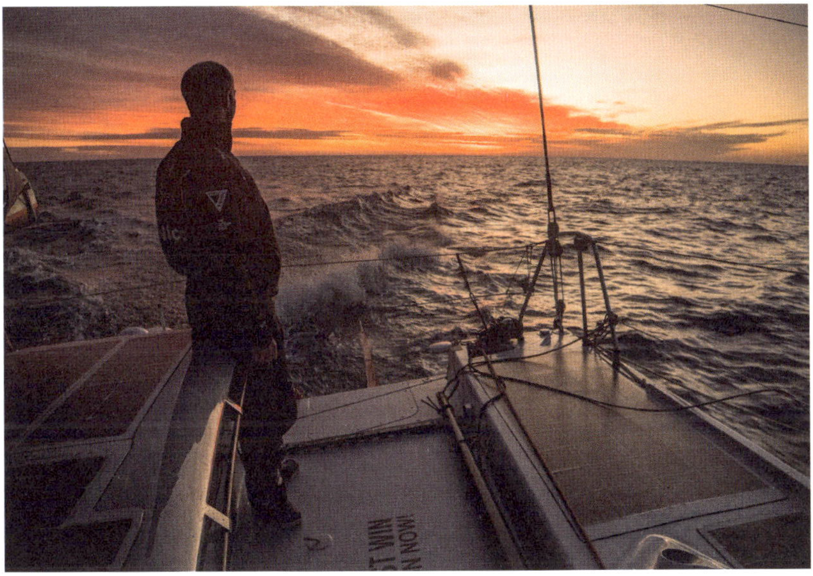

Fast wie Urlaub: Nach dem Sturm genießt Nico den glühenden Himmel.

Nun, in den Gewässern vor Newport, könnte sich das Blatt unversehens noch wenden. Die *Malizia* hat sich bis auf sieben Seemeilen wieder an *11th Hour Racing* herangekämpft. Es ist ein sonniger Frühsommertag in Newport, angenehme Temperaturen, die Ufer entlang der Bucht sind schwarz vor Menschen. Dies ist der Heimathafen von *11th Hour Racing*, hier haben sie vor drei Jahren begonnen, für das Ocean Race zu trainieren, hier sind sie aufgebrochen zu einem Rennen um die Welt, nun sind sie kurz davor, als Etappensieger zurückzukehren – und jetzt holen die Deutschen plötzlich auf? Really?

Auf der äußeren Pier stehen mehrere TV-Teams, die Kameraleute drehen an den Objektiven, doch noch ist kein dunkles Dreieck draußen auf dem Atlantik zu sehen. Die Zuschauer starren auf ihre Handys, auf den Tracker, der inzwischen alle fünf Minuten die aktuellen Positionen der beiden Yachten zeigt. Renndirektor Phil Lawrence hat vor der Küste vier Sperrzonen eingerichtet, die die Segler umfahren müssen, wegen des dichten Schiffsverkehrs und auch weil sich möglicherweise Wale dort aufhalten könnten. Zahlreiche

Halbinseln, Buchten und vorgelagerte Inseln zerfasern die Küste, was die Strömungen schwer berechenbar macht. Und jetzt lässt auch noch der Wind nach. »Nerve-wracking and nail-biting«, stöhnt ein TV-Journalist in die Kamera. Nervenkitzel und Nägelkauen.

Endlich taucht am Horizont ein schwarzes Dreieck auf. Das Großsegel einer Imoca-Yacht. Hunderte Zuschauerboote warten seit Stunden in der engen Einfahrt zur Bucht von Newport. Nun kommt Bewegung in die Flotte, Polizeiboote drängen sie zur Seite. Bloß keine Kollision kurz vor dem Ziel.

Am 10. Mai überquert *11th Hour Racing* um 18.42 Uhr die Ziellinie am Beginn der Bucht, nur hundert Meter vom Ufer entfernt. Eruption in Newport: Signalraketen, Nebelhörner, Böllerschüsse aus den Kanonen eines ehemaligen US-Forts, tausendfacher Jubel. Die Segler der Siegeryacht stehen auf dem Cockpitdach, reißen die Arme hoch. 31 Minuten später überquert *Malizia* die Linie. Will und seine Crew erreichen den zweiten Platz: am Ende eines 17-tägigen Rennens mit einer halben Stunde Abstand.

Will

11th Hour Racing hat es verdient, hier zu siegen. Sie haben so hart dafür gearbeitet, in ihrer Heimatstadt als Sieger einzulaufen, dies war ihre wichtigste Etappe. Natürlich hätten wir sie gern geschlagen. Aber sie haben den Sieg auch deshalb verdient, weil sie keinen einzigen Fehler gemacht haben. Wir haben zwei gemacht, kleine nur, aber es hat gereicht.

Als wir anlegten, stand Charlie auf dem Steg. Er griff meine Hand und meinte nur »Well done, guys«, wir schauten uns in die Augen und grinsten. Wir wussten beide, dass wir gerade einen coolen Kampf beenden. Zwei Wochen lang lag mal der eine vorn, mal der andere. War der Abstand gering, haben wir uns genau beobachtet, den Trimm der Segel, die Neigung des Schiffs. Charlie und ich hätten miteinander sprechen können, per Funk, aber wir haben es nicht gemacht. Ich meine, was hätte ich auch sagen sollen? »Hi guys, wie geht's denn so?« hätte kaum gepasst. Wir waren zwei Teams, die sich duellierten.

Ich vermute, Charlie und ich haben in den beiden Wochen eine spezielle Beziehung zueinander entwickelt. Das klingt vielleicht etwas übertrieben, wir haben ja nicht miteinander geredet, uns auch nicht gesehen. Aber jeder von uns hat die ganze Zeit intensiv über den anderen nachgedacht, hat versucht, sich in ihn hineinzuversetzen, seine Strategie zu erkennen und darauf zu reagieren, bis zum nächsten Manöver. Ich zumindest habe es getan, und ich glaube, Charlie auch, es lag so etwas in seinem Blick auf dem Steg.

Nun ist die vierte Etappe vorbei, und ich merke, wie müde ich bin. Insgesamt 79 Tage haben wir bisher auf See verbracht, mit drei Pausen dazwischen. Mein Körper zahlt jetzt den Preis dafür. Es strengt mich allein schon an, wenn ich an Land nur herumstehe. Auch mein Kopf ist müde. Die schiere Intensität des Rennens, diese ununterbrochene Konzentration darauf, schneller zu sein als der andere, wochenlang, das macht kirre. Übertreibe ich es mit meinem Ehrgeiz? Ich weiß nicht. Jetzt gerade würde ich gern nach England zurückkehren, einfach nur abhängen mit meinen Kumpels und meinen Eltern.

Bei dieser vierten Wettfahrt fand ich außerdem die Bedingungen oft härter als im Südmeer. Wenn du dort frierst, ziehst du mehr an und trinkst einen heißen Tee. Doch der Hitze in den Tropen kannst du nichts entgegensetzen. Du entkommst ihr einfach nicht. Ich lag in meinem Schweiß auf den Segelsäcken und konnte in der brütend heißen, schwülen Luft nicht einschlafen. Irgendwann hatte ich juckende Hitzepickel am ganzen Körper, das war auch nicht angenehm. Umso mehr habe ich es genossen, als wir endlich in den kühlen Nordatlantik kamen und ich wieder in den Schlafsack kriechen und mich gemütlich zusammenrollen konnte.

Für Boris war diesmal Chris dabei, alle anderen gehörten zur alten Kerntruppe, und es war beeindruckend zu erleben, wie viel genauer als noch beim Start wir das Boot inzwischen kennen. All die Leistungsdaten, die wir die ganze Zeit sammeln, helfen uns beim Feintuning. Inzwischen holen wir so viel mehr Speed aus dem Boot, auch bei weniger Wind. Wir brauchen nicht mehr unbedingt Sturm und hohen Seegang, um den anderen davonzufahren.

Wir haben außerdem sehr von Chris und seinen Imoca-Erfahrungen profitiert. Er brachte lauter Ideen mit, die wir sofort testen konnten, dafür eignete sich das Duell mit 11th Hour Racing ja perfekt. Außer Nico kannte ihn niemand von uns näher, stimmungsmäßig war er also ein gewisses Risiko. Aber mit seiner Mischung aus Professionalität und Witz hat er Rosie und mich sofort erobert.

Als Skipper fühlte ich mich bei dieser Etappe zusätzlich unter Druck. In einer mental so anstrengenden Situation hilft es, wenn Persönlichkeiten wie Antoine zum Team gehören. Ich glaube, er beabsichtigt das gar nicht, aber es gelingt ihm immer wieder, uns mit seiner Unbekümmertheit zu entstressen. Unser Fly Captain! In den Tropen turnte er tagelang nur in seiner engen grauen Unterhose umher, und am liebsten, so vermute ich, wäre er nackt gewesen, weil es ihm wichtig ist, dass sein Körper frei bleibt. Er sorgt sich selten und gibt sich dem Moment hin, er beherrscht die Kunst des gedankenlosen Genießens. Manchmal, wenn ich mich wieder voll ins Rennen verbissen hatte, tauchte er im Cockpit auf und machte eine Bemerkung, die zeigte, aus welcher Ferne er das Ganze hier betrachtet, amüsiert und staunend, und mir wurde wieder mal klar, was für ein Abenteuer das Ocean Race ist, wie privilegiert wir sind. Und mir wurde sofort leichter ums Herz.

Hier in Newport haben wir nur zehn Tage Pause. Ich denke, wir werden viel feiern, auch mit den anderen Teams, das ist der Ruf von Newport. Es hat mich gefreut, als ich bei der Siegerehrung sah, wie Charlie mit breitem Grinsen den Pokal für den Etappensieg in die Höhe reckte. Wie gesagt, er und seine Leute haben ihn verdient. Aber es hat mich auch brutal getroffen, dass wir nach 5000 Seemeilen den Sieg um eine halbe Stunde verpasst haben. Ich würde so gern sagen können, dass ich beim Ocean Race eine Etappe als Skipper gewonnen habe. Aber so ist Segeln. Und wir haben noch drei Etappen vor uns. Holcim hat jetzt 19 Punkte, 11th Hour Racing und wir haben 18. Im Grunde genommen startet das Ocean Race mit der Strecke nach Europa neu.

~

Am 17. Mai, einen Tag früher als geplant, läuft die *Rosario A. Desgagnes* am frühen Abend in Newport ein. Ein Bordkran lässt *Holcim* sofort zu Wasser. Noch in der Nacht beginnen Bootsbauer des Teams, Risse im Cockpitdach zu schließen, die der herabstürzende Mast geschlagen hat. Der neue ist pünktlich aus Frankreich eingetroffen, die Rigger haben zahlreiche Kabel und Leinen durch sein Inneres gezogen, in den gleichen Farben wie vorher, damit die Segler nichts verwechseln. Der *Holcim*-Crew bleiben drei Tage, um bis zum Start das Rigg aufs Boot zu stellen und eine Testfahrt vor Newport zu unternehmen.

Die Etappe über den Atlantik zählt doppelt, ist in der Punktewertung also ebenso wichtig wie die gesamte Strecke durch das Südmeer. Zwei der drei führenden Mannschaften verstärken sich für die Atlantik-Etappe mit den vielleicht besten Hochseeseglern Frankreichs. Kevin holt Charles Caudrelier an Bord, den Mann, der 2018 das letzte Volvo Ocean Race gewann, als Skipper der Yacht *Dongfeng*. Damals war Kevin einer seiner Mitsegler, diesmal tauschen sie die Rollen. 2022 siegte Caudrelier mit seinem gigantischen Trimaran *Edmond de Rothschild* bei der Route du Rhum, der legendären Einhandregatta von Frankreich in die Karibik.

Auch *11th Hour Racing* hat in die oberste Schublade gegriffen: Das Team hat Charlie Dalin engagiert, zweifacher Saisonmeister der Imoca-Klasse. 2021 war er bei der Vendée Globe als Sieger eingelaufen, aber auf Platz 2 gelandet: Der Franzose hinter ihm erhielt noch eine Zeitgutschrift; er hatte wie Boris südlich von Kapstadt eine Nacht lang nach Kevin Escoffier gesucht, dessen Schiff im Eismeer auseinandergebrochen war. 2022 stand Dalin bei allen Regatten, an denen er teilnahm, auf dem Podium.

Auf der *Malizia* kehrt Boris als Skipper zurück. Nun ist es Nico, der ein paar Wochen bei der Familie verbringen will. Kurz nach der Ankunft in Newport fliegt er zu seiner Frau und den drei kleinen Töchtern nach Frankreich. Für ihn wird Yann Eliès an Bord kommen, der schon die Etappe nach Kapstadt mitgesegelt war.

Boris

Fünf Wochen habe ich mit meiner Frau und meiner Tochter verbracht. Kindergarten und Spielplatz, Einkaufen, Büroarbeit, Kiten, uns mit Freunden entspannt zum Essen treffen – der Kontrast zum Ocean Race hätte nicht größer sein können. Ich habe jeden Tag genossen. Habe ich trotzdem zwischendurch das Rennen vermisst? Natürlich. Regelmäßig habe ich den Tracker kontrolliert. Und wenn wir dann in der letzten Stunde Meilen gewonnen oder verloren hatten, dann konnte ich mir die jeweilige Stimmung an Bord gut vorstellen, ich wusste ja, wer gerade Wache hatte.

Will ist mit Nico, Rosie und Chris ein bemerkenswert souveränes Rennen gefahren. Ich sah in den Chatgruppen, dass sie kaum technische Unterstützung brauchten, auch durch den Sturm sind sie sicher gekommen, es gab keine nennenswerten Schäden, die Werkzeugkiste blieb geschlossen. Und so konnten sie sich voll auf Taktik und Geschwindigkeit konzentrieren. Im Grunde genommen war das ganze Rennen ein pausenloser Zweikampf mit 11th Hour Racing, zwei Wochen lang segelten die Schiffe fast immer in Sichtweite voneinander. So ein ständiges gegenseitiges Pushen ist ja ganz nach dem Geschmack von Will, er ist da zu Hochform aufgelaufen. Aber ich glaube, er hat nie mehr riskiert, als ich es auch getan hätte. Unser Tech-Team in Newport hatte jedenfalls sehr wenig Arbeit.

Ich konnte dieses Rennen also sehr entspannt aus der Ferne beobachten. Nur zum Schluss kaute ich mir fast die Nägel ab. Ich habe so gehofft, dass sie 11th Hour Racing noch abfangen.

Aber nun kommt die nächste Runde. Und den Nordatlantik kenne ich gut, ich habe ihn schon so oft überquert.

~

Guyot hat nach fünftägiger Fahrt unter Notrigg inzwischen die kanadische Hafenstadt Halifax erreicht. Am gleichen Tag, an dem in Newport die Flotte ins Atlantikrennen startet, wird auch *Guyot* Kurs auf Europa nehmen: von Halifax aus, an Deck eines Linienfrachters, der eine Woche später in Hamburg ankommen soll.

Und dann? Gibt es eine Chance für das deutsch-französische Team, in das Rennen zurückzukehren?

Benjamin Dutreux ist mit seiner Teamchefin nach Newport gefahren. Und wird überrollt von einer Welle der Hilfsbereitschaft. Das

Team von *11th Hour Racing* bietet zu einem günstigen Preis seinen Ersatzmast an, der in einer Halle in Frankreich liegt. Die Veranstalter des Rennens und wohl auch andere Teams unterstützen *Guyot* finanziell, über Summen möchte öffentlich niemand reden. Nur die Sponsoren von *Guyot* zögern noch. Die Ungewissheit zermürbt das Team. In drei Wochen startet in Aarhus die erste der beiden Etappen ins Ziel. Wenn Benjamin, Robert und ihr Team dort antreten wollen, brauchen sie feste Zusagen. Jetzt. Sie brauchen zusätzliches Geld für Transport und Reparatur. Sie brauchen eine erstklassige Werft, möglichst in Nordeuropa. Und sie brauchen jemanden, der den Mast aus Frankreich holt.

Boris liebt solche Herausforderungen. Er ist inzwischen in Newport eingetroffen, hat sich mit Benjamin getroffen und richtet die WhatsApp-Gruppe »Support Team Guyot« ein. Er stellt seine Kontakte in der Schifffahrts- und Logistikbranche in die Gruppe. Dann schreibt er in das Profil des Chats: »Wir wollen, dass *Guyot* in Aarhus startet! Holt jeden in diese Gruppe, von dem ihr glaubt, er kann dabei helfen.«

Auch Jens Kuphal, einst Musiker, Komponist, Künstlermanager, Produzent und jetzt Manager der deutschen Hälfte der *Guyot*-Kampagne, hat ein großes Netzwerk. Fieberhaft sucht er nach weiteren Geldgebern, jede Summe ist willkommen – und seine Begeisterung für das Ocean Race steckt an. »Wir haben das älteste Schiff, das wenigste Geld und das meiste Pech. Trotzdem kämpfen wir uns immer wieder zurück. Mensch, das ist doch eine Geschichte! Da muss man doch mitmachen!« So beschwört er jeden, den er anruft.

Als am 21. Mai in Newport die Rennyachten zur Etappe über den Atlantik starten, macht sich in Halifax der Linienfrachter mit *Guyot* als Beiladung auf den Weg nach Hamburg. Und in Berlin erhält Kuphal die Nachricht, dass ein deutscher Spediteur den Ersatzmast von *11th Hour Racing* rasch von Frankreich nach Hamburg transportieren wird. Noch fehlen etwa 150 000 Euro. Doch Kuphal bleibt zuversichtlich. »Das wird schon«, sagt er.

Wie bei jedem Zwischenstopp sollte auch in Newport das traditionelle In-Port-Race zwei Tage vor dem Start der nächsten Etappe stattfinden. Doch die Wettfahrtleitung sagte es wegen eines heraufziehenden Regensturms ab. Stattdessen soll die Flotte nun direkt vor dem Etappenstart zwei Runden in der Bucht drehen, gewertet als In-Port-Race, und dann übergangslos hinaus auf den Atlantik preschen.

Auch *Holcim* wird dabei sein. Drei Wochen nach dem Mastbruch vor der Küste Brasiliens ist es tatsächlich gelungen, die Yacht rechtzeitig startklar zu machen. Es hatte Hunderte von Hürden gegeben, jede einzelne hätte das Projekt scheitern lassen können. Doch die Lieferkette über Rio, Lorient, Lüttich, New York bis Newport funktionierte. Das Tech-Team setzte in zwei Tagen und Nächten alle Bestandteile zusammen, installierte die Elektronik des neuen Masts, setzte das Rigg aufs Schiff und übergab es Kevin und seiner Mannschaft. Es blieb sogar noch die Zeit für eine halbtägige Testfahrt mit Gästen des Sponsors. »Unser Boot ist im gleichen Top-Zustand wie vor dem Mastbruch«, erklärt Kevin auf einer Pressekonferenz. »Wir sind immer noch der Spitzenreiter – und wir werden alles tun, dass es so bleibt.«

11th Hour Racing gelingt der beste Start, mit drei Bootslängen Vorsprung steuert Charlie Enright sein Schiff zur ersten Wendemarke. Die Menschen, die dicht gedrängt an beiden Ufern der Bucht stehen, applaudieren dem Lokalhelden. Bei schwachem Wind tasten sich die Schiffe langsam über die Bucht. Für die kurze, manöverreiche Distanz hat Boris das Steuer an Yann Eliès abgegeben, den Figaro-gestählten Taktiker. Nach der dritten Wendemarke und dem Ausnutzen eines erahnten Winddrehers gelingt es Yann, im Schritttempo an *11th Hour Racing* vorbeizuziehen.

Gut eine Stunde nach dem Start siegt *Malizia* beim In-Port-Race von Newport. Es ist damit das einzige Team, das bereits zwei Hafenrennen gewonnen hat. Die Ziellinie gilt zugleich als Startlinie für die nächste Etappe. Bei schwacher, abendlicher Brise segelt die *Malizia* unter Spinnaker hinaus auf den Atlantik, gefolgt von *11th Hour Racing, Holcim* und *Biotherm* als Schlusslicht. Alle Skipper haben den Atlantik schon häufig überquert, selten aber auf einer so nördlichen Route wie jetzt. Vor Neufundland hat die Wettfahrtleitung eine Sperrzone eingerichtet, zum Schutz vor möglichen Eisbergen. Die Flotte erwarten kalte Temperaturen, viel Wind, ungemütlicher Seegang. *Malizia*-Wetter.

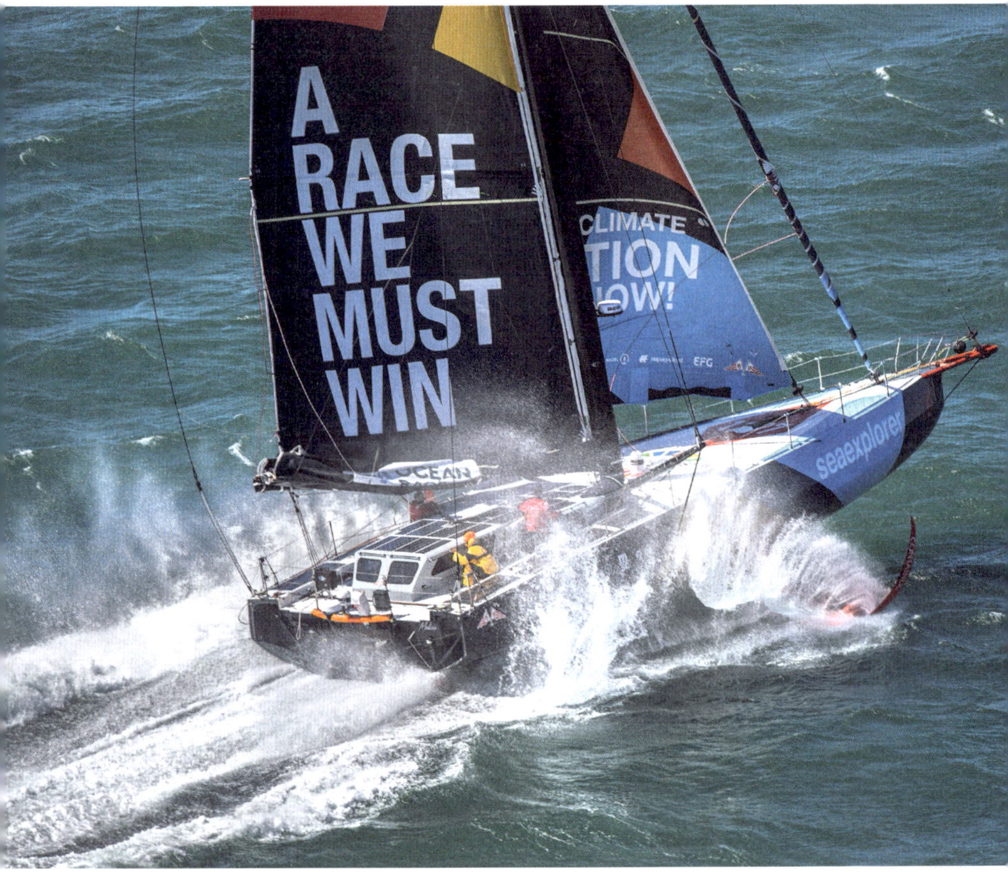

Wie ein Surfbrett glitscht die Yacht über das Wasser.

9 Der Weltrekord

Südlich von Island bricht *Malizia* den 24-Stunden-Streckenrekord. Ungeplant

Die meisten Regatten über den Atlantik führen von Frankreich in die Karibik, auf dem Rückweg manchmal kombiniert mit einem Start ab New York. Verlässliche Winde, warme Regionen, wenig Tücken bei der Navigation: Transatlantik-Regatten dieser Art sind angenehm. Die Etappe von Newport nach Aarhus in Dänemark verspricht unangenehm zu werden. Sie ragt so weit nach Norden wie Kap Hoorn in den Süden. Es wird kalt werden, sehr kalt. Über dem Golfstrom, der hinauf in den Nordatlantik fließt, hängen oft Nebelbänke. Die Navigatoren an Bord müssen zahlreiche Verbotszonen berücksichtigen, in manchen erstrecken sich Windparks oder Cluster von Bohrinseln, in anderen könnten Eisberge im Weg liegen oder Wale.

Eine weitere Besonderheit ist den Seglern aus dem Südmeer vertraut: Sturmtiefs, die hintereinander über das Meer brausen, immer in der gleichen Richtung. Im Südmeer zogen die Tiefs von West nach Ost, was den Mannschaften die Chance gab, aufzuspringen wie auf einen Zug und tagelang mit der Front zu reisen. Im Nordatlantik bewegen sich die Fronten ebenfalls von West nach Ost, Richtung Europa. Wer als Erster den Zug erwischt, kann der Flotte am weitesten davonfahren. Wer ihn verpasst, bleibt hoffnungslos zurück. Die Navigatoren analysieren daher seit Tagen Wachstum, Windstärken und Laufbahn auch der kleinsten Tiefdruckzonen im Nordatlantik.

Die ersten drei Tage nach dem Start sind schwer erträglich. Regen, Kälte, Starkwind, dunkelgrauer Himmel und kurze, steile Wellen. Die *Malizia* pflügt krachend durch die See. Es ist gefährlich, sich auch nur einen Moment nicht festzuhalten. Rosalin und ihre Männer haben solche Bedingungen schon häufig erlebt. Die Stimmung ist trotzdem im Keller. Newport war ein zehntägiges Fest, mit ausufernden Partys im Pub Fastnet, mit einem Dinner im noblen New York Yacht Club. Es fällt schwer, so plötzlich umzuschalten, zurückzufinden in den Rhythmus auf See, erst recht bei diesem Wetter. Hinzu kommt, dass sie die Welt ja erfolgreich umrundet haben, dass achtzig Prozent der gesamten Rennstrecke inzwischen hinter ihnen liegen und es irgendwie auch mal gut ist. Körper und Geist sind tief erschöpft. Wie schön wäre es, eine Weile innehalten zu können. Einfach in Ruhe gelassen zu werden.

Die Segler tragen während der Wache ein, zwei Lagen Fleece, Handschuhe und Schwerwetterkleidung. Und es ist, als würde sich die Mannschaft auch innerlich vermummen. Jeder wirkt in sich gekehrt, geredet wird nur noch über das Nötigste. Rosalin, eine Weile seekrank, schlägt Boris halbherzig vor, einen neuen Podcast zu produzieren. Es bleibt bei dem Vorschlag. Antoine fragt Boris für ein Bordvideo, wie es ihm gehe. »Ich versuche durchzuhalten«, antwortet Boris. »Das ist alles.«

Beim Start lag *Malizia* noch souverän voraus, inzwischen haben *11th Hour Racing* und *Holcim* sie überholt. Die Wassertemperatur ist auf zwei Grad gefallen. Dann reißt das untere Ende der J2 strahlenförmig ein. Es ist das wichtigste Vorsegel, ein verlässliches Allround-Talent, das Arbeitspferd der *Malizia*. Der massive Schaden kann auf See nicht geflickt werden, das Segel wird bis Aarhus ausfallen. Ein paar Tage darauf prallt *11th Hour Racing* mit hoher Geschwindigkeit auf ein Hindernis. Mehrere Segler werden durch das Schiff geschleudert. Charlie Dalin erleidet eine leichte Gehirnerschütterung, Bordreporter Amory Ross kugelt sich die Schulter aus. Die Crew vermutet, einen Wal getroffen zu haben, und informiert die Internationale

Walfangkommission. Rosalin entscheidet, von nun während der Wache ihren Rugbyhelm zu tragen.

»Wir nähern uns übrigens dem Ort, an dem die *Titanic* untergegangen ist«, sagt Will. Auch kein Stimmungsaufheller.

Um die Crew zwischendurch auf andere Gedanken zu bringen, stellen Holly und eine Kollegin täglich eine Übersicht wichtiger und unwichtiger Weltnachrichten zusammen und mailen sie an Bord. Das Ende garnieren sie mit ein paar Logikrätseln.

Am vierten Tag trifft die Flotte auf das erwartete Sturmtief. *11th Hour Racing* gelingt es als erstem Schiff, die Front zu durchqueren und sich auf dessen Vorderseite so festzusetzen, dass es von dem Sturm vorangetrieben wird wie ein Surfer von einer gewaltigen Welle. *Holcim* und *Malizia* springen anschließend auf, nur *Biotherm* verpasst die Chance. Einen Tag später sind Paul Meilhat und seine Crew bereits mehr als 200 Seemeilen zurückgefallen.

Die Bedingungen für die drei vorne liegenden Schiffe verbessern sich schlagartig. Das Meer auf der Vorderseite des Tiefs ist vom heranbrausenden Wind noch nicht aufgewühlt, es liegt flach da wie eine Rennpiste. Der Wind bläst mit 25 Knoten stark, aber nicht stürmisch und fällt aus einem Winkel von 120 Grad in die Segel. Perfekt. Und dann schiebt auch noch der Golfstrom mit an. Die Jagd auf eine der wertvollsten Trophäen des Hochseesports ist eröffnet: auf den 24-Stunden-Rekord.

Natürlich könnte der Titel »schnellste Segelyacht der Welt« auch einer Yacht verliehen werden, der es gelingt, eine Monsterwelle mit vierzig Knoten Geschwindigkeit hinabzusurfen, ohne sich dabei zu überschlagen. Oder einer Yacht, die in einer Stunde die weiteste Strecke zurücklegt. Aber die Fähigkeit, ein Schiff im Sturm auch über sehr lange Zeit hinweg im Griff zu haben, gute Seemannschaft also, diese Fähigkeit bedeutet Regattaseglern ebenso viel wie Fahrtenseglern, und so hat es sich eingebürgert, den Rekordtitel jener Yacht zu verleihen, die in 24 Stunden die weiteste Strecke unter Segeln zurücklegt.

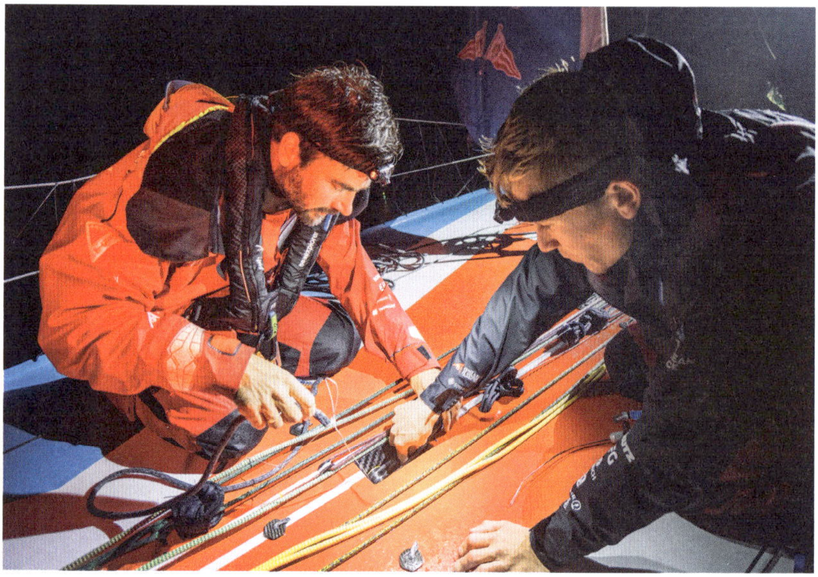

Mit Stirnlampe und Rettungweste: Boris und Will ordnen Leinen an Deck.

Als Strecke gilt dabei die gerade Linie zwischen der Startposition des Schiffs und seiner Position genau 24 Stunden später. Jeder Umweg, jede kleine Kurve zwischendurch kostet Zeit, wäre also von Nachteil. Je schnurgerader, desto besser. Eine aussichtsreiche Rekordfahrt setzt daher auch voraus, dass der Wind 24 Stunden lang die Richtung nicht ändert – und auch nicht seine Stärke, denn dann müsste möglicherweise ein Segel gewechselt werden. Ein zeitraubendes Manöver und deshalb eine grauenhafte Vorstellung für Rekordjäger.

Seit 1972 kümmert sich beim »World Sailing Speed Record Council« (WSSRC) ein hauptamtlicher Sekretär darum, eingereichte Daten zu überprüfen und gegebenenfalls einen neuen Weltrekord anzuerkennen, von der 500-Meter-Zeit für Kitesurfer bis zur 24-Stunden-Distanz für Hochseesegler. Das Regelwerk umfasst vierzig Seiten, und das Büro des WSSRC hat seinen Sitz natürlich in England, dem Mutterland von Wettkampfsport und Fair Play. In der Präambel des Regelwerks heißt es: »Bitte beachten Sie, dass wir keine ›Die jüngste, der älteste …‹ oder Ähnliches anerkennen. Kategorien ›menschlicher Besonderheiten‹ können so weit ausgedehnt werden, dass fast jeder in der Lage wäre, irgendeinen Rekord für sich zu beanspruchen. Außerdem ist die Überprüfung von Alter, Familienstand, körperlicher Beeinträchtigung eine weniger genaue Wissenschaft. Wir konzentrieren uns auf Geschwindigkeits- und Zeitrekorde auf dem Wasser (nie auf Eis oder an Land!). Die lassen sich eindeutig überprüfen – und darin sind wir inzwischen ziemlich gut.«

Der italienische Hochseesegler Giovanni Soldini war einer der Helden in den Büchern, die Boris als Jugendlicher verschlungen hatte. 2012 holte Soldini den 31-jährigen Deutschen, der inzwischen an zwei Regatten um die Welt teilgenommen hatte, auf seine Rennyacht *Maserati*. Soldini liebte die Rekordjagd auf dem Meer. Boris auch. Er gehörte zur Crew, als *Maserati* in so kurzer Zeit wie keine Yacht zuvor von New York nach San Francisco segelte. Und ein Jahr später von Kapstadt nach Rio de Janeiro. Beide Weltrekorde wurden vom WSSRC anerkannt, beide sind bis heute ungebrochen.

Doch der prestigereichste Erfolg blieb Soldini verwehrt. Eine schwedische Rennyacht galt damals als schnellste Yacht der Welt – in der, das sollte man hinzufügen, Kategorie Einrumpfboote; Katamarane und Trimarane erreichen noch höhere Geschwindigkeiten. Die Schweden hatten während des Volvo Ocean Race 2008/09, das sie auch gewannen, in 24 Stunden knapp 600 Seemeilen zurückgelegt. Sieben Jahre lang hielt der Rekord. Dann schraubte der US-Amerikaner Ken Read die Bestmarke auf 618 Seemeilen. Der elffache Weltmeister in unterschiedlichen Bootsklassen erzielte den Rekord mit der dreißig Meter langen Maxiyacht *Comanche*. Read hatte von Newport aus an einer Regatta über den Atlantik teilgenommen und war in einen stabilen Sturm geraten.

Der Amerikaner kam damit Soldini zuvor, der mehrfach versucht hatte, den bisherigen Rekord zu knacken. Als *Maserati* ein halbes Jahr lang in New York lag, war Soldini mehrfach mit Boris und der Crew den Nordatlantik hinaufgesegelt, um eine verlockende Tiefdruckzone abzupassen. Mehrere Tage lagen sie auf der Lauer, ritten Sturmfronten ab. Doch entweder hielten Windstärke und -richtung nicht 24 Stunden durch, oder es fehlte eine der anderen Voraussetzungen. Die Ausgangslage war nie perfekt.

Jetzt ist sie perfekt. Wellenhöhe, Windstärke, Windrichtung, Strömung, Luftdruck, Laufbahn des Tiefs, stabile Wetterlage – alles stimmt. Den ersten Rekord stellt *11th Hour Racing* auf: mit 611 Seemeilen, der längsten 24-Stunden-Strecke, die je bei einem Ocean Race erreicht wurde. Einige Stunden später übertrifft *Holcim* den Konkurrenten – und auch die Siegerdistanz von *Comanche*: mit 622 Seemeilen. Neuer Weltrekord! Die Maxiyacht *Comanche* wurde damals von 22 Männern gesegelt, bei *Holcim* sind es drei Männer und eine Frau. Kevin frohlockt: »Mastbruch vor Brasilien, dann in letzter Minute zum Start in Newport angetreten – und nun der Weltrekord. Was für eine Belohnung für das ganze Team!«

Die Sonne geht auf, die Sonne geht unter, das Sturmtief zieht weiter über den Atlantik. Es treibt die Flotte mit Höchstgeschwindigkeit vor sich her. Da geht noch mehr. In den Cockpits starren die Segler auf die Monitore: Einmal pro Stunde schickt die Rennleitung die aktuellen Daten aller Schiffe, dann wird auch die zurückgelegte Strecke der letzten 24 Stunden angezeigt.

Am 26. Mai, gegen ein Uhr nachts, blickt die *Malizia*-Crew ungläubig auf die neueste Datentabelle. In der Spalte »24-Stunden-Distanz« ist der Wert für *Holcim* weiter hochgesprungen: auf 640,9 Seemeilen. Doch die Crew bleibt hoffnungsvoll. Die aktuelle Durchschnittsgeschwindigkeit von *Holcim* beträgt 28 Knoten – und die ihrer Yacht 29 Knoten. Schon in den Stunden zuvor war *Malizia* ein bisschen schneller als die beiden führenden Schiffe gesegelt, die etwa sechzig Seemeilen voraus liegen. Weil Boris und seine Crew als Letzte auf die Sturmfront aufspringen konnten, beträgt ihre 24-Stunden-Distanz zwar erst 620 Seemeilen. Aber mit jeder stündlichen Aktualisierung wächst der Wert: Weil das Schiff in der gerade beendeten Stunde mehr Meilen zurückgelegt hat als in der ältesten, nun wegfallenden

25. Stunde. Wenn das Sturmtief seine Stärke durchhält und *Malizia* den irrwitzig hohen Speed, dann, vielleicht, irgendwann, könnten sie es schaffen.

Rosalin, Boris, Nico und Will stehen im Cockpit. Eigentlich ist es unnötig, dass die ganze Crew im Kommandostand zusammenkommt. Mehr Segelfläche können sie nicht setzen, das Schiff ist optimal getrimmt, die Bedingungen da draußen bleiben konstant. Kein Manöver muss gefahren, kein Segel gewechselt werden. Die *Malizia* rast mit hoch erhobenem Bug schnurgerade über den Atlantik. Es ist eine angenehme Fahrt, wie in einem rüttelfreien Hochgeschwindigkeitszug. Bei mehr als dreißig Knoten Fahrt beginnt das Schiff zu summen wie eine Nähmaschine, ansonsten deutet nichts darauf hin, dass die *Malizia* einen Rekord jagt. Doch die Segler wissen, dass eine der nächsten Datentabellen ihnen möglicherweise eine höhere Meilenzahl zuspricht als *Holcim*. Und diesen Moment möchte niemand verpassen.

Im Laufe des Tages steigt langsam die stündlich aktualisierte Meilenzahl. Auf 630, dann 637, danach 638 Seemeilen. Als um 23 Uhr eine neue Datenreihe eintrifft, bricht ein gellender Schrei aus Boris hervor, er krümmt sich und ballt die Fäuste. Rosalin hüpft durchs Cockpit und kreischt und jubelt und schlägt auf den Grinder, dann klatschen sich beide ab.

641,08 Seemeilen! 0,18 Seemeilen mehr als *Holcim*.

Eine Textnachricht von Holly trifft ein: Noch steht nichts fest. Das ist zu knapp! Die Rennleitung überprüft die Daten!

Holly und das Commercial Team sind vor ein paar Tagen von Newport nach Dänemark geflogen. Die Zeit bis zur Ankunft der Flotte verbringen sie in Klitmøller, einem bekannten Surferspot an der Nordsee, auch »cold Hawaii« genannt. Die Gruppe sitzt in ihrem Holzbungalow am Strand, es ist zwei Uhr morgens Ortszeit, Holly telefoniert mit dem Kontrollzentrum in Alicante. *Malizia* hat einen Vorsprung von umgerechnet nur 330 Metern. Sind die GPS-Daten wirklich sekundengenau in Alicante eingetroffen, beide präzise

24 Stunden auseinander? Oder ist der Abstand nur eine winzige Zeitspanne länger – womit der Weltrekord dahin wäre?

Boris ringt die Hände. Er schickt eine Sprachnachricht an Holly, er fleht geradezu: »Wir möchten es wissen. Jetzt! Jetzt! Bitte Bestätigung!«

Dann sagt er zu Yann, der neben ihm steht: »Ich glaube, der Wind lässt nach. Gibt es irgendwas, was wir tun können?« Die beiden blicken durch die Dachluken nach oben in das angestrahlte Großsegel. Sie können nichts tun. Alles ist optimal eingestellt. Und der Wind lässt auch nicht nach.

Renndirektor Phil Lawrence meldet sich bei Holly in Klitmøller. Sie benachrichtigt sofort Boris. Der Renndirektor habe die Zahl von 641,08 Seemeilen bestätigt, erwarte aber, dass sie in der nächsten halben Stunde noch steige. So lange wolle Alicante mit einer offiziellen Erklärung warten.

»Das heißt, wir haben den Weltrekord auf jeden Fall«, sagt Boris. »Oder?« Verwirrung im Cockpit. Yann blickt auf die Daten am Autopiloten. »Hey guys, es sieht gut aus, wir pushen weiter. Wir holen da noch mehr raus!«

Minuten vergehen. Keine Nachricht von Holly. »Come on, die können uns doch nicht dreißig Minuten lang schmoren lassen!«, ruft Boris.

Da leuchtet sein Handy auf, eine Direktnachricht von Phil Lawrence: »641,13 nautische Meilen. 26,71 Knoten Durchschnittsspeed. Unglaublich. Gratulation allen an Bord.«

Die *Malizia* ist die schnellste Einrumpf-Yacht der Welt! Rosalin schaltet die Musikbox ein. Will und Boris lassen ihre Stirnlampen am Band um ihr Handgelenk kreisen. Partytime im Flackerlicht. Antoine reibt sich wie rasend die Hände, dann boxt er in die Luft und schreit: »Ich bin der schnellste Fly Captain der Welt!« Die Mannschaft tanzt im dunklen Cockpit.

Am Morgen erhält Boris eine Nachricht von Ken Read. Der bisherige Rekordhalter ist seit einigen Jahren Präsident von North Sails,

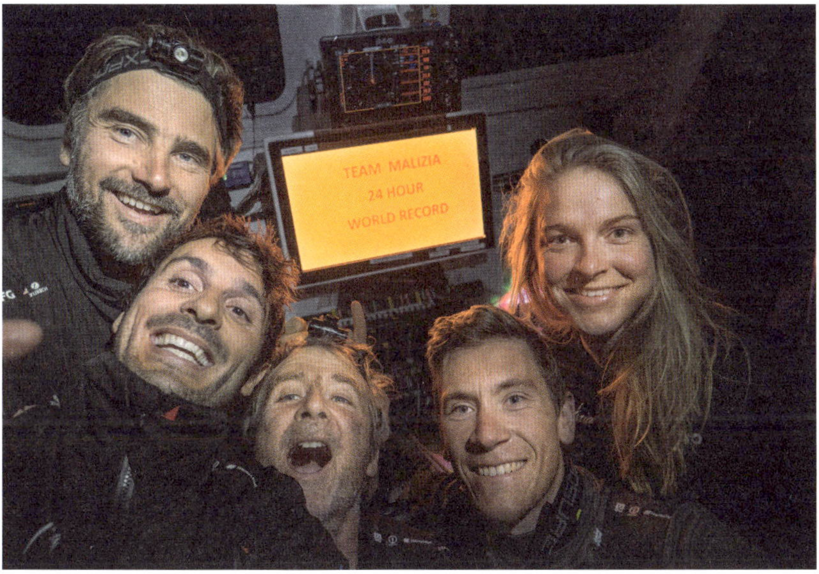

Das Selfie der Weltmeister: Die Malizia ist nun die schnellste Einrumpfyacht.

dem größten Segelmacher der Welt. Auch beim Ocean Race und beim America's Cup setzen die meisten Teams auf North Sails. Read schreibt, dass er die acht Jahre mit seinem Rekord genossen habe, »aber Rekorde sind dazu da, gebrochen zu werden. Ich bin super happy für dich und dein Team. Ich weiß genau, wie viel Glück mit Wind und Wellen du für einen 24-Stunden-Rekord brauchst. Und hast du das Glück auf deiner Seite, musst du aufs Gas treten! Dein gesamtes Team kann stolz sein. Super gemacht! Schöne Grüße, Kenny.«

Boris

Das Verblüffende an so einer Rekordjagd ist, dass sie nur gelingen kann, wenn sie sich nicht danach anfühlt. Wenn man also Stunde um Stunde übers Wasser jagt und es so wenig zu tun gibt, dass man sich zwischendurch fragt, ob das nicht eine Gelegenheit wäre, mal wieder ein Buch zu lesen. Ernsthaft, so ist es mir ergangen. Vier Tage lang hatten wir mit schlechtem Wetter und schlechter Laune gekämpft, wir waren wortkarg und alle ein bisschen lustlos. Dann schafften wir es direkt vor die Sturmfront, die See beruhigte sich, und wir begannen wieder normal miteinander zu reden. Morgens kam sogar die Sonne kurz hervor, das Schiff düste mit dreißig Knoten, machte uns aber keine Arbeit. Wir plauderten über dies und das, auch über den Weltrekord, aber nicht ernsthaft.

Dann knackte Holcim den Rekord. Einen halben Tag später merkten wir, dass der Wind bei uns weiter zunahm, auch der Windwinkel verbesserte sich. Da wurden wir hungrig. Nun muss man wissen, dass eine 24-Stunden-Rekordjagd keinen richtigen Beginn hat, niemand drückt auf eine Stoppuhr. Man versucht einfach, bei perfekten Bedingungen möglichst lange möglichst schnell möglichst geradeaus zu segeln. Das kann zwei, drei Tage dauern, und wenn das Wetter auf deiner Seite bleibt, gibt es irgendwann eine 24-Stunden-Distanz in Rekordhöhe. Das ist ein allmählicher Prozess, nicht leicht zu kalkulieren. Ich glaube, uns ist erst vier, fünf Stunden, bevor wir Holcims Höchstwert übertrafen, wirklich klar geworden, dass wir es schaffen könnten.

641 Seemeilen, umgerechnet 1190 Kilometer: Das ist ziemlich genau die Entfernung zwischen Hamburg und Lorient, den beiden Heimathäfen der Malizia. Unsere durchschnittliche Geschwindigkeit von 27 Knoten liegt fast doppelt so hoch wie beim ersten 24-Stunden-Rekord vor dreißig Jahren. Ich glaube, es gibt keine andere Sportart, in der die Maximalgeschwindigkeit so schnell steigt. Was wiederum zeigt, wie innovativ Bootsarchitekten vorgehen. Vor allem, wenn sie eine Imoca entwerfen.

Ich bin voller Stolz und Dankbarkeit. Wir haben das Äußerste aus dem Schiff geholt, und gerade ich als jemand, der sich normalerweise ständig sorgt, konnte gestern unbekümmert pushen, es gab keinen gefährlichen Seegang und keine Alarme, vor allem aber hatte ich volles Vertrauen in die Arbeit unseres Tech-Teams, das die Malizia seit ihrem ersten Training vor einem Jahr so viel genauer kennt. Die haben enorm viel an ihr verbessert und verstärkt, auch jetzt bei jedem Zwischenstopp. Fehlt dir als Skipper dieses Vertrauen, gelingt dir kein 24-Stunden-Rekord.

Vielleicht hält unser Weltrekord ja auch acht Jahre, wie bei Ken Read. Bis dahin wird es noch zwei weitere Ocean Races geben, und ich bin mir nicht sicher, ob sich 2031 noch jemand an den diesjährigen Sieger erinnert. Aber ein dann noch bestehender Weltrekord der Yacht Malizia wird die Erinnerung wachhalten, was das damals für eine besondere Truppe war. Wie unerwartet sich die Crew den Rekord holte und wie überdreht sie ihn feierte. Rosie hat gestern ihre Afro-Pop-Songs aufgelegt, wir hüpften wie Kinder durchs Cockpit, auch Yann. Allerdings nicht länger als fünf Minuten. Da waren ja noch zwei Schiffe vor uns, die wir überholen wollten.

Als die *Malizia* die Nordspitze der Britischen Inseln erreicht, hat sich ihr Abstand zu den beiden führenden Schiffen von siebzig auf zwanzig Seemeilen verringert. Der Kurs führt quer über die Nordsee ins Skagerrak, vorbei an zahlreichen Ölbohrinseln vor der Südküste Norwegens. »Hier ragen überall Bohrtürme aus dem Wasser«, schreibt Boris an sein Team. »Sieht aus wie eine Baustelle, nicht wie ein anständiges Meer.«

Der Schiffsverkehr nimmt zu. Nachts kreuzen sich die Kurse von *Malizia* und einem 120 Meter langen Schiff namens *Amazon Warrior*. Will und Yann, beide auf Wache, wollen hinter dem Schiff vorbeifahren, im Abstand von zwei Seemeilen. Da meldet sich der Kapitän über Funk und verlangt eine sofortige Kursänderung. Die *Amazon Warrior* erkunde gerade den Meeresboden nach Rohstoffvorkommen, dafür ziehe sie an einem fünf Seemeilen langen Tau seismografische Messgeräte hinter sich her. Ein fünf Seemeilen langes Schlepptau, offenkundig unmarkiert und unbeleuchtet! Die *Malizia* fährt sofort eine Halse, ändert den Kurs um neunzig Grad und hat, als sie nach einer zweiten Halse auf den alten Kurs zurückkehrt, etwa acht Seemeilen verloren. Die werden ihr morgen sehr fehlen.

Die skandinavischen Sommernächte sind kurz. Als die *Malizia* gegen 22 Uhr die Nordspitze Dänemarks rundet, geht die Sonne unter, vier Stunden später beginnt sich der Himmel wieder zu röten. Eine warme Brise weht von Land her, das Meer kräuselt sich leicht, ein prachtvoller Sommertag bricht an, als Boris und seine Crew unter Spinnaker in die Ostsee eindringen. *11th Hour Racing* ist uneinholbar – doch der Abstand zur *Holcim*-Crew, die eine Weile in einem Windloch festhing, beträgt nur noch zehn Seemeilen. Und er verringert sich weiter. Vielleicht liegt es am beschädigten Windmessgerät der Franzosen, vielleicht auch am Heimvorteil von Boris: In einem Flautenkrimi entlang der dänischen Küste schiebt sich *Malizia* bis auf 0,8 Seemeilen an den Konkurrenten heran.

Doch es reicht nicht. Morgens um 7.22 Uhr überquert *Holcim* die Ziellinie vor dem Hafen von Aarhus. Kurz darauf folgt die *Malizia*. Der zeitliche Abstand zwischen beiden Schiffen ist so gering, dass die Wettfahrtleitung ihn auf der Webseite in Sekunden ausweist: Er beträgt, am Ende eines siebentägigen Rennens fünf Minuten und 47 Sekunden.

Nach Newport hat die *Malizia* damit zum zweiten Mal sehr knapp einen besseren Platz verpasst. Manche Regattasegler nennen es den Hätte-Schmerz: Hätte die *Malizia* die Sturmfront eher durchquert, hätte das Vorsegel keinen Riss bekommen, hätte das Forschungsschiff mit seiner Endlosleine nicht im Weg gelegen, ja dann hätte die Rennyacht mit Sicherheit den zweiten Platz gemacht. Boris und Will halten nichts von solchen Überlegungen. Gerade bei langen Regatten würden sich Glück und Pech meist ausgleichen. Vielleicht hat der Umweg um das Forschungsschiff ja verhindert, dass die *Malizia* auf den Baumstamm knallte, der möglicherweise nahebei trieb und ein Foil schwer beschädigt hätte?

Außerdem hat die Yacht gerade einen Weltrekord erkämpft. Als die Crew in Aarhus auf den Steg springt, feiert die Menschenmenge im Hafen sie wie einen Sieger. Viele deutsche Fans sind für die Ankunft in die Stadt im Norden Dänemarks gefahren. Übermütig versuchen die Segler, sich gegenseitig ins Wasser zu werfen. Rosalin landet als Erste im Hafenbecken.

Yann

Es war, als hätten wir tagelang in einer Waschmaschine gesessen. Und danach in einem Flugobjekt. Ich werde diese Wettfahrt nicht vergessen, sie ist eine der anstrengendsten, aber auch wichtigsten in meinem Leben – und ich habe sehr viele Regatten gesegelt. Auf der Malizia hatte ich ja schon die zweite Etappe des Ocean Race mitgemacht, nachdem Boris sich den Fuß verbrannt hatte.

Nun also sollte ich wie geplant Nico als Navigator ersetzen. Es ist schwer, jemanden zu ersetzen, den alle nur The Brain nennen, das Superhirn.

Am zweiten Tag nach dem Start habe ich einen fatalen Fehler gemacht. Ich habe zu spät entschieden, dass wir halsen und die Sturmfront durchstoßen. Sämtliche Routing-Modelle empfahlen, auf dem alten Kurs zu bleiben – und ich hatte nicht den Mut und die Weisheit, mich gegen die angebliche Intelligenz der Computerprogramme zu entscheiden. Der Navigator von 11th Hour Racing hatte sie. Hut ab! Von da an lag sein Schiff vorne, bis ins Ziel.

Ich glaube, nach der verschleppten Halse habe ich keinen Fehler mehr gemacht. In der letzten Nacht hätten wir Holcim fast noch geschnappt. Dieser Zweikampf vor der dänischen Küste, das Vorwärtstasten durch die erste Morgenbrise, durch unterschiedliche Strömungen, für mich als Navigator war das ein Leckerbissen. Am Ende fehlten nur fünf Minuten!

Natürlich bin ich enttäuscht über den dritten Platz. Ein Weltrekord ist eine feine Sache, nun gehören wir zu den Legenden. Aber das Ziel bleibt, dass wir das Ocean Race gewinnen! Deshalb sind wir hier. 11th Hour Racing führt nun in der Gesamtwertung, mit vier Punkten Vorsprung vor uns. Es wird schwer, sie bis Genua einzuholen. Doch ich bin ein Figaro-Segler, unsere Devise heißt: Never surrender! Es ist noch alles drin. Auch die anderen können Fehler machen, vor allem, wenn sie unter dem Stress des Spitzenreiters stehen. Wir sind schließlich keine Maschinen.

Vor dieser Weltfahrt hatte ich noch nie mit Boris gesegelt, ich gebe zu, ich war ein bisschen befangen. An Bord bleibt ja nichts verborgen, nirgendwo lernst du einen Menschen besser kennen, als wenn du mit ihm auf Segeltour gehst. So hatte ich mich auch für meine Frau entschieden: Nachdem wir 15 Tage zusammen segelten, war uns klar, dass wir heiraten können. Zum Start des In-Port-Race in Newport drückte mir Boris die Pinne in die Hand, ich war überrascht über sein Vertrauen. Zum Glück haben wir das Rennen dann auch gewonnen. Boris ist ein guter Teamleader, er hat Vertrauen in die ganze Crew und zeigt das gern, er stresst niemanden, und wenn etwas schiefläuft, wird er nicht laut oder verletzend. Er weiß, das führt zu nichts, lieber bespricht er in Ruhe, was genau die Ursache war und wie sich verhindern lässt, dass so etwas noch mal passiert.

Mit Will und Rosie war ich ja schon nach Kapstadt gesegelt. Will beeindruckt mich sehr. Erst 29 und schon so souverän. Ich glaube, niemand kennt das Boot so gut wie er. Bei jedem technischen Problem weiß er, ob und wie man es lösen könnte. Und als Regattasegler ist er ehrgeizig und cool, ein harter Hund. Ein Figarist halt. Will ist reif für die Vendée Globe 2028, ich hoffe, er schafft es, bis dahin eine eigene Kampagne aufzubauen.

Und Rosie? Ich glaube, sie hat seit dem Start den größten Sprung von allen gemacht. Als ich sie vor zwei Jahren beim Training in der Bretagne kennenlernte, war sie eine fleißige Studentin, die sich immer alles aufschrieb. Nun ist sie Hochseeprofi und hat die Welt umsegelt. Wenn die Leute von ihr sprechen, loben sie zuerst ihre unerschütterliche Fröhlichkeit. Klar, so etwas durchlüftet jedes Team. Aber vor allem ist Rosie eine wirklich gute Seglerin, sie hat technisch viel drauf, außerdem ist sie zäh und furchtlos und kann allerhand einstecken. Die Narbe auf ihrer Stirn wird sie wohl ihr Leben lang tragen, ich hoffe, sie sieht sie als Auszeichnung für eine bestandene Härteprobe vor Kap Hoorn.

Frauen haben es in der Offshore-Welt nicht leicht. Sie bekommen oft nicht die Zeit, die sie brauchen, um sich wie alle weiterzuentwickeln, die neu an Bord kommen. Sie müssen immer gleich überdurchschnittlich gut sein, andernfalls heißt es schnell: Na ja, sie ist halt eine Frau. Bei Männern würde man in der gleichen Situation sagen: Der hat Talent.

Wer schneller lernen will als andere, muss dafür hart arbeiten. Rosie arbeitet sehr hart, unaufhörlich. Ich habe Respekt vor ihr. Frauen, die in der Welt der Hochseesegler erfolgreich mitmischen, sind besondere Persönlichkeiten. Jede hat ihren eigenen Weg gefunden, sich zwischen all den Kerlen zu behaupten, oft monatelang auf engstem Raum, so wie Rosie jetzt auf der Malizia.

Ich könnte ihr Vater sein. Ich habe zweimal die Vendée Globe gesegelt und dreimal die Solitaire du Figaro gewonnen, mein Leben fand auf dem Meer statt. Nun werde ich bald fünfzig, und ich merke, wie zwei Kurven auseinandergehen: Die Kurve meiner Leistungskraft sinkt, die Kurve der Anforderungen an Offshore-Segler steigt. Das schreckt mich nicht, ich werde mich einfach noch mehr anstrengen. Vor allem aber: Ich werde den Spaß nicht verlieren.

Bei einem Rennen wie jetzt mit der Malizia mitzumachen, das ist ja auch ein großes Abenteuer. Ein Ausflug in die Verhaltensforschung. Eine intensive Begegnung mit dem Meer und mit sich selbst. All das wird mich immer wieder hinaustreiben, bis ich von Bord falle.

Die schwierigste Herausforderung beim Rennen um die Welt ist nicht der Kampf gegen die Naturgewalten oder gegen die anderen Teams oder gegen die körperliche Erschöpfung. Es ist der mentale Kampf, die Konfrontation mit dem übermächtigen Verlangen, es irgendwann, nach einer schier endlosen Kette an Rückschlägen, einfach sein zu lassen. Wer dann das Durchhaltevermögen besitzt, nicht den nächsten Hafen anzulaufen, sondern wieder aufzustehen und weiterzukämpfen, wer die mentale Kraft besitzt, ein Übermaß an Pech, Unfällen und Fehlern wegzustecken und im Rennen zu bleiben, obwohl man in der Gesamtwertung längst hinten liegt, der hätte eigentlich auch einen Preis verdient. Doch Resilienz ist keine messbare Disziplin. Und so bleibt nur, die Geschichten davon zu erzählen, Geschichten wie die von *Biotherm* und *Guyot*.

Paul Meilhat und seine französische *Biotherm*-Crew ereilte bisher auf jeder Wettfahrt ein größerer Schaden. So vor Kap Hoorn, als ihre Yacht gegen ein unbekanntes Hindernis knallte und ein Foil tiefe Risse davontrug. Nach der Reparatur in Brasilien prallte das Boot beim In-Port-Rennen von Itajaí erneut gegen ein Hindernis und musste zwei Tage vor dem Start zur nächsten Etappe wieder an Land gehoben und geflickt werden. Bei der Atlantik-Etappe verpasste Meilhat die Chance, auf das Sturmtief aufzuspringen. Als die ersten drei Schiffe in die Ostsee einbiegen, hat *Biotherm* noch nicht einmal die Britischen Inseln erreicht.

Dann reißt eine Oberwant, ein zentrales Sicherungskabel des Riggs. Der Mast fällt nicht um. Die Crew spannt ein Ersatzkabel, verkleinert die Segel und schleicht mit langsamer Fahrt weiter über den Atlantik. Noch tausend einsame Seemeilen bis ins Ziel – falls das Rigg so lange stehen bleibt. Schließlich hat der Wettfahrtleiter ein Einsehen und verlegt die Ziellinie virtuell auf Längengrad Null, kurz nach der Nordspitze Großbritanniens. Damit verkürzt sich die Strecke für die Franzosen um 600 Seemeilen, was niemanden stört, da sie ohnehin auf dem letzten Platz liegen. *Biotherm* überquert die Linie und läuft einen Hafen in Norwegen an. Nach einer nächtlichen Reparatur des Riggs bricht die Mannschaft ohne Pause auf und erreicht zwei Abende später Aarhus. Gerade noch rechtzeitig für das Hafenrennen am darauffolgenden Tag.

Biotherm legt einen perfekten Start hin, baut beim Rundkurs mit jedem Manöver den Vorsprung weiter aus und gewinnt das In-Port-Race. Es ist der erste Sieg der Mannschaft bei diesem langen Rennen um die Welt. Skipper Paul Meilhat glüht vor Glück. Triumph der Beharrlichkeit.

Guyot, bisher am meisten vom Pech verfolgt, liegt inzwischen bei Knierim, einer bekannten Werft für Rennyachten nahe Kiel. Der herabstürzende Mast hatte auch Rumpf und Foils beschädigt, und acht Bootsbau-Experten, herbeigerufen aus mehreren Ländern, arbeiten Tag und Nacht, um das Schiff wieder herzurichten für den Start der nächsten Etappe ab Aarhus. Per Spezialtransport war der Rumpf vom Hamburger Hafen aus zur Werft gebracht worden, etwa zeitgleich traf auch der Mast aus Frankreich ein. Das Geld dafür war auf unterschiedlichen Wegen zusammengekommen, am Ende entschloss sich Team-Manager Jens Kuphal, »auch noch mal reinzugehen«, also eigenes Kapital nachzuschießen.

Das Geld reicht trotzdem nicht, um alle Rechnungen zu bezahlen. Aber da gibt es ja noch die Idee, die Boje an einen Sponsor zu verkaufen.

Die gelbe, würfelförmige Boje steht im Zentrum des Projekts Fly-by. Der Begriff bezeichnet eine Art Zwischenstopp light: das Runden einer Wendemarke direkt vor einer Hafenstadt, ohne den Hafen selbst anzulaufen. Eine unaufwendige Variante, um der Stadt, wie es Marketing-Leute formulieren würden, »Aufmerksamkeit zu generieren«. Beim letzten Volvo Ocean Race gab es auf der finalen

Etappe, der Strecke von Göteborg nach Den Haag, einen Fly-by vor Aarhus. Nun soll es auf der Etappe von Aarhus nach Den Haag ebenfalls einen geben: vor Kiel.

Eigentlich eine naheliegende Idee. Die Kieler Woche ist die zahlenmäßig größte Regatta der Welt, seit 140 Jahren schon, auch die Segelwettbewerbe von zwei Olympischen Spielen fanden hier statt. Vor allem aber: Als das Volvo Ocean Race 2001/2202 in Kiel endete, da holte sich die deutsche Yacht *Illbruck* mit einem zweiten Platz bei der finalen Wettfahrt den Gesamtsieg. Es ist bis heute der einzige deutsche Sieg bei dem Rennen um die Welt. Als die *Illbruck* in Kiel einlief, brodelte die Förde. So viele Zuschauerboote begleiteten die Siegeryacht, dass es, wie manche Einheimische gern behaupten, möglich gewesen sei, trockenen Fußes von einem Ufer der Kieler Bucht zum anderen zu gelangen.

Der triumphale Empfang fand am 9. Juni 2002 statt. Auf den Tag genau 21 Jahre später sollen die Ocean-Race-Yachten tief in die spitz zulaufende Kieler Förde eindringen, sollen quasi in der Innenstadt Kiels die Boje umfahren und dann wieder hinaus auf die Ostsee preschen. So ist der Plan. Ausgeheckt hat ihn vor allem Jens Kuphal. Als er und sein Mitsegler Robert Stanjek 2021 von einer Teilnahme am Ocean Race träumten, kam ihm die Idee mit dem Fly-by in Kiel. Als Manager in der Musikbranche wusste er, wie man Hallen füllt, warum nicht auch die Förde und ihre Ufer? Kuphal überzeugte die Veranstalter, die Kieler Stadtverwaltung und auch die Landesregierung. Zu Hilfe kam ihm damals das enorme Medieninteresse an Boris Herrmann, dem ersten Deutschen, der an der Vendée Globe teilnahm – und der schon bald nach seiner Rückkehr erklärte, auch beim Ocean Race 2023 starten zu wollen. Boris als Headliner beim Festival auf der Förde, so sah es der Musikproduzent Kuphal. Und den Segler Kuphal begeisterte die Vorstellung, mit seinem Team in heimischen Gewässern dabei zu sein. Das Projekt Fly-by entwickelte rasch seine eigene Dynamik, und die Wettfahrtleitung entschloss sich, Kiel in die Route um die Welt einzufügen.

Nun aber droht die Gefahr, dass alle anderen um die Boje kurven, nur ausgerechnet das Team von Jens Kuphal nicht.

Die Veranstalter des Ocean Race wollen, dass *Guyot* ins Rennen zurückkehrt. Um dem Team bei der Finanzierung zu helfen, überlassen sie Kuphal das Recht, die Wendemarke als Werbefläche zu vermarkten. Die Idee ist simpel: Wenn die Förde zum Stadion wird, dann wird die Boje zur Bandenwerbung. Mehr als einen Kubikmeter ist der aufgeblasene Plastikwürfel groß, Zehntausende Menschen werden von beiden Ufern, nur ein paar Hundert Meter entfernt, auf ihn blicken, vor allem aber werden sich die Kameras deutscher TV-Sender und von Warner Brothers Discovery auf die Boje richten. Was für eine Chance.

Boris hat das Angebot des Ocean Race in seine WhatsApp-Gruppe »Support Team Guyot« gestellt. Vielleicht kennt dort jemand ein Unternehmen, das sich spontan bereit erklärt, das Werbepaket zu kaufen. Was es umfasst, listet das mehrseitige Angebot genau auf. Der schwimmende Würfel wird großflächig den Markennamen des Sponsors tragen, im TV-Livestream wird jedes Mal, wenn eine Yacht die Boje rundet, fünf Sekunden lang der Markenname eingeblendet, der zudem auf Bannern und Flaggen entlang der Ufer sichtbar sein wird. Preis des Werbepakets: 150 000 Euro.

Die *Guyot*-Mannschaft, vor allem das fieberhaft arbeitende Tech-Team, gewinnt tatsächlich das Rennen gegen die Zeit. Das reparierte Schiff wird zu Wasser gelassen und bricht sofort auf. Am 7. Juni, einen Tag vor dem Start der nächsten Etappe, läuft *Guyot* bei strahlendem Sonnenschein mittags im Hafen von Aarhus ein. Unter Motor bugsieren Benjamin Dutreux, Robert Stanjek und Crew ihr Schiff rückwärts an den Steg, direkt neben die anderen Rennyachten.

Es ist der vielleicht emotionalste Moment des gesamten Ocean Race. Fast alle Segler und Seglerinnen, Bootsbauer und Rigger, Mechaniker und Managerinnen der anderen Teams haben sich auf dem Steg versammelt. Sie jubeln, hüpfen, singen, klatschen Beifall. Sie halten Betttücher aufgespannt, die Holly und Stu gekauft und mit Will-

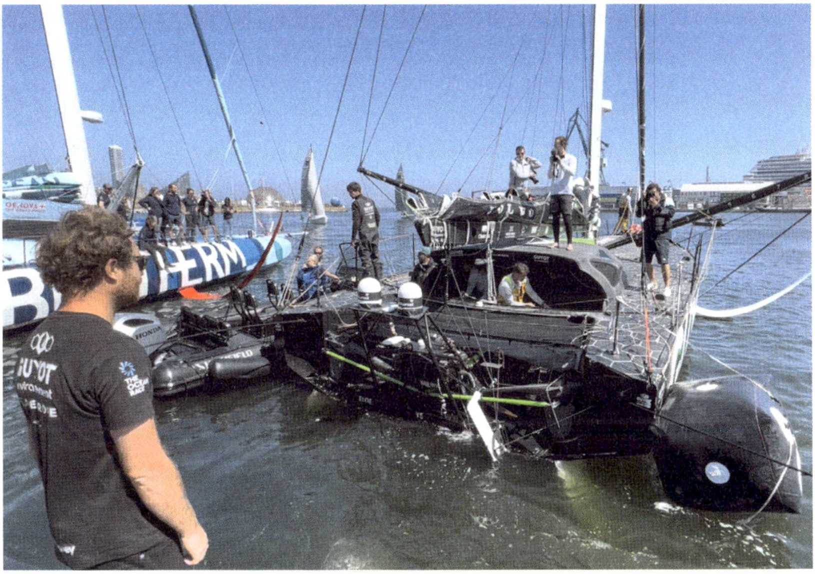

Rückkehr ins Rennen: *Guyot* und Skipper Dutreux (li.) beim Anlegen in Aarhus

kommensgrüßen besprüht haben. Aus zwei Boxentürmen dröhnt »Back in Black« von AC/DC über den Hafen, die Fanfare des *Guyot*-Teams. Johnny aus Irland, Zeremonienmeister des Rennens, hatte den Rocksong zuletzt im brasilianischen Itajaí erklingen lassen: als *Guyot* zu der Etappe ausgelaufen war, bei der ihr Mast brach. Nun sind Boot und Mannschaft zurück. Die Crew springt auf den Steg, liegt Mitgliedern der anderen Teams in den Armen, Tränen fließen.

Skipper Benjamin Dutreux greift sich ein Mikrofon. Er bedankt sich bei sämtlichen Teams, dem Veranstalter, den Sponsoren. »Wir haben gearbeitet wie die Verrückten. Doch dass wir jetzt hier ankommen, das verdanken wir euch!« Er wischt sich über die Augen, dann versagt ihm die Stimme. Annie Lush, seine Mitseglerin, übernimmt das Mikro: »Als wir ohne Mast nachts auf dem Atlantik trieben, da waren wir so allein. So fürchterlich allein. Und nun das hier! Unfassbar! Bei diesem Rennen geht es um viel mehr als um die Punkte im Ziel. Es geht ums Hinfallen, Aufstehen und Weitermachen, gemeinsam. Es geht um Solidarität und darum, niemand zurückzulassen.«

Die Willkommensfeier auf dem Steg ist bewegend, intensiv – und kurz. Morgen beginnt die nächste Etappe, und die Mannschaften müssen noch frische Lebensmittel und frische Unterwäsche an Bord bringen und die neuesten Wetterprognosen analysieren.

Eine Person fehlt bei dem triumphalen Empfang: Kevin Escoffier. Der Skipper von *Holcim* ist verschwunden. Sein Name fehlte bereits in der Presseerklärung, mit der sein Team vor einigen Tagen die Crew für die Wettfahrt nach Den Haag bekannt gab. Als Skipper wurde, ohne weitere Erklärung, Benjamin Schwartz benannt, der bisher erst bei einer Etappe dabei gewesen war. Der bisherige Skipper wurde nicht erwähnt. Erst am Nachmittag nach der Bekanntgabe veröffentlichte Kevin auf seinem Instagram-Account eine Erklärung: »Ich habe mich entschieden, bis ans Ende des Ocean Race von meinen Pflichten als Skipper vom Team Holcim zurückzutreten. Ich trete zurück wegen eines angeblichen Zwischenfalls. Ich verneige mich vor der Leistung und Hingabe dieses wunderbaren Teams, es war mir eine Ehre, es seit dem Start des Rennens zu führen.«

Kurz darauf wurde der Satz mit dem »angeblichen Zwischenfall« gelöscht. Was zur Klärung des Geschehens wenig beitrug. Seit Ankunft der Flotte hatten sich Gerüchte verbreitet, in einer Bar in Newport habe es einen »Zwischenfall« mit Kevin und einer Mitarbeiterin gegeben, in Anwesenheit von Mitgliedern des eigenen und anderer Teams. Was genau sich Newport ereignet hat und warum genau Kevin zurückgetreten ist: Zu alldem gibt es keine öffentlichen Äußerungen. Eisernes Schweigen auf allen Seiten.

Zwei Tage vor dem Start findet die reguläre Pressekonferenz der Skipper statt. Zu Beginn verliest Renndirektor Phil Lawrence eine Erklärung der Veranstalter: »Wir sind aufmerksam gemacht worden auf einen Zwischenfall in Newport. Unsere erste Sorge galt der Sicherheit der betroffenen Person. Team Holcim hat uns versichert, dass entsprechende Maßnahmen innerhalb des Teams ergriffen worden sind. Der französische Segelverband wird als zuständige Institution den Fall untersuchen, gegebenenfalls Sanktionen verhängen und einen Bericht an das französische Ministerium für Sport schicken. Das Ocean Race unterstützt dieses Vorgehen. Wir setzen uns weiterhin dafür ein, dass sich im Segelsport jede Frau und jeder Mann sicher fühlen kann, auf dem Wasser ebenso wie an Land.«

Bis zum Ende des Ocean Race äußert sich Kevins ehemaliges Team nicht. Eine Woche nach der finalen Abschlussfeier in Genua erklärt die Pariser Staatsanwaltschaft, ein Ermittlungsverfahren gegen Kevin Escoffier zu eröffnen, im Zusammenhang mit dem Verdacht »des sexuellen Übergriffs oder unangemessenen Verhaltens«.

Holly

Es hat viel Gerede und auch Medienberichte darüber gegeben, was sich in dieser Bar in Newport ereignet haben soll und was nicht. Was wirklich vorgefallen ist, wissen bisher nur die Beteiligten, die Ermittlungen der Behörden dauern an. Für jedes Teammanagement ist aber schon das Bekanntwerden solcher Vorwürfe ein Albtraum. Du willst dich ja vor jeden werfen, der von außen angegriffen wird, aber in diesem Fall scheint es sich – nach allem was man lesen und hören konnte – um ein Thema in deinem eigenen Team zu handeln. Es ist so schwierig, dann zu entscheiden, was der beste Weg ist. Du willst das mutmaßliche Opfer schützen, du willst das Team schützen, du willst aber auch nicht, dass so etwas totgeschwiegen wird.

Meiner Meinung nach sollte jeder Fall eines tatsächlichen Übergriffs oder unangemessenen Verhaltens öffentlich werden, nicht auf der Ebene von Gerüchten, sondern professionell untersucht und anschließend angemessen bewertet werden. Weil dies der beste Weg ist, so etwas zu stoppen. Zugleich müssen die beteiligten Personen geschützt werden. Möglicherweise fühlen sich so auch andere Betroffene ermutigt, sich zu äußern. Als Teammanagerin wirst du in so einer Situation genau beobachtet. Bist du jemand, der bereit ist, unangenehme Fragen zu stellen? Ich habe einen starken moralischen Kompass, ich glaube, er hilft mir sehr, als Chefin einen guten Job zu machen. Grundsätzlich ist ein sexueller oder physischer Übergriff etwas, was mich als Frau besonders hart trifft. Den meisten Frauen, die ich kenne, ist etwas in dieser Art schon mal passiert, in unterschiedlicher Ausprägung. Es sind anzügliche

Bemerkungen, eine wie zufällige Berührung und manchmal auch klare handgreifliche Belästigungen.

Hochseesegeln war lange Zeit ein von Männern dominierter Sport. Erst in den letzten vier, fünf Jahren hat sich viel verändert, auch auf Management-Ebene. Dies ist kein Boys Club mehr. Und es wird nicht mehr schweigend hingenommen, wenn ein Mann sich vergreift, auch nicht im Ton. Die Frauen sind selbstbewusster geworden und viele Männer klüger.

Die Strukturen haben sich ebenfalls verändert. 2018 hatte Boris eine Frau als Boat Captain und eine Frau, nämlich mich, als Teamchefin. Ich glaube, so etwas war damals einmalig in der Offshore-Szene. Heute werden vier der fünf Teams beim Ocean Race von vergleichsweise jungen Frauen geleitet. Wir haben diese Jobs nicht bekommen, weil es eine Frauenquote gibt. Sondern weil es sich herumgesprochen hat, dass Frauen auch Management können. Die alte Devise in den Teams lautete ja: Die Männer segeln und basteln am Boot, die Frauen machen Social Media. Wenn ich mit Boris geschäftlich unterwegs war, dann merkte ich, dass die meisten Unternehmensvertreter, die wir trafen, wie selbstverständlich davon ausgingen, ich sei seine Sekretärin oder seine Sprecherin. Wenn sie dann erfuhren, was mein Job ist, beglückwünschten mich manche, als sei ich ein Wunderkind. Das fühlte sich ebenso schräg an.

Aber ich glaube, so etwas ist auch eine Generationenfrage. Ich bin 33, und für die Männer in meinem Alter ist es nichts Besonderes, eine Frau als Chefin zu haben. Boris und ich haben am Anfang viel darüber gesprochen, wie wir insgesamt mehr Frauen ins Team bekommen. Nicht weil wir die Welt verbessern wollen, sondern weil wir erfolgreich sein wollen. Je gemischter ein Team ist, was Alter, Geschlecht, Herkunft usw. angeht, desto mehr unterschiedliche Perspektiven und Einfälle kommen zusammen; das ist ein alter Hut. Außerdem gibt es viele junge Männer, die keine Lust haben, nur mit Männern zusammenzuarbeiten. Inzwischen stellen Frauen die Mehrheit in unseren Commercial Team. Das Tech-Team ist noch eine weitgehend männliche Angelegenheit. Aber davon geht die Welt auch nicht unter.

Ab Aarhus sind die VOR65-Yachten wieder dabei, die alte Bootsklasse des Ocean Race. Ihre fünf Mannschaften werden, ebenso wie die fünf Imoca-Mannschaften, nur von Männern geführt. Zehn Skipper also, und keine einzige

Frau dabei. Da haben wir noch einen Weg vor uns. Es gibt nun mal generell wenig Profiseglerinnen im Offshore-Bereich. Und ohne Vorbilder kommen wiederum viele talentierte junge Frauen gar nicht erst auf die Idee, dass das auch etwas für sie sein könnte. Ich glaube, dass Rosie sich während des Rennens zu einer Art Vorbild entwickelt hat: Sie ist eine großartige Seglerin, sie ist zäh und macht bei jeder Etappe mit, anders als viele Männer. Gleichzeitig spricht sie über ihre Schwächen und Zweifel, sie ist ein offener Mensch und sieht keinen Grund, sich zu verstellen. Und dann ist sie auch noch das Mädchen von nebenan, das gern rumalbert, sich schick macht und die Fingernägel bunt lackiert. Es ist nicht schwer, sich mit ihr zu identifizieren.

Auf der Strecke nach Den Haag wird noch eine Frau an Bord kommen: Axelle, Profiseglerin, Expertin für den Autopiloten und seit einem Jahr in unserem Team. Weil Boris sich nie eine Wache mit Will teilt, wird er das Schiff also nur mit Frauen steuern. Als ich ihm das vor ein paar Tagen sagte, musste er lachen, es war ihm gar nicht aufgefallen.

~

In Aarhus verändert sich die Arbeitsteilung. Die *Malizia* ist in gutem Zustand, es muss wenig repariert werden, das Tech-Team erhält mehr freie Zeit. Bei den letzten Zwischenstopps standen die Bootsbauer oft 14 Stunden täglich in der Werkstatt, mit weißem Overall und Atemmaske schliffen, laminierten und malten sie bis zur Erschöpfung. Nun mischen sie Aarhus auf. Sie spielen Minigolf in einer Kneipe mit einem Parcours rund um den Tresen. Sie mieten eine Wakeboard-Anlage in einem Hafenbecken und springen bis Sonnenuntergang über die aus dem Wasser ragenden Rampen. Und sie fahren Rennen in Europas größter Gokart-Halle, mit 18 Flitzern auf einer tausend Meter langen Strecke. Die Motoren knattern, Reifen quietschen, es stinkt nach Benzin; es ist das ziemliche Gegenteil der klimabewegten *Malizia*-Mission und ein großer Spaß. Oakley, der Rigger aus Neuseeland, siegt vor Elektronik-Chef Romain und Boat Captain Stu.

Das Commercial Team hingegen erstickt in Arbeit. In drei europäischen Häfen wird die Flotte Station machen, und in jedem werden Manager der Unternehmen vorbeikommen, die die *Malizia*-Kampagne finanzieren. Sie werden ihre wichtigsten Kunden mitbringen, gemeinsam wollen sie das Team und das Boot kennenlernen, und manche werden auch an den Pro-Am-Races teilnehmen, den kurzen Rennen, die die Teams in jedem Hafen für ihre Sponsoren veranstalten. Holly und ihr Team bereiten außerdem Veranstaltungen für Schulklassen vor, Pressekonferenzen, Auftritte auf den regelmäßigen Umweltschutzkonferenzen des Ocean Race. Sie reservieren Teamwohnungen, Bürocontainer, hochmotorige Begleitboote und Fahrräder für den nächsten Zwischenstopp.

All das ist Routine. Aber in jedem Hafen kommen unerwartete Herausforderungen hinzu. Wie jetzt der Besuch des niederländischen Königspaars und die Sache mit dem Schlauchboot.

Schon in Kapstadt war Rosalin auf die Idee gekommen, König Willem-Alexander, das Oberhaupt ihres Heimatlands und selbst begeisterter Segler, auf die *Malizia* einzuladen, wenn die Flotte in Den Haag ein paar Tage Pause macht. Sie erkundigte sich, wie man einen König in einer Mail anspricht, dann schrieb sie ihm: »Majestät, mein Name ist Rosalin Kuiper und ich schreibe Ihnen wegen einer, wie man mir sagte, gemeinsamen Leidenschaft: dem Segeln.« Sie beschrieb, worum es sich beim Ocean Race handelt und weshalb sie schon immer davon geträumt habe, daran teilzunehmen. Und sie erwähnte, dass sie die einzige Niederländerin bei diesem Rennen um die Welt sei. Sie lud ihn und seine Familie ein, das Schiff in Scheveningen zu besuchen, dem Hafen von Den Haag. »Wenn es Ihre Zeit erlaubt, können wir auch ein Stück hinausfahren, und Sie werden erleben, wie es ist, mit solch einer Hochleistungsyacht zu segeln. Mit sportlichen Grüßen, Rosalin Kuiper«

Das royale Sekretariat schickte eine überraschende Antwort: Der König nehme die Einladung dankend an und würde gern gleich nach Zieldurchgang, also noch auf See, an Bord der Hochleistungsyacht steigen. Er bringe auch Königin Maxima mit.

Die Koordination lag nun in den Händen von Holly. Sie schickte die Daten aller beteiligten Teammitglieder zur Sicherheitsüberprüfung an den Palast. Sie stellte einen Ablaufplan auf und erläuterte, weshalb es stets ein heikles Manöver sei, Personen auf eine Segelyacht mit Foils überzusetzen, das Begleitboot mit dem Königspaar könne daher nur vom Boat Captain der *Malizia* gesteuert werden. Zwei Tage vor dem Start nach Den Haag schrieb Holly in der Chatgruppe des Teams: »Ich bin in Kontakt mit den Leuten vom König. Er wird mit seinem eigenen Schlauchboot kommen. Nach Zieldurchgang steigt er auf unser Schlauchboot um und von dort weiter auf die *Malizia*, zusammen mit einem Gast. Beide sind sehr gespannt.«

Am Nachmittag vor dem Start bringt Rosalin für ihre Crew einen Schwung orangefarbener Schirmmützen und T-Shirts an Bord. Dann geht sie in ein Kosmetikstudio. Sie lässt sich die Fingernägel und die Fußnägel in Oranje-Orange lackieren, der traditionellen Farbe des niederländischen Königshauses. Holly hatte ihr gesagt, dass in Den Haag, nach all den Berichten in holländischen Medien über sie, die »Rosiemania« ausgebrochen sei. Rosalin Kuiper ist gerüstet.

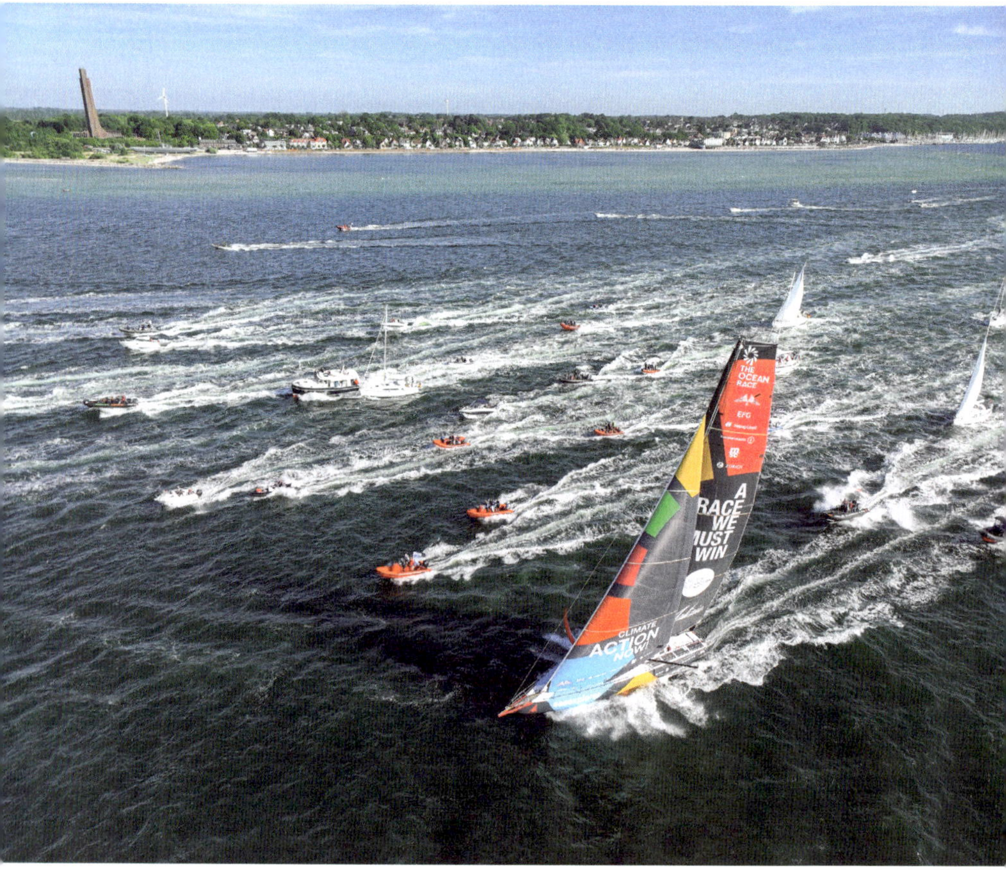

Ein Triumphzug begleitet Boris und seine Crew wieder hinaus aus der Kieler Förde.

10 Im Kessel von Kiel

Eine Wendemarke in Boris' Heimatrevier.
Und in Holland kommen der König und die Königin an Bord

Im Grunde genommen ist die Idee, eine Wendemarke des Ocean Race an die Spitze der Kieler Innenförde zu legen, eine Anmaßung. Die Imocas sind so schnell und brauchen für ihre Manöver so viel Platz, dass die Kieler Förde sich nur dann als Rennstrecke nutzen ließe, wenn sie frei von anderen Booten wäre, also gesperrt würde. Wie aber sollte das gehen? Große Passagierschiffe aus Norwegen, Schweden und Litauen laufen jeden Tag in Kiel ein, Fähren pendeln wie Busse zwischen beiden Ufern der Förde, Segel- und Motorboote kurven umher. Vor allem aber zweigt von der Kieler Förde der Nord-Ostsee-Kanal ab – eine der meistbefahrenen Wasserstraßen der Welt.

Es ist, als käme jemand auf die Idee, ein reguläres Formel-1-Rennen in Berlin-Mitte zu veranstalten.

Zwei Monate vor dem geplanten Fly-by reisen Renndirektor Phil Lawrence und Marketing-Chef Mirko Gröschner nach Kiel. Der 68-jährige Lawrence hat sein Leben lang auf hohem Niveau gesegelt: als Steuermann bei den Olympischen Spielen 1992, als Navigator bei zahlreichen Hochseeregatten, seit 2010 als Renndirektor internationaler Segelveranstaltungen. Beim Ocean Race organisiert er zum zweiten Mal alles, was auf dem Wasser stattfindet. Mirko Gröschner aus München ist Ende 2021 von den Veranstaltern des Rennens eingestellt worden. Als Experte für die globale Vermarktung von Sport-

Events war er an fünf America's Cups beteiligt, nun soll er als Marketing-Chef das neue Ocean Race finanziell absichern. Eine herausfordernde Aufgabe: Erstmals in seiner langen Geschichte muss das Rennen ohne Hauptsponsor auskommen. Gröschners wichtigste Einnahmequellen sind ein Dutzend große Konzerne als Sponsoren – und die Hafenstädte, die viel Geld dafür zahlen, dass der Regattazirkus für einige Wochen bei ihnen Station macht. Oder eben dicht an der Stadt vorbeisegelt, bei einem Fly-by, wie in Kiel. So ist der Plan.

In der Landeshauptstadt von Schleswig-Holstein treffen die beiden Manager auf Vertreter deutscher Behörden: von der Wasserschutzpolizei, der Kieler Hafenbehörde und von der Wasserstraßen- und Schifffahrtsverwaltung des Bundes, Außenstelle Lübeck. Die Beamten sind sehr gründlich. Lawrence gefällt das. Als Wettfahrtleiter hatte er selten etwas so Schwieriges zu organisieren wie die Jagd durch die Kieler Förde, 14 Kilometer rein, 14 Kilometer wieder raus. Die Flotte erwartet der engste und am dichtesten befahrene Streckenabschnitt des ganzen Rennens um die Welt.

Bisher ist alles gut gelaufen. Auf der politischen Ebene stieß die Idee auf Zustimmung, auf der Arbeitsebene hat Gröschner einen wichtigen Verbündeten gewonnen: »Kiel Marketing«, ein Unternehmen, das den Ruf der Stadt als Deutschlands Metropole des Segelns festigen will. Bei jedem Zwischenstopp funktioniert die Kooperation auf vergleichbare Weise: Der »delivery partner«, der Lieferpartner, wie Gröschner es nennt, meist ein städtisches Unternehmen, zahlt für das Recht, das Ocean Race vor Ort zu vermarkten, etwa mit Veranstaltungen aller Art.

Auch die Behörden ziehen mit. Sie sind damit einverstanden, am 9. Juni 2023 von 15 bis 17 Uhr das gesamte, mit Tonnen markierte Fahrwasser zur Verbotszone zu erklären. Schnell rein in die Förde und wieder raus: Zwei Stunden müssten dafür doch reichen. Der knapp zwanzig Kilometer lange Korridor beginnt am Leuchtturm Kiel draußen in der Ostsee, zieht sich der Länge nach durch die Förde und endet hinter der Wendemarke im Herzen Kiels. Eine Sperrung dieses Ausmaßes hat es in Kiel noch nicht gegeben: Privatboote dürfen sich dann nur außerhalb des Fahrwassers aufhalten, in der schmalen Uferzone. Lokale Fähren müssen den Verkehr einstellen. Berufsschifffahrt und die großen Ostsee-Fähren werden sich überzeugen lassen müssen, ihren Zeitplan anzupassen. Der Nord-Ostsee-Kanal wird nicht geschlossen, aber es gibt, wie es ein Behördensprecher formuliert, die »Option des eingeschränkten Schleusens«.

Wie aber lässt sich sicherstellen, dass die am Abend zuvor gestarteten Schiffe um genau 15 Uhr am Leuchtturm ankommen? »Darum kümmere ich mich«, sagt der Renndirektor.

Am Ende des Treffens steht noch ein ungeklärtes Thema im Raum. Auf der Förde gilt eine strikte Geschwindigkeitsbegrenzung von zehn Knoten. Ohne Ausnahme. Lawrence und Gröschner wissen nicht, ob den Beamten klar ist, wie schnell Imocas sind. Wenn sie auf ihren Foils abheben, können sie auch dreißig Knoten erreichen, das Dreifache des Erlaubten. Sollen die beiden das Thema ansprechen? »Unsere Schiffe können bei starkem Wind sehr schnell sein«, sagt Lawrence schließlich. »Es ist nicht einfach, sie dann zu zügeln.« Die Beamten nicken, sie wollen ja keine Risiken. Sie werden sich darum kümmern, dass die Maximalgeschwindigkeit im Sperrgebiet entfällt. Der Koordinator von Kiel Marketing, ebenfalls mit am Tisch, soll gemeinsam mit dem Renndirektor die entsprechenden Anträge einreichen.

Lawrence und Gröschner reisen zufrieden ab. Sie schicken die Schiffe ja nicht aus Spaß in die Enge von Kiel, die Wendemarke hat für sie vor allem strategische Bedeutung. Das Interesse der Deutschen am Ocean Race ist höher als in jedem anderen Land, das zeigen die Mediendaten. Außerdem soll der Flottenbesuch zeigen, ob Kiel sich dafür eignet, beim nächsten Rennen ein echter Zwischenstopp zu werden.

~

Am Vormittag des 8. Juni beugt sich in Aarhus die Crew der *Malizia* über die aktuellen Wettervorhersagen, um die Taktik für die nächste Etappe zu besprechen. Die Flotte wird noch gleichen Abend starten und etwa zwanzig Stunden bis Kiel brauchen. Die inzwischen sechste Etappe ist die kürzeste des ganzen Rennens, doch für die Navigatoren die komplizierteste. Der Kurs führt von Aarhus nach Süden, an Inseln, Strömungen und Untiefen vorbei bis Kiel, dort zur Wendemarke, dann zurück durch die Ostsee nach Norden, um Skagen herum, die Nordsee hinab und im Slalom zwischen Windparks, Bohrinseln und Sperrzonen hindurch bis Den Haag.

Nico nimmt per Videocall an dem Crewtreffen teil, zugeschaltet aus Frankreich. Er kann erst in Den Haag wieder zusteigen, für die nächste Etappe kommt Axelle Pillain an Bord. Die 32-jährige Französin hat über bildgebende Verfahren in der Gehirndiagnostik promoviert, sogenannte Hirnscanner. Jeder Hersteller von Medizintechnik würde sich vermutlich um sie reißen. Doch Axelle, von Kindheit an fasziniert vom Hochseesegeln, hat sich für ein Leben als Profiseglerin entschieden, für ein Leben mit geringerem Einkommen, weniger Sicherheit und mehr Intensität. Seit 2022 gehört sie zum Team Malizia, als Crewmitglied und Expertin für die Bordelektronik.

Axelle, Rosalin, Will und Boris lauschen Nico, der die Widrigkeiten der Strecke nach Kiel erläutert. »Morgen Nacht werdet ihr im Großen Belt sehr wenig Wind haben«, warnt er. »Zum Glück hellt der Himmel schon um drei Uhr morgens auf. Vielleicht kann Rosie dann ja in den Mast steigen, um Windfelder in der Nähe zu entdecken.« Nico grinst. »Zu schade, dass ich nicht dabei sein kann«, sagt er. »Die drei Tage bis Den Haag sind ein echtes Figaro-Rennen. Mit allen Tücken und Tricks des Küstensegelns.« Will nickt, dann grummelt er: »Und mit wenig Schlaf, sehr wenig.«

Es klopft an der Tür des Bürocontainers, Phil Lawrence kommt herein. Er schaut bei allen Teams vorbei, um sie noch einmal persönlich auf die Enge von Kiel einzustimmen und letzte Fragen zu beantworten. »Kiel wird groß«, sagt er. »Das ist gut für uns, birgt aber auch

Risiken.« Er klopft Boris auf die Schulter: »Ich vermute, den Tumult auf dem Wasser haben wir vor allem diesem Mann hier zu verdanken.«

Die Meteorologen sagen prachtvolles Sommerwetter voraus, außerdem ist morgen Freitag, das Wochenende beginnt. Die Kieler haben Lawrence informiert, dass sie mit 600 bis 1000 Zuschauerbooten rechnen, von Segeljollen bis zu großen, von Firmen angemieteten Förde-Dampfern. Etwa vierzig Überwachungsschiffe sollen sicherstellen, dass niemand in das gesperrte Fahrwasser eindringt. Die Wasserschutzpolizei wird sich mit neun großen Schiffen entlang des Korridors positionieren, das Ocean Race hat schnelle Powerschlauchboote organisiert, acht Schiffe mit Sanitätern an Bord halten sich für Notfälle bereit.

Der Renndirektor rechnet damit, dass bei Ankunft der fünf Yachten das Fahrwasser frei vor ihnen liegt, gesäumt von Zuschauerbooten. Wird schon klappen, meint er. Riskanter ist der Moment, in dem eine Yacht vorbeisegelt und ein Zuschauerboot sich entschließt, ihr zu folgen. Den Wachmannschaften ist eingeschärft worden, das Boot dann sofort und rigoros zurückzudrängen. Andernfalls könnten die Fahrer weiterer Zuschauerboote sich verlockt fühlen, das Gleiche zu versuchen. Und dann gäbe es kein Halten mehr. Die Imoca zöge einen Schweif an Zuschauerbooten hinter sich her, und das Fahrwasser wäre blockiert für die nachfolgende Yacht.

Tom Ehler hat all diese Szenarien durchgespielt. Er ist der »Chief Marshal and Safety Officer«, der Sicherheitschef des Ocean Race auf dem Wasser. Zum vierten Mal schon. Er hat viele haarsträubende Situationen erlebt, und er weiß, dass die meisten Unfälle nicht im Sturm auf hoher See passieren, sondern im Gedränge der Zuschauerboote bei Start und Ziel. Auf der Kieler Förde kennt sich Ehler gut aus, er ist in Flensburg geboren. Das Ocean Race hat ihn inzwischen mit Segelrevieren in aller Welt vertraut gemacht, als Sicherheitschef – und auch, weil der Norddeutsche, ein kräftiger, leutseliger Mann, mit Abby Ehler verheiratet ist.

Die britische Profiseglerin hat bereits an drei Ausgaben des Ocean Race teilgenommen, jetzt, bei ihrem vierten Rennen, gehört sie zur Crew von *Holcim*. Am Abend wird sie, gemeinsam mit den anderen Mannschaften, in die nächste Etappe starten. Morgen früh wird sich auch Tom Ehler auf den Weg nach Kiel machen. Er will alle Sicherheitsmaßnahmen noch einmal kontrollieren, bevor mittags die Wendemarke ausgelegt wird.

Tom Ehler

Als 2002 in Kiel die deutsche Illbruck das Volvo Ocean Race gewann, war ich auch schon dabei. Ich half damals, die Ziellinie freizuhalten. Was nicht leicht war in dem Wahnsinnsgedränge. Als ein paar Schiffe später Amer Sports Too aus Neuseeland über die Linie ging, stand da eine Frau an Deck, die mir auf Anhieb gefiel. »Die ist ja süß«, sagte ich zu einem Freund neben mir. Woraufhin der meinte: »Merkst du noch was? Die ist gerade um die Welt gesegelt, und du sitzt im Schlauchboot.« Ein paar Monate später traf ich Abby bei einer Regatta in Sydney wieder. Und danach in Saint-Tropez, wo ich als Boat Captain auf einer 23-Meter-Yacht arbeitete. Der Rest ist Geschichte.

Nun passe ich hier auch auf Abby auf. Das Ocean Race ist für uns bisher sauber gelaufen, ohne nennenswerte Unfälle. Kiel hat das meiste Potenzial, dass was passiert. Wo so viele Boote zusammenkommen, gibt es immer irgendwelche Deppen. In Newport zum Beispiel, dem letzten Hafen, sank plötzlich ein Zuschauerboot; das war so morsch gewesen, dass der Besitzer keinen Meter damit hätte fahren dürfen. Zum Glück kam niemand zu Schaden. Anders als bei einem der letzten Rennen, kurz vor dem Start in Lorient: Da nagelte ein riesiger Trimaran mit Zuschauern über eines meiner Kontrollboote und verletzte eine Frau schwer. So etwas Fürchterliches ist die absolute Ausnahme. Trotzdem muss ich immer mit allem rechnen. Deshalb bin ich, wenn es um meinen Job geht, stur und unnachgiebig. Ich bin nun mal die Spaßpolizei.

Ich verstehe ja, dass jeder möglichst nah dran sein will. Manche sagen dann, was soll das, ich fahre die Strecke seit hundert Jahren. Und ich sage dann, ok, seit hundert Jahren, aber heute fährst du da nicht lang!

Die Leute auf ihren Booten versichern uns auch immer wieder, dass sie alles unter Kontrolle hätten. Ich glaube ihnen das sogar – aber es reicht, wenn auf einmal der Motor ausfällt oder eine Leine in die Schraube kommt und das Boot in die Fahrrinne der Imocas treibt. Uns geht es vor allem darum, Unfälle zu verhindern. Aber es gilt auch, die Behinderung des Rennens auszuschließen. Erst recht jetzt, bei der vorletzten Etappe, wo die ersten drei Schiffe in der Gesamtwertung so eng beieinander sind, dass jedes noch das Ocean Race gewinnen kann. Man stelle sich vor, in Kiel liegt ein Zuschauerboot im Weg und eine unserer Yachten muss ein Manöver fahren, das genau so viel Zeit kostet, wie ihr später im Ziel fehlt. Ich will mir das jedenfalls nicht ausmalen!

~

Die zwei führenden Teams haben sich für die vorletzte Etappe erneut mit Seglern aus der obersten Liga verstärkt. *11th Hour Racing* hat Franck Cammas engagiert. Der Fünfzigjährige gewann als Skipper das Ocean Race 2012, als erster Franzose überhaupt. Nach zahlreichen Siegen auch auf Imoca-Yachten wurde er 2020 in Frankreich zum »Segler des Jahrzehnts« gewählt. *Holcim* hat Yoann Richomme an Bord geholt, einen zweimaligen Gewinner der Solitaire du Figaro – ein Joker für die dreitägige Sprintstrecke nach Den Haag.

Wie von Nico vorausgesagt, blast der Wind nach dem Start nur schwach und aus wechselnden Richtungen. »Topfschlagen« nennen Segler solche Bedingungen. Um Mitternacht liegt *Malizia* an erster Stelle, frühmorgens an letzter. Im Großen Belt kommt der Wind von hinten, und die Crew muss mehr Halsen-Manöver fahren als während der gesamten Atlantik-Überquerung. In Kiel treffen in einem Uferrestaurant die ersten Freunde und Sponsoren von Team Malizia ein. Von der Terrasse aus haben sie einen großartigen Blick auf die Wendemarke. Vormittags meldet sich Will per Videocall, auf einer Leinwand im Restaurant ist sein angespanntes Gesicht zu sehen. »Das war eine intensive Nacht. Niemand hat mehr als zwanzig Minuten durchgeschlafen«, sagt er. »Aber es ist auch eine schöne Strecke. Seit

Sonnenaufgang begleiten uns ständig andere Segler. Und wir sehen zu beiden Seiten Land, ganz nah. Das hatten wir noch nie bei diesem Rennen.«

Um die Mittagszeit schieben sich Zehntausende Menschen über die lange Uferpromenade in Kiel. Ein Volksfest bei strahlendem Sonnenschein und, wie in Kiel üblich, mit maritimem Einschlag: Segelausrüster, Charterfirmen und Fischbuden, Infostände von Meeresschützern und Wissenschaftlern, Kanu-Polo, Robben-Becken. Auf der Hauptbühne erzählt die Profiseglerin Susann Beucke, Silbermedaillengewinnerin bei den Olympischen Spielen 2020 in Tokio, von der zweiten Etappe des Ocean Race: Auf der Strecke von den Kapverden nach Kapstadt gehörte sie zur Crew von *Holcim*. Direkt am Ufer sind Tribünen aufgebaut, mit Blickrichtung zur Wendemarke, nur 300 Meter entfernt. Die TV-Teams haben ihre Kameras positioniert. Der Norddeutsche Rundfunk wird live von Land aus übertragen, Eurosport per Hubschrauber aus der Luft, schon ab der Einfahrt in die Förde. Alle warten.

Abseits des Trubels, versteckt zwischen zwei Kühlcontainern, liegt die Kommandozentrale des Fly-by. Im Schatten eines Sonnensegels sitzen um einen Holztisch: der Renndirektor, der Marketing-Chef und der Sicherheitschef, dazu Richard Brisius, einer der drei Eigentümer des Ocean Race. Spontanes Krisentreffen. Die Schiffe sind unpünktlich.

Die ganze Nacht hindurch studierte Renndirektor Lawrence die Positionen der fünf Schiffe und die lokalen Windvorhersagen. Er muss ja sicherstellen, dass die Flotte gegen 15 Uhr den Kieler Leuchtturm erreicht, nicht früher, nicht später. Denn um 15 Uhr soll alles beginnen: die zweistündige Sperrung des Fahrwassers, die Liveübertragung im Fernsehen, die Ausfahrt gemieteter Fähren mit Gästen. Als in der Nacht der Wind etwas zunahm und die Gefahr drohte, dass die Schiffe mehrere Stunden zu früh am Leuchtturm ankommen, trat Lawrence auf die Bremse. Er wählte zwei Fahrwassertonnen in der Ostsee nördlich von Kiel aus, erklärte sie zu zusätzlichen Wendemarken und schickte die Koordinaten an die Skipper. Der Umweg würde die Strecke um 25 Seemeilen verlängern, das sollte reichen. Die Teamchefs hatten sich schon in Aarhus mit einer möglichen Kursänderung einverstanden erklärt, sie kennen die Relevanz von Kiel.

Doch der Wind zeigt sich launisch. Das Feld hat sich mittlerweile weit auseinandergezogen, und nun könnte es sein, dass *Guyot* und *Malizia*, die beiden letzten Schiffe, erst gegen 16.30 Uhr den Leuchtturm erreichen – und die Wendemarke in der Innenförde sogar erst gegen 17.30 Uhr. Eigentlich sollten sie dann längst wieder aus der Förde raus sein. Lawrence öffnet Seekarten auf seinem Tablet, misst Distanzen, checkt den Tracker mit den Positionen. Er sieht keine Möglichkeit, an der späten Ankunft etwas zu ändern. Er kann ja nicht für die letzten Schiffe den Kurs verkürzen. Dies ist ein Rennen, kein Schaulauf. »Außerdem denke ich, bei Boris werden die Menschen hier kein Problem damit haben, etwas länger zu warten.« Sicherheitschef Tom Ehler stimmt zu. Auch die Zuschauerboote, sagt er, werden mit Sicherheit auf ihren Positionen bleiben, bis der »local hero« vorbeirauscht. Die Sperrung des Fahrwassers ende offiziell zwar schon um 17 Uhr. Doch falls bis dahin alles funktioniere, »halten wir die Rinne auch danach noch eine Weile frei«.

Alles funktioniert. Ungehindert durchqueren die Schiffe die Förde. Etwa 70 000 Menschen beobachten das Rennen von Land aus. Um 17.15 Uhr erreicht *Guyot* als viertes Schiff die Wendemarke. Benjamin Dutreux hat in der Kieler Förde seinem Co-Skipper Robert Stanjek die Pinne überlassen, zur Ankunft im Heimatland. Robert hat in der Förde zahlreiche Regatten gesegelt, so wie der 26-jährige Phillip Kasüske aus Berlin, Vorschiffsmann auf *Guyot*. Der Moderator auf der Hauptbühne jubelt: »Erst Boot kaputt vor Kapstadt! Dann Mast kaputt vor Brasilien! Aber unsere Jungs haben nicht aufgegeben. Gleich sind sie an der Tonne!«

Zehn Minuten später erreicht *Malizia* den Kessel von Kiel. Nur 600 Meter sind hier beide Ufer voreinander entfernt. Jubel, Beifall, Tröten und Fanfaren auf den Tribünen, der Moderator springt vor

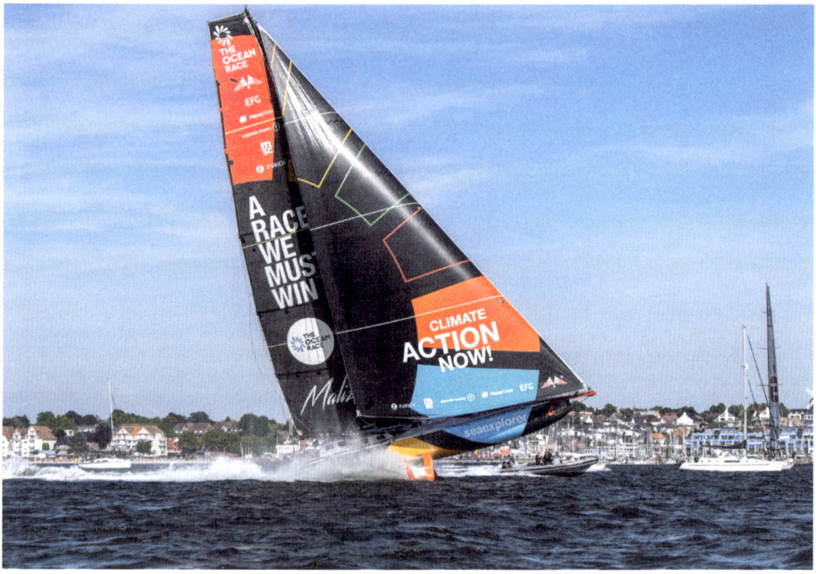

In einer Böe demonstriert die Rennyacht den Kielern ihre Sprungkraft.

Freude fast in die Förde: »Deutschland begrüßt Boris! Und sein ganzes Team. Auf dem schnellsten Segelboot der Welt! Sie jagen das Feld vor sich her!« Aus Boxentürmen dröhnt die Hymne des Teams über das Wasser. Ein Hubschrauber mit Kamerateam hängt dicht über dem Schiff, als es die Wendemarke rundet. Der Wind hat aufgefrischt und erlaubt *Malizia* einen eleganten Abgang durch die Förde: Mit leicht aufgerichtetem Vorschiff rauscht sie durch ein Spalier an Booten, das sich hinter ihr sofort schließt. Nun kommt ja niemand mehr, und so hängen sich alle Boote, deren Motoren stark genug sind, ins Heckwasser der Yacht. Ein riesiger, weiß schäumender Triumphzug zieht sich bis zum Ausgang der Kieler Bucht.

Boris

Ich habe viele Jahre in Kiel gelebt, als Student. Ich glaube, ich war damals mehr auf dem Wasser als im Hörsaal. Ich kenne hier jede Boje und jede Fischbude. Es war also gerade ein bisschen wie Nachhausekommen. Ich bin allerdings noch nie so empfangen worden, natürlich nicht! Diese zwei Stunden durch die

Förde, das war für mich so ergreifend wie Kap Hoorn. So viele Menschen, so viel Begeisterung. Für uns, aber auch für die anderen Teams. Als wir hineinfuhren, kamen uns die anderen Boote entgegen, da sahen wir, dass sie genauso angefeuert wurden. Kiel hat sich von seiner besten Seite gezeigt; es wäre großartig, wenn die Stadt beim nächsten Mal ein richtiger Zwischenstopp wird.

Die Passage war eng und wegen der häufigen Böen auch kniffelig. Wir hatten alle Hände voll zu tun, mussten ständig die Segel neu einstellen und hatten selten Zeit, an Deck zu stehen und den Leuten zuzuwinken. Das fand ich schade. Zugleich war ich erleichtert, dass uns kein Boot zu nah kam. Das hätte bei diesem Aufgebot ja leicht passieren können. Ich glaube, so müssen sich Marathonläufer fühlen, wenn sie am Ende ins Stadion einlaufen, durch eine Gasse aus Menschen, und du hoffst einfach nur, dass es gut geht, du bist so erschöpft und hast keine Ausweichmöglichkeiten. Aber die Rennleitung und die Kieler Behören haben einen guten Job gemacht, die Passage lag immer frei vor uns.

Natürlich macht es nicht den besten Eindruck, die Tonne ausgerechnet als letztes Schiff zu runden. Aber ich hatte nicht das Gefühl, dass die Leute sich deshalb weniger gefreut haben, uns zu sehen. Nun sind wir wieder allein, auf dem Weg durch die Ostsee nach Norden, und ich merke, wie zerschlagen wir sind. Von der ganzen Anspannung und auch von der letzten Nacht, da haben wir kaum Schlaf gefunden. Guyot liegt ein paar Seemeilen vor uns. Es ist toll, sie wieder bei uns zu haben – aber überholen wollen wir sie trotzdem noch.

Auf die *Malizia* ist Verlass. Beim Start einer Etappe liegt das Team meist im Mittelfeld, dann fällt es zurück, gern auf den letzten Platz, kämpft sich im Laufe der Rennstrecke wieder nach vorn und legt schließlich einen furiosen Endspurt hin. So geschah es auf der zweiten Etappe, als die Mannschaft lange Zeit weit abgeschlagen hinterherfuhr und dann einen Tag vor dem Ziel in Kapstadt auf dem ersten Platz lag, den sie allerdings unglücklich verlor. Bei der Strecke durch das Südmeer verschlug es sie zu Beginn ebenfalls nach ganz hinten, über Wochen hinweg holte sie auf, bis sie in Itajaí siegte, nach der längsten aller Etappen, nach einem erbitterten finalen Zweikampf mit *Holcim*.

Und nun? Die Crew der *Malizia* beginnt mal wieder von hinten. Noch in der Ostsee überholt sie *Guyot*. In der Nordsee dann *Biotherm*. Schließlich, im Morgengrauen des letzten Tages, kommt nahe der niederländischen Küste *Holcim* in Sichtweite. Noch fünfzig Seemeilen bis ins Ziel, das könnte zu schaffen sein.

Will sitzt an Deck und steuert das Schiff, mit der Hand an der Pinne. Er kaut an seiner Unterlippe. Unter Land scheint die schwache Morgenbrise ein wenig stärker zu wehen. Also noch dichter ans Ufer, immer am Strand entlang, Dünen und bunte Badehäuschen sind schon zu erkennen. Dann dreht der Wind um eine Winzigkeit, und Rosalin läuft sofort aufs Vorschiff und setzt den Spinnaker. Boris und Axelle kurbeln wie rasend unter Deck. Raschelnd entfaltet sich das riesige Segel, bläht sich in der Brise und beschleunigt das Schiff spürbar.

Holcim kann keinen Spinnaker setzen, der Winddreher hat die Franzosen noch nicht erreicht.

Die *Malizia* holt auf. Etwa fünf Seemeilen vor dem Ziel hat *11th Hour Racing* einen Vorsprung von drei Seemeilen, die Amerikaner werden siegen. Aber *Holcim* liegt jetzt in Schlagdistanz, nur noch ein paar Hundert Meter vor der *Malizia*. Die Franzosen haben den Kurs geändert, fahren ebenfalls dichter an Land. Wenn sie sich direkt vor den herannahenden Gegner setzen, werden sie irgendwann auch dessen Wind bekommen.

Boris, Rosalin und Axelle stehen im Cockpit, blicken durch die Dachfenster nach oben und justieren ab und zu die Segel. Will sitzt draußen und steuert reglos geradeaus. Mehr können sie jetzt nicht tun. Rosalin sieht auf dem Navigationsmonitor, wie sich beide Boote der Ziellinie nähern. Sie rennt an Deck, kniet sich neben die Reling und blickt unter dem Spinnaker nach vorn. Sie erkennt deutlich die beiden weißen Tonnen. »Nein! Nein!«, ruft sie wütend und haut mit der flachen Hand auf das Cockpitdach. Es reicht nicht. Als *Holcim* die Ziellinie überquert, stehen die Franzosen an Deck und reißen die Arme hoch. Eine Minute und zwanzig Sekunden später überquert

Malizia die Linie. So knapp endete noch kein Kursabschnitt, für kein Team in diesem Ocean Race.

Axelle und Rosalin eilen aufs Vorschiff, um den Spinnaker zu bergen. »Shit!«, schreit Rosalin. »Es war nur eine Minute!« Wut und Enttäuschung brechen aus ihr heraus, immer wieder. »Nur eine Minute! Eine verdammte Minute!« Beim Start in Aarhus hatte Team Malizia eine winzige Chance auf den Gesamtsieg und eine halbwegs realistische auf den zweiten Platz. Nun ist der Sieg nicht mehr möglich. Und den zweiten Platz können sie nur erreichen, wenn sie bei der finalen Etappe siegen und *Holcim* Letzter wird. Sie waren achtzig Sekunden zu langsam.

Will kommt aufs Vorschiff und nimmt Rosalin in die Arme. »Come on, Rosie! Vor zwei Tagen waren wir noch Letzte.« Sie grinst schief, dann sagt sie: »Stimmt auch wieder.«

Auch die anderen kommen an Deck, alle klatschen sich ab. Dann blicken sie umher, winken den Motor- und Segelbooten zu beiden Seiten zu. Immer mehr Boote schließen sich dem Begleitzug nach Den Haag an. Kiel war das Heimspiel von Boris, nun sind sie in »Rosieland« angekommen, wie Boris es nennt.

Schon ein paar Meilen vor dem Ziel hat sich ein großes Schiff der niederländischen Wasserschutzpolizei an die *Malizia* geheftet, gefolgt von mehreren Power-Schlauchbooten. In einem der Boote sitzen die Mutter und der Freund von Rosalin, dazu mehrere Männer mit der Statur von Leibwächtern sowie ein Paar mittleren Alters, mit Bootsschuhen, automatischen Rettungswesten und den weißen Schirmmützen des Ocean Race auf dem Kopf. Sie winken freundlich. Als die *Malizia* das Ziel passiert hat, nähert sich das Boot dem Begleitboot von Holly und Boat Captain Stu. König Willem-Alexander und Königin Máxima möchten gern übersteigen.

Als beide Schlauchboote langsam nebeneinander fahren, reicht Holly der Königin die Hand und hilft ihr herüber. Danach klettert der König an Bord. Beide setzen sich rasch, das offene Boot schaukelt im Wellengang der vielen Begleitfahrzeuge. »Lovely to meet you guys«, ruft Holly, »I'm Holly«. Händeschütteln, König Willem-Alexander strahlt. »Das war eine großartige Show gerade«, sagt er, »ein fantastischer Endspurt.« Stu manövriert das Boot von hinten zur langsam segelnden *Malizia*. Das Deck liegt fast einen Meter höher als der Wulst des Schlauchboots. Holly erklärt, wie man am besten dort hinaufgelangt, dann ruft sie zu Boris und Rosalin, die am Heck stehen: »Seid ihr bereit, sie an Bord zu holen?«

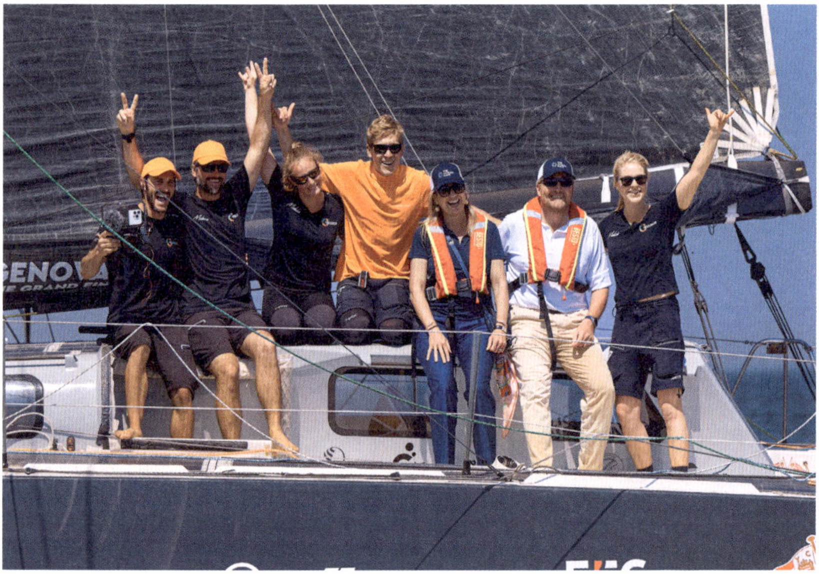

Royaler Besuch: Königin Maxima und König Willem-Alexander kommen an Bord.

Als das Schlauchboot den Rumpf der *Malizia* berührt, greift Willem-Alexander beherzt nach der Reling und zieht sich hoch an Deck. Máxima klettert hinterher. Rosalin steht ihnen gegenüber und schiebt die Sonnenbrille hoch, sie zögert kurz. Doch die Königin nimmt ihr die Entscheidung ab, lachend drückt sie Rosalin an sich, auch der König nimmt sie in die Arme. »Nice to meet you«, sagt er, als er Boris per Handschlag begrüßt. »Soll ich Ihnen das Schiff zeigen?«, fragt Rosalin. Sehr gern. Der royale Besuch klettert unter Deck und lässt sich alles erklären, die Schlafplätze, die Küchen-Kiste, den Kommandostand. Irgendwann stehen beide, König und Königin, am Grinder und kurbeln. Rosalin strahlt.

Tausende Menschen drängen sich inzwischen rund um das Hafenbecken, das für die Rennyachten reserviert ist. *11th Hour Racing* und *Holcim* liegen bereits am Steg. Ein TV-Team interviewt Benjamin Schwartz, den neuen Skipper von *Holcim*. Plötzlich bricht ohrenbetäubender Jubel aus. Der Redakteur stößt dem Kameramann in die Seite, der dreht sich mitten in der Aufnahme um und richtet seine Kamera aufs Wasser. Die *Malizia* läuft ein.

Das Schiff nähert sich rückwärts seinem Liegeplatz, langsam unter Motor. Rosalin steht auf dem Cockpitdach, sie winkt und hüpft und springt und schwingt eine niederländische Flagge. Sprechchöre rollen durch den Hafen, »Rosie, Rosie, Rosie«, skandieren die Menschen. Rosalin formt mit Daumen und Zeigefingern ein Herz. Sie schluckt. Als das Schiff anlegt, erkennt sie, was auf den kleinen Pappschildern zu sehen ist, die viele Menschen schwenken: ein Porträtfoto von ihr. In Alicante hatte sie mal erklärt, sie wolle während des Rennens auf

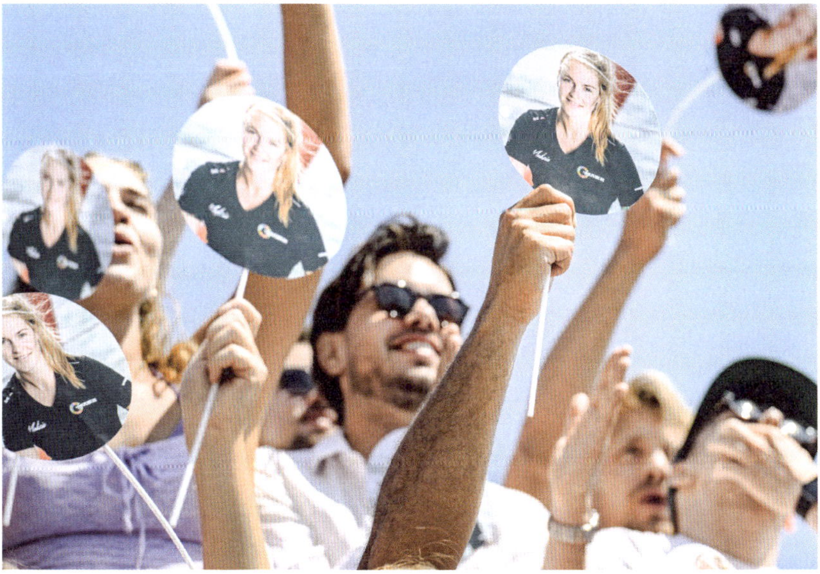

Einlaufen in Den Haag: Rosalins Landsleute empfangen sie wie einen Star.

keinen Fall heulen, so hart es auch sein würde. Doch nun verliert sie die Fassung. Die Tränen laufen über ihr Gesicht.

Das Königspaar steht auf dem Vorschiff, etwas verborgen hinter dem Mast. Das ist Rosalins Show. Als sich die Mannschaft zum Abschlussfoto nebeneinander an Deck stellt, holt Rosalin die beiden hinzu. Willem-Alexander bekommt ein Ende des langen Banners in die Hand gedrückt, das jemand an Bord geworfen hat und das sich nun quer vor Mannschaft und Königspaar spannt. »3. Platz in Etappe 6« steht darauf geschrieben. Es muss ein Irrtum sein; der Hafen brodelt, als sei gerade der Gesamtsieger eingelaufen.

Abends trifft sich das Team in einer Strandbar von Scheveningen. Rund dreißig Leute aus Crew, Commercial- und Tech-Team hocken im noch warmen Sand, rund um niedrige Tische aus Treibholz. Boris hat in der Bar eine Ukulele an der Wand entdeckt, sie abgenommen und Antoine gegeben. Jemand hat ein kleines Lagerfeuer entzündet, Antoine spielt und singt, manche summen mit.

Spätabends stößt Rosalin dazu. Noch immer trägt sie ihre schwarze, durchgeschwitzte Bordmontur. Sie hat keine Zeit zum Duschen oder Umziehen gehabt. Acht Interviews hintereinander hat sie gegeben, für Radio- und Fernsehsender, für Zeitungen und ein Segelmagazin. Morgen wird sie Gast einer populären Talkshow sein, gemeinsam mit einer blinden Bürgermeisterin, einem Ukraine-Experten und einer ehemaligen Schauspielerin der Serie »Sex and the City«. Übermorgen wird sie auf dem Podium einer Netzwerk-Konferenz für Frauen sitzen. »Da werde ich bestimmt wieder gefragt, wie ich mich als einzige Frau zwischen vier Männern gefühlt habe«, sagt sie. »Das Lustige ist, dass ich mich auf See nie als Frau fühle. Erst an Land, wenn ich danach gefragt werde.« Aber darüber will sie jetzt nicht weiter nachdenken. Eigentlich will sie nur noch ein Bier und dann ins Hotel. Und in Ruhe zu verstehen versuchen, was heute eigentlich passiert ist.

Wenn ich als Mädchen bei einer Regatta den zweiten oder dritten Platz gemacht habe, mochte ich es oft nicht, bei der Siegerehrung nach vorn zu gehen. Ich wollte ja gewinnen, nichts darunter. So bin ich eben. Ich hätte auch das Ocean Race gern gewonnen. Daraus wird nun nichts mehr, wahrscheinlich auch nichts aus dem zweiten Platz. Wegen achtzig Sekunden! Mich hat das so geärgert, als wir über die Linie fuhren. Aber es ging auch schnell vorbei. Will sagt immer: Entscheidend ist, dass man sein Bestes gibt – und wir hatten wirklich eine irre Aufholjagd hingelegt. Mal wieder.

Und dann kamen ja auch schon der König und die Königin an Bord. Ich hatte sie nie zuvor getroffen. Und nun zeigte ich ihnen meine Wohnung, also mein Bett, die Küche, die Toilette, mein Homeoffice. Dann gingen wir aufs Vorschiff und unterhielten uns lange übers Segeln. Es ist schon toll, wenn du merkst, dass die höchsten Repräsentanten deines Landes sich für genau das Gleiche begeistern wie du. Sie haben auch ein Boot, die Segel sähen da aber eher noch nach Baumwolle aus, meinte der König, und dann erzählten sie von ihren Touren damit. Es war alles sehr entspannt. Ich glaube, sie haben es einfach genossen, mit uns auf See zu sein.

Dann diese Ankunft im Hafen. Ich ahnte, dass es voll sein würde und laut – aber so etwas hatte ich nicht erwartet. Es war irre, völlig verrückt. Die Begeisterung, die Rosie-Rufe, das hat mich alles überwältigt. Es klingt abgedroschen, aber es war wirklich wie im Film. Zwischendurch habe ich mich gefragt: Was passiert hier eigentlich gerade? Meine Familie war gekommen, viele Freundinnen und Freunde waren da. Und so viele Menschen, die mich gar nicht kannten, trotzdem wollte mich jeder umarmen. Ich glaube, es war der emotionalste Moment in meinem Leben.

Als das Boot in meinen alten Hafen einlief und ich mit der Flagge in der Hand an Deck stand und der Moderator über Lautsprecher ständig meinen Namen rief, da wusste ich: Ich habe es tatsächlich geschafft! Als ich vor neun Jahren erklärte, dass ich beim Ocean Race mitmachen wollte, da haben viele gesagt: Rosie, bleib auf dem Boden, dir fehlt die Erfahrung, du warst auch nicht bei Olympia, du bist nur in Holland rumgesegelt. Stimmte alles. Aber es hat mich nur noch zusätzlich angestachelt. Seit damals habe ich mein Leben diesem

Traum gewidmet. Und nun ist er wahr geworden. Ich habe gerade mit Teams, zu denen die besten Hochseesegler der Welt gehören, die Erde umrundet, und so wie es aussieht, sogar als einzige Frau, die keine Etappe ausgelassen hat.

Ich habe während des Rennens regelmäßig auf meinen Social-Media-Profilen erzählt, wie es mir ergeht auf See, und an den Reaktionen habe ich gemerkt, wie viele Menschen sich davon inspiriert fühlen. Wer weiß, vielleicht stand im Hafen auch jemand, den ich angesteckt habe mit meiner glühenden Sehnsucht nach dem Meer, vielleicht ein Mädchen, das jetzt so träumt wie ich vor neun Jahren. Am besten sind sowieso die Kinder; die stellen, wenn sie ein Selfie mit mir machen, manchmal wunderbare Fragen. Wärst du lieber ein Delfin oder ein Albatros? Ein Mädchen fragte mal: Bist du sehr einsam an Land? Da könnte ich heulen, so sehr rührt mich das.

Erwachsene interessiert vor allem meine innere Reise, das zeigen die Fragen auf Social Media, die ich unterwegs erhielt. Auf den Bildern vom Ocean Race waren bisher immer Männer zu sehen, die an Deck stehen, während ihnen eiskaltes Wasser ins Gesicht klatscht, lauter harte Kerle. Doch jetzt ist da diese Frau aus Holland. Die ist verrückt nach Meer, aber ansonsten eine normale 28-jährige Frau, sie hat eine Laktose- und Gluten-Unverträglichkeit, häufig fühlt sie sich von den Erwartungen anderer Menschen überfordert, sie setzt sich selbst sehr unter Druck, außerdem vermisst sie ihren Freund. Eigentlich nichts Besonderes. Vielleicht bin ich genau deshalb zu einem Gesicht des Ocean Race geworden. Als Frau mit Stärken und Schwächen und der Unbekümmertheit, über all das zu reden. Das könnte natürlich auch eine Masche sein. Ist es aber nicht, ich bin so.

Das Rennen ist fast vorbei, und ich denke darüber nach, was ich davon behalten werde. Seit Kapstadt einen Tinnitus, seit Kap Hoorn eine Narbe auf der Stirn. Die Erinnerung an magische Momente. Wahnsinnig viel Hochsee-Erfahrung. Vier Männer, die wie Brüder für mich geworden sind. Ich will nicht übertreiben, aber ich bin noch nie über so viele Monate hinweg so glücklich gewesen, so ausgeglichen. Und noch etwas hat sich geändert: Seit meiner Schulzeit litt ich ständig unter Kopfschmerzen, ich war bei vielen Ärzten, zum Schluss wurde mir alle zwei Monate Botox in die Stirn gespritzt, das half, aber immer nur für eine Weile. Doch nun habe ich keine Kopfschmerzen mehr, sie

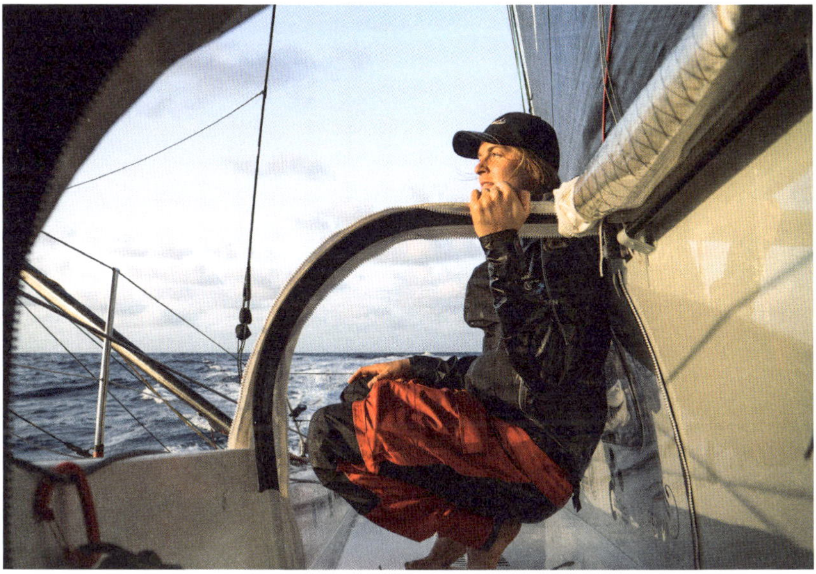

Nachdenklichkeit zum Ende einer langen Reise

verschwanden kurz nach dem Start. Obwohl die Malizia ja alles andere als ein Kurheim ist.

Ich habe das Gefühl, hier zu mir selbst gefunden zu haben, in einer Welt, die zu mir passt wie keine zuvor. Was genau macht diese Welt aus? Gibt es sie auch an Land? Wäre doch ganz schön, auch zu Hause so glücklich sein zu können.

Ich glaube, es liegt vor allem an drei Besonderheiten. Zum einen an der Intensität der Natur. Auf dem Boot ist alles um mich herum gewaltige, ursprüngliche Natur; der Himmel atmet, das Meer lebt, die Sterne glühen. Ich kann mich dem einfach hingeben. So wie in meinem Campingbus, in dem ich die letzten Jahre oft wochenlang gewohnt habe, in Holland und auch in Frankreich; mit dem stand ich am liebsten am Strand. Dann sind es, natürlich, die Menschen, mit denen man sich umgibt. Ich habe auf See jeden Tag nur mit vier wunderbaren Menschen zu tun gehabt, mit niemandem sonst, das war ein Privileg. An Land passiert es oft, dass man sich auf Menschen einlässt, die einem nicht guttun; ich glaube, ich muss da entschiedener werden.

Und schließlich sind die Klarheit und Überschaubarkeit des Lebens an Bord eine einzige Wohltat. Viele Entscheidungen, die wir üblicherweise treffen, sind schon getroffen, wenn wir mit dem Boot auslaufen. Etwa: Was esse ich? Wo arbeite ich? Wen treffe ich? Wann schlafe ich? Wofür bin ich verantwortlich? Wenn ich in einem Supermarkt einen Apfel kaufen will, gehe ich zehn Minuten hin und her, bis ich alle Apfelsorten gesehen habe und mich entschließen kann, welchen ich nehme. Es könnte ja irgendwo noch einen knackigeren geben. So geht es mir ständig, egal ob ich Musik hören will, mich verabrede oder mit dem Auto nach links oder rechts fahren soll. Für meine Generation hat mal jemand den Begriff FOMO erfunden, Fear of missing out: die Furcht, etwas Besseres zu verpassen. Auf See gibt es kein FOMO. Alles ist geregelt, die Welt ist schlicht und verlässlich, das Leben ist einfach, nichts lenkt mich ab, und ich kann mich auf das konzentrieren, was mir am Herzen liegt.

In zwei Wochen endet diese Zeit. Natürlich freue ich mich darauf, nach Hause zurückzukehren, zu meiner Familie, zu meinem Freund. Kurz nach meinem Unfall bei Kap Hoorn haben wir zusammen ein kleines Haus in Holland gekauft, in der Nähe des Sees, auf dem ich Segeln gelernt habe. Mein Freund schrieb mir: »Bist du dir wirklich sicher? Du hast gerade eine Gehirnerschütterung.« Ich schrieb ihm zurück, dass ich noch nie so klar im Kopf war. Wir werden das Haus zusammen renovieren, darauf freue ich mich.

Zugleich macht es mich jetzt schon traurig, unsere kleine Blase hier verlassen zu müssen. Sehr traurig. Ich fürchte, ich werde mich sehr verloren fühlen.

Wie bei jedem Zwischenstopp treten die Mannschaften nach einigen Tagen auch in Den Haag zu einem In-Port-Race an, zu einem zweistündigen Rennen direkt vor dem Strand. Bei Sonnenschein und kräftigem Wind brettern die Schiffe auf ihren Foils über den Rundkurs. Der Crew von *Guyot* gelingt ein fulminanter Start-Ziel-Sieg. Es ist ihr erster Sieg in diesem Ocean Race. Abends bei der Preisverleihung schnappt sich Skipper Benjamin Dutreux das Mikrofon des Moderators und ruft kurzerhand sämtliche Mannschaften auf die Bühne. Seine Stimme überschlägt sich vor Glück; er bedankt sich bei jedem Team. »Ohne euch wären wir heute nicht hier«, ruft er. »Unser Sieg ist euer Sieg!«

~

An dem Tag, an dem die finale Etappe nach Genua startet, stellen sich vormittags alle Mitglieder des Teams Malizia im Kreis auf und legen einander die Arme auf die Schultern. Sie verabschieden die Crew ins Rennen, es ist ein Ritual, nun zum letzten Mal. Antoine schlägt vor, statt der üblichen La-Ola-Welle einen Kuss durch die Runde wandern zu lassen. Es funktioniert. Lachend ziehen einige nach nebenan, zum Teamzelt von *11th Hour Racing*. Die Amerikaner, sonst eher etwas reserviert: Sie sind am Tanzen. Aus den Boxen schallt »What's Up« der Band 4 Non Blondes, es ist ein berauschender Song, und vor dem Zelt wiegen sich der Segelmacher und die Bootsbauer hin und her, die Teampsychologin, der Navigator, auch Skipper Charlie Enright breitet die Arme aus. Das US-Team ist in gelöster Stimmung. Lange Zeit war *11th Hour Racing* nicht richtig in Fahrt gekommen, es gab viel Bruch an Bord, besonders auf der Marathonstrecke durch das Südmeer. Doch nun, vor der letzten Etappe, haben sie von allen Teams die beste Chance auf den Gesamtsieg.

Auf der Steganlage bei den Booten macht sich Johnny Donnelly bereit, ein 51-jähriger Ire mit Pferdeschwanz, umgedrehter Schirmmütze und Funkmikrofon. Er ist der Event-Manager des Ocean Race, schon seit 15 Jahren. Bei den Siegerehrungen für die Etappen, bei den Klimaschutz-Konferenzen, bei den turbulenten Team-Partys: Johnny steht immer hinter der Bühne und sorgt dafür, dass alles funktioniert. Vor allem aber inszeniert er die Abfahrt der Schiffe und ihre Ankunft im nächsten Zwischenstopp, fürs Publikum im Hafen, fürs Fernsehen. Die Schiffe legen stets im Abstand von drei Minuten ab, die letzten 15 Sekunden zählt Johnny runter, sein Countdown ist aus den

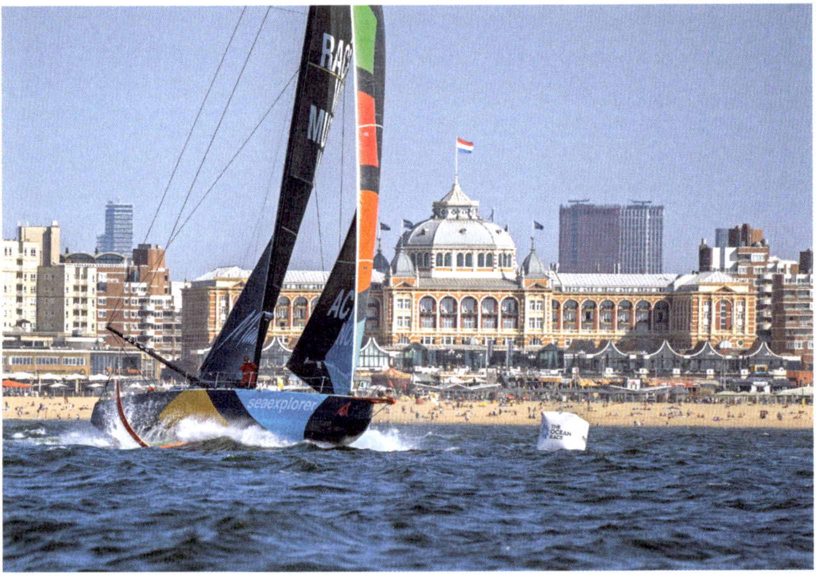

Wendemarke beim In-Port-Race vor dem Kurhaus von Scheveningen

Boxentürmen zu hören. Er steht dann direkt am Schiff, im Blickkontakt mit dem Skipper, bei Null werden die Leinen losgeworfen, und Johnny, der Zeremonienmeister, lässt den Erkennungssong des jeweiligen Teams durch den Hafen rollen. Eine Inszenierung wie beim Einmarsch von Kämpfern in eine Boxarena.

Als das Volvo Ocean Race 2008 in Galway Station machte, einer kleinen Küstenstadt in Irland, hatte Johnny den Auftrag erhalten, mit Veranstaltungen aller Art die örtliche Bevölkerung, die bisher keinerlei Interesse am Regattasegeln gezeigt hatte, genau dafür zu begeistern. Johnny wusste, wie sich Menschen entflammen lassen. Er hatte mit 16 die Schule abgebrochen, um als Schlagzeuger bei der irischen Rockband The Saw Doctors einzusteigen. Erst trommelte er auf der Ladefläche von Lastwagen, dann landesweit in Stadien, schließlich bei Tourneen mit der Band rund um die Welt. Mit 29 Jahren verließ er die erfolgreiche Gruppe und gründete in seiner Heimatstadt Galway eine Event-Agentur. Während des zehntägigen Boxenstopps der Rennyachten gelang es ihm, mehr als eine halbe Million Iren in die Stadt an der Westküste zu locken – woraufhin ihn die Veranstalter baten, von 2008 an jedes Ocean Race als Veranstaltungsmanager zu begleiten.

Johnny stößt nur für das halbe Jahr hinzu. So wie viele Mitarbeiter des hundertköpfigen Rennzirkus. Sie arbeiten irgendwo in der Welt als Experten für irgendetwas, und alle drei, vier Jahre kehren sie mit einem Zeitvertrag zurück, in die »Familie der Verrückten«, wie Johnny sagt. Mit seiner Event-Agentur zu Hause hat er inzwischen alles inszeniert, Musik, Sport, Politik. Als Papst Franziskus 2018 nach Irland reiste, saß Johnny vor Beginn der zentralen Open-Air-Messe neben dem Papst hinter der Bühne und zählte laut die letzten zwanzig Sekunden herunter bis zu dessen Auftritt.

Hat Johnny Donnelly frei, geht er nicht segeln, sondern läuft Ultramarathon. Er ist ein kleiner, drahtiger Mann, sein Körper ist ein einziger Muskel. Jede Laufstrecke, die über die normalen 42 Kilometer hinausgeht, wird als Ultra-Marathon bezeichnet. Johnny war bei über 200 Ultras dabei. Er lief über Gebirgszüge, durch Wüsten und Schneefelder, in Alaska und Australien, in Peru, Marokko, Südafrika, Griechenland, zum Nordpol. Eigentlich war er schon überall. Als das Ocean Race vor ein paar Monaten Station in Kapstadt machte, lief er dort zwei normale Marathons mit, zum Training, seine Uhr ließ er im Hotel.

Johnny Donnelly

Ich habe kein Interesse am Segeln, ehrlich nicht, ich gehe noch nicht mal gern baden. Ich bin auch noch nie mit einer dieser Maschinen rausgefahren, um Gottes willen. Mich interessieren nur die Menschen und das, was das Rennen mit ihnen macht. Ich bin die letzte Person an Land, mit der sie reden, wenn sie auslaufen, und oft die erste, wenn sie zurückkommen. Ich schaue in ihre Gesichter, beim Ablegen und bei der Rückkehr. Ich kann Erschöpfung lesen, ich bin Marathonläufer. Besonders nach der langen Strecke durchs Südmeer haben ihre Augen gezeigt, ihre Blicke, ihre Gesichtshaut, wie intensiv sie gelebt haben da draußen. Ich weiß nicht, ob das gut oder schlecht für sie war. Aber sie haben gelebt, und wie!

Wenn sich das Schiff bei der Rückkehr dem Steg nähert, sehe ich manchmal, wie jemand an Deck steht und strahlt und lacht und dann, ganz plötzlich, in Tränen ausbricht. Bei Männern habe ich das häufiger mitbekommen als bei Frauen. Vielleicht weiß der Segler gar nicht, warum ihm das gerade passiert. Ich frage auch nicht danach. Einmal bin ich 220 Kilometer in zwei Tagen gelaufen, ich habe erlebt, was Schlafentzug und unfassbare Erschöpfung mit dir anrichten. Aber ich weiß auch, warum du es trotzdem wieder machen wirst.

Bei uns in der Unterhaltungsbranche dreht sich alles darum, magische Momente zu erschaffen. Das ist auch hier meine Aufgabe. Wenn es mir gelingt, die Segler glücklich zu machen, wenn ich es schaffe, dass sie auch in einer schwierigen Situation lachen können und aus sich rauskommen, dann tut das ihnen gut und eben auch der Show. Die Rückkehr nach einer harten Etappe ist eine solche Situation. Die Leute sehnen sich danach, sich endlich fallen lassen zu können – und dann laufen sie in einen Hafen ein, den sie nicht kennen; schon wieder eine fremde Sprache, fremde Gesichter, neue Umgebung. Doch dann hören sie ihren vertrauten Song übers Wasser dröhnen. Laut, sehr laut. Und sie sehen Johnny auf dem Steg stehen. Ich habe wie immer ein Banner mit ihrer Platzierung dabei, ich werde es ihnen zuwerfen, und sie werden an Deck stehen und es hochrecken. Und wie immer reiche ich ihnen eine große Flasche Champagner, die sie sofort verspritzen. Das ist der Moment, in dem sie das Gefühl haben heimzukehren, ein Moment, der auch jemanden, der zu Tode erschöpft ist, lächeln lässt, manchmal auch lächelnd weinen lässt.

Hier in Den Haag fahren sie gleich hinaus, zum Start der finalen Etappe. Ich werde ein letztes Mal für den Countdown verantwortlich sein, werde bei jedem Schiff runterzählen bis zum Ablegen. Ich habe es schon so oft gemacht. Trotzdem bin ich immer ein bisschen ergriffen, wenn die Mannschaften rausfahren und der ganze Hafen jubelt. Die Segler winken noch eine Weile, dann drehen sie sich um, und ich weiß, jetzt sind sie im Rennmodus, jetzt konzentrieren sie sich auf ihren eigenen Countdown bis zum Start.

Um für die Zuschauer am Ufer und in den Begleitbooten die Spannung zu verlängern, beginnt die Strecke nach Genua mit einem manöverreichen Rundkurs um vier Bojen. Knapp zwanzig Minuten nach dem Start führt *Holcim*, dicht gefolgt von *11th Hour Racing* und *Guyot*. Nach einer Wende segeln die Amerikaner auf Backbordbug. Von links nähert sich *Guyot* auf Steuerbordbug. Die Situation ist eindeutig, die Regeln sind eindeutig: Die US-Yacht hat Vorfahrt. Doch *Guyot* macht keine Anstalten, den Kurs zu ändern.

Die fest installierte Kamera am Heck von *11th Hour Racing* zeichnet auf, was passiert. Charlie Enright steht auf der linken Schiffsseite an der Pinne. Zunehmend beunruhigt, blickt er zu *Guyot*. Sehen die denn sein Schiff nicht? Enright beginnt zu schreien, er haut aufs Deck, er brüllt wie von Sinnen. Dann reißt er die Pinne herum. Doch das andere Schiff ist zu schnell. Wie eine Lanze bohrt sich der Bugspriet von *Guyot* in den Rumpf von *11th Hour Racing*.

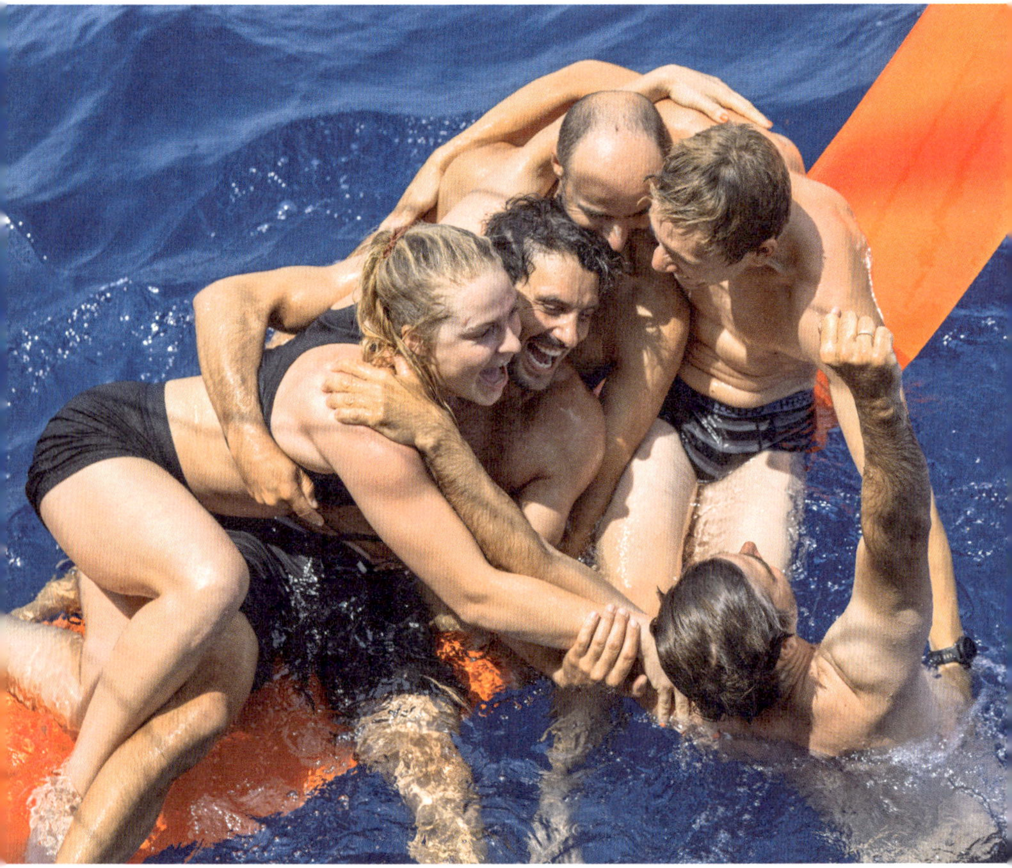

Feier auf dem Foil: die Crew im Ziel, außer sich vor Glück

11 Sieg in Genua

Flaute in der Biskaya. Orcas vor Spanien.
Erfolgreicher Endspurt für *Malizia*

Wie bei den meisten neuen Imocas ist auch bei *11th Hour Racing* das Arbeitscockpit komplett überdacht, von einer flachen Haube verschlossen, unter der die Segler in gebückter Haltung trimmen, navigieren und am Grinder kurbeln. Es gibt Fenster zu beiden Seiten und hinten zwei Einstiegslöcher.

Charlie Enright steht im linken Einstiegsloch, sein Oberkörper ragt halb heraus, er steuert mit der Pinne in der Hand. Er sieht, wie von links *Guyot* heranrast. Als ihm klar wird, dass *Guyot* den Kurs tatsächlich nicht ändert, hat er keine Chance mehr, die Kollision zu verhindern. Charlie hat Glück, der Bugspriet verfehlt ihn um nur einen Meter. Direkt vor ihm durchbohrt das gut anderthalb Meter lange Karbonrohr die Cockpithaube, gleichzeitig kracht der Bug von *Guyot* in die linke Rumpfseite von *11th Hour Racing*.

Der Aufprall reißt das US-Schiff herum. Charlie steht noch immer in der Luke, er schreit, er greift nach dem Gestänge der fremden Reling vor ihm, er rüttelt verzweifelt daran. Doch erst als laut knirschend der Bugspriet bricht, lösen sich beide Schiffe voneinander.

Auch unter Deck zeichnet eine fest installierte Kamera das Geschehen auf. Navigator Simon Fisher und Jack Bouttell, beide mehrfache Weltumsegler, kurbeln gerade am Grinder, als sie hören, wie oben ihr Skipper gellend zu rufen beginnt. Jack tritt zum linken Seitenfenster, blickt hinaus – und sieht einen Bugspriet auf sich zuschießen. Entgeistert springt er zurück. Dann kracht es. Direkt neben dem Fenster stößt die Stange ins Innere des Schiffs.

Jack umklammert eine Winsch, brüllt vor Entsetzen. Francesca Clapcich, Profiseglerin aus Italien, stürzt zu Boden, Simon krallt sich am Grinder fest. Fassungslos blicken sie auf den fremden Bugspriet, der in Brusthöhe aus der Wand ragt. »Everyone ok?«, schreit Charlie von oben. Er beugt sich hinab, schaut ins Cockpit, schreit erneut: »Everyone ok?« Ja, niemand ist verletzt. Dann knackt es, der Bugspriet von *Guyot* bricht, gleitet aus der Cockpithaube und hinterlässt ein klaffendes Loch in der Seitenwand.

Dem Team bleibt keine Zeit zu verstehen, was da gerade passiert ist, denn das umhertreibende Schiff liegt jetzt im Weg von *Malizia* und *Biotherm*. Kurze Kommandorufe sind zu hören, Simon und Jack greifen nach den Schoten und stellen die Segel neu ein, das Schiff muss sofort an Fahrt gewinnen. Durch das Seitenfenster ist die vorbeirauschende *Malizia* zu erkennen.

Die Landteams der Yachten haben sich in einem Restaurant mit großem Bildschirm versammelt. Am Tag zuvor hatte Lucia, die Logistik-Chefin von Team Malizia, eine Einladung an alle geschickt, für ein Abschiedsdinner. Gemeinsam könnten sie sich den Start live ansehen, danach Buffet und Drinks für 27 Euro, es gebe Platz für 120 Personen. Und nun sitzen die Teams entspannt nebeneinander, nach einem halben Jahr um die Welt kennt man sich gut. Der gestrige Sieg im In-Port-Rennen hat die bisher so gebeutelten *Guyot*-Leute in aufgeräumte Stimmung versetzt. Nach dem Start folgt zunächst der Rundkurs um vier Wendemarken. Lautstark kommentieren die Teams jedes Manöver. Plötzlich wird es still. Ungläubig starren alle auf den Bildschirm. Das kann nicht wahr sein!

Tumult, Schreckensrufe. Dann dringt die Stimme von Mark Towill durch den Raum, Teamchef von *11th Hour Racing*: »Bier runter, Leute! Alle zurück zur Basis!« Innerhalb weniger Sekunden sind die Amerikaner verschwunden. Die anderen Teams lösen sich aus der Schockstarre, auch sie verlassen das Restaurant, alle treibt es jetzt zum Hafen.

Boris

Wir sind dicht an 11th Hour Racing und Guyot vorbeigefahren. Beide Schiffe lagen etwa fünfzig Meter voneinander entfernt, machten kaum noch Fahrt. Ich sah Charlie im Niedergang stehen, wie er verzweifelt die Arme hob. Und ich sah den Bugspriet von Guyot, der seitlich weggeknickt war. Da ahnte ich, was passiert war. Mehrere Begleitboote fuhren auf die Schiffe zu, um zu helfen. Wir sind erst mal weitergesegelt und warteten auf weitere Informationen von der Rennleitung. Als feststand, dass niemand verletzt war, gab es keinen Grund mehr, das Rennen zu unterbrechen.

Hätte sich ein Drehbuchautor den Crash ausgedacht, man hätte ihm bestimmt gesagt, er solle sich doch bitte eine weniger platte Version überlegen: Auf der letzten Etappe wird ausgerechnet der Spitzenreiter gerammt, und zwar ausgerechnet von dem Schiff, das gerade erst mit einem Ersatzmast des Spitzenreiters ins Rennen zurückkehren konnte. Wie unglaubwürdig ist das denn? Aber es ist tatsächlich passiert.

Mir tun beide Teams so leid. Wenn der Fall eindeutig ist, weil Guyot die Vorfahrt missachtet hat, dann wird 11th Hour Racing aller Voraussicht nach von der Jury einen Ausgleich erhalten, eine Punktzahl, die ausreichen dürfte für den Gesamtsieg. Das wäre fair, aber nicht schön. Niemand möchte am grünen Tisch siegen. Charlie und sein Team wollen auf dem Wasser siegen, auf der Ziellinie vor Genua.

Und Guyot? Unfassbar, was dem Team beim Ocean Race alles zugestoßen ist. Trotzdem haben sie es immer wieder geschafft, aufzustehen und weiterzumachen. Diesmal werden sie es wohl nicht schaffen. Ich denke, sie werden es auch nicht wollen. Beim Start sah ich Benjamin an der Pinne stehen. Ich weiß nicht, wie es zu der Kollision gekommen ist und wie viel persönliche Schuld er daran trägt. Aber ich ahne, wie es ihm jetzt geht; dies muss einer der furchtbarsten Tage seines Lebens sein.

Holcim hat nun, wegen der absehbaren Wiedergutmachung für Charlies Team, keine Chance mehr auf den Gesamtsieg. Und unsere Chance auf den

Platz des Gesamtzweiten war nur winzig, doch jetzt ist sie ganz dahin, da nur noch drei Schiffe im Rennen sind, das lässt sich leicht ausrechnen. Schon ärgerlich – aber bei Weitem nicht so tragisch wie das, was den anderen zugestoßen ist. Ich habe Charlie gerade eine Nachricht geschickt: Wir vermissen euch, Jungs! Kommt zurück. Wie immer ihr das auch schafft, wir wollen, dass ihr in Genua dabei seid!

11th Hour Racing läuft unter Motor rückwärts in das Hafenbecken. Das Schiff liegt schief, stark nach rechts geneigt. Die Mannschaft hat den Kiel ausgeschwenkt, um das Boot in Schräglage zu halten; es soll kein Wasser in das Loch auf der linken Seite laufen. Charlie manövriert das Schiff mit der beschädigten Breitseite an den Steg. Dort warten seine Leute und auch die von *Guyot*, manchen steht das Wasser in den Augen. Wortlos starren sie auf die offenen Wunden der US-Yacht: eine kopfgroße Öffnung im Cockpitdach – und ein fast einen Quadratmeter großes Loch in der Bordwand; dort hatte sich der vorspringende Bug von *Guyot* in den Rumpf von *11th Hour Racing* gebohrt.

»Ich weigere mich anzuerkennen, dass für uns jetzt alles vorbei sein soll«, erklärt Simon Fisher vor den laufenden Kameras der TV-Teams auf dem Steg. »Wir werden erst mal herausfinden, wie schwerwiegend der Schaden ist und wie schnell er sich reparieren lässt. Und dann machen wir weiter!« Nachdem die Crew von Bord gegangen ist, übernehmen die Bootsleute das Schiff. Sie steigen unter Deck und leuchten von innen die beschädigte Rumpfkammer ab, vom Steg aus sieht man durch das Loch den Strahl ihrer Taschenlampen.

Da läuft *Guyot* ein, legt direkt vor dem US-Schiff an. Skipper Benjamin Dutreux springt auf den Steg. Er umarmt kurz seine Freundin, dann geht er schnellen Schrittes zur Mannschaft von *11th Hour Racing*, die vor ihrem Schiff steht. Schweigend blicken die Amerikaner ihn an, als er vor ihnen steht. »I am so sorry, guys!«, sagt Benjamin. Er setzt an, will noch mehr sagen, aber dann stockt er, umfasst seinen Kopf mit beiden Händen.

»Danke, Ben«, sagt Teamchef Mark Towill. »Hast du uns nicht gesehen?«

»Doch. Ganz plötzlich. Als ihr hinter unserem Vorsegel aufgetaucht seid«, antwortet Benjamin. »Da war es zu spät.« Er macht eine hilflose Geste. »Sagt, wenn wir irgendetwas tun können für euch.«

Mark Towill zuckt mit den Schultern. Dann sagt er: »Wir wissen, Ben, dass weder du noch sonst jemand bei euch so etwas je gewollt hätte. Wir wissen das! Das Wichtigste ist, niemand wurde verletzt. Nun werden wir sehen, was sich tun lässt.«

Benjamin tritt zu Charlie Enright. Der 33-jährige Franzose blickt dem 39-jährigen Amerikaner in die Augen, er schluckt und kämpft mit den Tränen. Charlie legt ihm die Hand auf die Schulter: »Es ist nicht vorbei. Es ist nur ein Kapitel.« Benjamin nickt, dann greift er nach Charlie, drückt ihn an sich. »Danke«, murmelt er. Charlie klopft ihm auf den Rücken. »Ist ok. Wir kriegen das hin.« Benjamin bekommt noch immer kein Wort heraus. Charlie schaut ihn verständnisvoll an und sagt: »So wie dir jetzt ging es mir noch vor einer Stunde.«

Wenig später zieht sich das US-Team geschlossen in seine Basis zurück. Alle sitzen im Kreis und lauschen Teamchef Towill. Die Amerikaner haben länger und intensiver als jedes andere Team für das Ocean Race trainiert, sie wollten nicht bloß mitmachen, sie wollten gewinnen. Sie wissen nicht, wie die Jury entscheiden wird. Aber sie wissen, dass sie ganz bestimmt nicht so lange in Den Haag herumsitzen und warten werden. Sie wollen nach Genua, auf eigenem Kiel, jetzt erst recht, so schnell wie möglich. »Dieses Rennen testet Menschen auf unterschiedliche Weise, physisch und mental«, hatte Charlie bei einem Interview auf dem Steg erklärt. »Das ist nun der Test für unser Team. Es gibt kein Team, mit dem ich diesen Rückschlag lieber durchstehen würde. Wenn es jemand hinbekommt, dann sind wir es.«

11th Hour Racing ist gut vorbereitet, auch für Notfälle. Das Team hat einen Krisenplan, den Towill jetzt aktiviert. Der Plan soll schnelle Entscheidungen sicherstellen, klare Prioritäten, kontrollierte Kommunikation. Die Amerikaner haben auch einen Mentalcoach, den einzigen des ganzen Ocean Race. Die Holländerin Anje-Marijcke Van Boxtel, eine 58-jährige Psychologin, ist zum dritten Mal als Coach bei einem Ocean Race dabei. Diesmal ist sie bei *11th Hour Racing* für den »mindset« verantwortlich, für Haltung und Einstellung. Als die Yacht die wichtige Südmeer-Etappe nur mit einem dritten Platz beendete, redete sie mit Seglern und Landteam, immer in kleinen Gruppen, bis bei den Frauen und Männern des Rennstalls, der beim Start in Alicante noch als Favorit galt, der Turnaround erreicht war: Von da an, sagt Anje-Marijcke, habe das Team nicht mehr der Wille vorangetrieben, kein Rennen zu verlieren, sondern der Wille, jedes Rennen zu gewinnen. Der Umbau im Kopf half. Von Itajaí an siegten die Amerikaner bei jeder der drei darauffolgenden Etappen.

Als sich das Team jetzt zum Krisentreffen in die Basis zurückzieht, achtet Anje-Marijcke darauf, dass alle zu Wort kommen, sie will, dass jeder äußert, was sich gerade in ihm staut, ob Schmerz, Zorn, kalte Ernüchterung oder abgrundtiefe Enttäuschung. Dann schickt sie das Team zurück zum Hafen, alle sollen hinabsteigen ins Schiff und sich den Schaden ansehen, die klaffenden Wunden berühren. »Macht euch mit der Katastrophe vertraut«, sagt sie.

11th Hour Racing ist auch deshalb gut vorbereitet, weil der Rennstall von Mark Towill und Charlie Enright dirigiert wird, zwei »best buddies«, die seit 16 Jahren davon träumen, das Ocean Race zu gewinnen. Alles hatte mit einer Idee von Roy Disney begonnen. Der Neffe von Walt Disney war selbst Filmemacher, außerdem Milliardär und Segler, und er wollte mit 77 Jahren unbedingt noch einen Dokumentarfilm produzieren über eine seiner großen Leidenschaften, das Transpazifik-Segelrennen von Los Angeles nach Hawaii. Das Casting begann mit über 500 Bewerbern, 15 blieben übrig und erhielten eine Yacht, auf der sie beim Training gefilmt wurden. 2007 startete die Crew, die jüngste aller Teilnehmenden, bei der Regatta über den Pazifik. Zu den Männern und Frauen an Bord gehörten auch der damals 18-jährige Mark Towill, geboren auf Hawaii, und der 22-jährige Charlie Enright, geboren in der Nähe von Newport an der US-

Ostküste. Der Film floppte in den Kinos, doch Mark und Charlie sind seither unzertrennlich. Sie nahmen gemeinsam am Volvo Ocean Race 2014/15 teil und auch am Rennen 2017/18, Mark als Teamchef und Mitsegler, Charlie als Skipper. Beide Male erreichten sie mit ihrem Team den fünften Platz.

Jetzt, bei ihrem dritten Ocean Race, standen sie kurz vor dem Sieg. Nach dem Crash am Morgen ist alles wieder ungewiss. *11th Hour Racing* hat bei der Jury des Rennens eine Wiedergutmachung beantragt, ein im Segelsport übliches Verfahren. Vielleicht bringt das Urteil der Juroren ja den Sieg. Das wäre gerecht, hätte aber einen kleinen Beigeschmack: nach zugesprochenem Erfolg, nicht nach selbst erkämpftem.

Am Ende des Meetings treffen Charlie und Mark eine Entscheidung. Ihr Team soll stolz und hoch erhobenen Hauptes in Genua einlaufen, und wenn das nicht mehr zum Ende der finalen Etappe möglich sein sollte, dann eben zum Ende eines selbst erklärten Rennens, das mindestens so schwer zu gewinnen sein dürfte. Es ist ein Rennen gegen die Zeit: Ein paar Tage nach Ankunft der Flotte in Genua wird dort das letzte In-Port-Rennen stattfinden, und bei dieser finalen Wettfahrt soll auch *11th Hour Racing* an den Start gehen!

Das wird nur gelingen, wenn jetzt beide Hälften des Teams zeigen, dass sie den Gesamtsieg wahrlich verdienen: Die Bootsbauer müssen innerhalb weniger Tage das schwer versehrte Schiff zusammenflicken – und die Crew muss damit anschließend mindestens so schnell nach Genua gelangen wie die bereits gestartete Flotte.

Als die Crew des US-Teams schließlich in ihr Hotel zurückkehrt, steht Robert Stanjek am Eingang. Der Co-Skipper von *Guyot* hatte sich bei der Kollision unter Deck aufgehalten, er kurbelte am Grinder. Die Amerikaner nehmen ihn in ihre Mitte, zum gemeinsamen »Frust löschen«, wie der Berliner später sagt, bei mehreren Runden Bier in der Hotellobby.

Am Tag nach dem Start schlägt bei *Holcim*, *Biotherm* und *Malizia* die Stunde der Figaro-Segler. Die Schiffe haben die erste Hälfte des Ärmelkanals hinter sich gebracht. Sie mussten ein Dutzend Sperrzonen für Windparks und Bohrinseln umfahren und durften auch nicht in die Verkehrstrennungsgebiete eindringen, die Autobahnen der internationalen Schifffahrt. Nun segeln sie von der englischen Seite hinüber auf die französische, zu den Küsten von Normandie und Bretagne. Der Tidenhub kann dort zehn Meter betragen, die Gezeitenströme zählen zu den heftigsten der Welt. Sie fließen durch ein Gewirr an vorgelagerten Inseln, Untiefen und Felsspitzen. Das Revier ist ein Horror für Freizeitsegler. Und Feinkost für Figaristen.

Auf der *Malizia* versinkt Nico für Stunden in seinem luftigen Sitzkissen in der Achterkabine, konzentriert blickt er auf den schwenkbaren Monitor vor sich, die Tastatur liegt auf seinem Bauch. Er studiert Seekarten, Windprognosen, Gezeitentabellen, Strömungsverläufe, er prüft, was das Wolkenradar zeigt und wohin die anderen segeln. Sein Kurs führt die *Malizia* dicht an die Spitze der Normandie bei Cherbourg. Der Strom kommt dort gerade mit sieben Knoten von vorn, aber das nimmt Nico in Kauf, denn schon bald wird die Tide kippen. Dann drückt der Strom mit der gleichen Stärke von hinten und wird *Malizia* mit doppelter Geschwindigkeit in den Golf von Saint-Malo schieben.

Es ist, als durchzögen Laufbänder die Gewässer vor Frankreich, die alle sechs Stunden die Fahrtrichtung wechseln. Die Herausforderung besteht darin, im richtigen Moment auf das richtige Laufband aufzuspringen. Hinzu kommt, dass im Golf von Saint-Malo der ohnehin schwache Wind weiter nachlassen wird. Doch dies ist Nicos Heimatrevier. Als die *Malizia* in den Golf einbiegt, beginnt wie erwartet der Strom von hinten zu schieben. Nico ist allerdings nicht der einzige Navigator, der als Figarist die Eigenheiten des Küstenreviers kennt. Alan Roberts auf *Biotherm* hat acht Saisons auf einer Figaro-Rennyacht hinter sich. Und Yoann Richomme auf *Holcim* hat sogar zweimal die Solitaire du Figaro gewonnen, die härteste Regattaserie Frankreichs. Beide Schiffe liegen Dutzende Seemeilen vor der *Malizia*.

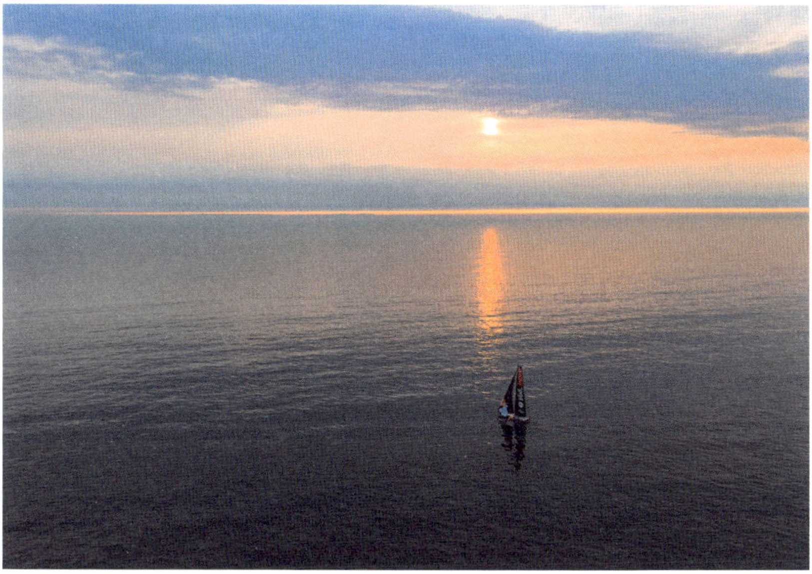

»Neuer Rekord!«, meldet Boris – die langsamsten 24 Stunden des Rennens.

Am Abend des nächsten Tags schreibt Boris an das Landteam: »Wir haben einen neuen Rekord geschafft: die langsamsten 24 Stunden des gesamten Rennens!« Der Wind ist weitgehend eingeschlafen, weit vor der Küste fließt auch kein Gezeitenstrom mehr. Die drei Schiffe schieben sich im Schritttempo durch das fast spiegelblanke Meer. Behutsam, wie in Zeitlupe führt die Mannschaft die Manöver durch, die Segelwechsel, die Wenden und Halsen. Bloß keine ruckartigen Bewegungen, die dem Schiff den letzten Rest Geschwindigkeit nehmen könnten.

Anders als bei den früheren Etappen zerrt die Flaute aber nicht an den Nerven der Mannschaft. Im Gegenteil. Eine ungewohnte Gelassenheit senkt sich über die *Malizia*. Der Ehrgeiz lässt zwar nicht nach, schon deshalb nicht, weil niemand an letzter Stelle hängen bleiben möchte. Doch weil das Boot gerade mehr oder weniger von selbst vor sich hinsegelt, bleibt Zeit zum Vertreiben. Rosalin und Will machen Fitness-Übungen auf dem Vorschiff. Auch Nico kommt hinzu, er drückt ein paar Liegestütze, dann nimmt er eine Yoga-Haltung ein;

er sitzt aufrecht mit gekreuzten Beinen und schließt die Augen, dann hebt er die Arme seitlich hoch und formt mit Daumen und Zeigefinger jeweils einen Kreis. Boris liest in einem Buch, Antoine lässt die Drohne steigen. Rosalin schaltet ab und zu die Lautsprecherbox ein, leise ist dann eine neue Playlist zu hören, oft spanische oder italienische Musik. Sie hat in der ersten Nacht an Bord mehr Stunden geschlafen als in den drei Nächten in Den Haag zuvor; sie ist froh, wieder auf See zu sein, sagt sie, »zurück in meinem normalen, ruhigen Leben«.

Doch dieses Leben wird bald enden. Als Antoine sie einmal nach ihrer Stimmung fragt, bleibt sie stumm, dann atmet sie tief durch, schüttelt den Kopf und wendet sich ab. Die Abende sind warm, die Sonnenuntergänge prachtvoll. Rosalin und ihre Männer sitzen barfuß an Deck. Manchmal plaudern sie, dann wieder schauen sie schweigend aufs Meer. Dies ist die finale Etappe, ein Grund, sich zu freuen und wehmütig zu fühlen. Mitunter blitzt hinter dem Horizont der Strahl eines Leuchtturms an der französischen Küste hervor.

Will

Diese Etappe verläuft ganz anders, als ich es erwartet hatte. Auf einmal sind nur noch drei Schiffe dabei. Zum Glück liegen wir eng beieinander, das Rennen selbst bleibt also spannend, hoffentlich noch bis Genua.

Vor allem aber ist die Stimmung an Bord so anders. In den Tropen hatten wir auch flaue Tage, besonders in den Doldrums, aber da mussten wir ständig auf der Hut sein vor plötzlichen Wetterwechseln. Hier ist der schwache Wind eine stabile Angelegenheit. Die Luft ist angenehm warm, nicht heiß und auch nicht schwül, es gibt vergleichsweise wenig zu tun, und wir genießen eine neue Erfahrung: stundenlang an Deck zu sitzen. Diese Etappe wird unsere Genuss-Strecke. Ich nehme die Natur viel intensiver wahr als bisher. Auf einmal habe ich die Zeit dafür und auch die innere Ruhe, für die Wolkengebirge, für die Delfine, die mehrmals am Tag auftauchen und uns eine Weile begleiten. Für die Gerüche von Land, die sehr unterschiedlich sind, manchmal fahren wir ja dicht an der Küste entlang. Ich habe sogar den warmen Nieselregen genossen, der im Golf von Saint-Malo für ein paar Stunden fiel.

Draußen im Atlantik sollten wir auf stärkeren Wind stoßen, wir werden dann nach Süden abbiegen, geradewegs nach Spanien und Portugal. Dort liegt allerdings ein fettes Hoch vor der Küste, mit wenig Wind. Wir haben Proviant für zehn Tage an Bord. Im Moment sagt das Routing voraus, dass wir drei Tage länger brauchen. Wir werden es überleben.

Ich glaube, es ist für uns alle gerade eine Zeit der Besinnung. Bald endet das Ocean Race. Und so blicken wir über das Meer und denken darüber nach, welche Momente der letzten sechs Monate wir in Erinnerung behalten werden. Es sind viele, natürlich, wir haben unfassbar viel erlebt – aber man möchte ja immer wissen: Welches ist der eine, der ganz große Moment, in dem sich alles bündelt?

Für mich ist es der Moment, in dem wir nachts die Ziellinie vor Itajaí überquerten. All die Boote plötzlich um uns, der Jubel, die Scheinwerfer, da wusste ich, dass es wahr ist: Wir haben die Etappe durch das Südmeer gewonnen! Es war die längste und härteste Etappe, und zu Beginn hatten wir mit mehr Rückschlägen zu kämpfen als auf jeder anderen Strecke. Es war eine erbarmungslose Zeit. Und es war die Zeit unseres größten Zusammenhalts. In dem Moment von Itajaí hat sich beides gebündelt. Ich werde ihn nie vergessen.

Vor ein paar Tagen sind wir im Ärmelkanal an meinem Heimatort vorbeigefahren, nur sechzig Seemeilen entfernt. Vor drei Monaten waren wir noch auf der anderen Seite des Planeten, nahe der Antarktis. Ich glaube, mir ist das erste Mal wirklich bewusst geworden, wie lang der Weg ist, den wir zurückgelegt haben. Und auch das Boot bringen wir nach Hause zurück, unversehrt. Wir haben es zusammen in Frankreich gebaut, ich war dabei, als die erste Lage Karbon verlegt wurde, ich kenne jeden Winkel, jeden Beschlag dieses Schiffs. Nun sind wir damit einmal um die Welt gesegelt. Die Malizia ist ein Teil unserer Crew geworden, und ich bin froh, wie gut wir auf sie aufgepasst haben. Streckenweise war das ja ein ziemlich wilder Ritt, aber abgesehen von Rosies Sturz und Boris' verbranntem Fuß ist auf der langen Reise niemand zu Schaden gekommen, dafür kann man schon dankbar sein.

Das sind so die Gedanken, die einem durch den Kopf gehen, wenn du nachts an Deck sitzt und sich über dir ein funkelnder Sternenhimmel wölbt.

Die Rennleitung hat die Flotte inzwischen darüber informiert, dass die Jury erst in Genua über eine mögliche Entschädigung für *11th Hour Racing* entscheiden wird. Jedes Team ist von der Kollision betroffen, direkt oder indirekt, die Jury des Weltsegelverbands wird daher alle Skipper zu einer persönlichen Anhörung in Genua einladen und anschließend ihr Urteil verkünden.

Das Team von *Guyot* wird auf dem Landweg anreisen. Die Bootsbauer haben das Schiff behelfsmäßig repariert, nun ist es auf dem Weg in den Heimathafen Les Sables d'Olonne. Die strukturellen Schäden, die der Zusammenstoß im Vorschiff angerichtet hat, sollen in einer Werft behoben werden.

Noch am Abend des Crashs hatte Boris eine Nachricht in die WhatsApp-Gruppe »Hilfe für Guyot« gestellt, die er drei Wochen zuvor in Newport gegründet hatte, damals aus ganz anderen Gründen. »Es tut uns so leid, was passiert ist, guys«, schrieb er. »Unsere Gedanken sind bei euch«. Die Projektmanagerin des Teams hatte sofort geantwortet: »Danke Boris. Ich bin immer noch sprachlos. Wir haben tiefstes Mitgefühl für das Team von *11th Hour*. Habt eine gute letzte Runde. Take care!«

Die Bootsbauer des US-Teams hatten noch in der gleichen Nacht ihren Dienst angetreten. Die Devise von Mark Towill lautete: Wache schieben wie bisher die Segler! Jedes Mitglied des Landteams sollte sechs Stunden schuften, sich dann sechs Stunden erholen, Tag und Nacht, bis das Schiff wieder startklar war. Auf dem Steg stand nun ein Pavillondach, darunter eine improvisierte Werkbank. Die Bootsbauer brachten den Riggern und Elektronikern ihres Teams bei, wie man mit Karbonmatten arbeitet. Dann sägten und schliffen sie die Löcher im Rumpf sauber, sie fügten vorgefertigte Platten ein, stärkten sie von innen mit Querspangen, laminierten und föhnten die geklebten Flächen. Alles kniend auf dem Steg oder bäuchlings im Rumpf. Dünne Schläuche mit Heißluft führten in die mit Plastikfolien verschlossenen Öffnungen, sie erinnerten an Drainagen zur Wundversorgung von Patienten. Nachts strahlten Scheinwerfer vom Kai herab wie OP-Lampen. Tagsüber kamen ständig Unterstützer vorbei, auch aus anderen Teams, und brachten Getränke und Pizzas in Pappkartons.

Die Managerin eines großen Motorsport-Rennstalls hatte eine Nachricht geschickt: »Wir haben einige der besten Werkstoff-Experten der Welt. Sagt uns, was ihr braucht, und wir fliegen sie ein.« Aus Frankreich meldete sich der Chef der Werft, in der das Schiff erbaut worden war, mit Ratschlägen bei dem Team. »Das ist Kriegschirurgie, was die Jungs da machen«, erklärte er in einem Interview.

72 Stunden nach der Kollision verlässt *11th Hour Racing* den Hafen von Den Haag. Die Lautsprechertürme für das Ocean Race sind längst abgebaut – aber am Kai hat jemand sein Auto geparkt, die Türen geöffnet und seine Anlage voll aufgedreht. »Hard to handle« von den Black Crowes dröhnt der Crew hinterher, ihr Erkennungssong. Das Loch im Rumpf von *11th Hour Racing* ist geschlossen, sein Ausmaß aber bleibt deutlich erkennbar: In dem Schiffsnamen, der sich in großen Lettern und in voller Länge über die Bordwand zieht, fehlen hinten die Buchstaben I und N. Man hätte sie noch anbringen können. Doch auch ein Boxer trägt eine Cut-Verletzung nach dem Kampf mit Stolz.

Die Distanz nach Genua beträgt 2500 Seemeilen. Im Südmeer legte die Flotte die Strecke in sechs Tagen zurück. Über Europa liegen allerdings sommerliche Hochdruckzonen mit wenig Wind, der Navigator von *11th Hour Racing* rechnet mit 13 Tagen bis Genua. Das finale In-Port-Rennen findet in 14 Tagen statt.

Malizia hat inzwischen zu den beiden Konkurrenten, die noch weniger Wind hatten, Meile um Meile aufgeschlossen. Auch zu den fünf VOR65-Yachten, die einen halben Tag früher in Den Haag gestartet waren. Sie segeln lediglich die Etappen in Europa mit, in einer eigenen Wertungsklasse. Zwei von ihnen liegen nur zwanzig Seemeilen vor der *Malizia*, als sie in der Straße von Gibraltar plötzlich von Orcas angegriffen werden.

Nach Schätzung spanischer Behörden sind seit 2020 mehrere Hundert Segelboote vor der Iberischen Halbinsel attackiert worden, drei Boote sanken anschließend. Die schweren Schwertwale rammen Kiel und Ruder, mitunter beißen sie auch in die Ruderblätter. Das spanische Ministerium für Transport hat zwei Risikozonen vor der atlantischen Südküste ausgewiesen. Spanische Medien berichten regelmäßig über die »Rache der Killerwale«. Meeresbiologen sind sich uneins, weshalb die Tiere das tun. Einige vermuten, dass ein Orca-Weibchen, inzwischen als »Weiße Gladis« bekannt, sich in einem Fischernetz verfangen und befreit habe. Seither greife das traumatisierte Tier Boote an und bringe dieses Jagdverhalten auch Artgenossen bei. Andere Wissenschaftler sprechen von bloßem Spieltrieb. Sie empfehlen, die Segel sofort zu bergen, auf der

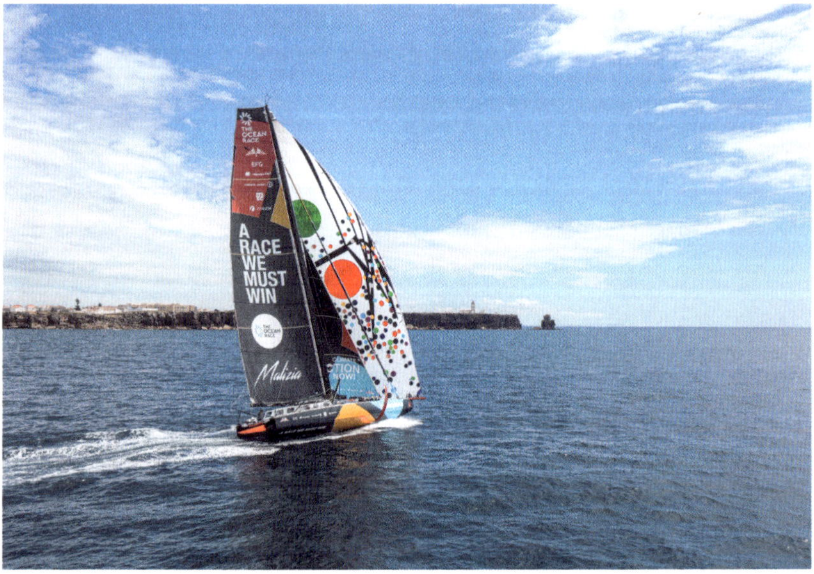

Unter Spinnaker passiert die *Malizia* den Leuchtturm von Peniche in Portugal.

Stelle zu treiben und sich still zu verhalten, bis die Tiere das Interesse verlören.

Die Mannschaften der beiden VOR65-Yachten kämpfen zwar gerade um Platz zwei, aber sie folgen trotzdem dem Rat der Wissenschaftler. Sie lassen die Segel herab, setzen sich still an Deck und blicken ins Wasser. Auf der Yacht *Team Jajo* filmt die am Kiel angebrachte Unterwasserkamera, wie drei Orcas das Schiff umkreisen, dann gegen Rumpf und Ruder schwimmen, einmal auch ein Ruderblatt ins Maul nehmen. Es sieht mehr nach spielerischen Berührungen aus als nach gezielter Attacke. Nach mehreren Stößen drehen die Orcas ab und verschwinden. Wie vorgeschrieben meldet der Skipper den Zwischenfall der Rennleitung: Angriff von drei Orcas, keine Verletzten, keine Schäden. Eine spätere, nicht ganz ernst gemeinte Anfrage, ob es auch für diesen Zusammenstoß und den anschließenden Zeitverlust eine Entschädigung gäbe, verneint die Jury. Meerestiere gehörten wie Wind und Seegang zum natürlichen Umfeld des Hochseesegelns, einschließlich möglicher Risiken.

Ein paar Stunden darauf passiert *Malizia* die Meerenge von Gibraltar. Es ist früh in der Nacht, das Meer tiefschwarz, und die Mannschaft könnte die Orcas wahrscheinlich nur bemerken, wenn sie einen dumpfen Stoß hören oder spüren würde. Doch es bleibt ruhig. Zum ersten Mal seit Beginn des Ocean Race kreuzt die *Malizia* ihren eigenen Kurs. Vor gut einem halben Jahr hatte sie sich hier im Sturm hinaus auf den Atlantik gekämpft. Jetzt weht nur eine warme Nachtbrise, als das Schiff zurück ins Mittelmeer gleitet, vorbei an dem monumentalen Felsen von Gibraltar, dessen Konturen von Lichtern hoch oben an der Kante in die Dunkelheit gezeichnet werden. Nun lässt sich endgültig sagen: Die *Malizia* ist einmal um die Welt gesegelt.

Am nächsten Morgen ruft Antoine plötzlich: »Hundert! Wir haben die Hundert voll!« Seit dem Start in Alicante macht er an jedem Tag auf See ein Selfie, eine Nahaufnahme seiner jeweiligen Stimmung. Die Porträtserie, hatte er einmal erklärt, solle den Verlauf seiner inneren Reise widerspiegeln, eine Art visuelles Tagebuch. Heute ist der hundertste Regattatag auf See – und Antoine in nachdenklicher Stimmung.

Antoine

Trotz der Pausen zwischendurch: Wir spüren die hundert Tage deutlich. Der Körper und auch der Geist sind einfach tief erschöpft, wir wollen uns endlich ausruhen. Gleichzeitig ist klar, dass in Genua eine einmalige Zeit endet. Wir werden so etwas nie wieder erleben.

Dieses Rennen war das größte Abenteuer meines Lebens. Ich wusste ja nicht, was Offshore-Segeln ist. Und dann war ich plötzlich raus aus meiner Komfortzone. Ich habe die ersten Tage nur gekotzt und mich ständig gefragt, was ich hier eigentlich soll. Will hatte vor dem Start zu mir gesagt, er sei sich nicht sicher, ob ich bis zum Schluss Spaß an dieser Reise hätte. Er hat das respektvoll ausgedrückt. Ich wusste, was Will wirklich meinte: Er hatte Zweifel, ob ich das hier durchhalte. Und wenn ich im Südmeer auf Knien durch das wild gewordene Schiff rutschte, um mit Eimer und Schwamm Wasser aus den Ecken zu holen, und mich zwischendurch in den Eimer erbrechen musste, dann war das wirklich das Allerletzte!

Aber ich habe meinen Rhythmus gefunden, ich habe keine Etappe ausgelassen und bin tatsächlich einmal um die Erde gesegelt. Das größte Geschenk dieser Reise ist für mich die Erkenntnis, dass der Mensch viel mehr schafft, als er sich normalerweise zutraut. Und dass er dabei, nicht zu vergessen, auch viel Spaß haben kann. Wenn ich irgendwann noch einmal so eine beinharte Zeit vor mir habe, dann werde ich an meine Tage auf der Malizia denken. Und dann werde ich es wieder schaffen.

Das Boot hat nun eine Seele. Am Anfang war es nur eine Hülle, die ist inzwischen gefüllt mit Erinnerungen an die schönen und an die schweren Momente. Diese Momente haben das Boot zum Leben erweckt. Ich habe das Gefühl, die Malizia ist in Harmonie mit sich und der Natur. Dazu hat bestimmt auch beigetragen, dass es während der gesamten Reise nie ein böses Wort an Bord gab, zwischen niemandem von uns, ehrlich nicht! Boris hatte einen guten Instinkt bei der Auswahl seiner Mannschaft.

Die letzte Etappe hat auch deshalb etwas Magisches, weil wir die ganze Zeit so nah an den Küsten Europas entlangsegeln; erst Holland, England, die Bretagne, dann Portugal, jetzt Spanien. Ich erlebe meinen Kontinent auf ganz neue Weise. Gestern fuhren wir an Cádiz vorbei. Als Jugendlicher zog ich mit meiner Familie dorthin, ich habe in Cádiz das Kiten gelernt und mir letztes Jahr dort mit meiner Freundin ein altes Haus gekauft. Wir konnten von hier draußen nur die Küstenlinie erkennen, trotzdem war es, als würde ich nach einer Reise um die Welt heimkommen.

Jetzt sind wir im Mittelmeer und kämpfen mit neuem Ehrgeiz, wir wollen wenigstens das Schiff vor uns noch einholen. Vorhin kam eine Gruppe Delfine vorbei, sie zischten unter das Schiff, sprangen mal auf der einen, mal auf der anderen Seite aus dem Wasser, dann verschwanden sie plötzlich. Es kam mir vor, als wollten sie sagen: Hallo Segler, das sieht nett aus, was ihr da macht, aber etwas langsam, wir ziehen mal weiter. So ist das wohl. Die Natur lehrt uns, dass wir uns nicht so wichtig nehmen sollten, sie lehrt uns das mit ihrer Schönheit und Größe und auch mit solchen Momenten der Begegnung.

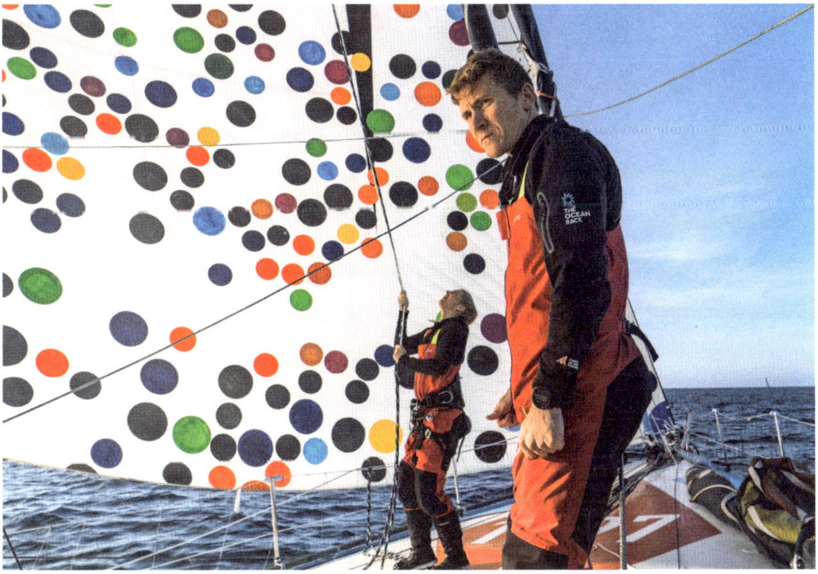

Volle Pracht: Der Spinnaker ist ein Werk der Künstlerin Sarah Morris.

Wie bei den meisten Etappen hat die *Malizia* lange Zeit hinten gelegen und kämpft sich nun kontinuierlich nach vorn. Bei Sonnenschein und frischem Wind segeln die drei Schiffe an der spanischen Mittelmeerküste entlang, vorbei an Alicante, wo vor sechs Monaten alles begann. *Malizia* überholt *Biotherm* auf der Höhe von Mallorca und nähert sich *Holcim* bis auf Sichtweite.

Die Tage und Nächte sind heiß. Unter Spinnaker rauscht das Schiff nach Norden. Manchmal sitzen Rosalin oder Will auf dem Bugspriet und beobachten die Delfine, die nur zwei Meter unter ihnen spielerisch vor dem Schiff hin und her flitzen. Abends lässt Antoine seine Drohne in den Himmel steigen. Sie filmt ein glattes, dunkelblaues Mittelmeer, auf dem tief unten ein Spinnaker in den letzten Strahlen der Sonne glänzt. Boris blättert im Cockpit in einem Leporello, das seit Alicante mitreist. Bei jedem Zwischenstopp gab es Veranstaltungen für Schulklassen, die mit dem »My Ocean Challenge«-Programm* arbeiten, anschließend schrieben und malten die Kinder in das Faltbuch ihre Wünsche an die Schulen des nächsten Hafens.

»Liebe Kinder Brasiliens«, liest Boris seiner Mannschaft laut vor, es ist ein Eintrag aus Kapstadt, »wir haben viel erfahren über die Verschmutzung der Meere und was wir dagegen tun können. Auch ihr habt eine lange Küste. Wir wünschen euch, dass euer Meer gesund bleibt, wir wünschen das für die Tiere und für euch, wenn ihr baden geht.«

In der letzten Nacht vor dem Ziel schläft der Wind ein. Die *Malizia* segelt wieder hinter *Biotherm* und *Holcim* her, etwa sechs Seemeilen, was eine endlose Entfernung ist, wenn das Schiff nur zwei Seemeilen in der Stunde zurücklegt. Die ganze Nacht hindurch hat Nico an seinem Navigationsrechner gehangen. Eines seiner Programme zeigt metergenau die Höhenlinien der Berge entlang der spanischen Küste, jedes Tal, jeder Einschnitt zum Meer lässt sich dreidimensional be-

* »My Ocean Challenge« ist ein internationales Bildungsprogramm für Schulen von Birte Lorenzen-Herrmann und Boris Herrmann; mehr dazu siehe Seite 350

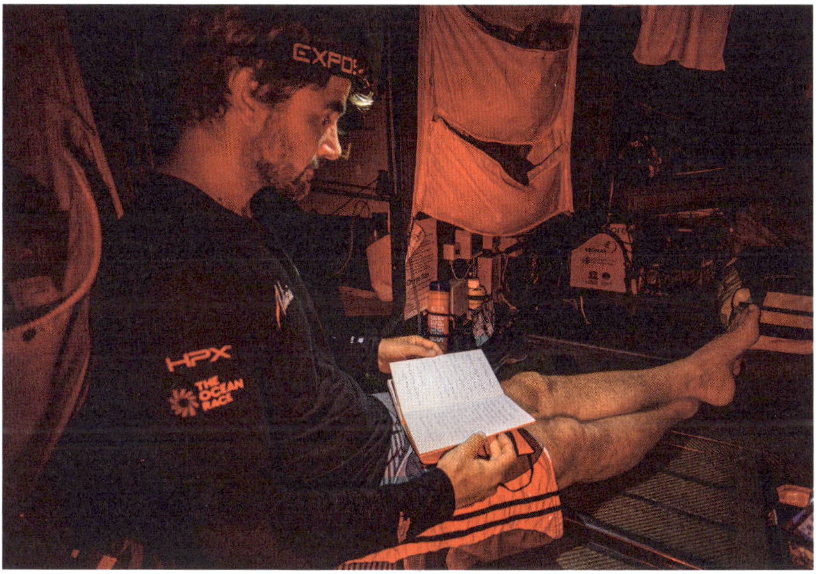

In jedem Hafen haben Schulkinder notiert, was sie über Klimaschutz wissen.

trachten. Gegen zwei Uhr morgens halst *Malizia*, sie schert aus dem Kurs der Flotte aus und hält auf die Küste zu.

»Riechst du es?«, fragt Nico. Antoine, der ins Cockpit gekommen ist, stellt sich an den Ausgang und schnuppert. »So duften Pinien«, sagt Nico. »Das ist jetzt unsere Strategie. Wir holen uns den Wind, der von den Bergen kommt.«

Weil nach Sonnenuntergang das Land schneller abkühlt als das Meer, setzt an Küsten nachts ein leichter Wind vom Land zum Meer ein. Das Phänomen der Landbrise ist klar zu spüren und auch zu berechnen, wenn ansonsten Flaute herrscht. Schon ein geringer gegenläufiger Wind macht die Sache kompliziert, erst recht, wenn wie an der spanischen Küste Hügelzüge mit tiefen Einschnitten verlaufen und die Windströme, die hinab zum Meer fließen, zusätzlich verdrehen.

Doch Nico, »The Brain«, hat das alles auf der Rechnung. Die *Malizia* nähert sich der Küste auf weniger als eine Seemeile, dann halst die Mannschaft erneut und tastet sich langsam durch die eingesetzte Landbrise. Niemand schläft mehr, alle blicken zum vorbeiziehenden

Ufer, wo die Straßenlaternen verlöschen und sich Gebäude aus der Dämmerung schälen. Auch die beiden anderen Schiffe haben gehalst, allerdings zu spät. Etwa zehn Seemeilen vor der Küste dreht *Biotherm* mehrere Kringel, *Holcim* kommt ebenfalls kaum vorwärts. Gegen acht Uhr morgens übernimmt *Malizia* die Führung.

Nico

Wir kamen den anderen anfangs einfach nicht näher. Da fragte mich Boris: Was schlägst du vor? Ehrlich gesagt, ich hatte keinen klaren Plan. Thermische Winde sind bei so einer zerklüfteten Küste schwer zu kalkulieren, und das sagte ich Boris auch. Er fragte daraufhin: Was würdest du tun, wenn du jetzt allein wärst? Ich meinte, dass ich dann wohl halsen würde. Einfach aus meinem Bauchgefühl heraus, sicher sei ich mir der Sache nicht. Ok, sagte er bloß, let's do it! Und dann legten wir das Ruder um und fuhren dicht unter Land. Ich war sehr erleichtert, als ich in den nächsten Stunden auf dem AIS sah, dass wir konstant ein bisschen schneller fuhren als die anderen.

Mit dem Rennen endet in Genua vorerst auch meine Zeit an Bord der Malizia. Es ist mein drittes Ocean Race, und jedes Mal bin ich als Navigator auf einem anderen Schiff engagiert worden. In den letzten zehn Monaten habe ich oft erlebt, was das Besondere an diesem Team ist: das Vergnügen, mit dem alle versuchen, Dinge anders zu machen. Der Humor, der auch dann dabei ist, wenn sie es ernst meinen. Man könnte meinen, einem Team, das so viel Spaß hat, fehle es bestimmt an Seriosität und Professionalität. Wir haben gezeigt, dass wir beides können.

Ich sage jetzt »wir«, obwohl ich bestimmt nicht als Stimmungskanone engagiert worden bin. Aber dieses Team hat die wunderbare Fähigkeit, ganz unterschiedliche Menschen so aufzunehmen, dass man sich schnell wie in einer großen Familie fühlt. Respektiert und wertgeschätzt. Wenn alles gut läuft, fällt das nicht schwer. Aber auch in angespannten Zeiten kann sich das Team diese Kultur erhalten; ich glaube, das ist vor allem Holly und Boris zu verdanken.

Mir als Navigator hat dieser Spirit ermöglicht, beim Routing sehr frei zu entscheiden, also manchmal auch einen ausgefallenen Kurs zu wählen, ohne deshalb Rechtfertigungsdruck seitens der Crew zu spüren. Es ist ein großartiges Gefühl, mit Leuten zu arbeiten, die dir vertrauen und nicht gleich alles infrage stellen, wenn etwas nicht so läuft wie erwartet. Wenn dieses Vertrauen fehlt, wird es dir schwerfallen, dich auch mal gegen die Empfehlung des Navigationsprogramms zu entscheiden – weil du dann ja, falls es schiefläuft, keine Ausrede mehr hättest.

Insofern hat es also auch etwas mit der Kultur dieses Teams zu tun, dass das Bauchgefühl des Navigators die Malizia kurz vor Genua auf Siegeskurs bringen konnte.

Als die Sonne aus dem Dunst über den Bergen steigt, wird es rasch sehr warm. Barfuß und in Shorts stehen Boris und Will an Deck. Sie schauen, wo auf dem Wasser sich etwas dunklere Zonen befinden, das Zeichen, dass dort ein leichter Wind die Oberfläche kräuselt. Und sie beobachten die anderen Schiffe, die nun von der Landbrise erreicht werden und an Fahrt zulegen. Bloß nicht die Führung auf den letzten Seemeilen verlieren, wie in Kapstadt, nicht schon wieder!

Kurz nach 13 Uhr nähert sich die *Malizia* der Ziellinie vor dem Hafen von Genua. Ein Schwarm von Booten begleitet das Schiff, ein Hubschrauber kreist in Masthöhe. Es ist der gleiche Überfall wie bei jedem Etappenende, der jähe Einbruch von knatterndem Lärm, Gejohle und Geschrei in die stille Welt der Segler. Diesmal aber stehen sie als Sieger an Deck, zum zweiten Mal während des Ocean Race. Jubelnd reißen sie die Arme hoch, als sich die *Malizia* über die Ziellinie schiebt, gut zwei Stunden vor den anderen Schiffen. Sie haben es geschafft, sie haben die letzte Etappe gewonnen, nach einem grandiosen Endspurt.

Ein großes Schlauchboot legt an, Holly, Stu und andere Mitglieder des Teams klettern an Bord. Boris gibt ein Zeichen, die Crew verschwindet unter Deck. Kurz darauf stehen Rosalin und die vier Männer in Badesachen an der Reling, sie legen einander lachend die Arme auf die Schultern, dann springen sie auf Kommando über Bord. Das Schiff, dessen Segel inzwischen geborgen sind, treibt auf der Stelle. Die Crew schwimmt und planscht, dann schieben sich die fünf auf das Steuerbord-Foil. Johlend und eng umschlungen liegen sie auf dem roten Karbonflügel, die Beine im Wasser, immer wieder drücken sie sich fest aneinander, brüllen ihren Triumph hinaus, recken die Arme und ballen die Siegesfaust. Wie übermütige Kinder tollen sie auf ihrem Spielgerät, aller Druck, alle Anspannung fallen ab.

Zwei Tage später läuft *11th Hour Racing* mittags in den Seglerhafen von Genua ein. Für die Strecke ab Den Haag haben die Amerikaner einen Tag weniger gebraucht als die anderen Mannschaften. Mitglieder aller Teams stehen zur Begrüßung auf dem Steg, auch die Mannschaft von *Guyot.* Zeremonienmeister Johnny lässt »Hard to Handle« über den Hafen dröhnen.

Charlie Enright tritt in dem Gedränge zu Boris, strahlt ihn an. »Hey Buddy, wie geht's?«, sagt er.

Boris haut ihm auf die Schulter: »Gratulation, Charlie!«

Der Amerikaner grinst. »Oh Mann«, sagt er, »ich bin so froh, hier zu sein. Wir haben es geschafft.«

Die Jury hatte am Morgen nach einer kurzen Anhörung dem US-Team vier Punkte Entschädigung zugesprochen, die durchschnittliche Punktzahl, die das Team bei den bisherigen Etappen erzielt hatte. Mit insgesamt 37 Punkten hat *11th Hour Racing* damit das Ocean Race gewonnen, als erstes US-Team in der fünfzigjährigen Geschichte des Rennens. *Holcim* hat mit 34 Punkten den zweiten Platz erreicht, *Malizia* mit 32 Punkten den dritten Platz, gefolgt von *Biotherm* und *Guyot.* Als Renndirektor Phil Lawrence im Pressezentrum das Urteil der Jury verlas, sah man auf einem großen Bildschirm die live zugeschaltete US-Crew an Bord ihrer Yacht jubeln. Kurz danach waren alle vor Freude ins Mittelmeer gesprungen.

Rosalin

Wir hätten das Ocean Race auch gewinnen können. Die Etappen sind so oft so knapp ausgegangen. Aber so ist Regattasegeln. Und 11th Hour Racing hat den Sieg wirklich verdient, das Team hat toll gekämpft. Und dass sie es nach dem Crash geschafft haben, mit dem eigenen Schiff nach Genua zu kommen, macht sie erst recht zu einem Gewinner. Auch wenn es dafür keine Punkte gibt, wissen wir doch, dass es bei diesem Rennen vor allem darum geht: um die Kraft, immer wieder aufzustehen und weiterzumachen.

Vor sechs Monaten sind wir mit einer Maschine gestartet, die wir selbst gebaut hatten, von der aber trotzdem niemand so genau wusste, wie sie funktioniert. Inzwischen sind wir mit ihren Stärken und Launen ziemlich gut vertraut. Und wir haben uns als Mannschaft miteinander vertraut gemacht, so gut, wie ich noch nie andere Menschen in kurzer Zeit kennengelernt habe. Als wir in Alicante starteten, hatte ich drei Ziele: Ich wollte alle Etappen segeln, jeden Tag genießen, etwas zum guten Vibe an Bord beitragen. Alle drei Ziele habe ich erreicht.

Natürlich habe ich vor Alicante auch darüber nachgedacht, was auf dieser Reise so alles geschehen mag. Ich hatte keine Ahnung! Ich habe mehr erlebt, als ich mir je hätte vorstellen können. Und so viele Erfahrungen gesammelt, dass ich mich jetzt zehn Jahre älter fühle. Okay, nein, reifer.

Beim Start hatte ich 9000 Follower auf Instagram, jetzt über 40 000. Das muss man sich mal vorstellen: Über 40 000 Menschen möchten regelmäßig erfahren, was mir passiert und wie ich mich dabei fühle. Mir macht es Spaß, von meinen Abenteuern zu erzählen, sie zu teilen. Ich glaube, niemand an Bord hat das so intensiv gemacht wie ich. Doch als ich während der Pause in Brasilien für zehn Tage nach Hause flog und meine Familie und meinen Freund traf, da habe ich gemerkt, dass keiner, auch wenn ich noch so viel erzählt habe, wirklich nachvollziehen kann, wie es mir auf dem Meer ergangen ist!

Vielleicht ist es so wie mit diesem Buch hier: Wir können eine Ahnung vermitteln. Aber wer emotional wirklich verstehen will, was das Meer mit dir macht, wer also spüren will, was es dir schenkt und nimmt, der muss selbst hinausfahren.

Die finale Siegerehrung findet vor 2000 geladenen Gästen statt, in einer prachtvoll geschmückten Festhalle mit gesetztem Essen. Als der Moderator den 3. Preis vergeben will, entgleitet ihm kurzzeitig die Regie des Abends. Team Malizia stürmt mit seinen gut vierzig Leuten die Bühne, tanzt in Wellen vor und zurück, mehrere Bootsbauer nehmen Boris auf die Schultern, werfen ihn in die Höhe, Antoine springt einen Rückwärtssalto an der Bühnenkante. In einer

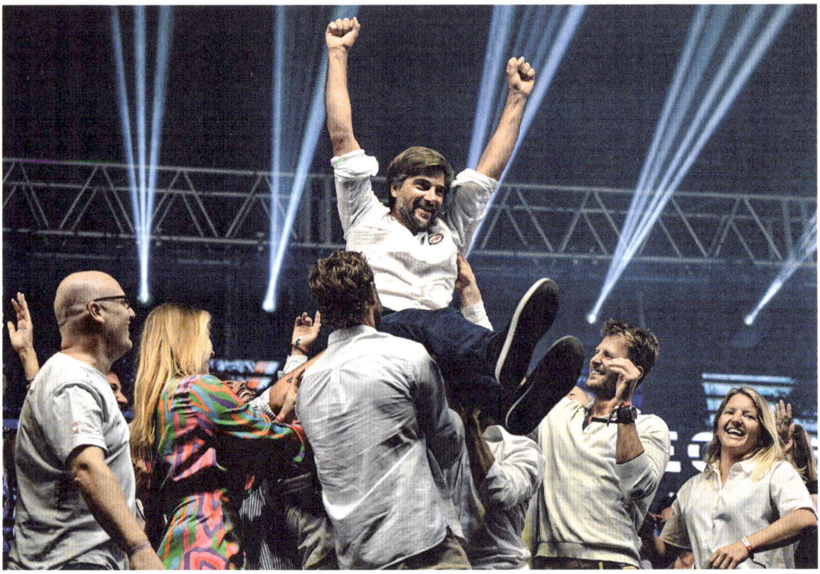

Dritter Platz beim Ocean Race: Team Malizia feiert sich und den Skipper.

kurzen Rede bedankt sich Boris bei dem Team und den Partner-Unternehmen, dann reckt er strahlend den Pokal in die Höhe. Als sich hinter ihm die Malizianer erneut für eine La-Ola-Welle formieren wollen, eilt der Moderator auf die Bühne und dankt für das Engagement.

Kurz darauf leuchtet eine magische Zahl auf der Leinwand auf: 641,13. Es ist die Zahl der Seemeilen, die die Mannschaft in einer 24-Stunden-Spanne auf dem Nordatlantik zurücklegen konnte. Weltrekord. Zum zweiten Mal tänzelt das Team durch die Halle nach vorn. Schließlich wird noch der Nachwuchs-Preis vergeben: für den Newcomer unter dreißig Jahren mit der herausragendsten Gesamtleistung während des Rennens. Der Moderator ruft Will Harris auf die Bühne.

Die Siegerehrung endet gegen Mitternacht. Die Gäste verlassen die Festhalle, die Mannschaften strömen nach nebenan. Der Rennzirkus feiert Abschied in der Basis vom Team Malizia, es ist eine ausgelassene Party zwischen den drei Werkstatt-Containern und irgendwann auch auf ihnen, bis zum frühen Morgen.

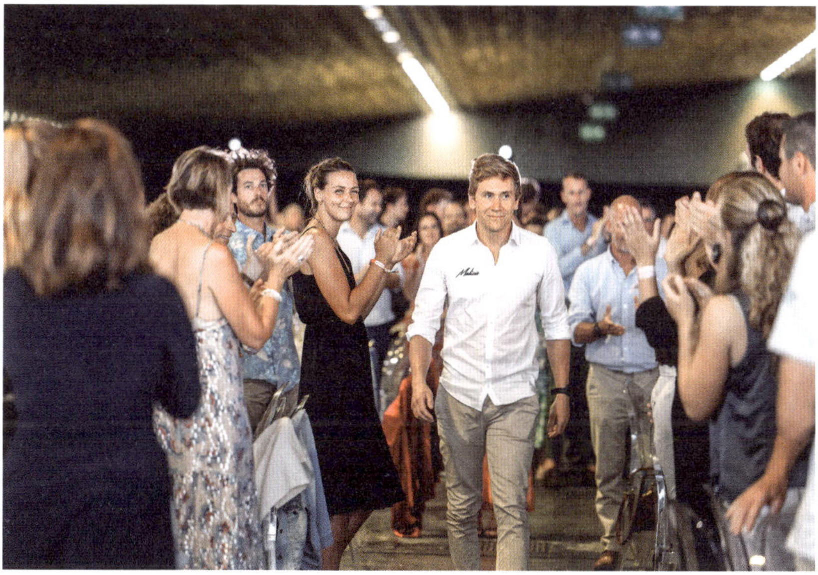

Bei der Feier wird auch Will geehrt, als bester Newcomer unter 30.

Boris

Es heißt ja, das Ocean Race sei der härteste Teamwettkampf der ganzen Sportwelt. Jemand, der sieht, wie wir feiern, könnte daran Zweifel haben. Nein, im Ernst, ich glaube, dass die Einschätzung zutrifft. Ich kenne keine andere Disziplin, bei der ein Team über so lange Zeit hinweg ununterbrochen Höchstleistung erbringen muss.

Viele betrachten es als selbstverständlich, dass wir mit unserem Boot das Ocean Race bis zum Ende gesegelt sind. Es ist keineswegs selbstverständlich. Es gibt bei diesem Rennen immer so viele Rückschläge, die alles infrage stellen. Wenn ich nach meinen wichtigsten Zielen gefragt werde, nenne ich das Ankommen immer als Erstes. Dieses Ziel haben wir erreicht. Wir konnten viele Menschen an unserem Abenteuer teilhaben lassen und haben die Chance genutzt, dabei immer wieder auf den Zusammenhang von Ozean- und Klimaschutz hinzuweisen. Wir haben uns den dritten Platz geholt, das geht sportlich in Ordnung, außerdem haben wir ja noch einiges zusätzlich gewonnen, vom Sieg bei der längsten Etappe bis zu einem neuen Weltrekord.

Der für mich wichtigste Gewinn ist aber etwas, das sich nicht in einer Zahl ausdrücken lässt. Es ist die Erinnerung an Minuten oder Stunden, in denen sich auf einmal alles in einer einzigen Erkenntnis verdichtet. Wie im Südmeer beim Drama mit unserem Mast. Oder beim Endspurt vor Brasilien. Es ist die Erfahrung, wie viel du zu leisten vermagst, wenn eine Leidenschaft in dir brennt und du die richtigen Menschen um dich hast. Wenn beides zusammenkommt, dann gelingt einem so viel mehr, als man es sich je hat vorstellen können. Never surrender, nie aufgeben: Dieser Leitspruch gefällt mir ja nicht deshalb, weil ich Heldentum toll finde. Sondern weil er dir die Chance gibt, an dem Menschen, von dem du glaubtest, schon alles zu wissen, plötzlich Neues zu entdecken. An dir selbst. Du spürst Fähigkeiten und Stärken, von denen du nicht wusstest, dass sie in dir stecken. Solche Erlebnisse verändern dich elementar. Danach wirst du auch ruhige, undramatische Phasen intensiver genießen, Tage wie etwa auf der letzten Etappe des Rennens.

Manchmal heißt es, um Wochen wie im Eismeer durchzustehen, müsse man in der Lage sein, Übermenschliches zu leisten. Ich glaube, das ist falsch. Ich halte uns für ziemlich normale Menschen. Und unsere Erfahrungen mögen extrem sein, grundsätzlich aber lassen sie sich auch an Land machen, auf unterschiedliche Art. Man muss dafür nicht auf unkomfortable Weise über die Meere fahren. Es liegt halt an mir, dass ich mir nichts Schöneres vorstellen kann.

Gestern endete meine fünfte Weltumsegelung. Ich fürchte, sie wird mir das Leben nicht leichter machen, wenn ich Ende 2024 zu meiner sechsten Umrundung starte, bei der Vendée Globe, dann wieder allein. Denn nun habe ich erlebt, wie viel mehr Freude es macht, mit so einer Crew zu segeln.

Ich habe großes Glück gehabt bei der Zusammenstellung. Will vertraue ich nun endgültig blind, ich kann mir keinen besseren Buddy an Bord vorstellen. Wir werden gemeinsam das Abenteuer Malizia fortsetzen, bei den großen Regatten neben der Vendée Globe. Rosie hat sich in den knapp zwei Jahren bei uns von einer sehr guten in eine überragende Offshore-Seglerin verwandelt. Nun hat sie ein Angebot erhalten, das sie nicht ablehnen kann: als Skipperin von Holcim beim Ocean Race Europe 2025 zu starten. Schon vorher wird Rosie zu dem Team stoßen, gemeinsam mit Nico, der als Skipper von Holcim bei der Vendée Globe 2024 antreten wird. Das ist für beide eine einmalige Chance!

Sie tragen nun andere Teamfarben, aber im Herzen, so sagte Rosie, würden sie immer Malizianer bleiben, das gehe gar nicht anders nach so einer intensiven Zeit. Und Antoine? Er wird uns als Bordreporter noch bei vielen Rennen begleiten. Die Geschichte vom Team Malizia geht weiter.

Am Tag nach der Preisverleihung schickt Boris eine Nachricht an alle Skipper: »Hey Teams, Malizia legt heute Abend um 8 ab. Kommt jemand mit?« Die Managerin von *Biotherm* meldet sich sofort: »Wir!« *Holcim* schließt sich an, dann auch *Windwhisper,* die siegreiche Yacht in der VOR65-Klasse. »Großartig«, schreibt Boris, »das wird ein Spaß!«

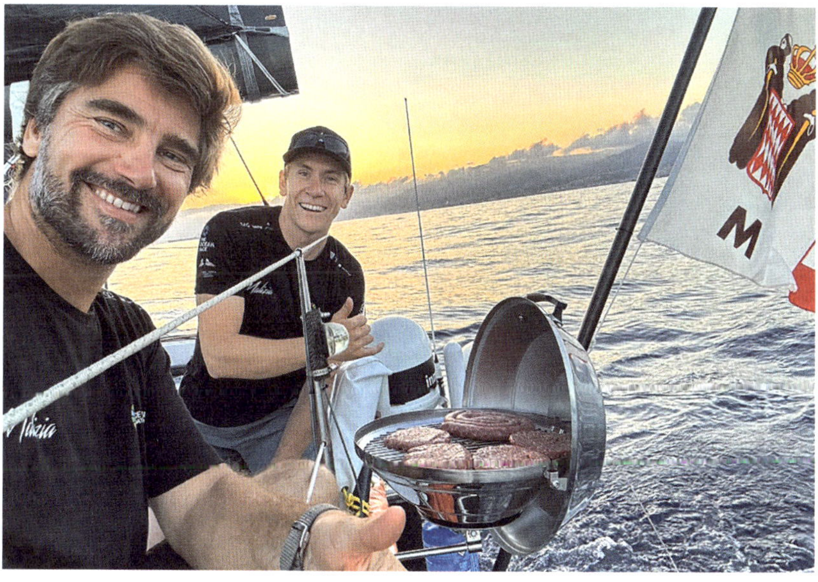

Ein Boot, ein Meer und zwei Jungs beim Grillen

Spätabends schickt Boris ein Selfie an das Landteam. Es zeigt ihn und Will am Heck des Bootes. Sie haben eine Grillschale an die Reling geschraubt. Das Mittelmeer erstreckt sich glatt und friedlich, eine leichte Brise weht, die untergegangene Sonne taucht den Himmel in ein dunkles Gelb. Es sieht nach dem Beginn einer Segeltour aus.

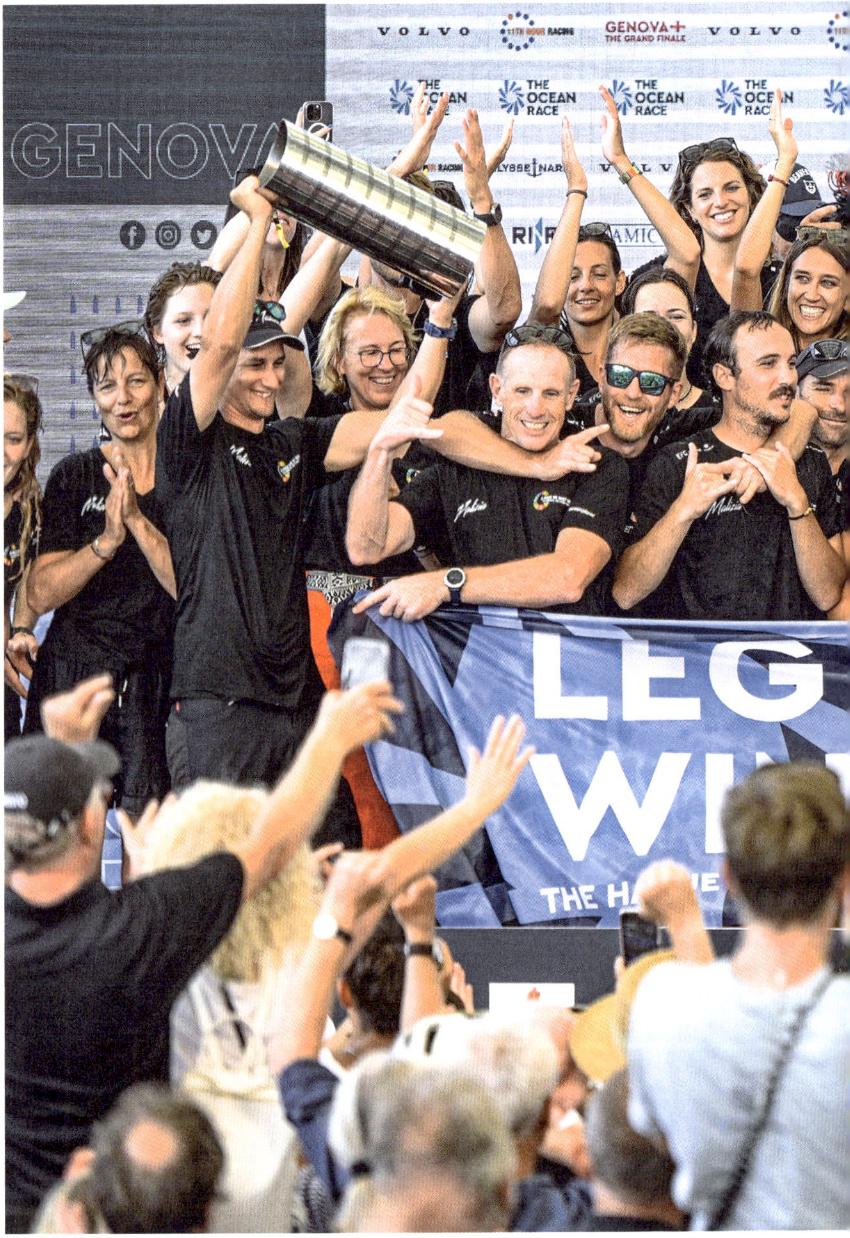

Team Malizia im Rausch! Das Ocean Race wird auf See und an Land entschieden, und so stürmt bei Preisverleihungen fast immer das ganze Team auf die Bühne, hier zur Siegesfeier der letzten Etappe.

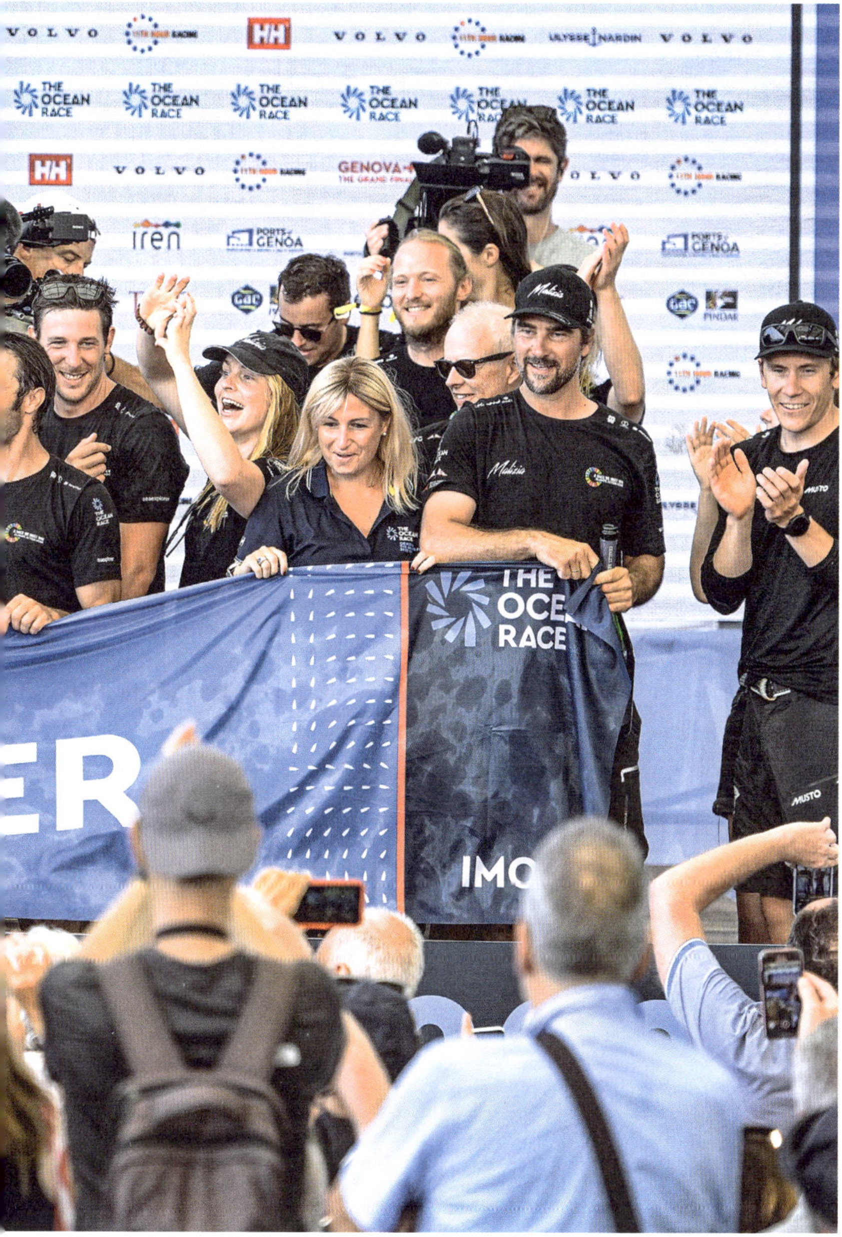
VOLVO
THE OCEAN RACE
GENOVA
THE GRAND FINALE
iren
PORTS of GENOA
ULYSSE NARDIN
MUSTO
IMO

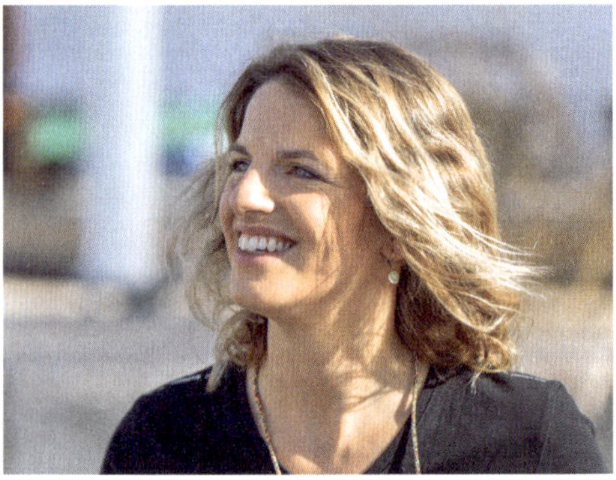

Meist läuft **Holly Cova,** 34, mit gesenktem Kopf umher, den Blick auf ihr Handy gerichtet, und feuert eine Kurznachricht in eine ihrer gut 300 WhatsApp-Gruppen. Seit 2018 hält die ehemalige Anwältin aus England als Teamchefin das inzwischen gut vierzigköpfige Team Malizia zusammen. Sie entwirft Fünf-Jahres-Strategien und hat ein Gespür für Details, sie ist krisenfest, entscheidungsschnell, leitet internationale Konferenzen und kocht auch mal ein Essen für die Bootsbauer, wenn die tagelang durcharbeiten.

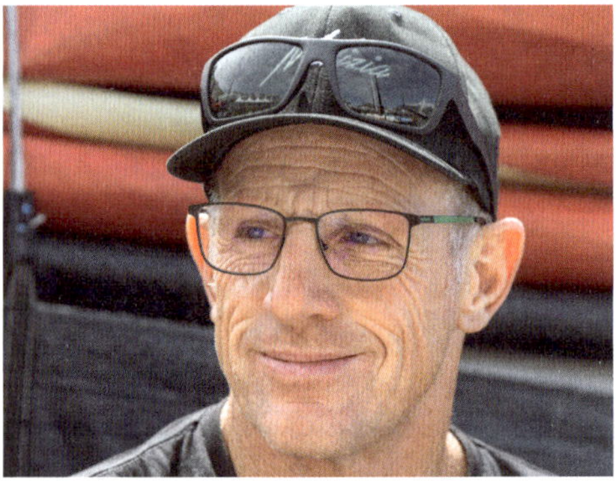

Geht nicht gibt's nicht! Mit dieser Haltung nähert sich **Stuart »Stu« McLachlan**, 50, jedem technischen Problem auf der *Malizia*. Der Ingenieur aus Neuseeland ist seit 2019 der Boat Captain von Boris. Ob im Südpolarmeer plötzlich die Lichtmaschine zickt oder ein Ruderblatt grundlos hochklappt: Stu ahnt den Grund und schickt der Crew die Lösung des Problems in Form präzise beschriebener Arbeitsschritte, dazu oft noch eine Zeichnung. Schon bei zwei Volvo Ocean Races reiste er mit um die Welt, nicht auf See, sondern an Land, als Schiffsführer, den kein Schaden ratlos lässt. Für Boris ist Stu zu jeder Tages- und Nachtzeit eine Bank. Eine unersetzbare Werkbank.

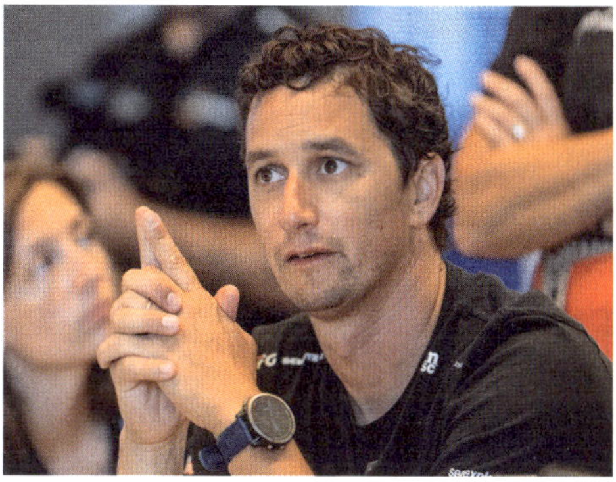

Neun Jahre lang leitete **Pierre-François »Pifou« Dargnies,** 49, die technische Abteilung bei Beyou Racing, dem Rennstall eines der besten Hochseeseglers Frankreichs. Im Frühjahr 2023 wechselte er als Technischer Direktor zum Team Malizia. Der Ingenieur und Bootsdesigner nahm wie Boris an Einhand-Regatten über den Atlantik teil, beide sind seit langem befreundet. Ein Hauptaugenmerk von Pifou liegt auf der technischen Weiterentwicklung der *Malizia*; für ihn ist das Ocean Race vor allem ein Dauertest, der jeden Tag neue Daten und Ideen liefert, die die komplexe Rennyacht noch etwas schneller machen könnten.

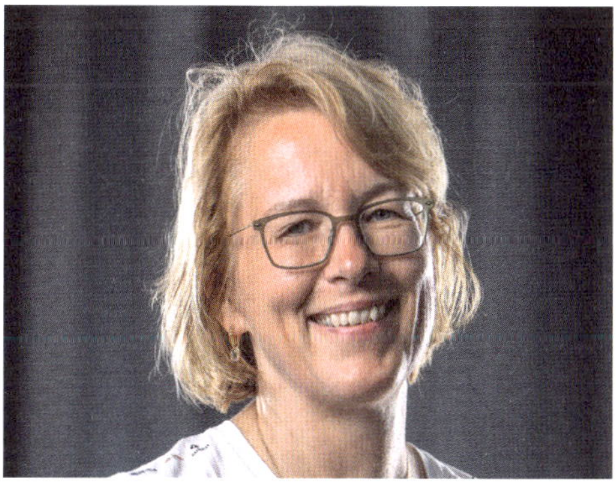

Die Hamburgerin segelt schon seit dreißig Jahren, Regatten auf modernen Rennyachten ebenso wie wochenlange Touren mit klassischen Schonern – und so war es eigentlich nicht verwunderlich, dass **Kerstin Hainke** sich ein Herz fasste und Boris ansprach, als sie ihn 2021 zufällig am Nordseestrand traf: ob es nicht für sie, damals Finanzchefin eines mittelständischen Unternehmens, eine entsprechende Aufgabe in Boris' Team gäbe. Es gab sie. Schon wenige Monate später wechselte Kerstin als Finanz- und Personalchefin zum Team Malizia. Ihre Spontanität hat sie nie bereut – auch wenn sie jetzt noch weniger Zeit zum Segeln besitzt

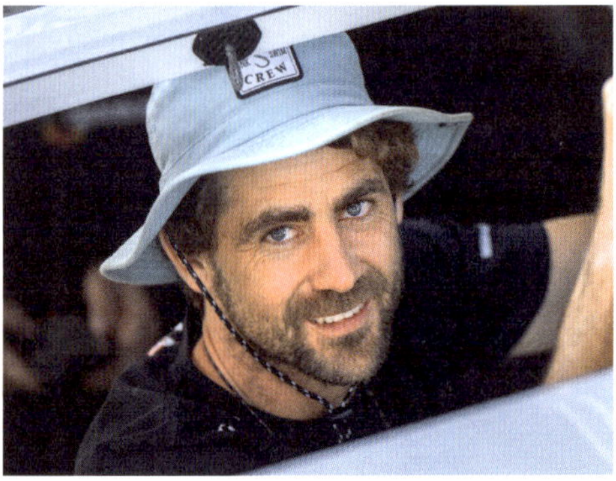

Im Grunde genommen ist die *Malizia* eine Datenbank unter Segeln. Zahlreiche Sensoren für Drucklasten, der Autopilot, die Navigationsrechner – die Soft- und Hardware auf der Yacht ist eine Welt für sich. Kontrolliert wird sie von **Romain Szyjan**, 34, dem Leiter der Elektronik-Abteilung. Der Bootsingenieur hat in der Karibik, in England und Frankreich gearbeitet, oft für die Eigner großer Renn- und Charteryachten, und wurde dabei zum Experten für ausgefeilte Bordelektronik. Im Herbst 2022 warben Boris und Holly ihn von der gleichen Firma ab, bei der auch Axelle Pillain gearbeitet hatte, Crew-Mitglied der *Malizia*. Romain passte einfach zu gut, auch als exzellenter Kitesurfer.

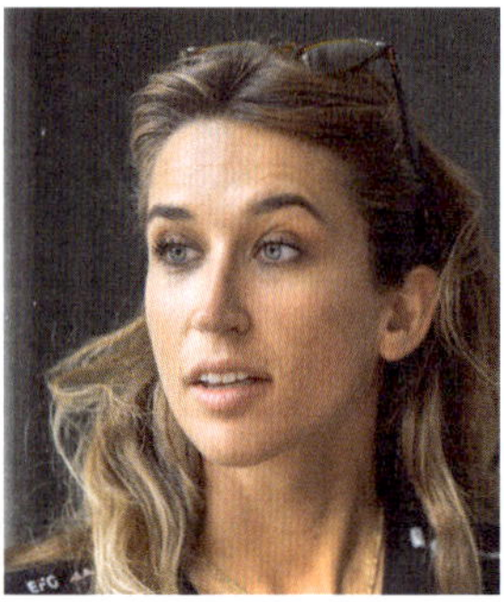

Spannende Geschichten müssen auch spannend erzählt und weit verbreitet werden. Dafür sorgt **Hélène Katz**, 34, Kommunikationsmanagerin des Teams. Eine Herzensangelegenheit sind für die Geowissenschaftlerin dabei die Bildungs- und Wissenschaftsprojekte der Malizia-Kampagne.

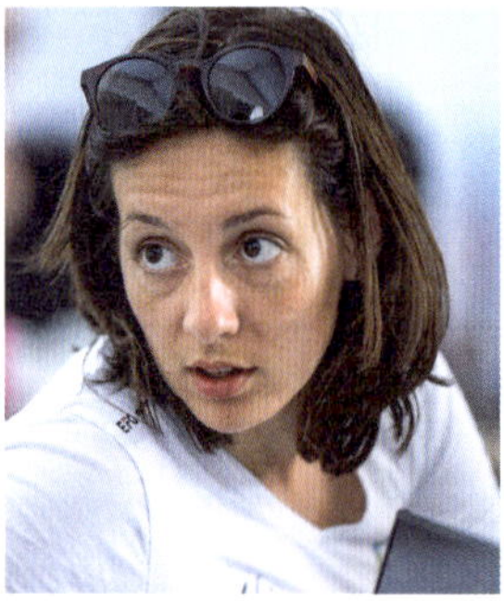

Die Leiterin der Design-Abteilung **Rebecca Sainson**, 29, studierte Yachtarchitektur in England, anschließend war sie in Frankreich am Bau eines Maxi-Trimarans und mehrerer Rennyachten beteiligt. Auch privat zieht es sie aufs Meer, auf Surfbrettern und Katamaranen.

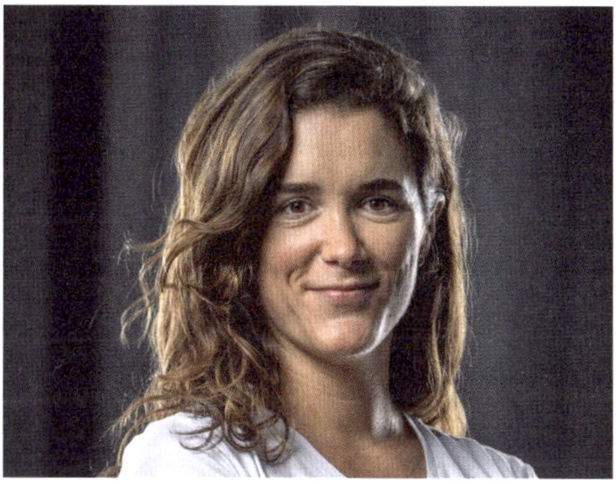

Während des Ocean Race wird das Team zum Wanderzirkus und die Spanierin **Lucia Nebreda**, 30, zur Zirkusdirektorin: Wie reisen wir? Wo wohnen wir? Wer hat den Volvo-Schlüssel? Als Leiterin der Teamlogistik muss sie solche Fragen beantworten können, sie ist schließlich für die Ausstattung der Reisenden verantwortlich: mit Flugtickets und Schlafplätzen, aber auch mit Annehmlichkeiten wie Leihrädern und Zugängen zu Fitnessclubs. Lucia hatte zuvor für andere Rennställe und Regatta-Veranstalter gearbeitet, sie ist gut vernetzt und organisiert in den Zwischenstopps oft Partys für das ganze Ocean Race. Hat sie frei, geht sie gern kiten. Keine Überraschung im Team Malizia.

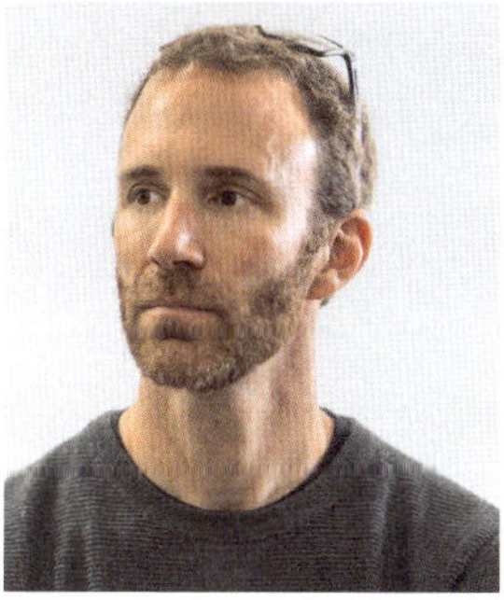

Jesse Naimark-Rowse, 39, war ab 2018 mitverantwortlich für Design und Bau der damals technisch fortschrittlichsten Imoca-Yacht weltweit. Nun steht er dem Team Malizia als technischer Berater zur Seite, seine Expertise reicht von Kiel und Foils bis zur Analyse der Leistungsdaten

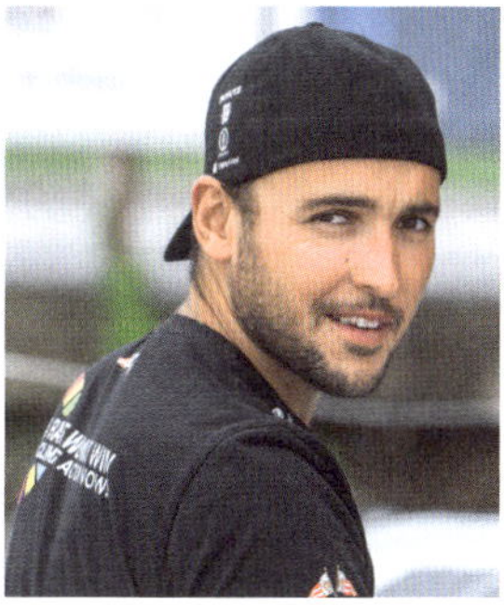

Sieben Jahre arbeitete **Clément Caumont, 31,** für die Werft, die auch die neue *Malizia* baute. Der Konstrukteur und Werkstoffexperte kennt also jeden Winkel der Yacht – was besonders hilfreich ist, seit er 2022 zum Team Malizia wechselte, als Leiter der Bootsbau-Abteilung.

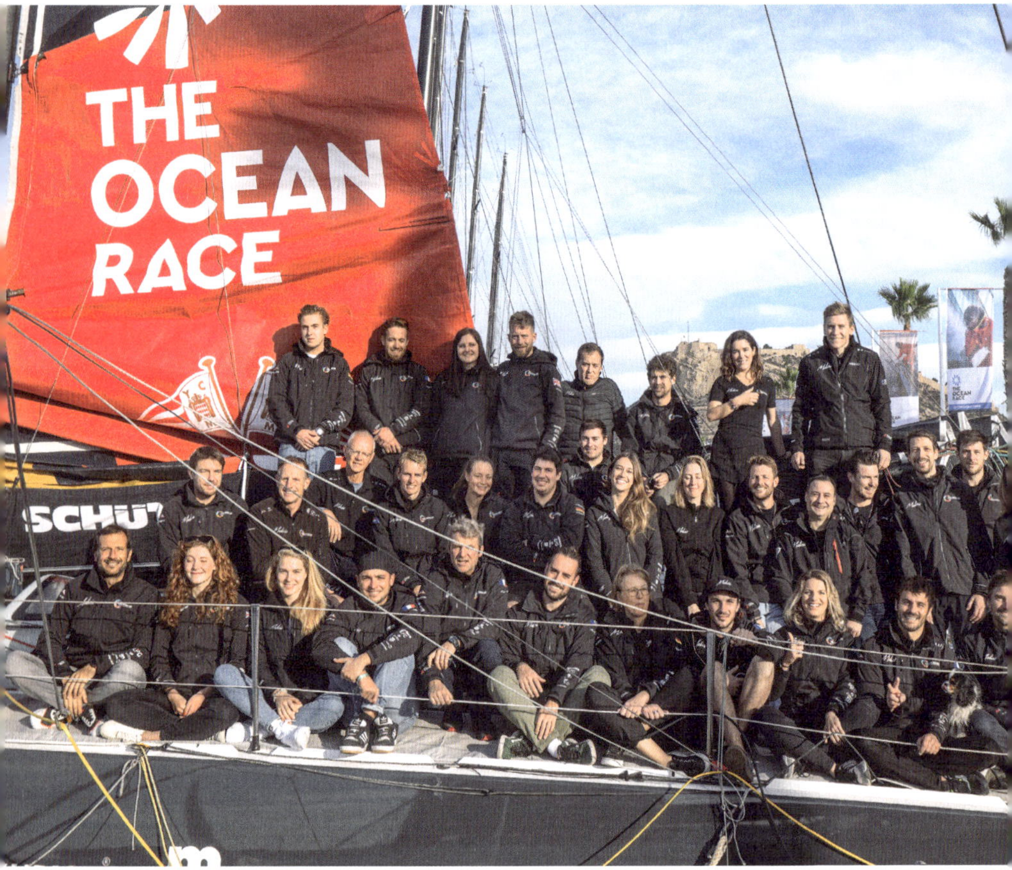
THE
OCEAN
RACE
SCHU

Dank

Ich glaube, das Besondere am Projekt Malizia ist der Enthusiasmus der Menschen, die uns zur Seite stehen. Sie unterstützen uns nicht bloß aus zeitweiligem Interesse. Nein, bei vielen habe ich den Eindruck, sie haben unsere Kampagne zu ihrer Herzensangelegenheit gemacht. Sie unterstützen uns dauerhaft und verlässlich und mit viel Herzblut. Sie helfen an vielen Fronten. Beim Segelsport, bei unserer Bildungskampagne mit Schulen und bei der Kooperation mit Klimawissenschaftlern. Sie vermitteln Kontakte, ermöglichen Auftritte, stehen uns finanziell zur Seite. Und manchmal geht es einfach nur darum, von unserem Mangrovenpark zu erzählen oder jemanden zu finden, der am Wochenende ein Titanium-Bauteil fräsen kann.

Ich empfinde eine tiefe Dankbarkeit gegenüber all diesen Menschen. Jeder und jede von euch unterstützt uns auf eigene Weise. Euch zusammen verdanken wir das Privileg, unsere Leidenschaft leben können, das große Abenteuer, das ultimative Rennen. Ihr alle seid Teil einer unglaublichen Geschichte.

Ich möchte den Männern und Frauen danken, die aus aller Welt zu unserem inzwischen gut 30-köpfigen Team gestoßen sind, als Experten für Bootsbau, Rigg, Design, Elektronik, Kommunikation. In der Bauphase der neuen *Malizia*, aber vor allem bei den Zwischenstopps des Ocean Race war euer Engagement unglaublich. Das Boot musste ja wieder fit sein bis zur nächsten Etappe. Würden für das Rennen an Land auch Preise verliehen, ich bin sicher, ihr hättet den ersten Preis bekommen. Es gab Wochen ohne einen einzigen freien

Tag, dennoch haben sich viele von euch ein kleines M am Fußgelenk oder Arm tätowieren lassen, als Zeichen, dass ihr zur Malizia-Familie gehört.

Ich möchte unseren zahllosen Anhängern danken, die uns begleitet haben, in den Medien und auf all den Plattformen, auf denen wir unsere Geschichte erzählen konnten, in Bildern und Texten. Viele Segelfans machten sich selbst auf die Reise, sie kamen zur Bootstaufe nach Hamburg, sie besuchten uns in den europäischen Zwischenstopps, in Aarhus, Den Haag und Genua. Und sie standen zu Zehntausenden am Ufer der Kieler Förde, beim Fly-by, als die ganze Flotte in die Innenförde rauschte und wieder hinaus.

Dass unsere Geschichte so viele Menschen fesselt, ist auch den Journalistinnen und Journalisten zu verdanken, die davon berichten. Mein Mit-Autor Andreas Wolfers ist seit Jahren ein treuer Begleiter und aufmerksamer Chronist von Team Malizia. Während des Ocean Race war er bei jedem Wetterbriefing dabei, bei jedem Krisentreffen; er wollte es keinesfalls riskieren, DEN zentralen Moment zu verpassen. Er hat es sich nicht leicht gemacht mit seiner Sonderrolle; er war allwissender Insider, aber auch distanzierter Beobachter, er war Teil der Familie und dennoch einsamer Poet.

Der Fernsehjournalist Carsten Behrendt arbeitete unter vergleichbaren Bedingungen. Er hatte sich für ein halbes Jahr beim ZDF freigenommen, um in Eigenregie die Dokumentarfilm-Serie »Malizians« zu produzieren. Seine zwölf Folgen wurden ein großer Erfolg, schon die zweite Folge sahen auf Youtube über 140 000 Menschen. Der französische Filmemacher Antoine Auriol hat auf der *Malizia* sämtliche Etappen des Ocean Race mitgesegelt, als einziger Bordreporter aller Teams. Antoine hatte vorher keinerlei Hochsee-Erfahrung. Umso mehr hat mich beeindruckt, wie er die Herausforderung meisterte, zugleich hat er uns mit seinem Wesen stimmungsmäßig und auch spirituell immer wieder bereichert. Und nicht zuletzt ist es dem enormen Einsatz der Journalistinnen und Social-Media-Profis im Team Malizia zu verdanken, dass wir so viele Menschen mit unserem Abenteuer begeistern und vielleicht auch inspirieren konnten. Dazu hat auch das Team des C. Bertelsmann Verlags beigetragen: Wie bei meinem ersten Buch *Allein zwischen Himmel und Meer* hat es dieses Buchprojekt mit viel Engagement und Sorgfalt begleitet.

Finanziert werden wir von im Wesentlichen sieben Unternehmen, deren Leitung und Mitarbeitern mein tiefer persönlicher und aufrichtiger Dank gilt: Hapag-Lloyd, Kühne + Nagel, MSC Mediterranen Shipping Company, Schütz, EFG International, Zurich Gruppe Deutschland, Yacht Club de Monaco. Wir als Team Malizia verdanken euch unsere Einkommen und eine erfüllende Lebensaufgabe. Uns einen das Bewusstsein für die Klimakrise und die Überzeugung, sie mit kühnen Ideen und mutigem Handeln besser in Griff bekommen zu können. Unser Streben nach Verbesserung begreifen wir als sportliche Herausforderung, so wie das Ocean Race selbst. Dies gilt auch für Olymp, Gotbag, Glashütte und Greenboats, vier mittelständische Unternehmen, die uns mit ihrer Unterstützung zuverlässig zur Seite stehen. Der treuen Unterstützung der Prince Albert II of Monaco Foundation schließlich verdanken wir es, »My Ocean Challenge« erfolgreich fortsetzen zu können, unser internationales Schulen-Bildungsprogramm über Ozeane und Klimaschutz. Euch, unseren loyalen Partnern, möchte ich im Namen aller Malizians von Herzen danken, ohne euch gäbe es Team Malizia nicht.

Am letzten Tag des Ocean Race gab es nach der offiziellen Siegesfeier noch eine Malizia-interne Preisverleihung. Sie entsprach der Kultur in unserem Team: Nach einer anonymen Abstimmung wurden die Sieger etwa in den Kategorien »größte Stimmungskanone«, »goldene Unterhose«, »bester Teamgeist« gekürt. In der Kategorie »engagiertestes Teammitglied« erhielt Holly die meisten Stimmen. Ein wahrlich verdienter Sieg! Seit fünf Jahren ist sie die Schlüsselfigur unseres Teams. Ihrer Energie und ihrer leidenschaftlichen, geradezu absoluten Hingabe ist der Erfolg unserer Kampagne zu verdanken, auf der sportlichen Ebene, der menschlichen und der politisch-ökonomischen.

Vielleicht findet sich der eine oder die andere in diesem Text nicht wieder und auch nicht in der folgenden Namensliste. Dann bitte ich um Verzeihung. Der Platz in diesem Buch ist begrenzt, mein aufrichtiger Dank ist es nicht.

Team Malizia

Carsten Behrendt, Andreas Berg, Rufus Brand, Antoine Breton, Ryan Breymaier, Pierre Casiraghi, Clément Caumont, Corentin Cusant, Pifou Dargnies, Edwin de Laat, Loïc Dorez, Els Duffhues, Cornelius Eich, Paméla Fertil, Marietta Gernandt, Anna Goyne, Felix Groos, Laurenz Hagen, Kerstin Hainke, Beth Harris, Peter Hobson, Jimmy Horel, Chris Hülß, Will Jackson, Remy Johannsen, Hélène Katz, Alexia Lahoud, Hugo Le Pomellec, Marie Lefloch, Birte Lorenzen-Herrmann und Malou, Oakley Marsh, Stuart McLachlan, Jesse Naimark-Rowse, Borja Nebrada, Lucia Nebreda, Chris Noble, Stuart Oliphant, Ricardo Pinto, Hugo Pronost, Rayco, Rebecca Sainson, Ashton Sampson, Romain Szyjan, Piers Tyler, Louis Viat, Thibaut Viat, Marine Villard, Ed Wheelhouse, Jack Wilson

Freunde und Partner

Bernard D'Alessandri, Donya Amer, Isabelle Andrieux und Team, Diego Aponte, Mr Aponte, Avel Robotics, Christoph Avenarius, Bouwe Bekking, Robert Bevan, Mark Bezner, Gerald Bibot, Franziska Bietke, Arno Böhnert, Heinke Böhnert, Audrey und Anna Boisecq, Wilhelm Botha, Anje-Marijcke van Boxtel, Ryan Breymaier, Richard Brisius, Wendy Brown, Elie Canivenc, Daniele Capua, Stella Chavin und Noah, Nicole Dirks-Wetschky, Johnny Donnelly, Tom Ehler, Veit Enders, Hans Christoph Enge, Bernard Fautrier, Fondation Prince Albert II de Monaco, Pasquale Formisano, Peter Frisch, Markus Frömming, GAC Pindar, Jens Gerhard, Karl Gernandt, Natasha Gonzalez, Polly Gough, Mirko Gröschner, Heike Gronemeier, Heide Härtel-Herrmann, Nils Haupt, Harro von Have, Moritz Herrmann, Julia Hoffmann, Jens Holscher, Diana Howlett, Erika Jangen, Rolf

Habben Jansen, Hubertus Jürgens, Nils Kaben, Nils Kahn, Barbara Kaltz, Sven Kaulbars, Björn Keels, Roland von Keith, Michael Körner, Nils Kosmann, Martin Kramp, Familie Kuiper, Jens Kuphal, Peter Landschützer, Sophie Laufer, Lilli, Andreas Lindlahr, Danny Lisboa, Vivien Loos, Quentin Lucet, Neil Maclean-Martin, Benny Mandos, Richard Mason, Kirsten von Mejer, Dirk Mennewisch, Katia Merle, Antoine Mermod, Kerstin Meyer-Beetz, HSH Prince Albert of Monaco, Robin Montrone, Katharina und Mathias Müller von Blumencron, Tim Müller und Lotte, Andreas Müller-Hermann, Samuel Napoleoni, Dirk Neumann, Familie Oetker, Yann Perfornis, Paola Pianezzi, Michael Pietig, Tatjana »Tati« Pokorny, Giorgio Pradelli, Maike und Uwe Priess, Birgit Radebold, Stefan Raimund, Astrid Rampendahl, Eduardo Razuck, Jochen Rieker, Johan Salen, Otto Schacht, Stefan Schamback, Carsten Schildknecht, Axel Schröder, Udo Schütz, Monika Schulze, Frank Schweikert, Albert Schweizer, Gerhard und Sabine Senft, Mathias Steiner, Toste Tanhua, The Ocean Race Team, Thomas Theurillat, Mark Turner, Tatiana Typaldos-Loverdos, VPLP und Multiplast, Dirk Weissenborn, Benne und Fini Wolfers

Illustrationen zur »Malizia«

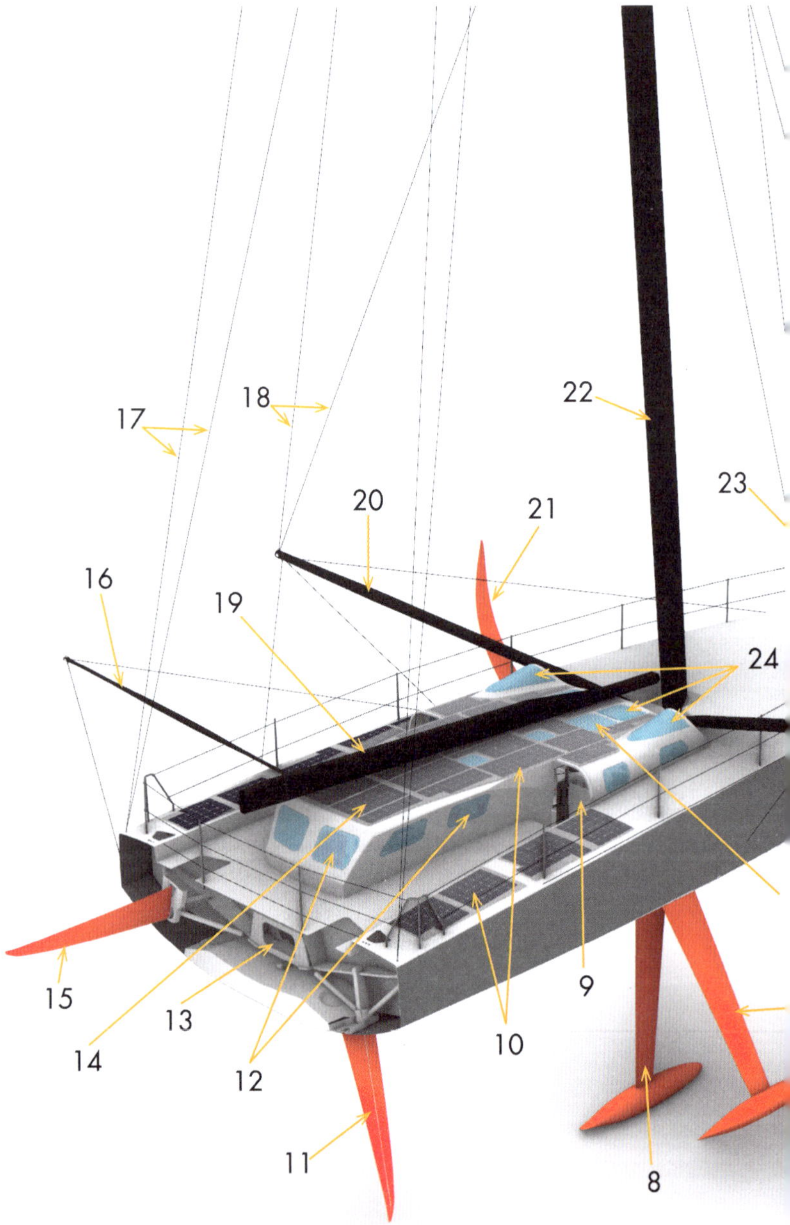

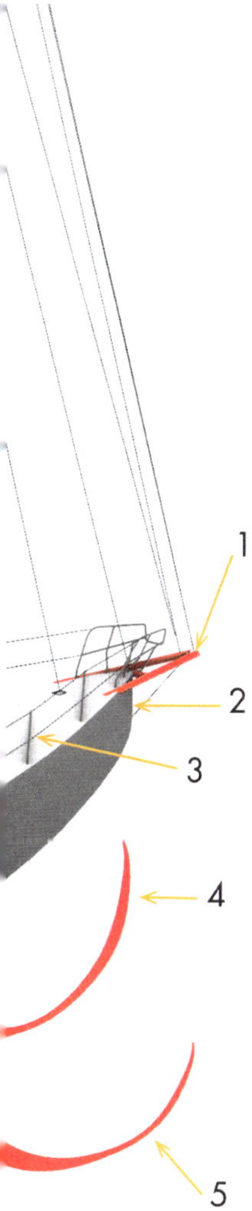

1 Bugspriet
2 Bug
3 umlaufende Reling
4 Steuerbord-Foil (eingezogen)
5 Steuerbord-Foil (ausgefahren)
6 überdachtes Cockpit (Kommandostand)
7 Schwenkbarer Kiel: lässt sich bis 38 Grad zu beiden Seiten neigen
8 Kiel in senkrechtem Zustand
9 Einstieg in Cockpit (beidseitig)
10 Photovoltaik-Panele zur Stromerzeugung
11 Ruderblatt (abgesenkt)
12 Fenster
13 Notausstieg
14 überdachte Achterkabine
15 Ruderblatt (hochgeklappt)
16 Jockey Pole
17 Backstagen
18 Wanten
19 Großbaum
20 Decks-Salinge
21 Backbord-Foil (eingezogen)
22 Mast
23 Vorschiff
24 Fenster

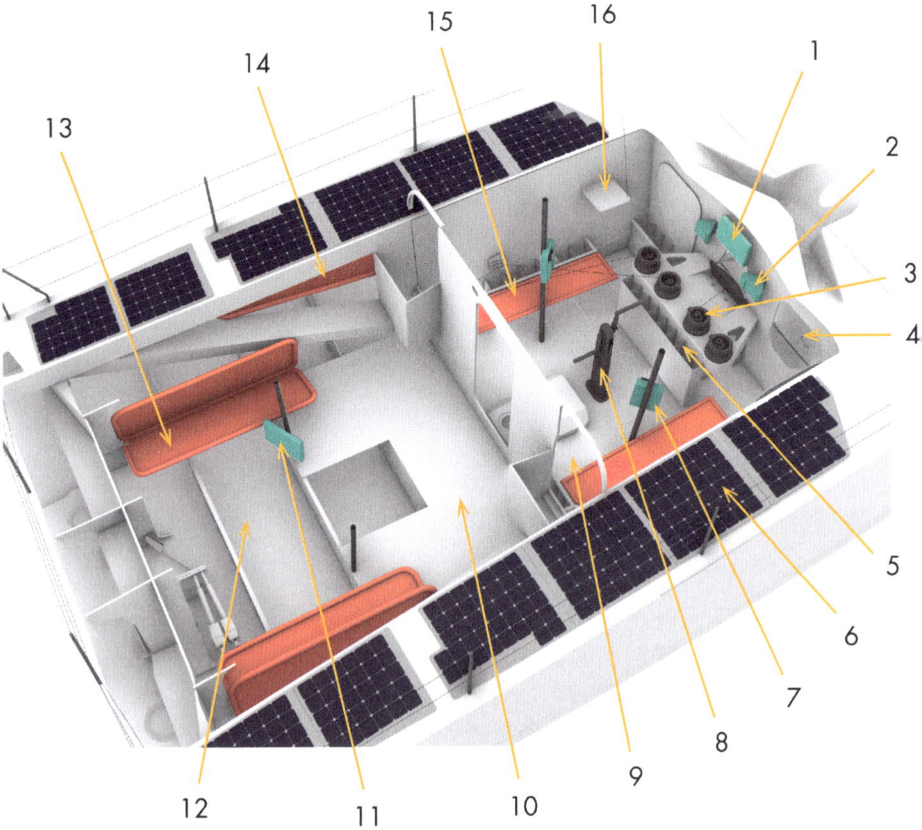

1 Zentraler Monitor für Navigation und Leistungsdaten
2 Das »Piano«: Ausgang für etwa 50 Trimmleinen
3 Vier Winschen
4 Durchgang zum Vorschiff
5 Fächer zum Verstauen der Leinen
6 Photovoltaik-Panele auf Deck
7 Beidseitig: Stange mit drehbarer Autopilot-Tafel
8 Grinder
9 Einstiegsöffnung ins Cockpit
10 Bodenplatten der Kabine, darunter Bordelektronik
11 Drehbarer Monitor für Navigator
12 Stauraum und Sitzsack des Navigators
13 Beidseitig: Innenkoje, Liegefläche hochklappbar
14 Beidseitig: Außenkoje, in Nische unter Deck
15 Sitz- und Ablagefläche
16 Beidseitig: Klappsitz für Ausguck

Malizia-Seaexplorer – Yacht Club de Monaco

Rumpflänge:	18,28 m (60 Feet)
Breite:	5,70 m
Tiefgang:	4,50 m
Masthöhe:	29,00 m
Segelzahl:	9 pro Etappe, max. 13 während des Ocean Race
Baujahr:	2022
Architekt:	VPLP/Verdier
Werft:	Chantier Multiplast

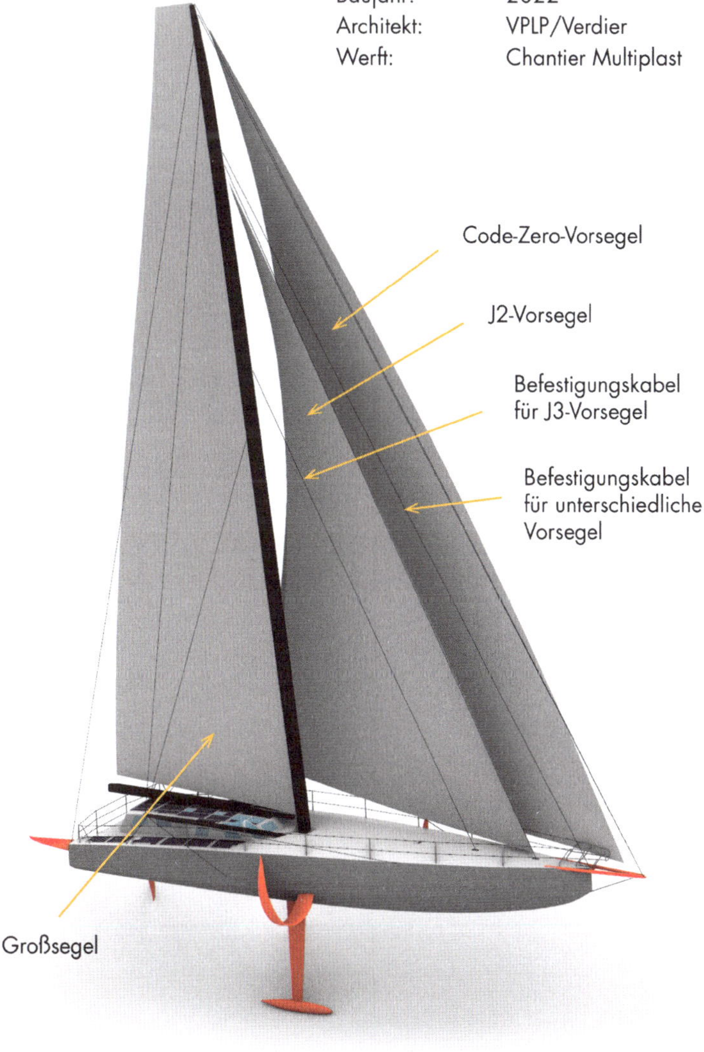

Glossar der Seglersprache

Begriffspaare

Backbord Die linke Seite eines Bootes, in Fahrtrichtung gesehen.
Steuerbord Die rechte Seite eines Bootes, in Fahrtrichtung gesehen.

Bug Die Spitze des Schiffs
Heck Das Ende des Schiffs

Lee Die Richtung, in die der Wind weht
Luv Die Richtung, aus welcher der Wind kommt

Abfallen Das Boot wird vom Wind weggesteuert, also weiter nach Lee.
Anluven Das Boot wird zum Wind hingesteuert, also weiter nach Luv.

Dichtholen Das Ziehen an einer Leine, etwa einer Schot, um ein Segel zu trimmen
Fieren Das allmähliche Loslassen einer Leine

Wende Segelmanöver zur Änderung der Fahrtrichtung. Das Schiff geht dabei mit dem Bug durch den Wind: Es wird so gedreht, dass der Wind kurzzeitig genau von vorne kommt, dann weitergedreht, bis der Wind von der anderen Seite die Segel füllt. Beim Kreuzen segelt man auf diese Weise im Zickzackkurs in die Richtung, aus der der Wind weht.
Halse Segelmanöver zur Änderung der Fahrtrichtung. Schiff geht dabei mit dem Heck durch den Wind: Der Wind kommt dabei kurzzeitig genau von hinten. Das Großsegel kann bei diesem Manöver ruckartig auf die andere Bootsseite umschlagen.

Seemeile Entfernungsangabe auf See. 1 Seemeile = 1,852 Kilometer.
Knoten Einheit für die Wind- und Bootsgeschwindigkeit. 1 Knoten = 1 Seemeile pro Stunde, entspricht also 1,852 Kilometer pro Stunde.

Schnelle Tourenyachten können 8 bis 12 Knoten erreichen, die Spitzengeschwindigkeit von Imoca-Yachten liegt bei 37 Knoten.

Einzelbegriffe

Achtern Hinten; so liegt etwa das Heck eines Schiffes achtern.

AIS Kurzform für **A**utomatisches **I**dentifikationss**y**stem. Per Funk übermitteln Schiffe ihre aktuellen Fahrdaten, etwa Kurs und Geschwindigkeit, und erscheinen damit auf den digitalen Seekarten anderer Schiffe im näheren Umkreis.

Autopilot Automatische Steuerungsanlage für Schiffe. Autopiloten auf Hochsee-Rennyachten sind komplex programmierte Anlagen. Die Crew gibt mehrere Zieldaten vor, etwa Kompasskurs, maximale Geschwindigkeit, verschiedene Belastungsgrenzen. Der Autopilot errechnet ununterbrochen mithilfe von Daten aus zahlreichen Bordsensoren den optimalen Kurs und führt nötige Kursänderungen sofort durch. Während des Ocean Race steuern die Autopiloten zu mehr als neunzig Prozent der Zeit die Yachten.

Backbord- und Steuerbordbug Ein Boot segelt auf Backbordbug, wenn das Großsegel an Backbord steht, also in Fahrtrichtung betrachtet auf der linken Schiffsseite. Es hat Vorfahrt gegenüber einem Boot, das ihm auf Steuerbordbug entgegenkommt. Merkspruch unter Seglern: »Links bringt's.«

Backstag Hochbelastbares Kunstfaserseil, das den Mast nach schräg hinten absichert.

Brüllende Vierziger, Tosende Fünfziger, Kreischende Sechziger Bezeichnung der berüchtigten Breitengrade im Südmeer (die Brüllenden Vierziger meinen dabei z. B. die gesamte Region zwischen dem vierzigsten und fünfzigsten Breitengrad). Die ursprünglichen Begriffe Roaring Fourties, Furious Fifties und Screaming Sixties entstanden aufgrund einer

Besonderheit des Südmeers: Je weiter südlich man gerät, desto stürmischer werden die Winde.

Bugspriet Stange bzw. Rohrkonstruktion, die über den Bug hinaus nach vorne ragt. Sie verlängert quasi das Schiff. Dadurch können mehr Segel gesetzt werden.

Commercial Team Beim Ocean Race sind damit alle Mitarbeiter eines Rennstalls gemeint, die mit seiner Finanzierung, Vermarktung und Personalführung zu tun haben.

ETA Kurzform von »**E**stimated **T**ime of **A**rrival« – die erwartete Ankunftszeit der Yachten im Ziel.

Fall Leine, an der ein Segel hochgezogen wird. Das Fallenschloss ist ein Riegel, mit dem das obere Ende des Segels am Mast gehalten wird.

Figaro Bootsklasse für Küstenregatten: eine elf Meter lange Rennyacht mit Foils, sie gilt in Frankreich als Schulschiff der Einhandsegler.

Foil Ein zu beiden Seiten angebrachter, beweglicher Tragflügel. Ab etwa drei Windstärken erzeugt das Foil Auftrieb und beginnt, die Yacht aus dem Wasser zu heben. Mittels Leinen lässt sich das Foil ausfahren bzw. in den Rumpf einziehen.

Gennaker Großes bauchiges Vorsegel. Anders als sein großer Bruder, der Spinnaker, wird der Gennaker am Bug bzw. Bugspriet befestigt.

Grinder Säule im Zentrum des Cockpits, ausgestattet mit zwei Kurbelgriffen. Mit Muskelkraft können von hier aus mehrere Winschen bedient werden.

IMOCA Abkürzung für »**I**nternational **M**onohull **O**pen **C**lass **A**ssociation«, die Bootsklasse der Open-60-Rennyachten. Mit ihnen wird die Vendée Globe ausgetragen, seit 2023 auch das Ocean Race.

Inshore und Offshore Im Segelsport unterscheidet man bei Regatten nach »inshore« (küstennah) und »offshore« (küstenfern). Teilnehmer etwa an Atlantikrennen werden daher auch als Offshore-Segler bezeichnet.

Jockey Pole Stange zur künstlichen Verbreiterung der Rennyacht im hinteren Bereich. Über das äußere Ende der Stange laufen die Schoten der großen Vorsegel, damit sie nicht die Outrigger berühren.

Outrigger (Deckssalinge) Beidseitig angebrachte Ausleger-Rohre. Sie spreizen die Wanten ab, die den Mast seitlich absichern. Dadurch vergrößert sich der Ansatzwinkel der Wanten am Mast – was die enorme Masthöhe auf Imoca-Yachten überhaupt erst möglich macht.

Pinne Stange zur Steuerung des Bootes. Die *Malizia* hat zwei Pinnen: eine außen auf dem Cockpitdach, die andere innen unter dem Cockpitdach.

Reffen Verkleinern der Segelfläche bei zunehmendem Wind. Mithilfe von Reffleinen lässt sich das Großsegel in drei Stufen verkleinern. Das dritte Reff bezeichnet die kleinstmögliche Großsegel-Fläche.

Rigg Sammelbegriff für Mast, Großbaum, Wanten, Stagen und alle Leinen am Mast.

Routing Die Planung des einzuschlagenden Kurses, für einige Tage, für mehrere Wochen. Im Routing, unterstützt von Navigationsprogrammen, bündeln sich Wetterkunde, Datenanalyse, Seemannschaft, taktische Erfahrung, Bauchgefühl. Es ist die Königsdisziplin der Hochseesegler.

Schot Leine, mit der sich ein Segel strammer ziehen (dichtholen) oder öffnen (fieren) lässt.

Südmeer Es umgibt den antarktischen Kontinent und wird mit unterschiedlichen Begriffen bezeichnet: Südmeer, Südliches Eismeer, Southern Ocean, Antarktischer Ozean, Südpolarmeer.

Tech-Team Beim Ocean Race sind damit alle Mitarbeiter eines Rennstalls gemeint, die mit der Technik des Bootes zu tun haben.

Volvo Ocean Race Die härteste Team-Regatta der Welt startete 1973/74 unter dem Namen Whitbread Round the World Race. Zur achten Auflage 2001/02 erhielt das Rennen einen neuen Sponsor und hieß fortan Volvo Ocean Race. Seit der 14. Auflage 2023 heißt es nur noch The Ocean Race.

VOR65 Bootsklasse bei den Volvo Ocean Races 2014/15 und 2017/18. Die 65 Fuß langen Einheitsyachten nahmen 2023 nur noch an den drei in Europa stattfindenden Etappen teil. 2027 werden sie nicht mehr dabei sein.

Want Dieses Kunstfaserseil verhindert, dass der Mast seitlich umkippt.

Windrichtungen Segelt ein Schiff »am Wind«, kommt der Wind schräg von vorn. Bei »halben Wind« weht er von der Seite, »raumschots« kommt er von schräg hinten.

Winsch Mit dem Grinder verbundene Winden. Dank mehrerer Gänge und großer Übersetzung ermöglichen sie das manuelle Dichtholen etwa von Schoten und Fallen bei vergleichsweise geringem Kraftaufwand.

Bildnachweis

Fotos

Antoine Auriol/Team Malizia: S. 8, 14 u., 15 o., 16 u., 38, 40, 42, 50, 72, 76, 79, 82, 91, 103, 118, 120, 126, 131, 134, 136, 141, 144, 150, 154, 156, 158, 167, 170, 174, 177, 178, 227, 228, 230, 237, 250, 255, 291, 307, 312, 315, 317, 348
Carsten Behrendt: S. 208
Patrick Bieber/GTS Sternschanze/Kulturagent*innen Schule Hamburg: S. 351 u.
Felix Diemer: S. 70, 286
Will Harris/Team Malizia: S. 96
Jimmy Horel/Team Malizia: S. 28
Rosalin Kuiper/Team Malizia: S. 124
Mama Earth Foundation: S. 349
Marie Lefloch/Team Malizia: S. 17 o., 294
Ricardo Pinto/Team Malizia: S. 14 o., 15 u., 16 o., 17 u., 18, 100, 193, 246, 282, 298, 328 o., 328 u., 329 o., 329 u., 330 o., 330 M., 330 u., 331 o., 331 M., 331 u., 332
Sailing Energy/The Ocean Race: S. 11, 35, 187 o. l., 187 o. M., 187 o. r., 187 u. l., 187 u. r., 188, 272, 287, 322, 323, 326/327
Georgia Schofield: S. 218
Christophe Sorenti/Team Malizia: S. 351 o.
Team Malizia: S. 113, 325
Andreas Wolfers: S. 12, 27, 44, 47, 64, 68, 85, 196, 265

Illustrationen

Team Malizia: S. 338–341

Mit Bordlabor und Bojen: Daten sammeln für die Klimaforschung

Die Ozeane mildern den Klimawandel enorm ab: Sie nehmen neunzig Prozent der Wärmeenergie auf, die der Treibhauseffekt in der Atmosphäre erzeugt. Und ein Drittel des menschengemachten CO_2. Die Ozeane sind die Klimaanlage der Erde.

Doch inzwischen schwächt sich die Pufferfunktion der Meere ab, ihre Aufnahmekapazität verringert sich. Um die Folgen abschätzen zu können, brauchen Wissenschaftler genaue Daten vom Ort des Geschehens – weshalb die Weltmeere gespickt sind mit fast 10 000 Messinstrumenten. Unter Wasser treibende Minilabore gehören dazu, frei umherschwimmende Bojen und solche, die mitten im Ozean an kilometerlangen Leinen verankert sind. Trotzdem existieren noch viele weiße Flecken, vor allem im Südpolarmeer, durch das nur selten Schiffe fahren, die Messgeräte aussetzen könnten.

Zur Unterstützung der Klimaforschung baute Boris Herrmann 2018 ein kleines Labor in seinem Schiff ein, das unablässig den CO_2-Gehalt und andere Schlüsseldaten des Wassers erfasste. Auch die neue *Malizia* ist mit einem solchen Labor ausgestattet; während des Ocean Race produzierte es

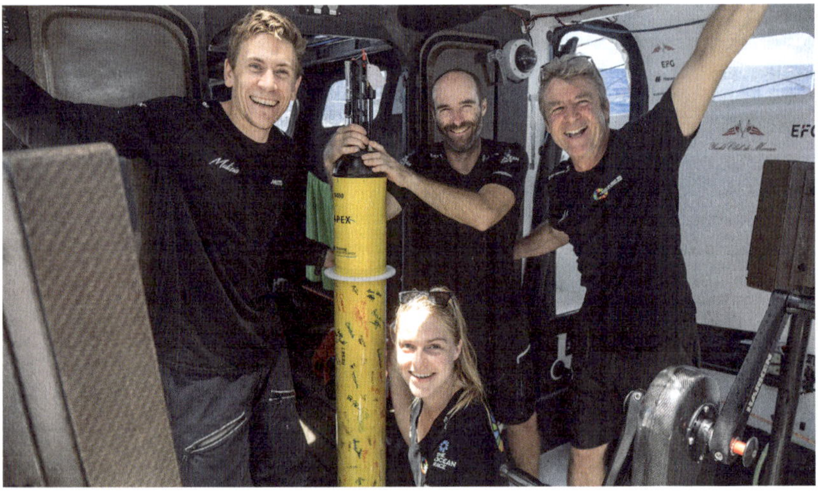

Das Minilabor, das die Crew im Südatlantik aussetzte, wird mehrere Jahre durch das Meer treiben, beschriftet von einer Schulklasse

eine weltumspannende Datenreihe. Außerdem ließ die Crew zwei Messgeräte ins Meer. Ein autonom arbeitendes Minilabor sinkt seither vor Brasilien regelmäßig in Tiefen bis 2000 Meter. Nach dem Wiederaufstieg an die Wasseroberfläche sendet es die Daten per Satellit an Land. Im Südpolarmeer setzte die Mannschaft eine Messboje aus, die jetzt frei umherschwimmt und mit ihren Daten die weißen Flecken im Eismeer verringert.

»A Race We Must Win« steht als zentrale Botschaft im Großsegel der Yacht. Es ist das Rennen gegen den Klimawandel – und Team Malizia beteiligt sich daran mit Daten aus entlegenen Meeren, mit einem Bildungsprogramm für Schulen (siehe folgende Doppelseite), mit Initiativen für mehr Nachhaltigkeit in der Frachtschifffahrt, gemeinsam entwickelt mit Partnerunternehmen. Und mit einem stetig wachsenden Mangrovenpark auf den Philippinen, der unter wissenschaftlicher Leitung steht und inzwischen 770 000 neue Bäume umfasst. Mangroven zählen neben dem Regenwald zu den produktivsten Ökosystemen der Erde, zudem binden sie große Mengen an CO_2. Aufzucht und Pflanzung einer Mangrove kosten 33 Cent. Ein kleiner Beitrag mit einer großen Wirkung.

Nähere Informationen unter www.maliziamangrovepark.de

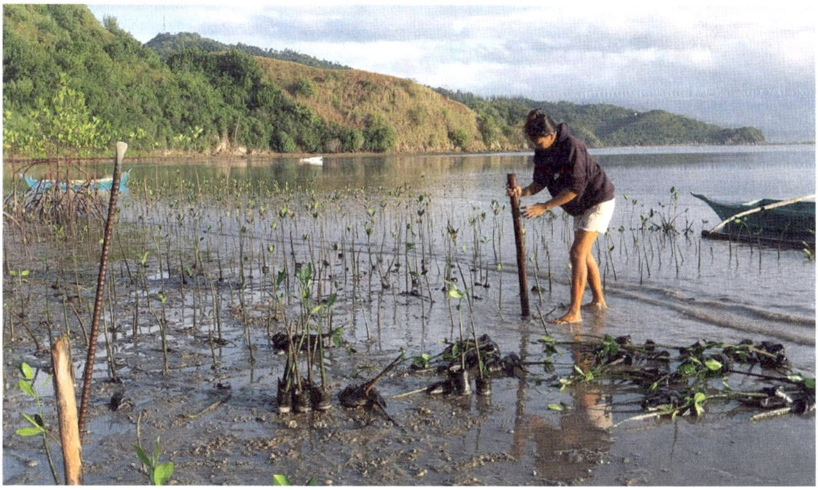

Sie sind Lebensraum, Küstenschutz und CO_2-Speicher: Eine Frau pflanzt Setzlinge im »Malizia Mangrove Park« auf den Philippinen

My Ocean Challenge: Kinder für den Schutz der Meere gewinnen

Wer Kinder dazu bewegen möchte, etwas zu schützen, sollte sie zuerst für das Schützenswerte begeistern. Auf dieser Leitlinie beruht »My Ocean Challenge«, ein Bildungsprogramm für Schulen, das inzwischen in zwölf Sprachen übersetzt ist und von der UNESCO unterstützt wird. Birte Lorenzen-Herrmann, Lehrerin von Beruf, hat es 2018 gemeinsam mit ihrem Mann Boris entwickelt.

Temperaturkurven und CO_2-Gehalt im Wasser sind nicht gerade Themen, die acht- bis 14-jährige Kinder fesseln. Um sie ihnen nahezubringen, setzt das Lehrprogramm bei der kindlichen Faszination für Abenteuer an: dem Abenteuer, auf einer Rennyacht um die Erde zu segeln. In Bildern und Texten erfahren sie, wie es sich an Bord der *Malizia* lebt. Sie erforschen dabei auch die Meere, die das Schiff durchquert, die Welt unter Wasser mit Walen und Delfinen, mit Korallengärten und aktiven Vulkanen. Und sie erfahren, was die Meere bedrohlich verändert. Sie lernen, weshalb sich die Ozeane erwärmen und warum das die Korallen sterben lässt. Zugleich werden sie vertraut gemacht mit Ideen, die Klimakrise in Griff zu bekommen, auch mit Ideen für ihr eigenes Verhalten, zu Hause, beim Einkaufen, in der Schule.

Gut 75 000 Kinder weltweit haben bisher mit dem Lehrprogramm gearbeitet. Etwa tausend von ihnen taten es auf besonders intensive Weise: In jedem Hafen des Ocean Race, von Alicante bis Genua, organisierte Team Malizia Veranstaltungen in Schulen, anschließend besichtigten die Kinder die Yacht. Während der Rennen selbst schaute Boris regelmäßig per Videocall bei Schulen vorbei, die das Lehrprogramm langfristig nutzen, vom Biologie- bis Kunstunterricht.

»Ein wunderbarer Aufwand«, sagt Birte Lorenzen-Herrmann, Leiterin der Bildungskampagne. »Wenn wir es schaffen, die Kinder nicht nur zu faszinieren, sondern sie auch zu inspirieren, wenn wir also jedes dieser Kinder zu einem Botschafter für mehr Ozeanschutz machen können, dann hat es sich wahrhaft gelohnt.«

Das Lehrprogramm zum Herunterladen: https://www.team-malizia.com/category/education

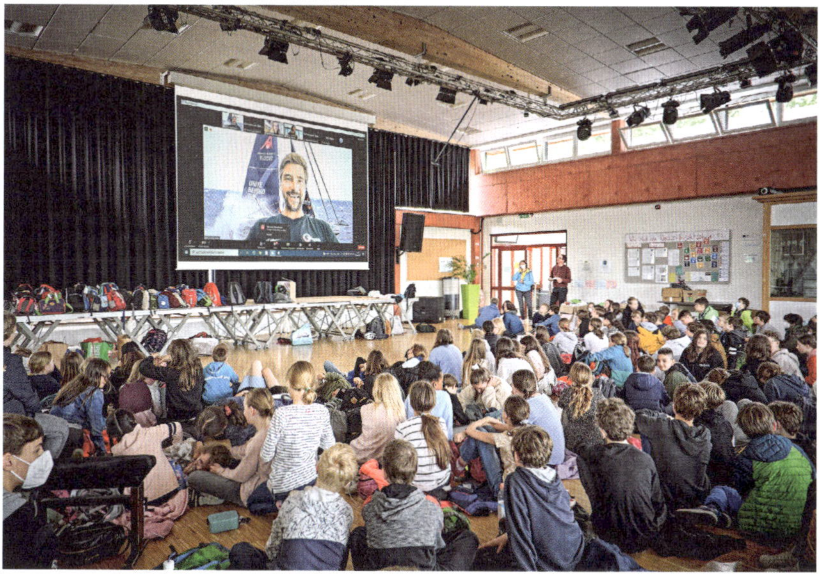

Die Malizia-Crew nutzt ihre Erlebnisse auf See, um Schulklassen per Videocall auch für Ozean- und Klimaschutz zu interessieren.

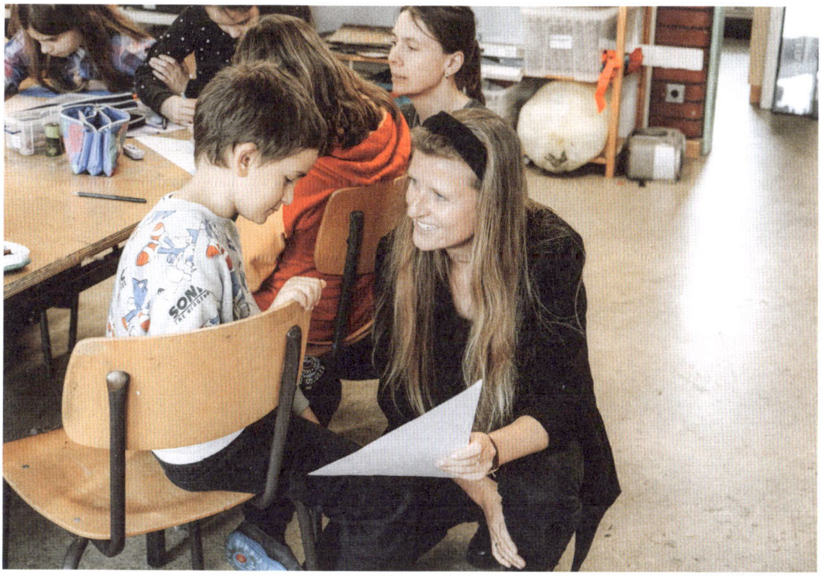

600 Schulkinder nahmen an einem Kunstprojekt teil, das Birte Lorenzen-Herrmann beim Ocean Race in allen Zwischenstopps organisierte.